KB061822

아름다운재단 | 나눔북스

"모두가 함께하는 나눔과 순환의
아름다운 세상 만들기"
(재)아름다운가게와
아름다운재단 나눔북스가
함께 만들어 갑니다.

이 책은 (재)아름다운가게에서
'아름다운가게 종로책방' 수익금으로 조성한 기금을
아름다운재단에 기부하여 출판되었습니다..

참 고맙습니다.

아름다운재단 | 나눔북스

변화를 이끄는 이사회

비영리 및 공공기관의 리더십 설계 혁신

나남
nanam

아름다운재단 나눔북스 15

변화를 이끄는 이사회

비영리 및 공공기관의 리더십 설계 혁신

2021년 2월 1일 발행
2021년 2월 1일 1쇄

지은이 존 카버
옮긴이 구미화
발행인 趙相浩
발행처 (주) 나남
주소 10881 경기도 파주시 회동길 193
전화 (031) 955-4601 (代)
FAX (031) 955-4555
등록 제 1-71호(1979. 5. 12)
홈페이지 http://www.nanam.net
전자우편 post@nanam.net

ISBN 978-89-300-4076-1
ISBN 978-89-300-8655-4 (세트)

책값은 뒤표지에 있습니다.

아름다운재단 나눔북스 15

변화를 이끄는 이사회

비영리 및 공공기관의 리더십 설계 혁신

존 카버 지음

구미화 옮김

Boards That Make A Difference

(3rd Edition)

제 3판 서문

내가 1970년대 중반에 창안한 정책거버넌스*Policy Governance* 개념 모델은 이제 각국으로 퍼져, 전 세계에서 가장 자주 눈에 띄는 거버넌스 접근법이라고 해도 될 정도다. 실제로 내 이름을 따서 "카버화했다*Carverized*"는 표현도 많이 쓴다. 나는 내 아내 미리엄 카버Miriam Carver — 정책거버넌스에 관한 폭넓은 지식을 자랑하는 아내는 모델 이론• 에 관한 권위 있는 정보원으로서 나와 함께해 왔다 — 와 함께 8개 나라에서 온 250명이 넘는 컨설턴트와 이사회를 이끌어가는 리더를 교육하며, 이 모델의 이론과 실천에 관해 집중적으로 심도 있게 가르쳤다. 그들 중 일부는 국제정책거버넌스협회International Policy Governance Association를 설립하기까지 했다.

이 책 초판이 1990년에 출간된 뒤로 나는 정책거버넌스 모델을 다룬

• 고찰 대상 간 관계를 나타내는 모델을 세우고 이 모델을 해석하는 방법으로 현상을 이해하는 연구방법에 관한 이론.

책을 8권 이상 출간했으며 200편 이상의 글도 발표했다. 나와 미리엄 카버가 공동 편집인으로 활동하는 〈이사회 리더십 *Board Leadership*〉은 정책거버넌스 이론과 실행에 관한 주제만 다루는 격월간 뉴스레터로 2005년 중반 현재 80호를 발행했다. 정책거버넌스 자료는 스페인어, 포르투갈어, 프랑스어, 러시아어, 네덜란드어로도 출간됐다. 그동안 나와 아내가 개인적으로 자문과 발표를 위해 다닌 나라도 19개국에 이른다 [참고자료 1].

나는 1970년대 중반에 처음으로 거버넌스에 관심을 두기 시작했다. 이에 대해서는 《정책거버넌스 실전 *The Policy Governance Fieldbook*》(Oliver and others, 1999) 이라는 책 서문에 상세히 썼다. 그 관심과 더불어 당시 여기저기서 짜깁기한 형태의 거버넌스 관행(지금도 크게 달라지지는 않았지만) 에 불만을 느꼈던 나는 내가 할 수 있는 한 가장 보편적이면서 개념적으로 일관성 있는 거버넌스 원칙 개발에 몰두하기 시작했다. 내가 가능한 한 하나의 통합된 사고 체계를 완성하려고 밀어붙인 데는 틀림없이 과학적 배경과 연구 경험이 상당한 영향을 미쳤을 것이다. 나는 토마스 쿤 Thomas Kuhn (1996) 이 말한 "누적에 의한 발전 *development by accumulation*•" (2쪽) 에 의문을 가졌으며, "사람들이 전에 써본 조각들로만 제도를 만들 수 있다면, 그런 곳에서 진보란 개념은 아무런 의미가 없다 — 미래의 가치는 미리 평가절하된다" (Dodds, 1973, iii, 633) 라고 한 도즈 E. R. Dodds의 생각에는 본능적으로 공감했다.

• 지식의 누적을 발전과 동일시하는 종전의 통념에 대해 토마스 쿤이 붙인 이름. 이 책에서는 '여기저기서 짜깁기한 형태의 거버넌스 관행'을 가리킨다.

안타깝지만, 내가 정책거버넌스 체계를 하나의 "모델"로 설명하게 된 이유도 바로 그 과학적인 사고방식 때문이다. 여기서 '모델'은 기계적 의미의 조직 체계가 아니라 과학적 의미에서 개념적 일관성을 뜻한다. 쉽게 거버넌스 "기술"이나 "이론", "작동 체계" 혹은 "철학"이라고 할 수도 있었다. '모델'이라는 표현이 내가 만든 개념에 불필요한 거부감을 일으켰다는 점에서 내가 과연 최선을 선택했는지는 잘 모르겠다. 하지만 내 연구의 목적은 보편적으로 적용할 수 있을 뿐만 아니라 하나의 모델이라고 지칭할 수 있을 정도로 매끄럽고 실용적인 통합 거버넌스 원칙을 발견하는 것이었다.

오랫동안 여러 나라에서 이 모델을 흥미롭게, 심지어 열의를 보이며 받아들였다. 지지를 보낸 인사들도 많다. 그중엔 캐나다의 피터 데이Peter Dey와, 제임스 질리James Gillies, 미국의 로버트 몽크Robert Monks와 어니스트 디벤포트Earnest Deavenport, 호주의 존 홀, 그리고 영국 브리티시 퍼트롤리엄 총무이사인 주디스 핸래티가 있다.

아마도 가장 반가운 것은 에이드리언 캐드버리Adrian Cadbury 경의 지지였을 것이다. 그는 1990년에 전 세계적으로 현대 기업 거버넌스 개혁의 물결을 일으킨 장본인이다. 캐드버리 경(Cadbury, 2002b)은 정책거버넌스에 대해 "우리에게 처음으로 완벽하게 통합되고 일관성을 갖는 거버넌스 체계가 생겼다"(xiii쪽) 라고 말했다 [참고자료 2].

내가 내 이론을 최초로 발표했을 때가 1970년대 말이다. 그때 이후로 매년 더 많은 글을 발표해 이론에 대한 설명을 덧붙였다. 그러다 1990년에야 이 책 《변화를 이끄는 이사회》를 통해 책으로 정책거버넌스 모델을 처음 소개했다. 이런 유형의 도서로는 독보적인 판매를 보여 1997년에 제 2판을 냈고, 이렇게 제 3판을 선보이게 돼 기쁘게 생각한다.

이번 제 3판은 개정판을 낼 때보다 더 많은 변화를 줬다. 우선 수만 명의 세미나 참석자들이 유용하다고 했던 도표들을 추가했다. 내가 말하는 의미를 설명하기 위해 사례로 제시했던 실제 단체들의 정책들을 업데이트하고, 성과 평가에 대한 설명을 보충했다. 거버넌스 연구의 문제점과 어려움에 관한 장도 추가했다.

1990년 이후 정책거버넌스 관련 출판물이 산더미처럼 쌓인 탓에 참고문헌에 대한 접근법을 바꿨다. 참고문헌은 독자들에게 더 많은 정보를 얻을 수 있는 출처를 제공하지만, 본문 내용을 어수선하게 만드는 단점이 있다. 그래서 직접 인용하거나 다른 구체적인 목적이 있는 경우가 아니면, 참고문헌은 각 장 마지막에 목록으로 정리하고, 본문에는 관련 주제가 다뤄지는 부분에 "참고자료"라는 표시만 해두었다.

본문의 여러 핵심을 설명하기 위해 이사회 정책을 활용하도록 허락해준 여러 단체와 자신의 의견 인용을 허락해준 이들에게 감사드린다. 지면이 부족해서 다 싣지 못했지만, 발언과 정책 사용을 허락해준 다른 개인과 단체들에도 책에 실린 것만큼이나 감사한 마음이다.

늘 그렇듯, 지난 30년간 내 작업에 보람을 느끼게 해준 수많은 이사회와 이사들, 경영진, 컨설턴트, 그 밖에 거버넌스를 열렬히 지지하는 이들에게 감사를 전한다.

2005년 조지아주 애틀랜타에서 존 카버

www. carvergovernance. com

참고자료

1. Carver, J. "Leadership du conseil: 'The Policy Governance Model'"[Board leadership: The Policy Governance model]. *Gouvernance Revue Internationale* (Canada), Spring 2000, *1*(1), 100 - 108. Reprinted under the title "A Theory of Corporate Governance: Finding a New Balance for Boards and Their CEOs" in J. Carver, *John Carver on Board Leadership*. San Francisco: Jossey-Bass, 2002.

Carver, J. "Model corporativnogo upravleniya: novyi balance mezhdu sovetom directorov i managementom companii" [The model of corporate governance: New balance between the board of directors and company's management]. *Economicheski Vestnic* (Yaroslavl, Russia: Yaroslavl State University), 2003, no. 9, pp. 101 - 110.

Carver, J. "Teoriya Corporativnogo Upravleniya: Poisk Novogo Balansa Mezhdu Sovetom Directorov i Generalnym Directorom" [Corporate governance theory: New balance between the board of directors and the chief executive officer]. A summary. In E. Sapir (ed.), *Russian Enterprises in the Transitive Economy: Materials of the International Conference*. Vol. 1. Yaroslavl, Russia: Yaroslavl State University, 2002.

Carver, J., and Oliver, C. *Conselhos de Administração que Geram Valor: Dirigindo o Desempenho da Empresa a Partir do Conselho* [Boards that create value: Governing company performance from the boardroom]. (P. Salles, trans.). São Paulo: Editora Cultrix, 2002.

Carver, J. *Una Teoria de Gobierno Corporativo* [A theory of corporate governance]. Mexico City: Oficina de la Presidencia para la Innovación Gubernamental, 2001.

Carver, J. "Un modelo de Gobierno Corporativo para el Mexico moderno" [A corporate governance model for a modern Mexico]. *Ejecutivos de Finanzas* (Instituto Mexicano de Ejecutivos de Finanzas), in press.

Maas, J. C. A. M. "Besturen-op-afstand in de praktijk, Het Policy Governance Model van John Carver" [To bring "non-meddling governance" to life, the Policy Governance model of John Carver]. *VBSchrift*, 1997, 7, 7 - 10.

Maas, J. C. A. M. "Besturen en schoolleiders doen elkaar te kort" [Boards and principals fail in their duties toward each other]. *Tijdschrift voor het Speciaal Onderwijs*, Nov. 1998, *71*(8), 291 - 293.

Maas, J. C. A. M. "Besturen-op-afstand in praktijk brengen" [To bring "non-meddling governance" to life]. *Gids voor Onderwijsmanagement, Samsom H. D. Tjeenk Willink bv*, Oct. 1998.

Maas, J. C. A. M. "De kwaliteit van besturen, Policy Governance Model geeft antwoord op basisvragen" [The quality of governance: Policy Governance answers fundamental questions]. *Kader Primair*, Jan. 2002,

7(5), 26-29.
Maas, J. C. A. M. "Policy Governance: naar het fundament van goed bestuur" [Policy Governance: To the foundation of good governance]. *TH&MA, Tijdschrift voor Hoger onderwijs & Management*, 2004, *11*(3).
2. Cadbury, A. "Foreword." In J. Carver and C. Oliver, *Corporate Boards That Create Value: Governing Company Performance from the Boardroom*. San Francisco: Jossey-Bass, 2002b.
Cadbury, A. "Foreword." In J. Carver, *John Carver on Board Leadership: Selected Writings from the Creator of the World's Most Provocative and Systematic Governance Model*. San Francisco: Jossey-Bass, 2002c.

초판 서문

이 책은 이사회, 특히 비영리단체와 공공기관 이사회에 관한 책이다. 그러나 비영리 및 공공 이사회와 협의회, 위원회 등을 있는 그대로 설명하는 것이 아니라 그것이 앞으로 어떻게 될 수 있는지를 규정한다.

이 책엔 희망이 담겨 있다. 이사회는 우리가 요구하는 대로 미래지향적 사고를 하고, 가치를 중심에 두며, 선도하는 집단이 될 수 있다. 나는 여러 이사회와 최고경영자에게 컨설팅하는 과정에서 냉소적이거나 체념하는 모습을 자주 보았다. 박식한 회의론자들은 이사회가 경영진이 숟가락으로 떠먹이는 것을 받아먹는 존재 그 이상이 될 수 없다고 생각한다. 이사회 성격상 완전히 수동적 태도를 유지할 수밖에 없다고 보는 것이다. 그럴 만한 증거가 충분하기에, 이사회는 언제나 검토 없는 승인과 간섭을 반복할 것이라고 믿는 사람이 많다. 그들은 집단적 의사결정이라는 현실이 유능한 사람들로 이뤄진 이사회를 무능한 집단으로 만든다고 생각한다. 내 느낌도 똑같이 절망적이다. 하지만 그런 회의론은 '이사회가 부적절한 업무 설계에 계속 갇혀있을 때만' 타당한 얘기라고 생각한다.

이사회 구성원들은 우리가 찾길 바라는 가장 양심적이고 너그러운 집단이다. 자원봉사자들로 이뤄진 이사회와 낮은 보수를 받는 공공기관 이사회 구성원들은 그들이 믿는 무언가를 지지하기 위해 개인적 생활과 직업 활동을 중단하고 참여하는 것이다.

특정 단체에서 한 해 동안 이사회 구성원들이 해내는 일의 가치를 다 나열하기에는 지면이 부족하다. 이사회 구성원들은 개인적인 투지로 엄청난 일들을 이뤄냈다. 그들의 끈기는 난공불락일 것 같은 장애물도 극복해왔으며, 그들의 인내는 힘들고 고된 일들을 견뎌냈다. 이사회 구성원들의 관용은 불가능을 가능으로 만들어왔다.

이사회 구성원들은 꿈을 갖고 회의실 탁자에 앉는다. 그들에겐 비전과 가치가 있다. 많은 경우, 그들을 이사로 만든 첫 번째 원동력은 변화를 이루겠다는 강렬한 신념과 진지한 열망이다. 오케스트라 이사회는 지역사회 문화를 발전시키고 싶은 마음이 있다. 시의회 의원들은 시민에 돌아가는 혜택이 늘어나길 원한다. 동업자협회*trade association*• 이사회는 사업 기회를 확대하고 싶어 한다. 교육위원회는 아이들에게 인생에 필요한 준비를 시키고 싶어 한다. 병원, 항만 당국, 사회복지기관, 상공회의소, 신용협동조합, 그 밖에 다른 단체의 이사회도 지역주민과 구성원에게 더 나은 삶을 제공하길 원한다.

그러나 대체로 이사회 구성원들은 이런 꿈을 탐구하고, 논의하고, 규정하는 데 시간을 쓰지 않는다. 대신에, 전혀 중요하지 않은, 심지어 사소하기까지 한 많은 일에 에너지를 허비한다. 그들이 세상에 일

• 같은 업종의 사업자들이 공동의 이익을 위하여 조직한 협회.

으킬 수 있는 변화에 대해 열정적으로 논의하는 것이 아니라, 대개는 수동적으로 사무국의 보고를 듣거나 인사관리 절차와 장거리 출장을 처리하기 바쁘다. 이사회 내 소위원회 안건은 이사회 업무로 가장한 사무국 자료로 채워지기 쉽다. 프로그램과 서비스가 안건에 포함될 때도, 논의의 초점은 의도한 성과가 아니라 활동에 맞춰진다. 이사회는 일반 회원• 들보다도 예리함이나 목표 지향성, 그리고 멀리 내다보는 관점이 약하다.

이사회 구성원과 경영진은 의도치 않게 진정한 거버넌스의 강력한 효과를 약화시키면서도 대개는 뭔가 상당히 잘못됐다는 느낌을 떨쳐내지 못한다. 그러나 보통은 그 인식이 어떤 구체적인 잘못에 집중될 뿐, 기본적인 설계, 즉 사고 체계에 초점을 맞추는 경우는 드물다. 많은 경우, 걱정은 불평으로 표출된다. 사소한 안건에 시간을 허비한다거나, 서류가 너무 많아서 읽는 데 시간이 걸린다거나, 오랜 시간 회의해도 별 소득이 없다는 식이다.

또한, 소위원회가 사무국 직원들이 원하는 일을 하기 위한 눈속임에 불과하다거나, 행정 간섭이라거나, 사무국 직원들이 이사회보다 이사회 안건을 더 많이 통제한다거나, 선제적으로 대비하지 못하고 사후대응만 한다는 불만도 있다. 집행위원회가 실질적인 이사회가 되어가고 있다거나, 상황이 어떻게 돌아가고 있는지 헷갈린다거나, 사무국 권고안을 검토 없이 승인한다거나, 경영진을 날카롭게 평가할 방법이 없

• 이 책에서 회원은 단체의 구성원을 가리킨다. 우리 민법에서는 사단(社團)의 구성원이라는 의미로 '사원'이라고 하는데, 이때 사원은 단체에 고용된 종업원을 의미하지 않는다. 사단법인의 경우 이사는 총회에서 사원들의 결의로써 선출한다.

다고 불평하기도 한다.

이런 불평 중에는 모든 비영리 및 공공 이사회에 적용되는 내용도 있다. 내 경험에 비춰보면, 대다수 이사회가 하는 일은 대부분 할 필요가 없거나 이사회가 하면 시간 낭비인 일들이다. 반면에 전략적 리더십을 위해 이사회가 해야 할 일은 거의 하지 않는다. 물론 이런 심각한 폐단이 모든 이사회에서 매번 벌어지는 것은 아니다. 그러나 우리가 정상이라고 받아들이는 모습 안에 심각한 문제가 있음을 깨닫기에 충분할 정도로 자주 벌어지는 건 분명하다.

이 책에서는 우리가 보통이라고 여기는 것에 대한 불만을 말하고, 이사회가 탁월해지기 위해 따라야 할 길의 윤곽을 제시한다. 거버넌스 실패는 사람의 문제가 아니라 '방식'의 문제다. 정확히 말하면, 우리가 보편적으로 받아들이는 거버넌스 방식에 문제가 있다. 이사회 직무설계와 이사회-사무국 관계, 최고경영자 역할, 성과 평가, 그리고 사실상 이사회와 경영진 관계의 모든 측면을 다루는 방식에 문제가 있다. 이 책은 현재의 폐단을 강력하게 비판한다. 하지만 그렇게 하는 의도는 앞으로 이사회가 할 수 있는 바를 설득력 있게 주장하기 위해서다.

여기서 소개하는 모델은 1970년대 중반에 처음 만들어졌다. 많은 관리자가 그렇듯 나도 경영이 아니라 다른 전문 분야에서 교육을 받았다. 최고경영자(CEO)로서 수년간 돈을 받고 일하면서도 그 일을 어떻게 해야 할지 몰라서 배우며 일했다. 이렇게 아직 배우는 중인 관리자 밑에서 일했던 사람들은 지금에야 내가 헤아릴 수 있는 것보다도 더 비극적인 상황을 감내해야 했다. 관리자로서 내 능력이 향상될수록 경영의 기반, 즉 목적의 확고함이 부족하다는 인식이 강해졌다. 목적의 확고함은 대개 거버넌스가 만들어내는 결과물이다.

갈수록 관리자들의 교육수준은 높아지는데, 우리는 아무렇게나 정한 목표를 좇아 일했으니 그건 마치 대형마차에 컴퓨터 시스템을 도입한 꼴이었다. 나는 거버넌스를 현대적으로 바꿀 방법을 찾고 싶었다. 그렇게 탐구한 끝에 일반 통념에서 많이 벗어난 거버넌스 접근법을 개발했다. 여기저기서 이사회들이 그것에 대해 더 듣고 싶어 했고, 컨설팅 업무가 급격히 늘어나면서 본업을 이어갈 수 없게 됐다.

지금까지 세계 곳곳, 특히 미국과 캐나다의 이사회 및 그들의 경영진과 작업했다. 보통 일주일에 두 번꼴로 만난다. 자산이 제로에 가까운 단체부터 250억 달러가 넘는 단체까지 다양하다. 이런 활동을 하는 동안, 다음과 같이 많은 단체를 위해 거버넌스 및 경영진에 관한 글을 썼다. 미국 보건복지부(Carver, 1979b), 캐나다 병원협회(Carver, 1989a), 정신건강관리자협회(Carver, 1979a, 1981b), 휴먼인터랙션리서치인스티튜트(Carver, 1984a), 미국 법인이사협회(Carver, 1980a), 위스콘신대학(Carver, 1981a), 플로리다도시협회 (Carver, 1984c), 비영리경영협회(Carver, 1984b), 인디애나도서관협회(Carver, 1981c), 커뮤니티리더십단체 전국협의회(Carver, 1983), 커뮤니티퓨처센터(Carver, 1986b), 기타(Carver, 1988a, 1988b). 내 연구는 퍼블릭매니지먼트인스티튜트(Carver, 1985a)와 패밀리서비스아메리카(Carver, 1985b)를 위해 오디오테이프에도 담겼으며, 조지아전력(Carver, 1986c), 국립휴양공원협회(Carver, 1987), 조지아대학(Carver, 1989b)을 위해 비디오테이프에도 실렸다. 내가 쓴 상당수 미출간 원고들도 꾸준히 회람됐다(Carver, 1980b, 1985c, 1986a; Carver & Clemow, 1990).

지역사회 단체와 주 및 전국 단위 학회, 동업자협회, 정치 집단의 요청으로 거버넌스 및 최고경영자 워크숍을 수백 건 진행했다. 이렇게 많은 사람이 그들의 역할과 재능을 새로운 관점에서 바라보게 만드는 모델 혹은 체계에 매력을 느꼈다. 그들이 언제나 그 모델을 전부 도입할 수 있는 건 아니었지만, 목표로 삼을 만한 새로운 기준을 갖게 됐다.

그래서 지난 20년간 나는 말 그대로 미국과 캐나다 모든 주에 있는 수천 개 이사회의 이사 및 최고경영자들과 소중한 관계를 맺었다. 이런 통찰력 있는 고객들의 검증과 도전은 내가 만든 거버넌스 모델이 폭넓게 적용될 수 있도록 도움을 주었다. 그렇게 모습을 드러낸 모델은 어떤 유형의 단체든 꼭 맞게 조정할 수 있는 유연한 형태다. 그래서 이 모델을 기업 이사회, 특히 모회사-자회사 구조에 맞게 조정할 수 있지만, 이 책은 전적으로 비영리단체와 공공기관에 초점을 맞춘다. 내가 비영리 및 공공 거버넌스에 이 모델을 포괄적으로 적용해 나간 사례는 〈자료 1〉의 다양한 단체들을 포함해 매우 많다.

이 많은 이사회와 그들의 경영진이 내게 꾸준히 제공하는 개인적, 직업적 자양분에 대해서는 이루 말할 수 없을 정도다. 내 이해력과 헌신을 뛰어넘는 활동을 하는 단체들과 정기적으로 작업하는 것은 컨설턴트로서 자신감이 가득한 내 자아까지도 겸손하게 만든다. 그 이사회들은 쓰레기 처리, 국제구호 활동, 공공주택사업, 인종차별 철폐 같은 주제에 대해 알게 해줬다. 그들이 하는 일과 그들의 투지는 몇 번이고 경외심을 갖게 한다. 세상에 변화를 일으키려는 그들의 끈기와 노력에 정말로 눈물이 흐를 만큼 감동한 적도 많다. 하나의 거버넌스 방식을 만들어내기까지 그들은 내 머리뿐아니라 영혼에도 도움을 주었다.

그렇게 깊은 감사와 존경의 마음을 담아, 나는 이사회에 조언할 때 에두르지 않는다. 나는 '그들이 얼마나 훌륭해질 수 있는지 알기'에 심하게 비판한다. 솔직히, 이사회를 사랑하는 마음에서, 변화를 이뤄내

〈자료 1〉 정책거버넌스 적용 단체 목록

공립학교	커뮤니티 예술극장	성인학습
사립학교	농업협동조합	신용협동조합
액체폐기물처리	자연체험프로그램	지역 계획
제3세계 개발	알코올중독 치료	동물원
YWCA	인력개발위원회	출소자 프로그램
병원	여성유권자연맹	경제 개발
정신보건센터	아동보호서비스	여성 쉼터
빈곤퇴치기관	보건국	퇴직기금
지적장애 지원	히스패닉 리더십	재활치료센터
청소년 연맹	지주회사	전국 협회
공항공사	시의회	주 교육위원회
공원 휴양	카운티위원회	주 정신의료원
여성 센터	도서관	의료전문가협회
전국교회단체	건축가협회	도시계획위원회
주택 당국	부동산협회	건강관리기구
예술인협회	체육시설	커뮤니티리더십교육
해충방제구역	산업협회	골프장관리인
상공회의소	지역 교회	고용지원서비스
치과협회	가족복지	직업센터
농축산박람회	가족계획	순회교육

려는 이사회 구성원들을 돕기 위해서 이 책을 썼다.

이 책은 이사회가 중대한 문제를 신중히 검토하도록 이끌고 싶어 하는 이사회 리더들을 위해 쓴 것이다. 이사회가 무력하지 않고 충분히 강고하여 최고경영자도 강해지라고 요구하길 바라는 경영진을 위해 쓴 책이다. 좋은 경영은 거버넌스 기반이 탄탄해야만 가능하다는 사실을 아는 경영진을 위해 쓴 책이다. 그리고 납세자와 기부자, 그 밖에 고객과 환자, 학생 등 필요가 충족되어야 하는 이들의 장기적 편익을 위해 이 책을 썼다.

그러니 나와 함께 이사회의 전략적 리더십이 과연 어떤 것일지 알아보는 모험을 떠나보자. 이사회가 가장 먼저 하고자 했던 일을 어떻게 하면 할 수 있는지 생각해보자. 비전을 밝히고, 해당 단체를 사명감으로 채우며, 사무국에 가능한 모든 역량을 발휘하라고 지시하고, 그 과정에서 이사회 자체도 더 성장하게 만드는 그 일을 말이다.

책의 구성

제 1장은 다양한 이사회와 그들에게 일어날 수 있는 어려움, 그리고 더 정확한 거버넌스 원칙의 필요성을 이야기한다. 각각의 이사회가 더 효과적으로 운영되어야 할 뿐만 아니라, "더 효과적"이라는 개념이 무엇을 의미하는지에 대한 우리 생각이 바뀌어야 한다는 점을 분명히 밝히려고 한다.

제 2장은 정책 수립에 관한 새로운 접근법과 함께 이사회가 어떤 유형의 정책을 만들어야 하는지를 논의한다. 정책 수립이 이사회가 하는

일의 전부는 아니지만, 정책의 본질을 다시 생각할 때 새로운 차원의 리더십이 탄생한다는 점을 강조한다. 경영에서 빌린 전통적인 이사회 정책 범주를 사용하지 않고 거버넌스 역할에 맞게 네 가지 범주를 새로 만든다.

제 3장에서는 이사회 정책의 깊이와 폭을 다룬다. 사무국의 세세한 업무에서 벗어나고, 나아가 끝없이 이어지는 이사회 승인 절차에서도 자유로워지는 방법을 모색한다.

제 4장은 단체의 성과에 관한 정책을 다룸으로써 5개 장에 걸쳐 이어지는 이사회 정책의 네 범주에 관한 설명을 시작한다. 성과에 관한 정책은 이사회가 구체적인 활동보다 성과를 통제하고, 사명과 우선 사항, 목표하는 수혜자 집단 같은 사안을 결정하게 한다.

제 5장은 이사회가 경영 및 프로그램 활동을 통제할 수 있는 정책들을 다룬다. 이 정책들은 이사회가 수탁자 책무를 완수하고, "간섭"하지 않으면서도 조직 활동이 분별력과 윤리의식을 가지고 이루어지도록 통제할 수 있게 해준다.

제 6장은 이사회가 최고경영자를 거쳐 사무국과 효과적인 관계를 맺는 정책을 살펴본다. 최고경영자 역할의 의미와 이 중요한 인물에게 권한을 위임하고 그의 성과를 평가하는 방법도 알아본다.

제 7장은 주식회사 주주에 상응하는 집단과 이사회의 관계를 다루고, 이 신탁 관계에서 비롯되는 이사회의 가장 중요한 책임을 살펴본다. 이사회 운영 절차와 이사회 직무기술서를 다루는 정책도 확인한다.

제 8장은 이사회 역할에 대한 논의를 이사회 내 세부조직으로 확장한다. 위원회와 임원을 최소화하여, 최고경영자나 전체 이사회 역할에 방해가 되지 않게 하는 방법을 모색한다.

제 9장에서는 가장 포괄적으로 기술한 첫 번째 표현에 점점 깊이를 더함으로써 정책이 “자라게 하는” 방법을 설명한다.

제 10장은 규율과 안건을 장기적인 관점에서 체계적으로 구축해 이사회를 순조롭게 운영하는 방법에 집중한다.

마지막으로 제 11장에서는 크게 생각하고, 꿈을 앞세우며, 전략적 리더십의 다른 요소들을 받아들이는 것의 중요성을 이야기한다.

이 책을 읽고 난 독자는 절대 예전과 같은 방식으로 거버넌스를 보지 않게 될 것이라고 장담한다. 미국 경영에 엄청난 질적 혁명이 일어나고 있는 가운데, 나는 이사회 업무의 질이 의미하는 바에 관한 새로운 기준을 제시한다. 이 책은 거버넌스의 탁월함을 새롭게 정의한다. 우리는 갈 길이 아주 멀기에, 그것은 이사회에 혁명이 필요하다는 절박한 주장이기도 하다.

그런 점에서 내 조심스러운 의도와 달리 이 책은 지나치게 주제넘은 것으로 비칠 수 있다. 우선 정부기관과 사회복지단체, 준 공공기관, 민간단체, 각종 재단 등 사뭇 달라 보이는 단체들을 폭넓게 하나의 범주로 묶는다는 점이 그렇다. ‘아무 문제가 없어 보이는 곳까지 포함해’, 사실상 모든 이사회와 협의회, 위원회가 현재 그들에게 잠재된 리더십을 아주 안타까울 정도로 조금밖에 발휘하지 못하고 있다고 주장하는 것도 마찬가지다. 또한, 재무위원회와 인사위원회의 가치를 낮게 평가하고, 재무보고서와 예산 승인, 재무이사를 별로 중요하지 않게 여기며, 이사회가 장기 계획 수립에 간여하지 않도록 부추기는 것도 주제넘어 보일 수 있다. 비영리 및 공공 이사회가 오랫동안 지켜오고, 사실상 아무런 의심 없이 받아들였던 신념과 관행들이 전략적 리더십을 발휘하지 못하게 가로막는 주요 장애물이라고 주장하는 것도 그렇다. 워터맨Waterman(1988, 9쪽)의 글에 나오는 어떤 인물의 말처럼 "그 분야 전체가 형편없는 습관에 사로잡혀 있는 것 같다".

나는 우리가 목적과 성과를 좇아 행동할 수 있도록 전면 개정한 새로운 개념 체계를 제안한다. 이 책은 도움이 될 만한 힌트로 가득한 책이 아니다. 지금의 이사회 운영을 점진적으로 개선할 방법을 제안하려고 쓴 책도 아니다. 내가 필요하다고 여기는 것은 이사회가 지금 하는 일을 더 잘하게 만드는 것이 아니라 그들이 하는 일과 기본 지침을 완전히 새롭게 고치고, 거버넌스에 관한 일반적인 이론을 — 혹은 최소 한 가지 기술이라도 — 다시 설계하는 것이다. 약속하건대, 거버넌스가 무엇인지 새롭게 이해한 이사회와 경영진은 우리가 이사회 회의실에서 리더십에 대해 생각하고 그것을 보여주는 방식을 완전히 바꿔놓을 것이다.

감사의 글

나는 볼프강 프라이스Wolfgang S. (Bill) Price에게 받은 지적 자극으로 인해 기존의 통념에 의문을 품고 새로운 모델을 창안할 수 있었다. 1975년(정식 출간은 1977년)에 프로그램 정책 기획에 관한 그의 연구를 발견하고, 내가 그때까지 보았던 거버넌스 방식들 중에 가장 참신하다고 생각했다. 그가 나를 동료 컨설턴트로 받아준 덕분에 내 진로가 바뀌었다.

또한, 1976년에 인디애나주 콜럼버스의 퀸코 컨설팅센터Quinco Consulting Center 이사회가 아직 검증되지 않은 내 거버넌스 방식을 과감히 받아들이는 시도를 했다. 나와 인연을 맺은 8년 동안, 이 이사회는 그 방식을 충실히 따라주었다. 그 덕분에 새로운 거버넌스 접근법을 정교하게 다듬을 수 있었으며, 그것은 수많은 비영리 및 공공 이사회가 퀸코에 빚을 지고 있다고 할 만큼 큰 도움이었다.

더 나아가, 가까운 이들이 전폭적으로 지원했기에 이 작업을 마무리할 수 있었다. 로널드 마이어스는 내 거버넌스 모델이 조시-베이스 출판사의 주목을 받게 해주었다. 켄과 멜라니 캠벨, 롭과 캐시 케너, 톰 레인, 메리 새한은 내가 글을 쓸 수 있도록 집을 빌려주었다. 샌드라 마이커, 로널드와 수 마이어스, 데이비드 뮬러, 샐리 조 바시코는 원고를 읽고 의견을 주었다. 내 비서였던 버지니아 하그는 참고문헌을 확인하고, 워드프로세서로 옮기는 고된 작업을 해주었다. 조시-베이스 출판사의 편집자인 린 러카우와 앨런 슈레이더는 내 원고 작업이 꾸준하지 못해 오랫동안 고생했음에도 내가 감히 기대할 수 없었던 많은 인내와 지지를 보여주었다. 더불어 내 핵심을 설명하기 위해 그들의 정책을 예시로 사용하고 그들이 한 말의 인용을 허락해준 예전 의뢰인들에게도 감사의 마음을 전한다.

1990년 2월, 인디애나주 카멜에서

존 카버

정책거버넌스 모델에 정통한 권위자로서
사랑과 지지, 날카로운 지성을 보여준
내 아내이자 동료인 미리엄 카버에게

10년 넘게 충직하고 능숙하게
믿음직한 실력을 보여준
비서 이반 벤슨의 공로를 기억하며

이 책에서 자주 사용되는 주요 용어 설명

이 책에서 몇몇 용어들은 저자가 새로 만들거나 다른 학문 분야와 다소 다른 정의('조작적 정의')를 내린 것입니다. 아름다운재단 기부문화연구소에서 독자들이 책의 내용을 혼동 없이 이해할 수 있도록 이러한 용어들의 해설을 정리하였습니다.

정책 policy
(이사회의) 가치 및 관점. 즉, 정책=가치=관점.

거버넌스 governance
이사회의 직무설계, 규칙 및 절차.

이사회 governing board
단체 내에서 다른 누군가를 대신하여 그 단체에 대한 총체적 책무를 부담하는 집단.
※ 주의: 'board'는 다른 누군가를 대신하는 사람들의 집단을 두루 가리키는 개념이며, 이 중에서 그 단체에 대한 총체적 책무를 부담하는 집단을 'governing board'라고 한다.

주인 owner(ship)
이사회가 대신하는 집단. 이사회가 부담하는 책무와 이의 수행을 위하여 갖는 권한의 정당한 기반이 된다. 주인은 영리회사의 주주와 같이 법으로 명시되는 경우와, 비영리단체의 경우처럼 법으로 명시되지는 않으나 도의적 관계로 존재하는 주인이 있다. 저자는 후자를 '도덕상의 주인(moral ownership)'이라고 부른다.

최고거버넌스책임자 CGO, chief governance officer
이사회 구성원을 대표하여 이사회 운영에 관한 최고 책임을 부담하는 사람. 사무국에서 최고 집행 권한을 갖는 최고경영자(CEO, chief executive officer)라는 용어에 대응한다. 대표이사, 의장, 회장, 이사장 등으로 불린다.

목적 ends
단체가 존재할 근본적인 이유. 이와 유사한 다양한 개념들(vision, mission, goal, objective, purpose 등)을 아우른다.

수단 means
단체 활동 중에서 목적에 해당하지 않는 나머지 모든 측면. 거버넌스에 관한 이사회 수단과, 운영에 관한 사무국 수단으로 나누어볼 수 있다.

조직(단체, 기관) organization
이 책에서 organization(al)의 번역은 '단체'를 기본으로 하였으며, 공공기관을 가리킬 때에는 '기관'으로, 내부에 관한 것을 가리킬 때에는 '조직'으로 하였다.

최고경영자 CEO, chief executive, chief executive officer
이 책에서는 CEO, chief executive, chief executive officer를 모두 '최고경영자'로 통일하여 표기하였다.

수혜자 beneficiary
수혜자에는 '일방적으로 혜택을 받는 사람'의 의미가 있으므로 현재는 '지원대상자', '서비스 이용자'와 같은 표현이 더 널리 사용된다. 하지만 이 책에서는 일반적인 신탁관계에서의 수익자(수혜자)임을 나타내기 위해 '수혜자'라는 표현을 유지하였다.

수탁자 책무 trusteeship
단체의 주인과 이사회 간의 신탁관계에서 갖는 수탁자로서의 책무를 말한다.

위원회와 임원 committees and officers
이 책에서 임원은 이사회 구성원 중에 특수한 임무를 맡은 사람을 가리키며, 여기에서 위원회는 이사회 내의 하부조직을 말한다.

산출물 products
비영리단체 혹은 정부기관이 그 활동의 결과로 산출해내는 유·무형의 가치를 말한다.

위임 delegation
위임은 책임은 보유한 채 권한만 넘기는 것으로 보아 이 책에서는 '권한 위임' 혹은 '위임'으로 번역하였다. 참고로 인계는 책임과 권한을 모두 넘기는 것, 전가는 권한을 보유한 채 책임만 떠넘기는 것.

평가 monitoring
원문은 monitoring이다. '모니터링'이라고 하면 통상 '계속 지켜본다', '감시한다'는 의미로 이해된다. 그러나 저자의 설명대로 '추적하기'를 의미하지 않고 기대(정책)와 실제(현실)를 비교한다는 의미라면 '평가'로 옮기는 것이 더 적합해 보인다. 따라서 이 책에서는 사무국 성과에 관한 monitoring을 '평가'로 번역하였다.

프롤로그

목적으로 시작해 목적으로 끝나기

이사회는 자연히 생겨난 것이 아니다. 이사회는 사회적 구조물•이다. 이 말은 이사회의 목적은 우리가 정하기 나름이라는 뜻이다. 이사회 직무설계와 규칙, 절차 — 이것을 다 합쳐서 '거버넌스'라고 부를 것이다 — 는 우리가 이사회라는 집단에 부여하는 목적에 따라 달라진다.

사람들로 이뤄진 집단이 할 수 있는 역할은 여러 가지다. 하지만 거버넌스라는 중요한 패러다임은 이사회가 할 수도 있는*can* 일이 아니라 반드시 해야 하는*must* 일, 즉 특정 환경이나 의향에 따른 선택적 요소가 아니라 없어서는 안 되는 필수 요소에 기반을 두어야 한다. 우리가 거버넌스 과학을 만들기 위해서는, 어떤 사업에 가장 큰 책임을 지는 집단이면 어디에나 적용될 수 있을 정도로 아주 본질적인 목적을 표현하는 일부터 시작하는 것이 중요하다. 그런 보편적인 기반을 '거버넌

• 객관적 현실에는 존재하지 않지만 그것이 있는 것으로 사람들이 받아들이는 개념 또는 인식. 통화(currency)가 대표적인 예이다.

스 이론', '거버넌스 기술', '거버넌스 운영체계' 혹은 — 내가 자주 사용할 용어인 — '거버넌스 모델'이라고 부를 수 있다. 이런 기반이 개념적으로 문제가 없다면, 다른 특수한 요소와 관행들을 고려할 때는 그것이 기본원칙에 충실함을 더하는지, 아니면 적어도 그 충실함에 방해되지 않는지를 기준으로 판단할 수 있다.

정책거버넌스 모델은 단지 그와 같이 표명된 본질적인 목적에 기초하며, 이것은 내가 이사회 현상이 있는 곳이면 어디든 진실로 통한다고 주장하는 점이다. 아주 간단하게 줄이면, '거버넌스 목적은 보통 다른 이들을 대신해 그 단체가 피해야 할 상황을 피해가며 반드시 이뤄야 할 것을 이뤄내도록 하는 것이다.'

그 목적은 너무나 명확해 애써 주의를 기울일 필요가 없어 보일지도 모른다. 그러나 세계 각 지역 모든 유형의 단체에서 일반적으로 행해지는 거버넌스 방식은 목적을 달성하지 못하며 목적 달성을 염두에 두고 설계되는 것도 아니다. 더욱이, 거버넌스를 주제로 한 많은 출판물을 보거나 그에 관한 컨설턴트들의 조언을 들어보면 대개 거버넌스 목적이 제대로 표현되지 않고 뒤죽박죽이다. 앞으로 이어지는 본문에서는 이렇게 단순한 목적의 보편성과 유용성에 대해서뿐만 아니라 그 목적을 달성하는 데 필요한 개념과 원칙, 그리고 규율의 가치를 주장할 것이다. 핵심 목적이 충족되면, 이사회가 기여하고 실행하는 다른 모든 부분은 선택적으로 하면 된다. 그러나 핵심 목적이 충족되지 않으면, 이사회가 기여하고 실행하는 다른 모든 것은 — 그것이 아무리 지적이고 아무리 잘 수행되더라도 — 이사회의 책임 있는 리더십으로 연결되지 못한다. 신중하게 만들어진, 개념적으로 빈틈이 없는 거버넌스 목적 자체가 효과적인 이사회의 핵심을 이룬다.

들어가며

이사회와 같은 회의체를 접하지 않는다는 건 사실상 불가능하다. 우리는 이사회 등에 소속되었거나 이사회를 위해 일하며, 혹은 그것이 내리는 결정에 영향을 받는다. 이사회류類는 모든 기업 형태의 조직 — 영리와 비영리 모두 — 에서 가장 높은 위치에 있으며, 대개 정부기관에서도 마찬가지다. 정치적 관할구역별로 선출된 대표들이 모여 회의를 하는 것도 이사회 구조다. 의회, 국회, 주의회, 시의회, 구의회 등이 그런 예다. 우리는 모든 유형의 인간 활동에서 정식으로 구성되어 권한을 위임받은 이들이 방침과 미래 조건을 결정하며, 그 일을 동경하는 사람들이 있다는 것을 안다.

이 책은 조직 거버넌스에 대해 우리가 생각하고 실행하는 방식에 깊은 변화를 요구한다. 갖가지 조언을 제공하는 것이 아니라 우리가 일반적으로 알고 있는 모습에서 완전히 벗어난 거버넌스 '체계'를 설명한다. 체계는 많은 설명과 이해가 필요하지만, 그에 상응하는 혜택을 약속한다. 더 난감한 사실은 우리가 아는 많은 것들을 잊어야 한다는 점이다. 많은 경우 예전에 알고 있던 지식에 새 지식을 더하는 작업이 아니라서 그렇다.

정부 및 비영리 이사회에 정책거버넌스 모델을 적용하는 방법을 설명하기 위해, 미리엄 카버와 나는(혹은 다른 저자와 공동으로) 네 권의 책을 썼다.

이 책 《변화를 이끄는 이사회》는 출발점이자 기본서다. "방법"을 알려주기 위해서가 아니라 정책거버넌스 모델을 구성하는 개념과 원칙을 규정하려고 쓴 책이다.

미리엄 카버와 공동 집필한 《이사회 재창조: 단계별 정책거버넌스 실행 가이드*Reinventing Your Board: A Step-by-Step Guide to Implementing Policy Governance*》는 《변화를 이끄는 이사회》를 읽은 이사회가 실행 가이드북으로 활용하면 좋은 책이다.

미리엄 카버와 빌 차니Bill Charney가 함께 쓴 책, 《이사들을 위한 연습서: 정책거버넌스를 활용해 문제해결, 의사결정, 그리고 더 강한 이사회 구축하기*The Board Member's Playbook: Using Policy Governance to Solve Problems, Make Decisions, and Build a Stronger Board*》는 정책거버넌스 이사회가 거버넌스 기술을 계속 연마해 기술력이 떨어지지 않게 도와줄 체계적인 연습 활동을 제시한다.

100편이 넘는 내 글을 모아 펴낸 《존 카버의 이사회 리더십: 세계에서 가장 도발적이고 체계적인 거버넌스 모델 창시자 선집*John Carver on Board Leadership: Selected Writings from the Creator of the World's Most Provocative and Systematic Governance Model*》은 특정 거버넌스 주제를 골라서 읽을 수 있도록 만들었다.

정책거버넌스 모델 전체를 압축적으로 살펴보고 싶은 사람들이 볼 만한 자료도 몇 가지 있다. 하지만 소논문 길이의 글은 대부분 정책거버넌스 전체를 다루기보다 한 가지 측면에 집중한다 [참고자료 1].

앞으로 열두 장에 걸쳐 전개되는 정책거버넌스 모델에 대한 설명은 사람들이 이사회 운영 절차와 기능, 책임을 바라보는 방식을 영구히 바꾸는 것이 목적이다. 이 모델은 오래된 진실을 차용하지만 독특한 개념과 원칙들도 소개한다. 그 모든 목적은 사람들이 서번트 리더십과 다양하고 풍성한 아이디어, 명확하게 분리된 채로 서로 도움을 주는 역할, 그리고 꿈을 향한 견고한 체계를 통해 의도한 바를 이룰 수 있게 하는 것이다.

서번트 리더십은 로버트 그린리프Robert Greenleaf가 제안한 사회적 책임에 관한 개념으로, 섬김의 마음가짐에 기반한 리더십 공식이다. 그린리프가 이상적으로 표현한 섬김의 마음가짐을 한 리더는 책임 있는 거버넌스의 필수 요소다 [참고자료 2].

참고자료

1. Carver, J., and Carver, M. M. *Basic Principles of Policy Governance.* The CarverGuide Series on Effective Board Governance, no. 1. San Francisco: Jossey-Bass, 1996a.
   Carver, J., and Carver, M. "Le modèle Policy Governance et les organismes sans but lucrative" [The Policy Governance model and nonprofit organizations]. *Gouvernance Revue Internationale* (Canada), Winter 2001, 2(1), 30-48.
   Carver, J. and Oliver, C. "Crafting a Theory of Governance." *Corporate Governance Review*, Oct.-Nov. 2002d, *14*(6), 10-13.
   Carver, J. *Empowering Boards for Leadership: Redefining Excellence in Governance.* San Francisco: Jossey-Bass, 1992b. Audiotape.
   Carver, J. "Leadership du conseil: 'The Policy Governance Model'" [Board leadership: The Policy Governance model]. *Governance Revue Interna-*

tionale (Canada), Spring 2000d, *1* (1), 100 - 108. Reprinted under the title "A Theory of Corporate Governance: Finding a New Balance for Boards and Their CEOs" in J. Carver, *John Carver on Board Leadership.* San Francisco: Jossey-Bass, 2002g.

2. Greenleaf, R. K. *Servant Leadership: A Journey into the Nature* of *Legitimate Power and Greatness.* New York: Paulist Press, 1977.
   Spears, L. C. (ed.). *Reflections on Leadership: How Robert K. Greenleaf's Theory of Servant Leadership Influenced Today's Top Management Thinkers.* New York: Wiley, 1995.
   Spears, L. C., and Lawrence, M. (eds.). *Practicing Servant Leadership: Succeeding Through Trust, Bravery, and Forgiveness.* San Francisco: Jossey-Bass, 2004.

차례

일러두기

1. 이 책은 1990년을 시작으로 세 차례(1990, 1997, 2006년) 출간되었으며, 2006년 출간본이 이 번역본의 저본이 되었다.
2. 모든 각주는 옮긴이가 단 주석이나, '역주'라고 따로 표기하지 않았다.
3. 원서에서 일반 용어와 구분하기 위해 대문자로 표기된 정책 범주 명칭은 고딕체로 굵게 표시하였다.

제 1 장

이사회 리더십

집단 책무라는 비전

이사회를 향한 내 비전은 통상적인 기존 이사회보다 훨씬 탁월한 이사회를 추구한다. 이 첫 장의 목표는 그 비전을 폭넓게 설명하여, 이어지는 장에서 더 자세히 살펴볼 수 있도록 준비하는 것이다. 먼저, 이 책의 범위를 일반적인 이사회로 좁히기에 앞서 각종 회의체를 분류하는 방식부터 들여다보려고 한다. 그런 다음, 비영리단체와 공공기관을 같은 범주로 묶어도 무방하게 되는 특수한 시장 환경을 설명하겠다. 그러고 나서, 한발 물러나 모든 이사회가 — 기업, 비영리단체, 공공기관 할 것 없이 — 그들에게 주어진 기회를 충분히 활용하지 못하는 문제를 살펴볼 것이다. 오늘날 이 문제는 거버넌스에 관한 생각 자체를 근본적으로 바꿔야 할 정도로 아주 심각하게 만연해있다. 나는 이사회의 문제점에 일반적으로 대처하는 방법과 기존의 이런 대응이 불충분한 이유를 짚어보겠다. 이와 관련해 최근 국제적 현상이 된 기업 거버넌스 강령 만들기 열풍의 문제점도 함께 살펴보겠다. 나는 거버넌스를 조직의 다른 요소들과 따로 떼어 특별한 관심을 기울여야 한다고 주장할 것이다. 1장은 새로운 거버넌스 모델이 필요하며, 그 모델이 이사회의 전략적 리더십 역량에 기여해야 한다는 주장으로 마무리할 것이다.

1. 이사회 리더십에 관한 비전

이 책은 이사회의 점진적인 발전에 관한 책이 아니다. 곤경에 빠진 이사회가 아니라 오늘날 가장 우수한 이사회를 겨냥해 쓴 책이다. 이 책은 다름 아니라 거버넌스 관행의 변혁, 더 중요하게는, 사람들이 거버넌스에 대해 생각하는 방식의 변혁을 설명하고 촉구한다. 내 목적은 이사회가 하는 모든 업무에 대단히 논리적이고, 철학에 근거하면서도, 완벽하게 실용적으로 접근하는 방법을 설명함으로써 다시는 예전과 같은 방식으로 이사회를 생각하지 못하게 만드는 것이다. 이와 같은 목표를 추구한다는 것은 — 극단적 이성주의와 극단적 경험주의의 절충을 시도했던 칸트의 표현과 비슷하게 — 실용성 없는 거버넌스 이론은 공허하고, 이론이 뒷받침되지 않은 거버넌스 관행은 맹목적이라고 인식하는 것이다.

이 책 전체가 내 비전을 구체화하는 데 전념하지만, 여기서 내가 염두에 두고 있는 거버넌스 유형을 대략적으로나마 미리 보여줄 것이다. 경영진에게 맡기는 편이 최선인 영역을 침범하지 않고, 장기적 관점에서 가치를 중시하는 큰 그림을 관리함으로써 진정한 리더가 되는 이사회. 이사회의 책무를 벗어나지 않는 범위에서, 단체 실무자들에게 자율권을 최대로 부여해 효과적이면서도 안전하게 위임하는 이사회. 다양성과 포용을 추구하지만 결정된 사안에 대해서는 구성원들이 서로 다른 목소리를 내지 않고 한목소리를 내는 이사회. 주주와 마찬가지인 단체의 주인*owner*들에 대한 충성을 정당성의 기반으로 삼는 이사회. 사실, 주인과 이사회 관계는 매우 중요해서 올바른 이사회 역할은 '한 단계 높은 사무국'이 아니라 '한 단계 낮은 주인'이라고 설명하는 것이 최선이다. 이 개념 하나만으로도 거버넌스의 성격이 완전히 달라진다.

이사회 리더십에 관한 이 비전은 모든 이사회에 똑같이 적용된다. 얼마나 오래됐는지, 규모가 어떠한지, 자선단체인지 영리단체인지도 상관없다. 멕시코시티의 컨설팅회사 애퍼처Aperture의 시니어 파트너인 아달베르토 팔마 고메즈Adalberto Palma Gómez의 표현에 따르면, 정책거버넌스 모델은 "공공부터 민간과 비영리에 이르는 모든 종류의 단체에 속한 이사회에 새로운 비전을 제시한다". 비슷한 맥락에서, 기업 거버넌스 강령의 아버지로 불리는 에이드리언 캐드버리 경은 정책거버넌스 패러다임이 "모든 것을 포용하기 때문에 어떤 유형의 이사회나 단체에도 적용될 수 있다"며 "기업과 자원봉사 영역을 모두 아우르는 통합적인 거버넌스 이론"이라서 그렇다고 말했다.

내가 여기서 설명하려는 비전은 이사회 활동에 빠짐없이 적용되어야 하는 원칙들을 확인함으로써 이사회가 왜 존재해야 하는지 그 핵심을 찌른다. 그렇게 함으로써 어디에 있는 어떤 단체의 이사회에도 적용되는 모델 혹은 패러다임, 아니면 이론이나 운영체계를 — 이 중 어떤 표현을 사용해도 상관없다 — 구축할 수 있다. 이런 보편성에 대해 일률적인 적용이라며, 그럴듯하게 들리지만 사실 정책거버넌스 모델을 제대로 모른 채 반대하는 의견에 대해서도 차차 살펴보겠다 [참고자료 1].

'경영은 다 같은 경영'이라는 말이 있는 것과 비슷하게, 거버넌스는 다 같은 거버넌스라는 생각을 옹호해나갈 것이다. 앞으로 이사회나 경영진, 컨설턴트로 활약할 사람들이 이런 보편적인 거버넌스 이론의 기본 요소를 배우면 나중에 이사회와 관련된 어떤 상황에서도 그것을 적용할 수 있다. 물론, 그렇게 되기 위해서는 기본 요소가 아주 튼실해야 한다. 이것은 내가 독자들이 만족할 만큼 제대로 설명할 수 있기를 바라는 완벽한 설계에 관한 문제이기도 하다.

이 책에서 제시하는 거버넌스 구조는 그저 하나의 구조일 뿐임을 기억해야 한다. 이 체계를 유지하는 한 다른 여러 가지 방법들을 취해도 된다는 점에서 거버넌스를 위한 '핵심 기술'이라고 부를 수도 있다. 다시 말하면, 패러다임의 원칙이 지켜지는 한, 문제해결, 우선순위 결정, 소통하는 방법은 다른 사람들이 제안한 방식을 매우 유용하게 쓸 수 있다는 얘기다. 예컨대 다양한 문제해결 방식과 마이어스 브릭스의 대인관계 역학*Myers-Briggs interpersonal dynamics*• 마인드맵, 역장 분석*force field analysis*••, 친화도법*affinity diagramming*••• 등을 활용해도 된다. 정책거버넌스 원칙을 철저히 따른다면, 의사결정자에 관한 많은 연구결과의 전부 혹은 일부를 알맞게 다듬어 사용하는 것도 이사회 활동을 잘하는 데 도움이 될 수 있다(캐롤라인 올리버가 '여러 프로그램을 돌릴 수 있는 하나

• 성격유형 검사 도구인 MBTI로 유명한 마이어스-브릭스 社에서 제공하는 의사소통 지원 프로그램.

•• 어떤 상황을 목표에 대한 추진력과 억지력이 균형을 이루고 있는 장으로 보고, 이 두 힘을 식별함으로써 목표 달성 가능성을 높이려는 변화관리 기법을 말한다.

••• 어떤 주제에 관한 다양한 아이디어 또는 자료를 관련성에 따라 분류해 봄으로써 골자를 정돈하는 방법. 예를 들어 포스트잇에 적은 아이디어 등을 연관된 것은 아래로, 연관되지 않은 것은 옆으로 붙이는 방법이 여기에 해당한다.

의 운영체계'에 비유한 것이 아주 적절하다). 하지만 이런 방법은 — 그 자체로 아무리 좋은 것이라도 — 애초에 정책거버넌스 원칙을 염두에 두고 만들어진 것이 아니라서 신중하게 사용하지 않으면 오히려 해가 될 수 있다. 이를테면, 가장 정교한 문제해결 방법도 엉뚱한 단계에서 활용하면 쓸모가 없다 [참고자료 2].

이 책에서는 비영리 및 정부 관련 단체의 거버넌스만 다룬다. 주식회사의 거버넌스에 관해서는 2002년에 캐롤라인 올리버와 공동 집필한 《가치를 창출하는 기업 이사회*Corporate Boards That Create Value: Governing Company Performance from the Boardroom*》에서 집중적으로 다루었다. (이 책에서 영리 목적의 이사회를 다루지 않는 이유는 기본요소들이 똑같이 적용되지 않아서가 아니라, 사용하는 표현과 주인의 의도가 확연히 다르기 때문이다. 이렇게 배제하는 이유는 이 장에서 더 충분히 설명할 것이다.)

또한, 이사회가 새로운 개념이나 적어도 기존 개념을 새로운 방식으로 조합하는 법을 완벽하게 이해하는 것이 매우 중요하기 때문에, 이 책은 "방법"이 아니라 원리와 개념을 다룬다. 실질적인 이행을 완전히 간과하지는 않지만, 실행에 관한 자세한 내용은 대부분 1997년에 미리엄 카버와 함께 펴낸 《이사회 재창조》에 담겨 있다. 이 책은 2006년에 개정판이 나올 예정이다•.

다시 말하면, 나는 거버넌스에 관한 아주 현대적인 '사고방식'을 제시하며, 그것은 현실의 모든 세부사항과 조정의 기준이 되어야 할 개념적 일관성을 갖는다. 그러나 완전한 거버넌스와 리더십에 관한 내 비전을 설명하는 목적을 실현할 수 있으려면 그 전에 먼저 몇 가지 차

• 2007년에 개정판이 출간됐다.

별점을 짚어보고 변화의 필요성을 입증할 필요가 있다.

2. 회의체의 분류

여러 의사결정들을 규모에 따라 분류하면, 한쪽 끝에는 개인의 의사결정과 가족이나 동료 같은 작은 집단이 내리는 의사결정이 있다. 반대편 끝에는 국민투표와 선거로 이뤄지는 의사결정이 있다. 이 양쪽 끝 사이에는 이사회나 위원회 등으로 불리며 권한을 위임받은 회의체가 내리는 의사결정이 있다. 내가 여기서 설명할 회의체들을 분류할 때 고려하는 기준은 두 가지다. 첫째는 회의체의 조직 내 위상, 둘째는 회의체가 속한 조직의 경제적 특성이다.

1) 조직 내 위상을 기준으로 한 회의체 분류

거버넌스 이사회 가장 중요한 유형의 회의체는 궁극적으로 공동 책임을 지는 거버넌스 이사회다. 거버넌스 이사회는 언제나 조직의 가장 높은 위치에 자리한다. 법인이사회*corporate board*, 이사회*board of directors*, 수탁자회의*board of trustees*, 평의원회*board of regents* 같은 명칭을 쓰기도 하며, 모두 그 단체의 주인과 정부를 제외하고 가장 높은 권한을 갖는 집단을 가리킨다. 거버넌스 이사회는 공식적인 구조상 가장 높은 지위다. 이사회의 전권에는 단체의 모든 활동에 대한 전적인 책임이 따른다.

자문단 거버넌스가 아니라 조언을 제공하는 것이 역할인 회의체도 있다. 자문단은 아마도 (거버넌스) 이사회나 최고경영자, 혹은 다른 직원에게 조언할 것이다. 조직 내 적당한 부문에 공식적으로 소속되는 한, 어디에나 위치할 수 있다. 자문단은 필수가 아니라 선택이며, 조직 내 권한을 가진 자가 부여하는 만큼의 권한만 갖는다. 어떤 분야에서는 자문단에 폭넓은 권한을 주고, 자문단의 조언이 거의 확실한 영향력을 발휘하는 모습을 흔히 볼 수 있다. 그러나 조직 내 어떤 지위에서 그 회의체의 권한을 회수해갈 수 있는 한 그 회의체는 거버넌스 이사회는 아니다. 자문단의 권한은 오직 조언을 받는 사람들이나 법률, 혹은 — 회원제 단체인 경우 — 회원들에 의해서만 축소될 수 있다 [참고자료 3].

라인위원회• 상당히 보기 드문 형태의 회의체다. '라인'이라는 단어는 지금까지 명명된 적 없는 유형의 회의체를 가리킨다. 시스템 이론가인 아코프Ackoff가 다룬 다소 변형된 형태를 제외하면, 경영 관련 연구들도 이런 형태에 거의 주목하지 않았다. 라인위원회는 하위직에 확실한 권한을 행사한다는 점에서 자문단도 아니다. 그렇다고 조직 내 가장 높은 위치에 있는 것도 아니라서 이사회라고 보기도 어렵다. 그저 한 명의 일선 관리자가 맡았을 것 같은 자리에 집단을 끼워 넣은 형태에 불과하다 [참고자료 4].

실무이사회•• 사람들은 회의체가 바쁘게 돌아가는 모습을 보고 "일하는

• 사무국에 대한 권한을 갖는 일반적인 이사회가 아닌 회의체를 가리키는 것 같으나, 저자가 언급한 대로 이는 널리 통용되는 개념이 아니다. 따라서 정확한 내용은 확인하지 못하였다.

•• 거버넌스 기능과 실무 기능을 함께 수행하는 이사회. 조직의 성장과 발전의 관점에

회의체*working board*"라고 말할 때가 있다. 따라서 거버넌스 이사회나 자문단, 혹은 라인위원회도 일하는 회의체일 수 있다. 그러나 내가 말하는 '실무이사회*workgroup board*'는 직원이 거의 혹은 전혀 없는 조직의 이사회를 의미한다. 그들 자체가 거버넌스를 하는 동시에 실무도 해야 한다. 오로지 거버넌스에만 집중하는 이사회도 처음엔 이렇게 두 가지 기능을 동시에 수행하는 형태로 시작한 경우가 많다.

시민들의 모임같이 규모가 아주 작은 단체의 이사회는 보통 이렇게 이중 지위를 갖는다. 그 모임이 법인을 설립하면, 법인의 이사회로서 존재하게 된다. 직원을 채용할 충분한 자금이 없으니 눈에 보이는 인력이라곤 이사회 구성원이 전부다. 이런 경우, 거버넌스 이사회와 자문단, 라인위원회처럼 별도의 유형으로 구분하기 어렵다. 일반적인 이사회가 또 다른 일련의 책임을 추가로 맡은 형태라고 봐야 한다. 실무이사회는 조직 내 가장 높은 곳에 위치할 뿐만 아니라 조직 곳곳에 위치하기도 한다. 이런 이사회는 자신들이 서로 다른 두 가지 역할을 동시에 맡고 있으며, 각각을 확실히 분리해서 수행해야 최고의 성과를 낼 수 있다는 사실을 명심해야 한다 [참고자료 5].

서 보면 실무이사회는 거버넌스 이사회의 원형이라고 할 수 있다. 즉, 이 책에 따르면 이사회는 조직의 성장과 발전에 따라 실무이사회에서 거버넌스 이사회로 역할 정체성을 옮겨야 한다.

2) 속한 조직의 경제적 특성[•]을 기준으로 한 회의체 분류

자문단과 라인위원회의 권한과 책임은 하나의 절대적이고 포괄적인 원칙에 따라 정해지는 것이 아니라 특정 조직이 결정한다. 앞서 논의한 내용은 이 책의 유일한 주제인 거버넌스 이사회의 특징을 구분하기 위한 것이다. 이 책은 처음부터 끝까지 거버넌스 기능을 수행하는 이사회만 다룬다.

오래전부터 이사회가 이끄는 서로 다른 방대한 단체들을 영리(주식회사 혹은 느슨한 표현으로 사업체), 비영리, 정부 관련 단체 이렇게 세 그룹으로 분류하는 것이 일반적이었다. 이 세 그룹은 다른 추가적인 특징들에 의해 다시 여러 하위그룹으로 나뉜다. 예를 들어 주식회사는 다시 (주식이 공개적으로 거래되는) 상장회사와 (주식이 공개적으로 거래되지 않는) 비상장회사로 나뉜다. 비영리단체도 (정부나 준정부기관과 직접적으로 관련 있는) 공공단체와 (정부와 최소한의 관련성만 있거나 전혀 관련이 없는) 민간단체로 나뉜다. 비영리단체는 순수 자선단체부터 소속 회원들의 이익을 도모하는 것이 목적인 업종별 혹은 직종별 단체에 이르기까지 다양하다. 정부 관련 단체는 시, 군, 구, 지방, 주 같은 행정구역에 대한 거버넌스만이 아니라 상수도 구역, 교육구, 오염 규제 구역; 그 밖에 다른 여러 가지 관계 당국의 거버넌스도 포함한다. 일단 하위그룹은 무시하고 영리, 비영리, 그리고 정부 관련 이사회 이렇게 세 가지 주요 유형에 집중하겠다.

• 해당 조직이 직면한 시장과의 관계를 말한다.

영리 이사회 주식회사는 주주에게 이익을 돌려주기 위해 사업을 한다. 이런 기업은 보통 시장에서 경쟁하는데, 그 시장은 자유시장에서부터 상당한 정부 보호를 받는 시장에 이르기까지 다양하다. 기업의 이사회 또한 한 기업가의 사업을 위해 의무적으로 꾸린 명목상의 이사회부터 상당한 형식을 갖추고, 보수를 받으며 다양한 주주를 대변하는 집단까지 광범위하다.

비영리 이사회 자선사업을 목적으로 (아니면 적어도 출자금에 대한 수익배분이 아닌 다른 목적으로) 인가를 받은 단체엔 주주가 없다. 물론 법적으로는 주주에 상응하는 공식 회원이 필요할 것이다. 국제적으로는 그런 단체들을 '비정부기구NGOs'라고 한다. 미국에서는 국제 비영리단체를 가리켜 '민간자원봉사기구PVO, private voluntary organization'라는 표현을 많이 쓴다. NGO와 PVO 모두 비영리단체에 속한다.

비영리단체도 잉여금을 적립할 수 있지만, 비영리단체 회계 시스템에는 당기순이익이 들어갈 자리가 없다. 비영리단체는 세금을 일부 면제받고, 잉여금을 투자자들에게 배분할 수 없다는 점이 일반 기업과 다르다 〔미국의 경우, 이런 면세혜택은 잘 알려진 세법 501(c)(3) 조항 뿐 아니라 다른 여러 가지 유리한 조세 지위를 포함한다〕. 비영리단체는 대개 수입의 많은 부분을 재화나 용역 판매보다는 다른 단체의 자금 지원과 개인의 기부로 충당한다. 그러나 비영리단체 이사회의 법적 의무는 다른 기업 이사회와 비슷하다.

정부 이사회• 선출이나 임명을 통해 구성되는 정부 관련 이사회는 앞서 살펴본 유형의 이사회들보다 그 구성과 운영 절차에 더 많은 법적 제한을 받는다. 정부기관은 영리와 수익 배분에 관해서는 비영리단체와 비슷하다. 정부 관련 이사회는 (상수도사업소나 공항공사 이사회처럼) 준정부 성격을 띨 수도 있고, (시의회처럼) 완전한 정부기관일 수도 있다. 그들에겐 과세 권한이 있을 수도 있고 없을 수도 있다. 정부기관은 판매가 아니라 과세수입과 이용료로 수입이 생긴다는 점에서 비영리단체와 유사하다.

영리, 비영리, 정부의 이사회는 많은 공통점이 있다. 단체의 활동과 성취에 대해 최종 책임을 진다는 점은 모두 똑같다. 그러나 정치적 경제적 생존이라는 더 큰 맥락에서 보면, 처해 있는 상황이 다르다. 대중의 감시를 얼마나 받는지도 다른데, 이 요인에 따라 이사회의 역학관계에 수반되는 가식적인 행동*posturing*의 빈도가 달라진다. 세 유형은 이사회 운영 절차가 법으로 규정된 정도도 다르다. 각각의 이사회가 사용하는 방법에 전통이 미치는 힘도 확연히 다르다. 정부 관련 이사회는 대부분 20세기 경영방식이 등장하기 오래전부터 확고히 자리 잡은 전통을 갖고 있다. 예컨대 국회와 군의회에서는 전통이 워낙 강력해서 현대적인 경영원칙이 개발되었다는 티조차 내기 어렵다.

이 책은 특별히 정부와 비영리 이사회에 초점을 맞춘다. 그 명칭에 상관없이 오로지 거버넌스 수행자로서 그들이 맡은 기능에만 집중한다. 이사회를 이르는 다른 표현들로는 협의회, 위원회, 의회, 대표자회의, 원로회 등 여러 가지가 있다.

• 정부 출연기관 혹은 정부 산하기관(예: 상수도사업소, 공항공사)의 이사회뿐만 아니라 정부기관 자체(예: 시의회)를 포함하는 개념임에 주의할 것.

지금부터, '공공'이라는 단어는 다양한 유형의 정부 집단을 지칭할 것이다. 일반적으로 인식하기에 '공공'은 특별한 목적을 가진 정부 단체와 준정부 성격을 가진 비영리단체 사이의 애매한 영역까지 모두 아우르기 때문이다. 비영리단체나 공공기관 자체에 거버넌스 방식이 영리기업과 달라야 하는 요인이 내재하는 것은 아니지만, 거버넌스를 살펴볼 때는 이렇게 분리해서 집중하는 것이 효과적이다. 그렇다면 내가 비영리와 공공 이사회를 함께 다루는 이유는 무엇일까? 특히 그 범주에 속하는 단체의 유형이 대단히 이질적인 점을 고려한다면 말이다. 어쨌거나 같은 점보다는 다른 점이 더 많지 않은가? 포드재단과 지역사회 예술가협회, 신용조합은 이렇게 하나의 부류로 뒤섞이는 것을 달가워하지 않을 수도 있다. 그럼에도 그들을 모두 하나로 묶는 것이 타당한 이유는 비영리단체와 공공기관 이사회 대부분이 속한 시장의 특수한 성격과 그들의 주인이 바라는 것, 이 두 가지가 매우 유사하기 때문이다.

3. 시장 평가를 받지 않는 단체의 이사회

영리를 목적으로 세워진 기업은 보통 상품이나 서비스를 판매하고 돈을 받는다. 판매 수입은 기업과 소비자 사이에 일어난 교환의 결과물이다. 소비자들은 재화나 서비스가 값어치가 있는지 판단한다. 값어치가 없다면 사지 않고, 값어치가 있으면 구매한다. 따라서 이런 시장에서 경쟁하는 기업의 성공 여부는 대개 재무제표를 통해 드러난다. 그러나 비영리단체와 공공기관의 손익계산서는 성공과 실패를 보여주지 못할 뿐 아니라 가늠조차 어렵게 만든다. 다시 말하면, 그들의 재무 보고서에는 당기순이익 혹은 순손실이 보이지 않는다 [참고자료 6].

비영리단체와 공공기관은 보통 그들의 산출물*products*을 이용하는 사람들이 아닌 다른 곳에서 돈을 받는다. 직접적인 소비자는 할인된 가격을 지불하거나 아니면 돈을 전혀 내지 않는다. 비영리단체와 공공기관은 부족한 금액을 기부금이나 세수 지원으로 충당할 것이다. 소비자는 산출물의 가격이 적절한지 판단하지 않는데, 그런 선택 기회가 주어지지 않기 때문이다. 결과적으로, 비영리단체와 공공기관 모두 예산 압력과 자금 조달 압박에 시달리기도 하겠지만, 산출물과 가격에 관한 시장 원리의 영향을 직접적으로 받지 않는다.

대부분의 공공기관 및 비영리단체 거버넌스를 대부분의 영리기업 거버넌스와 구분하는 의미 있는 변수 하나는 산출물 가치에 대해 시장 평가가 자동으로 일어나는지 여부다. 나는 시장 평가를 여러 가지 대안이 있는 상황에서 특정 산출물에 대해 비용을 들여 생산할 만한 가치가 있는지를 소비자가 자유롭게 판단하는 것이라고 정의한다. 만약 인위적으로 경쟁을 막아 다른 산출물을 구할 수 없다면, 공정한 시장 평가가 안 되는 것이다. 소비자가 가격 전체를 지불하지 않는다면, 그 또한 공정한 시장 평가가 안 되는 것이다. 시장 평가에 관한 이 같은 정의는 '소비자의 무의식적인 평가'에 초점을 맞춘다. 무의식적인 평가가 없다고 해서 '시장'이라는 단어 자체를 사용할 수 없는 건 아니다. 예컨대, 공립학교와 가족계획지원센터는 각각 어느 정도 파악이 가능한 시장에서 운영되며, 직원들이 마케팅을 잘하면 더 좋은 효과를 낼 수도 있을 것이다. 하지만 이렇게 '시장'과 '마케팅'이라는 용어를 사용하는 것은 앞서 설명한 완전한 시장 평가와 전혀 관련이 없다.

소비자 판단을 종합할 시장이 없으면, 그 단체는 정말로 자기들의 산출물이 어떤 가치를 지니는지 알지 못한다. (뒤에서, 그런 단체는 자기들의 산출물이 무엇인지조차 모를 수도 있다는 얘기를 할 것이다!) 어떤 단체든 그 산출물을 생산하는 데 얼마의 비용이 들고, 직원들이 그 산출물의 질을 어떻게 생각하는지는 알 것이다. 소비자들이 기뻐하며 극찬한다는 사실도 알 것이다. 그 산출물이 얼마나 효과적인지도 정확히 알고 있을 수 있다. 그러나 시장이 없다면, 아직 그 산출물의 가치를 모르는 것이다.

그렇다면 거버넌스 관점에서, 대부분의 비영리단체 및 공공기관과 영리기업을 구분하는 중요한 요인은 경영방식이 아니다. 각각의 조건에서도 경영원칙은 모두 같기 때문이다. 수익 배분이 결정적 차이라고 보기도 어렵다. 그것은 본질이 아니라 회계 차원의 문제이기 때문이다. 지대한 영향을 갖는 차이점은 바로 대부분의 비영리단체와 공공기관은 산출물과 원가에 대해 많은 개인이 내린 평가를 종합할 행동 절차가 없다는 사실이다. 비영리단체와 공공기관은 성공과 실패를 규정하고, 해볼 만한 가치가 있는 일을 파악하며, 좀더 넓은 의미에서 우수성과를 인정할 수 있는 기반이 없다.

그래서 일반적인 공공기관이나 비영리단체 이사회는 기업 이사회라면 직면하지 않아도 되는 문제에 맞닥뜨린다. 시장 평가가 없는 상황에서 이사회가 그 기능을 대신해야 한다. 공공기관이나 비영리단체 이사회로서 책임 있게 행동하려면 이런 특수한 부담을 추가로 감당해야 한다. 효율적이기만 해서는 부족하며, 좋은 산출물을 내는 것으로도 충분하지가 않다. 생산성이 우수하다는 것의 합리적인 의미는 주로 어떤 산출물이 그것을 생산하는 데 드는 모든 경제적 비용만큼의 가치를 지니는지와 관련이 있어야 한다.

지금부터 나는 공공기관과 비영리단체가 전부 시장의 냉혹한 평가를 받지 않는 것으로 간주한다. 이 사실 때문에 공공기관과 비영리단체를 하나로 묶어도 무방하다. 몇 가지 예외는 있다. 예를 들어 비영리 병원은 냉혹한 시장 환경에서 운영된다. 나라마다 각종 규제와 보험의 개입이 있긴 하지만 말이다. 보조금을 받지 않고 전적으로 시장의 판단에 맡기는 비영리단체와 공공기관은 여기서 논의한 특수성이 전혀 없다. 이런 경우에도 이 책에서 소개하는 모델의 개념과 원칙이 거버넌스에 도움이 되며, 이사회 업무 자체는 더 수월하다. 그러나 수많은 공공기관과 비영리단체 중에 이렇게 제대로 시장 평가를 받는 경우는 아주 적다. 이런 단서를 기반으로 나는 공공 및 비영리 이사회가 침묵하는 시장을 위해 일하는 존재라고 생각한다.

4. 주인의 의도에 부합하는 이사회

사람들이 단체를 만들 때 목적으로 삼을 법한 세 가지를 생각해보자. 첫째, 투자에 대한 금전적 수익을 위해 단체를 만드는 사람들이라면 상법의 적용을 받는 법인 지위를 추구할 것이다. 둘째, 자신들의 삶을 스스로 개선하려는 (하지만 직접 돈을 버는 방식은 아닌) 목적으로 단체를 만드는 사람들이라면, 직업 관련 협회나 동업자단체를 설립할 것이다. 그런 단체도 비영리조직이지만 가장 유리한 세제 혜택을 받지는 못할 것이다. 이런 유형 중 특수한 경우로서, 자신들을 포함해 다른 사람들에게도 공적 구속력*police power*을 행사하길 바라는 경우, 하나의 지방자치단체로서 정부의 성격을 추구할 것이다. 셋째, 다른 사람의 삶을 개선하기 위해 단체를 만든다면, 비영리단체를 설립해 상당한 세제 혜택을 받을 수 있을 것이다 [참고자료 7].

각 경우에 단체의 목적은 그 주인이 원하는 바에서 나온다. 그러나 비영리단체나 정부기관의 목적을 규정하는 작업은 주식회사가 의도하는 금전적 주주가치를 규정하는 것보다 훨씬 다면적이다. 주식회사는 당연히 시장을 잘 관리해야 한다. 하지만 주식회사 이사회는(어떤 산출물이 가치 있는지 결정할 때) 비영리단체와 정부기관 이사회가 그래야 하는 것처럼 시장을 대신할 필요가 없다.

5. 거버넌스의 문제점

"시장을 대신하는" 역할 부담이 없는 이사회라도 지금껏 거버넌스의 책임이 너무나 어려운 도전이라는 것을 보여줬다. 이사회는 상황이 가장 좋을 때조차도 모범이 될 만한 효율성을 발휘하지 못했다. 드러커 Drucker (1974) 는 기업 이사회에 관해 쓴 글에서 "법적 지위에 상관없이 모든 이사회는 한 가지 공통점이 있다. '제 기능을 하지 못한다는 것.' 이사회의 몰락은 20세기의 보편적인 현상이다"(628쪽, 강조 표시 추가)라고 했다. 미국통신회사 ITT의 제닌 Geneen (1984) 은 이사회가 주주의 대리인임에도 불구하고 주주의 이익을 보호하지 못한다고 비판했다. "포춘*Fortune*지 선정 500대 기업 이사회 중에 95퍼센트가 법적으로나 윤리·도덕적으로 그들이 마땅히 해야 할 일을 제대로 안 하고 있다고 본다. 그들이 하고 싶었어도 못했을 것이다"(28쪽).

스미스Smith(1958)는 "미국 사람들이 이렇게 중요한 부분을 그토록 간과해왔다는 사실이 … 아이러니"라고 지적했다(52쪽). 경영에 관한 다른 모든 기능이 속속들이 연구되고 분석되는 동안, "이사회의 책임, 이사회와 경영진의 구별은 심각하게 방치됐다. 이 주제에 관한 경영학 연구는 안타까울 정도로 적고, 충격적일 만큼 실질적인 깊이나 새로운 아이디어가 없다"는 것이다. 주랜Juran과 라우덴Louden(1996)도 그 문제에 대해 똑같은 원인을 지목했다. "이사회의 본질적 중요성을 고려하면, 이사회의 직무가 산업 활동 전체에서 가장 연구가 안 된 분야 중 하나라는 사실은 충격적이다. … 그 결과 이사회의 직무는 실무 경험에 관한 폭넓은 교류나 강도 높은 연구와 같이 다른 기업활동 분야가 누렸던 혜택을 전혀 받지 못했다"(7쪽).

수년간 개선의 여지를 보이긴 했지만, 후대의 연구자들도 똑같이 비판적으로 평가했다. 이사회는 "20세기가 거의 끝나가도록 내내 대체로 쓸모가 없었다"(Gillies, 1992). 그들은 "요동치는 강물에 떠 있는 통나무 위에서 자신들이 통나무를 조종하고 있다고 생각하는 개미들 같다"(출처 미상, Leighton & Thain, 1997에서 인용). 레이튼과 데인(1997)이 설명하기를, "사실 이사회는 주주의 바람에 부응하기보다 권력을 유지하는 데 더 관심을 보이며 자기 영속성을 갖는 경우가 대부분이다"(39쪽). 미국 증권거래위원회 위원장을 지낸 아서 레빗Arthur Levitt(1998)은 "너무 많은 이사회가 제대로 감독하기보다 간과하는 경우가 더 많고, 사전에 대비하기보다 사후 대응만 한다"라고 비판했다.

이사회에 관해서는 그 막강한 조직 내 권력에도 불구하고 연구개발이 저조했다. 여기서 경영학 문헌의 명백한 아이러니가 드러난다. 리더십을 발휘할 기회가 가장 풍부한 곳에, 리더십을 발휘하기 위한 직무설계가 가장 빈약하다는 아이러니. 20세기가 끝나가는 시점에 기업 거버넌스 강령에 관한 관심이 유행처럼 전 세계 업계로 번지기 시작한 것은 기존 거버넌스 사고와 관행에 대한 비난이기도 하다.

내가 이 책에서 공공기관과 비영리단체 이사회만 따로 다루는 이유는 이사회 전반에 관한 이런 암울한 현실에 대응하기 위해서다. 공공 및 비영리 이사회는 영리 이사회와 똑같은 책임에, 인위적인 시장상황으로 인해 특수한 역할 부담을 떠안아야 하고, 목적을 서술하는 작업이 훨씬 복잡하다는 사실까지 더하면, 어려움을 겪는 게 당연하다. 합리적이고 현대적인 영리기업의 거버넌스도 근본적인 약점이 없지 않을진대, 비영리단체와 공공기관의 거버넌스가 여러 가지 흠결을 보이는 것은 놀라운 일이 아니다.

1) 무엇이 문제인가

비영리 및 공공 거버넌스의 문제점을 발견하는 데 학자가 필요한 건 아니다. 비영리 및 공공 이사회 몇 군데만 임의로 골라 살펴봐도 일상적인 문제점이 다수 드러날 것이다. 비영리 및 공공 이사회는 자주, 눈에 띄게 실수를 한다. 이사와 경영자들은 보통 이런저런 행동이 바보 같거나 헛되다고 느낀다. 그러나 그들 입으로 그렇게 말하는 경우는 드물다. 가식이 지배해온 역사 때문에 거의 공모라도 한 것처럼 조직의 문제점을 모른 척한다.

거의 모든 단체에서 훤히 예상할 수 있는 사실은 이사회보다 직원들이 각자 맡은 일을 더 확실하고 정확하게 안다는 점이다. 그뿐만 아니라 거버넌스보다 사무국이 그 업무수행에 더 신중을 기하고, 더 세심한 관심을 기울이며, 더 많이 점검하는 것이 보통이다. 소속 예술가들이 작업에 몰두할 때처럼 거버넌스에 능숙한 예술가단체 이사회가 있는지 찾아보자. 의사와 간호사, 심지어 병원시설 관리자들이 각자의 영역에서 능숙하게 실력을 발휘하는 것처럼 거버넌스에 능숙한 병원 이사회가 있는지 찾아보자. 자동차 기술자들이 맡은 일을 숙련된 기술로 해내는 것처럼 거버넌스에 숙련된 자동차회사 이사회가 있는지 찾아보자.

문제는 특정 이사회나 이사 한 사람이 어쩌다 한 번 잘못을 저지르는 것이 아니라 똑똑하고 신중한 사람들이 아주 심각하게 잘못된 거버넌스 방식을 꾸준히 보여준다는 점이다. 차이트Chait, 홀랜드Holland, 테일러Taylor (1996)는 효과적인 거버넌스를 "보기 힘든 부자연스러운 행동"(1쪽)이라고 도발적이면서도 정확하게 표현했다. 이런 일상적인 관행이 이사회의 효과성을 떨어뜨리는 것은 복잡한 모델이 없어도 명백하게 드러난다. 다음의 잘못된 관행 중 몇 가지를 피해가는 이사회는 있어도 모두 피해가는 경우는 드물 것이다.

사소한 일에 시간 허비 더 크고 중요한 일보다 사소한 일에 더 많은 관심을 쏟는다. 캔자스주 주요 공공 이사회에 참여하게 된 리처드 페캄Richard J. Peckham은 이사회가 하찮은 일에 너무나 정신이 팔린 모습을 보고 "나는 내가 지옥으로 쫓겨난 줄 알았다"라고 말했다. 이사회가 작고 세세한 일들에 애써 집중하는 동안 주요 프로그램 관련 사안들은 계속 미결 상태다. 일리노이주 한 교육위원회는 아주 자랑스럽게 "우리 위원들이 구매 결정에 적극적으로 참여해 … (두 교실의 책상을 교체하는 사안에 대해) 각기 다른 회사로부터 세 종류의 의자를 골라 다음 위원회 회의 때 볼 수 있게 하라고 관련 부서에 지시했으며, 이후 품질보증과 내구성을 검토하고, 가격과 색상을 결정했다"라고 밝혔다. 미국 전체를 대상으로 한 조사결과 교육위원회 절반 가까이가 녹음기, 카메라, 텔레비전 구매에 관한 결정을 내리는 것으로 나타났다(전미교육위원회협회National School Boards Association, 연도 미상). 그러니 차이트와 홀랜드, 테일러(1996)가 다음과 같이 주장할 만도 하다. "이사는 대개 막강한 권력과 선한 의도를 갖고 하찮은 일에 몰두하는 사람에 지나지 않는다"(1쪽).

단기 편향 이사회는 조직 내 다른 어떤 곳보다 장기적 관점에서 결정을 내릴 수 있다. 그런데도 우리는 이사회가 주로 곧 벌어질 일을 처리하고, 심지어 지나간 일을 다루는 더 희한한 모습도 보게 된다. 단체의 전략적 입지보다 지난달의 재무제표가 더 관심을 끄는 것이다.

사후대응적 태도 이사회는 사전에 주도적으로 의사결정을 내리기보다 사무국에서 세워놓은 계획에 수동적으로 반응하는 모습을 보인다. 사무국 활동에 관한 제안과 이사회 활동에 대한 권고안을 사무국에서 작성하는 경우가 너무 많다 보니 이사회에 알아서 안건을 만들라고 하면 일부 이사회는 아예 활동을 멈출 것이다.

검토, 재검토, 반복 검토 일부 이사회는 사무국에서 이미 한 일을 돌아보는 데 대부분의 시간을 쓴다. "우리 시간의 85퍼센트는 사무국 업무 평가에 쓰인다." 보스턴의 글렌도라 퍼트넘Glendora Putnam은 국가의 주요 위원회 활동에 대해 이렇게 말하며, "우리는 그럴 여유가 없다. 우리에겐 당장 지혜를 써먹어야 할 곳이 너무 많다"라고 덧붙였다. 그 많은 사무국 업무를 일일이 파악하는 것만도 엄청난 시간이 걸릴 수 있으며, 그렇게 하더라도 전부 파악하기는 불가능하다. 그러나 무엇보다 중요한 점은 사무국 업무를 검토, 재검토, 반복 검토 하는 일은 — 아무리 잘해도 — 리더십이 되지 않는다는 사실이다.

최고경영자 흔들기 이사회가 최고경영자의 권한과 책임에 "흠집을 내는" 경우가 자주 있다. 최고경영자를 선임하고도, 그가 자기 일을 하게 두지 않고, 직원에게 직접 지시를 내리거나 성과를 평가하는 식으로 사무국 업무에 지속적으로 관여하는 것이다.

불분명한 권한 구분 이사회와 경영진이 각각의 권한을 명확하게 구분하는 경우는 흔치 않다. 대개 거대한 회색지대가 존재한다. 이 불분명한 영역에서 문제가 생기면, 경영진은 이를 이사회에 넘기는 식으로 안전하게 대응한다. 그러면 이사회는 이 기회에 그 결정을 누가 내려야 하는지를 명확히 밝혀야 하는데, 그러지 않고 그냥 승인하거나 거부하고 만다. 그런 식으로 당면 문제는 정리가 되지만, 권한의 경계는 여전히 불분명한 상태로 남는다.

총체적 과부하 이사회는 조직의 그 많은 사안을 검토 없이 승인하거나 무시해버리지 않는 한, 전부 처리하기가 불가능해 보여 업무에 중압감을 느낄 것이다. 이사회는 절대 모든 일을 다 할 수 없으며 그러다가는 중요한 위험신호를 놓칠 수 있다.

2) 해결책을 향하여

이사회 문제는 상당수가 표면적인 흠집에 불과해 보이지만, 실은 보다 근본적인 문제가 있다는 징표다. "이런 것들은 어떤 문제의 증상에 불과하다." 캐나다 세인트 폴에 있는 앨버타주 공원휴양국의 배리 로맨코Barry Romanko는 이렇게 말하며 "문제는 우리가 이사회에 엉뚱한 일을 주고 있다는 것이다"라고 꼬집었다. 표면적인 문제에 대처하는 것도 그 자체로 해볼 만한 가치가 있을 수 있다. 또한, 흔히 하는 경고를 들먹이는 것도 괜찮은 방법이다. "정책대로 해라!" "최고경영자가 알아서 하게 둬라!" "무턱대고 승인하지 마라!" 그러나 거버넌스 개념으로 이뤄진 좀더 튼튼한 기반을 마련하는 편이 훨씬 유익할 것이다. 이사회가 직면한 문제를 보다 효과적으로 체계화한다면 단순히 일상적인 문제를 없애는 것 이상으로 잘할 수 있다. 즉, 이사회가 전략적 리더로 거듭날 수 있도록 모든 장애물을 없앨 수 있다.

6. 단편적 문제해결의 한계

이사회와 경영진도 자신들의 운영방식에 해묵은 결함이 있다는 것을 어느 정도까지는 잘 안다. 1970년대 들어 경영 이슈에 대한 대중의 관심이 폭발하면서 이사회가 할 수 있는 것은 거버넌스가 다가 아니라는 인식이 더 선명해졌다. (20세기 말, 상장기업 이사회에 대한 관심이 더 치솟은 데 따른 영향은 이 장 후반부에서 다룰 것이다.) 이사회 교육이 더 많은 관심을 받은 이유도 이런 인식 때문이다. 많은 이사와 경영자, 참관인들이 잘못된 이사회 관행에 대해 조언을 해왔다. 그러나 매우 합리적인 조언이라도 그런 처방으로는 부족했다. 기껏해야 몇 가지 혼란을 없애고 이사회 운영에서 아주 눈에 띄는 비효율성을 일부 개선하는 정도였다. 이런 시도 중에 종합적 개념 모델에 기초한 것은 거의 없고, 대체로 단편적이고 입증되지 않은 처방에 불과했다. 대부분이 이사회 활동의 수준, 이사회와 사무국의 관계, 이사회의 업무 성격에 관한 것이다. 이런 처방은 각각 코끼리의 어느 한 부분을 정확히 가늠한다는 점에서는 매력이 있다.

1) 활동과 관여에 관한 처방

관여를 늘릴 것 거버넌스 문제에 대한 한 가지 해법은 이사회가 더 많이 관여하라는 것이다. 이사회가 자발적으로 시간과 에너지를 들여 각종 활동에 물리적으로 관여함으로써 조직 업무에 직접적으로 참여해야 한다는 의견이다. 이사회가 조직 업무와 거리를 두면 조직을 이해할 수 없고, 변화를 이끌기에도 역부족이다. 이사회에 속해있다는 건 각 업무 담당자가 되기 위한 채용 절차를 거치지 않고도 그 조직이 하는 좋은 일을 접할 수 있다는 의미다. 이사회가 더 많은 활동을 해야 한다는 의견에 동의하는 사람들은 그 조직에서 "어떤 일이 진행되는지를 알아야" 한다. 관여하는 부분이 많은 만큼 이사회 안건도 늘어나고 위원회 업무도 무거워질 것이다.

관여를 줄일 것 반대로 관여를 줄이라는 의견도 있다. 조직 업무에 직접 참여하다 보면, 이사회가 나무만 보고 숲을 못 보게 된다. 주식회사

이사회가 경영진으로부터 충분히 독립하지 못했다는 이유로 비판을 받는다면, 비영리 이사회는 내부 업무에 너무 깊숙이 연루돼 마찬가지로 독립적인 판단을 하지 못할 수 있다. 이사는 지체 높은 보조 직원 역할을 하는 것보다 회의실에서 이사 역할을 충실히 하는 편이 낫다. 이사회가 할 일은 "최고경영자를 선임한 다음 관여하지 않는 것이다"라고 위스콘신의 한 병원 이사가 말했다. 이사회가 관여를 줄여야 한다고 주장하는 사람들은 대개 재무제표 같은 보고서를 통해 유의미한 사실들은 계속 파악하고 있어야 한다고 말한다. 안건은 명쾌하고 "효율적"일 것이다. 위원회 활동은 부담이 없을 것이다.

2) 이사회와 사무국의 관계에 관한 처방

감시자 역할 이사회는 최종 책임을 맡은 대리인으로서 사무국의 활동을 날카로운 눈으로 지켜봐야 한다. 이렇게 철저히 감시할 경우 위임은 제한적으로 이뤄져 많은 사안을 이사회가 직접 승인하고 사무국을 철저히 조사한다. 미네소타의 한 공익사업 위원회에서 활동하는 위원은 그 위원회의 주된 업무가 "사무국에 경계의 눈빛을 거두지 않는 것"이라고 주장했다. 감시자 역할을 하는 이사회는 경영에 깊숙이 관여하며, 때로는 사무국 활동과 연결되어 분주한 소위원회에도 관여한다. 이렇듯 엄격한 통제는 책무를 다하는 길, 아니면 적어도 안전해지는 방법으로 보인다. 그러나 감시자로서의 태도가 지나친 나머지 사무국과 적대적 관계로 치닫는 이사회도 있다. 이런 경우, 어떤 문제든 이사회로 넘어가면 골칫거리가 된다. 이사회가 또 다른 감시자 역할로서 지위가 낮은 직원들과 연대할 수도 있다. 그러면 예컨대 오하이오의

한 빈곤퇴치단체 이사가 말한 것처럼, 경영진으로부터 직원들을 보호하는 관점에서 문제를 바라본다. 그런 이사회는 기껏해야 건설적인 회의론자밖에 안 된다.

치어리더 역할 사무국 직원들은 기본적으로 정직하고 유능하므로 그들을 지원하고 응원하는 것이 이사회가 할 수 있는 최선의 역할이다. 가장 중요한 것은 신뢰다. 어쨌거나, 거버넌스를 잘하려면 믿음을 갖고 한발 물러서서 지켜볼 수 있는 최고경영자를 뽑아야 한다. 치어리더 같은 이사회는 경영에 관여하지 않는다. 경영은 자기들이 상관할 바가 아니라고 여긴다. 심지어 어려운 질문을 던지는 것도 자제할 것이다. 그러면 신뢰가 부족하다는 인상을 줄 수 있다고 생각해서다. 경영진의 요청을 무조건 승인하는 것은 일이 매우 순조롭게 돌아가고 있는 것에 대한 감사 표시다. 대개 최고경영자가 취임하고 나면, 이사회는 자문단처럼 보이기도 한다. 느슨한 통제가 가장 좋은 접근법이다("어쨌거나, 우리는 자원봉사자일 뿐이니까"). 비상근 이사회는 일을 방해하면 안 된다. 이사회 역할은 사무국을 지지하고 대변하는 것이지 그들을 지배하는 것이 아니다.

3) 이사회 업무와 능력에 관한 처방

관리자 역할 이사회는 일상적인 운영에서 한발 물러나 있지만, 관리자 역할을 할 수 있을 정도로 경영능력이 뛰어나야 한다. 이사로 선임되는 이유 중에는 인사, 재무, 프로그램 운영 등에 능력이 있다는 점도 포함된다. 이사회는 재무제표와 인력구성 패턴, 유지보수 보고서 등을 낱

낱이 들여다보게 된다. 그리고 복잡한 경영 업무에 직원들을 참여시킨다. 인사팀, 홍보팀과 같이 사무국 부서 구분에 맞게 각종 소위원회가 꾸려진다. 이사회는 다소 권위적으로, 고위관리자와 비슷하거나 적어도 사무국의 최고위 직원과 관리 책임을 공유하는 것처럼 보인다.

기획자 역할 기획은 경영에서 아주 중요한 부분이라서 이사회는 주로 계획을 세워야 한다. 이사회는 당장 실행에 관여하기보다 인사, 재무 등의 요소를 계획한다. 이사회는 장기적인 계획을 세우고, 소위원회와 함께 계획서를 작성하는 데 긴 시간을 할애한다.

고문 역할 이사회는 경험이 많은 사람들로 구성되니 그들이 가진 기술과 지식을 직원들이 이용할 수 있게 해야 한다. 이사회가 존재하는 주된 이유는 유용한 조언을 해주기 위해서다. 조언이 필요한 영역을 구분해 여러 개의 전담 소위원회를 둘 수도 있다.

모금가 역할 사무국이 단체의 사업을 실행하는 동안, 이사회가 해야 할 일은 단체가 유지되는 데 필요한 충분한 자선기금을 확보하는 것이다. "기부하거나, 모금하거나, 아니면 그만두거나." 이것이 이사회가 주문처럼 기억해야 할 말이다.

소통자 역할 이사회는 구성원들끼리는 물론이고 사무국과도 소통을 더 잘해야 한다. 이사회와 사무국이 서로 더 잘 듣기만 해도 그 단체는 더 만족스러운 방식으로 운영되고, 그로 인해 더 만족스러운 성과를 얻을 것이다. 특히 여러 인종으로 구성된 주민자치위원회community board• 이사회는, 기존의 소통장벽 때문에 이런 접근방식을 신뢰한다. 더 나은 거버넌스로 가는 길은 더 좋은 대인관계에 있다.

4) 이런 처방이 실망스러운 이유

이런 처방만 있는 것은 아니며, 이렇게 뚜렷하게 유형이 구분되는 것도 아니다. 다만 이사회의 비효율성을 해결하려고 제시된 방안들이 이렇게 폭넓고 다양하다는 것을 보여준다. 그리고 일부 개선만 바라는 입장에서 본다면, 이런 처방이 전부 쓸모없지는 않다. 각각의 처방이 딱 그럴듯해 보일 만큼의 진실을 담고 있어서 헷갈린다. 어쩌다 한두 번은 전부 좋은 접근이 될 수도 있다.

그러나 단편적인 지혜는 그때그때 달리 적용해야 한다는 문제가 있다. 최고경영자에 속아서 무턱대고 승인 도장만 찍어온 이사회라면 당연히 사무국을 더 엄격하게 통제하거나 고위관리자처럼 행동하는 등 업무에 더 많이 관여하는 게 나을 것이다. 끊임없이 이어지는 긴 회의에 지친 이사회라면 좀더 효율적인 안건으로 회의시간을 줄여나가는 것이 현명한 방법일 것이다. 그러나 상황이 조금만 달라져도 이런 대처방안 자체가 문제를 일으킬 수 있다.

문제를 기반으로 한 처방은 또 다른 문제의 씨앗을 뿌리는 셈이다. 대개 그 처방을 해야 했던 문제가 사라진 뒤에도 그 처방은 계속 남아 있기 때문이다. 예컨대 회의시간을 줄인 이사회는 곧 그 방식으로는

• 미국, 뉴질랜드 등에서 지방자치단체에 지역개발과 사회복지에 관한 사항을 권고하고 자문하는 역할을 수행하는 기구.

자기들이 원하는 만큼 안건을 제대로 처리할 수 없다는 것을 알게 된다. 혹은 훌륭한 최고경영자를 놓치기도 한다. 극단적으로 태도를 바꾼 이사회가 엄격한 통제와 의심을 계속하는 경우 그것을 견뎌낼 최고경영자는 없기 때문이다.

이사회를 개선하기 위한 처방은 보통 당면한 문제나 이사들이 다른 데서 경험했던 문제를 기반으로 한다. 문제에 기반한 개선책은 굉장히 합리적일 수 있지만 그래도 여전히 핵심을 빗나간다. 그것으로 지금의 어려움은 해소하겠지만 앞으로 일어날 여러 가지 문제를 예방하지는 못한다. 지금까지의 모습을 돌아보며 부족한 점을 고치는 방식은 또 다른 문제, 아마 지금과 정반대되는 문제를 불러올 것이다. 그것은 마치 뒷거울만 보며 고속도로를 내달리려고 하는 것과 같다.

7. 특수한 경영방식으로서 거버넌스

거버넌스라는 특별한 환경에 딱 맞춘 패러다임을 이용하면 좀더 일관되게 지혜를 활용할 수 있을 것이다. 어떤 기능이 과거의 여러 관행을 되는 대로 조합해왔다면, 그 기능은 지혜를 깔끔하게 담지 못하고 여기저기에 덧대야 한다. 거버넌스에 맞게 경영원칙을 조정한다는 건 이사회를 특별하게 대해야 한다는 전제가 깔려 있다. 거버넌스는 흔히 말하는 것과 다른 이유에서 특별하다. 다음 부분에서는 그 이유에 대해 말하고자 한다.

1) 단순한 자원봉사자가 아니다

비영리단체와 일부 공공기관 이사회는 자신들이 자원봉사자라는 생각을 가장 먼저 한다. 이러한 정체성 인식은 도움이 되기보다 잠재적 손실만 키운다. 이사회의 책임과 권한, 직무설계, 그리고 업무부담은 보수를 받는지 여부와 무관하다. 이사회가 자원봉사자로 이뤄졌다는 사실은 그 단체가 하는 사업이 공공 서비스임을 강조하는 것 외에, 거버넌스 및 그에 수반되는 책무의 무게와는 전혀 관련이 없다. 오히려 자원봉사라는 어감이 이사회의 리더십 역량을 심각하게 깎아내려 이사회가 하는 일의 가치를 떨어뜨릴 수 있다.

자원봉사는 북미 사람들이 오랫동안 지켜온 삶의 전통으로서, 여러 가지 능력과 통찰력, 시간을 제공해 기꺼이 돕고자 하는 마음을 훌륭하게 표현하는 것이다. 자원봉사자들은 무급으로 일을 돕는다. 기존 단체의 경우 사무국이 실무를 담당하는 만큼, 자원봉사라고 하면 대개 사무국을 돕는다는 뜻이다. 그러나 이사회는 사무국을 돕기 위해 존재하는 것이 아니라, — 보통은 더 많은 주인의 신탁을 받아 — 그 사업의 주인 역할을 수행하려고 존재한다. 돕는 일은 이사회가 아니라 사무국의 역할이다. 이사회에 소속된 자원봉사자가 할 일은 도움에 관한 관심이 아니라 주인의 관심을 표현하는 것이다. 사업의 주인이 된다는 건 이사회가 자신들이 하는 일을 자원봉사로 여겨서는 책임지고 통제할 수 없는 힘을 갖는 것이다. 그 힘을 사용하지 않는다면 이행을 게을리하는 것이며, 궁극적으로 무책임하게 사용하는 것이나 마찬가지다. 봉사와 주인의식을 혼동하는 건 위험하다. 이사회가 자원봉사자 지위를 강조하는 태도는 이사회의 효과성을 떨어뜨릴 위험이 있다 [참고자료 8].

한 사람이 서로 다른 두 가지 역할을 할 수도 있으니 이사가 사무국을 돕는 자원봉사자로 활동해도 된다. 다만 모두의 머릿속에서 두 역할이 엄격히 분리되어야 한다. (이사 개개인이 아니라) 공식적인 집단으로서의 이사회는 그 역할을 오로지 주인의 대리인으로 한정하는 것이 현명한 방법이다. 이사회가 사무국에 조언을 제공할 필요는 없다. 사실 그러면 문제가 생길 수 있다. 중요한 건 이사회가 최종 책임자로서 본연의 역할을 다 하는 것이다. 지휘체계 — 혹은 도덕상의 권한체계라고 해도 된다 — 도 용납된다. 따라서 이사회의 중추적인 역할은 조언자나 조력자가 아니라 지휘관이다 [참고자료 9].

2) 수탁자로서 이사회

다른 관리자들은 상사가 누구인지 명확한 데 반해, 이사회는 보통 규정하기 애매한 집단이나 명확하게 규정되더라도 지시를 받기 어려운 사람들을 위해 일한다. 규정하기 애매한 집단을 위해 일하는 예로는 공영라디오방송국 이사회가 있고, 규정은 명확하나 지시받기가 어려운 집단을 위해 일하는 예는 시의회가 대표적이다. 이사회가 수탁자 역할을 하는 대상이 분명 있긴 한데 그 대상이 누구인지 말하기가 어렵다. 그래서 이사회는 다른 관리자들보다 지시와 평가를 받기가 더 어렵다.

이 책은 이사회가 주로 충성해야 하는 다양한 이해관계자들을 구분하기 위해 도덕상의 주인*moral ownership*이라는 개념을 장려한다. 이 개념은 흔히 말하는 '이해관계자'보다 더 섬세하게 정의한 집단을 가리킨다. 주민자치위원회의 경우 그 지역사회 전체가 도덕상의 주인이며, 회원제 협회에서는 회원 전체가 도덕상의 주인이다. 거버넌스 설계에서 주인 개념이 왜 그렇게 중요한지와, 주인 개념이 어울리지 않을 것 같은 단체에서조차 그래야 하는 이유에 대해서는 뒤에서 설명하겠다. 지금은 이사회가 자신의 주인이 누구인지와 그들의 목소리를 듣는 방법을 알지 못하면, 맡은 책임을 제대로 이행할 수 없다고 말하는 것으로 족하다.

3) 특수한 의사결정자로서의 이사회

거버넌스 업무에 경영원칙이 적용되긴 하지만, 이사회는 자신들이 하는 일이 경영을 위로 끌어올린 차원이라기보다 주인의 소유권을 아래로 연장한 차원이라고 생각하는 편이 낫다. 거버넌스는 한 단계 높은 경영이 아니라 한 단계 낮은 소유권이다. 이사회에 도움이 될 만한 경영능력도 구매, 마케팅, 인사관리 같은 구체적인 능력이 아니라 최고경영자가 갖춰야 할 총괄적인 경영능력과 비슷하다. 그러나 이사회 역할은 비상근 '왕회장'처럼 행동하는 것이 아니다. 왜냐하면, 거버넌스를 특수하게 만드는 특성들이 있기 때문이다. 의사결정과 관련해 오직 이사회에만 있는 몇 가지 특징은 다음과 같다.

- 이사회는 책무 사슬의 맨 끝에 있다. 다른 관리자들은 자신보다 위아래에 있는 사람들을 모두 상대해야 한다. 이사회에서 책무 사슬이 끝나기 때문에 이사회는 주어진 사안 중 어느 부분만 보면 된다고 구분해줄 상사가 없다.

- 이사회가 대리하는 본인은 도덕상의 의미에서 그리고 때때로 법적인 의미에서 거의 눈에 보이지 않고, 대개는 미정이며, 설령 모습을 드러내더라도 희한하게 간헐적으로만 나타난다.
- 이사회는 하나의 집단으로 작동하는 개인들의 모임이다. 여러 사람의 관점과 가치를 모아서 하나의 해결책을 만드는 점은 공동으로 권한을 행사하는 집단의 고유한 특성이다.
- 개인이 집단에 속하면 개인의 규율이 흐트러지는 경향이 있다. 이사회는 각각의 이사들이 개인적으로 활동할 때보다 규율이 약해지기 쉽다.
- 조직 내 지위가 낮은 구성원들이 볼 때 이사회는 일반 관리자들보다 더 대하기 어려운 사람들이다. 그들은 비상근일 뿐만 아니라 마주칠 일이 없다.
- 관리자는 집단을 감독하는 한 사람인 반면, 이사회는 한 사람을 감독하는 집단이다. 그러니 거버넌스는 경영을 뒤집어놓은 형태와 같다. 뮐러Mueller (1981) 는 거버넌스가 본질적으로 경영과 다르다고 주장한다. 그의 표현에 따르면, 거버넌스는 "생각과 행동이라는 유연한 영역"이 펼치는 현상으로서 언제나 불완전하다. 그리고 "그것은 가치를 중시하며, 주관적이고, 직관적이며, 사회적 상호작용을 다루는 예술행위 같은 특징이 보인다"(xii쪽).

8. 기업 거버넌스 개혁과 그 영향

가장 최근에 일어난 기업 거버넌스 개혁의 흐름은 영국의 캐드버리 위원회가 기업 거버넌스에 관한 보고서를 발간한 1990년에 시작됐다. 비록 비영리나 공공 이사회는 직접적인 영향을 거의 받지 못했지만, 기업 분야는 에이드리언 캐드버리 경의 획기적인 성과 덕을 많이 보았다. 그 보고서의 영향으로 영국에서는 최고경영자/대표이사 겸임 제도, 비집행이사(사외) 대 집행이사(사내) 비율, 그 밖에 널리 퍼진 다른 관행에 문제를 제기하는 운동이 일어났다. 1990년대가 흘러가는 동안, 일련의 거버넌스 실패 사례를 계기로 세계 여러 나라에서 거버넌스 강령을 새로 개발하거나 강화하는 작업이 유행처럼 번졌다. 세계 자본시장에서 차지하는 위치 때문에 미국도 2002년에 사베인스-옥슬리 법안Sarbanes-Oxley Act • 을 통과시키는 것으로 징벌 열풍에 동참했다. 이 법안은 다른 나라에서 만든 규정과 비슷하게 상장회사에만 적용되지만, 많은 비영리 및 공공 이사회는 이 법의 조항을 시키지 않아도 따를 만한 가치가 있는 거버넌스의 황금 기준으로 대하기 시작했다 [참고자료 10].

기업 거버넌스 강령은 대체로 거버넌스의 본질을 개선하는 효과는 별로 없고, 투자자를 보호하는 효과는 큰데, 사베인스-옥슬리법이 특히 그렇다. 이런 조치는 개념적으로 일관성을 갖는 이론에 기초한다기

• 미국 엔론社의 회계부정 사건을 계기로 상장기업 회계 투명성을 강화하기 위하여 2002년에 제정된 미국 연방법률이다. 기업 회계부정 방지를 위한 여러 내용 중 이사회와 관련하여 사외이사가 과반수가 되도록 이사회를 구성할 것을 강제하는 내용이 포함되어 있다.

보다 "누적에 의한 발전"(Kuhn, 1996, 2쪽)에 해당한다. 이런 조치가 투명성과 독립성에 초점을 맞추는 것은 나무라기 어렵다. 하지만 이런 것들은 거버넌스 방법에 관한 처방이 아니다. 더욱이 위원회와 최고경영자 및 이사회 의장 역할에 관한 강령의 규정도 솔직히 문제가 있다. 갑자기 거버넌스를 종교처럼 신봉하게 된 미국의 기업 이사회는 새 법을 따르기 위해 엄청난 법무비용을 지출했다. 좋은 거버넌스에 관한 관심이 예전보다 많아져서가 아니라 법을 지키는 데 관심이 아주 많아서 그렇다는 건 쉽게 증명할 수 있다.

결과적으로, 지금의 강령은 이해의 충돌과 경영진의 지배를 더 엄격하게 통제하도록 함으로써 여러 가지 잘못된 관행을 금지하는 효과가 있다. 교통법규가 정지, 회전, 속도, 면허에 관한 규칙을 지키게 하는 것과 매우 비슷하다. 교통법규를 꼼꼼하게 지키는 것이 분명히 바람직하기는 하지만, 그 자체로 좋은 운전자가 되는 건 아니라는 사실을 누구나 안다. 정책거버넌스 이사회는 이미 기업 거버넌스 강령의 실질적인 요건들을 채우고도 남는다. 그들은 10장에서 설명하는 동의(자동승인) 안건을 사용함으로써 실질적이지 않은 요소들까지도 쉽게 따를 수 있다.

이론적 바탕이 없는 상태에서 기업 거버넌스 개혁은 그 순간의 정치적 열기에 휩쓸려 단편적인 해결책을 하나 더 추가하는 유행 같은 면이 있다. 예를 들어, 이사회 관여를 늘리는 방안은 정책 통제를 강화하는 대신에 간섭이 심해지는 결과로 이어지기 쉽다. 당연히 반발이 일어나고, 이사회 관여의 유용한 부분까지도 신뢰를 잃는다. 미국 기업 이사들에게 쓴 글에서 레펠드Rehfeld(2005, 1쪽)는 간절한 바람을 담아 이렇게 말했다. "이사라면 회사가 하는 모든 일에 관심을 기울이되 간섭하지 않는 전통적인 태도를 유지해야 한다는 생각은 이제 생명을 다한 것 같다." 사실 캐나다 재계 거물인 콘래드 블랙Conrad Black• 은 지금도 계속되는 기업 거버넌스 개혁을 가리켜 일시적인 유행이라고 일축했다. 흥미롭게도 그의 회사는 그 후 여러 가지 거버넌스 문제가 공개되면서 곤욕을 치렀다 [참고자료 11].

9. 새로운 거버넌스를 향해

나는 이 모든 요인을 고려해, 이사회의 특수한 환경을 다룰 수 있도록 현대경영원칙에 변화를 주었다. 유용한 제안을 모아놓는 수준을 넘어서, 거버넌스에 맞게 완전히 새롭게 정리한 패러다임이다. 현재 널리 행해지고 있는 거버넌스는 과거에 벌어진 사건들과 단편적인 요소들을 뒤죽박죽 모아놓은 형태로서 틀림없이 똑똑한 사람들이 고안했을 테지만, 전체를 아우르는 일관된 개념에서 비롯된 것이 아니어서 심각한 문제가 있다.

거버넌스 모델은 이사회의 사고와 활동, 구조, 관계를 구조화할 수 있게 만든 체계다. 설계된 모델은 새로운 본질의 거버넌스를 만들어내며, 이것은 특정 거버넌스 문제에 관한 현명한 해법을 모아놓은 것과도 전혀 다르다. 우리는 이 모델로부터 무엇을 기대해야 할까? 거버넌

• 영국 〈데일리 텔레그래프〉와 미국 〈시카고 선 타임즈〉, 이스라엘 〈예루살렘 포스트〉 등을 발행하는 미디어 그룹 홀링거 인터내셔널의 전 소유주. 홀링거 인터내셔널로부터 약 6천만 달러를 횡령한 것으로 밝혀졌으며, 2012년 석방 후 미국에서 모국인 캐나다로 추방되었고, 2019년에 트럼프 대통령이 그를 사면하여 논란이 일었다.

스 활동을 구축할 수 있는 더 좋은 체계가 있다면 어떤 환경이 더 좋을까? 이런 맥락에서의 '모델'은 획일적인 구조가 아니라 일련의 원칙임을 명심한다면, 우리에게는 좋은 거버넌스 모델이 다음과 같은 일을 해내기를 기대할 권리가 있다고 생각한다.

1. **비전 "육성"** 유용한 거버넌스 체계라면 무엇보다 비전을 유지하고 지지해야 한다. 행정체계는 우리가 세세한 것에 엄청난 관심을 쏟게 만든다. 그런 꼼꼼함은 칭찬받을 만하지만, 자칫 목적이라는 더 큰 문제를 놓칠 수 있다. 생각지도 못한 것을 생각하고 꿈꾸길 독려하는 체계가 갖춰져야 한다.
2. **근본 가치 표명** 이사회는 단체의 가치를 수호하는 집단이다. 거버넌스 체계는 이사회가 가치에 집중할 수 있게 해야 한다. 각종 사안에 대해 끊임없이 결정하느라 가치를 숙의하고 표명하는 일을 소홀히 해서는 안 된다.
3. **외부에 신경 쓰기** 단체는 내부에 집중하는 경향이 있어서, 거버넌스 모델이 시장과 같은 외부요인에 민감하게 반응하도록 개입해야 한다. 그로 인해 이사회는 조직운영과 관련된 내부이슈보다 수요와 시장에 더 신경을 쓸 것이다.
4. **성과 중심 조직체계 구현** 모든 기능과 의사결정은 목적이라는 기준에 부합하는지 엄격히 따져봐야 한다. 효과적인 모델이라면 이사회가 성과 중심으로 사명을 정할 뿐만 아니라 그 사명을 단체의 핵심 주안점으로 삼아 단계적으로 실행하게 할 것이다.
5. **사안의 경중 가리기** 이사회 구성원들은 대체로 중요한 문제에 우선 시간을 할애해야 한다는 데 동의한다. 그런데 그 중요한 문제를 가려내

는 공통된 방법이 없다. 좋은 거버넌스 모델은 문제의 경중을 구분할 수 있게 해줘야 한다.

6. 미래지향적 사고 견인 거버넌스 체계는 이사회가 주로 미래를 생각하게 만들어야 한다. 전략적 리더십은 장기적인 관점을 요구한다.
7. 선제적 태도 유도 이사회가 단순히 관성으로 움직이는 상태에서 벗어나려면, 거버넌스 모델은 이사회가 사후에 반응하는 태도에서 벗어나 사전에 주도적으로 움직이도록 압박을 가해야 한다. 그런 모델은 이사회가 승인보다 창조에 더 관여하게 할 것이다.
8. 다양성과 통일성 도모 이사회를 구성하고 의견을 들을 때는 다양성을 최대한 추구하면서도 그 다양성을 하나의 목소리로 통합하는 것이 중요하다. 반대의견을 억누르거나 만장일치를 가장하지 않으면서도 한 목소리를 내도록 잘 대처해야 한다.
9. 관련 수혜집단과의 관계 명시 법적으로나 도덕상으로 이사회는 보통 수탁자다. 또한, 어느 정도는 소비자와 이웃, 사무국에 대해서도 책무가 있다. 거버넌스 모델은 이런 다양한 수혜집단이 그 모델의 어느 부분에 속하는지 명확히 밝혀야 한다.
10. 규율을 위한 공통된 기반 제시 이사회는 직무기술서를 준수하고, 충동에 흔들림 없이 결단하며, 토론의 핵심을 유지하는 데 어려움을 겪는다. 거버넌스 모델은 이사회가 스스로를 규율할 수 있는 합리적인 기반을 제공해야 한다.
11. 주요 사안에 대한 이사회 역할 규정 거버넌스 모델은 이사회가 자신들의 역할을 다른 사람들의 역할과 비교해서 분명하게 밝힐 수 있게 해야 한다. 그래야 어떤 사안에 대해서든 이사회가 구체적으로 공헌하는 바가 명확하게 드러난다.

12. **필요한 정보 판단** 거버넌스 모델은 관리 감독에 필요한 정보의 성격을 더 정확하게 구분해 정보가 너무 많거나 너무 적은 경우, 혹은 너무 늦게, 순전히 잘못된 정보를 이용하는 상황을 피할 수 있게 해줄 것이다.
13. **과잉 통제와 과소 통제 간 균형 잡기** 너무 많이 통제하거나 너무 적게 통제하기, 혹은 역설적이지만 둘을 동시에 하기는 쉽다. 같은 이사회가 무턱대고 승인을 해주는 동시에 이것저것 참견하기 좋아할 수도 있다. 거버넌스 모델은 경영에서 엄격한 통제와 느슨한 통제가 필요한 면들을 명확하게 구분해줄 것이다.
14. **효율적인 시간 활용** 비영리 및 공공 이사회 구성원들은 시간을 제공한 대가로 기념품 정도를 받거나 아예 아무 보상도 받지 않는다. 그들은 자발적으로 시간을 내지만, 그들 중에 시간을 낭비해도 되는 사람은 거의 없다. 거버넌스 모델은 반드시 처리해야 할 일을 선별해 이사회가 귀한 시간을 더 생산적으로 사용할 수 있게 해야 한다.
15. **이사회 권한 사용의 강도 조절** 강력하지만 숨 막히게 하지 않는 것이 이사회의 어려운 임무다. 거버넌스 모델은 이사회가 이렇게 균형 있게 행동하는 방법을 제시해야 한다.

거버넌스에 대해 개념적으로 논리 정연하게 접근하는 방식이 비영리단체와 공공기관에 효과적인 처방이 될 것이다. 세인트루이스주에 있는 페인팅・실내장식업자협회Painting and Decorating Contractors of America 대표인 이안 호렌은 이에 동의하는 뜻으로 다음과 같이 말했다. “단체 내 세력은 함께 내리는 모든 결정이 비영리라는 특수성에 기반을 둔다고 주장할” 테지만, 이런 “시각은 지금까지 비영리 경영에 일어난 놀라운 변화를 일축하는 태도다". 경영 분야에 가장 획기적인 발전이 일어날 수 있었다면, 그것은 아마도 조직에서 가장 큰 영향력을 갖는 이사회에서 일어났을 것이다. 우리는 이사회가 발전에 유리하며 발전할 여지도 많다는 점을 서둘러 주목해야 한다.

하지만 이사회를 너무 오래 봐서 지금의 모습이 잘못됐다는 점을 알아채기가 어렵다. 우리는 비영리 및 공공 이사회가 허례허식과 관례에 따른 무의미한 표현을 써가며 일을 처리하는 평범함에 익숙해졌다. 똑똑한 사람들이 사소한 일에 묶여서 꼼짝 하지 못하는 모습을 너무 오래 봐온 탓에 이제는 우리도 그들도 문제점을 보지 못한다. 우리는 겉으로는 전략적 리더 같아 보이는 사람들이 바로 다음 달에 있을 급한 볼일에 정신을 못 차리는 모습을 지켜보았다. 주도면밀한 사람들이 자주 분별없는 행동을 해서, "선의를 갖고 철저히 엉뚱한 일만 하는 사람들"처럼 보인다고 미시건주 버밍험에 있는 브린 모어 어소시에이츠Bryn Mawr Associates의 필립 젠킨스가 말했다. 무슨 이유 때문인지, 유능한 사람들이 유독 공공 및 비영리 이사회에 대해서는 탁월함의 기준을 다르게 갖는다. "수탁자 역할을 할 때는, 대개 좋은 경영원칙들을 제쳐두고 심지어 상식까지 던져버릴 때도 있다"(Chait & Taylor, 1989, 44쪽). 비전이 사업의 최우선 순위여야 할 토론장에서 세세한 것들에 시간을 너무 오래 쓰니까 다들 지쳐서 뭐가 문제인지를 전혀 보지 못한다. 어쨌거나 이사회는 이사회일 테니까!

우리는 강한 이사회가 필요하고, 강한 경영진도 필요하다. 로버트 게일에 따르면 "한 가지 중요한 문제는 너무 약해서 아무것도 할 수 없거나 반대로 너무 강해서 아예 조직을 경영해버리는 이사회가 많다는 점이다". 이사회의 강화된 권력이 문제라면 해결책은 당연히 그 권력을 약화하는 게 아니다. 엔진의 힘이 세면, 차체를 개선해 장점을 살리는 게 낫지 점화 플러그를 몇 개 잘라내서 "해결"할 일이 아니다. 이사회 영향력이 일을 더 잘하게 만드는 것이 아니라 오히려 다른 사람 일을 방해한다면 설계에 뭔가 문제가 있는 것이다. 거버넌스 개념과 이사회-경영진의 관계를 새로운 시각에서 바라볼 필요가 있다. 게일이 한 말에 담긴 냉혹한 현실만으로도 새로운 거버넌스 모델이 필요하다는 충분한 이유가 된다.

라우덴Louden(1975)이 "우리가 조직을 지배할 방법에 간여하지 않으면 조직이 우리를 지배할 것이다"(117쪽) 라고 표현한 것은 피해망상이 아니다. 우리가 전통적으로 따랐던 거버넌스 패러다임은 자신의 시간과 재능을 제공하는 사람이나 그들이 추구하는 사명에 적합하지 않다. 거버넌스는 진작에 다시 태어났어야 했다. 지난 몇십 년 동안 이사회에 대해 많은 글이 쏟아졌지만, 대부분이 새로운 페인트와 타이어로 고장 난 자동차를 조금씩 개선해보려는 시도였다. 이 책의 목적은 지금까지의 그런 노력과 현재의 모습을 비난하는 것이 아니라 더 나은 방법을 제안하는 데 있다. 내가 하려는 말은 전략적 리더십은 흥미진진하고 접근하기도 쉽다는 것이다.

다음 장에서는

이어지는 장에서는 거버넌스를 위한 새로운 수단, 그러니까 거버넌스 역량의 점진적 개선이 아니라 완전한 탈바꿈을 전제로 하는 모델을 제시할 것이다. 더 엄밀한 관점에서 정책을 바라보는 것이 지금은 '정책 거버넌스 모델'이라고 널리 알려진 새로운 모델을 창조하는 첫걸음이다. 따라서 2장은 전략적 리더십을 강화하려면 먼저 정책과 정책 수립을 새롭게 정의해야 한다고 주장하는 것으로 시작한다.

참고자료

1. Carver, J. "Is Policy Governance an All-or-Nothing Choice?" *Board Leadership*, 1997k, no. 34.
   Carver, J. "Is Policy Governance the One Best Way?" *Board Leadership*, 1998j, no. 37. Reprinted in J. Carver, *John Carver on Board Leadership*. San Francisco: Jossey-Bass, 2002.
   Carver, J. "So How About Half a Loaf?" *Board Leadership*, 2004h, no. 73.
   Carver. J. "FAQ: You Claim That Policy Governance Is a Universal Model for Governance. Why Is a Universal Model Even Needed?" *Board Leadership*, 2004b, no 73.
2. Chrislip, D., and Larson, C. *Collaborative Leadership: How Citizens and Civic Leaders Can Make a Difference*. San Francisco: Jossey-Bass, 1994.
   RE-THINK Group. *Benefits Indicators: Measuring Progress Towards Effective Delivery of the Benefits of Parks and Recreation*. Calgary, Canada: RE-THINK Group, 1997.
   Buzan, T., and Buzan, B. *The Mind Map Book: How to Use Radiant Thinking to Maximize Your Brain's Untapped Potential*. New York: NAL/Dutton, 1994.
   Oliver, C. (gen. ed.), with Conduff, M., Edsall, S., Gabanna, C., Loucks, R., Paszkiewicz, D., Raso, C., and Stier, L. *The Policy Governance Fieldbook: Practical Lessons, Tips, and Tools from the Experiences of Real-World Boards*. San Francisco: Jossey-Bass, 1999.
3. Carver, J. "Tips for Creating Advisory Boards and Committees." *Board Leadership*, 1994k, no. 11. Reprinted in J. Carver, *John Carver on Board Leadership*. San Francisco: Jossey-Bass, 2002.
4. Ackoff, R. *Creating the Corporate Future*. New York: Wiley, 1981.
5. Carver, J. "When Board Members Are the Only Staff in Sight." *Board Leadership*, 1993r, no. 9, pp. 6-7. Reprinted in J. Carver, *John Carver on Board Leadership*. San Francisco: Jossey-Bass, 2002.
6. Carver, J. "What Use Is Business Experience on a Nonprofit or Governmental Board?" *Board Leadership*, 2001p, no. 58. Reprinted in J. Carver, *John Carver on Board Leadership*. San Francisco: Jossey-Bass, 2002.

7. Carver, J. "Organizational Ends Are Always Meant to Create Shareholder Value." *Board Leadership*, 2002h, no. 63.
8. Carver, M. "The Board's Very Own Peter Principle." *Nonprofit World*, Jan. - Feb. 1998a, *16*(1), 20 - 21. Carver, J. "All Volunteers Can Be Good Board Members—Not!" *Board Leadership*, 1997a, no. 32.
9. Carver, J. "Who Is in Charge? Is Your Organization Too Staff-Driven? Too Volunteer-Driven?" *Board Leadership*, 1995p, no. 22. Reprinted in J. Carver, *John Carver on Board Leadership*. San Francisco: Jossey-Bass, 2002.
   Carver, J. "The Founding Parent Syndrome: Governing in the CEO's Shadow." *Nonprofit World*, 1992e, *10*(5), 14 - 16.
   Carver, M. "FAQ: In Policy Governance, the Board Is Supposed to Speak with One Voice to the CEO. Yet Our Board Relies to Some Extent on CEO Advice When We Make Our Decisions. Is This OK?" *Board Leadership*, 2004a, no. 75.
   Carver, J. "Boards Should Be Not the Final Authority but the Initial Authority." *Board Leadership*, 1996c, no. 23. Reprinted in J. Carver, *John Carver on Board Leadership*. San Francisco: Jossey-Bass, 2002.
   Carver, J. "Governing in the Shadow of a Founder-CEO." *Board Leadership*, 1995g, no. 22. Reprinted in J. Carver, *John Carver on Board Leadership*. San Francisco: Jossey-Bass, 2002.
10. Carver, J. "Now Let's Really Reform Governance." *Directors Monthly* (National Association of Corporate Directors), Nov. 2004f, pp. 16 - 17.
    Carver, J. "Rules Versus Principles: Comments on the Canadian Debate." *Institute of Corporate Directors Newsletter*, Nov. 2002i, no. 105, pp. 14 - 15.
    Carver, J. "Compliance Versus Excellence." *Board Leadership*, 2003d, no. 67.
    Carver, J. "What Do the New Federal Governance Requirements for Corporate Audit Committees Mean for the Policy Governance Board?" *Board Leadership*, 2003u, no. 67.
11. Carver, J. "Is Governance a Fad?" *Board Leadership*, 2003h, no. 70.
    Carver, J. "If Corporate Governance Is a Fad, We Need More Fads." *Board Leadership*, 2004d, no. 71.
    Financial Post (Canada), May 23, 2003.
    Rehfeld, J. "Nose In, Hands In, Too: Optimizing the Board's Talent." *Directors Monthly*, 2005, *29*(5), p. 1.
    Globe and Mail (Toronto), Nov. 22, 2003.

제 2 장

리더십 도구로서의 정책

뚜렷한 가치의 힘

공공기관과 비영리단체 경영자들은 조직을 운영할 때 현대적인 경영방식의 많은 부분을 흡수해왔다. 따라서 갈수록 수준이 높아지는 경영진을 상대로 이사회가 전략적 리더십을 발휘하려면 현대적인 경영방식과 동등한 수준의 현대적인 거버넌스가 필요하다. 이사회가 현대적인 경영방식을 실천한다고 해서 현대적인 거버넌스가 되는 것은 아니다. 물론, 경영원칙과 거버넌스원칙은 밀접하게 연결되어 있다. 그러나 거버넌스는 경영과 엄연히 다르다. 그리고 이사회는 품질 유지를 위해 검사와 승인을 계속하는 기술자와 전문 관리자들로 이뤄진 품질관리위원회도 아니다.

경영을 더 잘해야 한다는 압박 때문에 경영진과 이사회 수준 간에 난감한 격차가 생겼다. 공공기관과 비영리단체 경영진은 철저하기로 유명할 정도는 아니지만, 지난 몇십 년 사이 상당한 발전을 이뤘다. 반면에 거버넌스는 거의 제자리다. 최고경영자들이 관리자로서 능력을 키워가고 있을 때, 이사회는 감독자로서 능력을 키우지 않고 있으니 리더십은 깨지기 쉬운 상품이 되거나 최악의 경우 모조품에 불과해진다. 경영진은 경영을 잘하기 위해 이사회를 가르치려 들 것이다. 가능하면 경영에 방해가 안 되면서 바쁘게 일하는 쪽으로 이사회를 유도할 수도 있다. 그 결과로 예상되는 시나리오는 아주 성숙한 아이가 미숙한 부모를 노련하게 다루는 모습과 다르지 않다. 공공기관과 비영리단체 최고경영자는 대부분 이사회가 목적 없이 헤매거나 통제를 벗어나는 일이 없도록 사전에 무대감독처럼 이사회 회의를 준비하고 조정하는 것을 직무 책임으로 여긴다. 언뜻 필요한 일인 듯 보이는 그 교묘한 속셈이 연약한 리더십 균형을 위협한다. 이런 이유만으로도 이사회는 거버넌스 방식을 현대화해야 한다.

거버넌스에 대한 현대적인 접근법은 비상근에, 비전문가일 수도 있는 집단이 리더십을 발휘할 수 있게 해줄 것이다. 그들에겐 모든 행동과 환경, 목표, 그리고 의사결정을 통제할 시간도 능력도 없다. 설령 그들에게 그럴 시간과 능력이 있더라도 그 일을 다 수행했다면 단체는 서서히 멈춰버렸을 것이다. 업무에 대한 공식적인 검토와 비판 절차가 길게 늘어지는 탓에 공공기관과 비영리단체에서 가장 값비싼 자원인 인력이 심하게 낭비될 것이다. 직원들보다 더 나은 직원이 되어야 한다는 덫에 걸리고, 끝없이 이어지는 세세한 일들에 갈피를 못 잡거나 기술적으로 복잡한 사안들에 당황하는 이사회는 조직을 이끌 수 없다. 거버넌스에 대한 현대적인 접근법은 이사회가 신속하게 조직의 핵심을 파고들게 한다. 그 사이에 놓인 덫에 걸려 불필요한 행동을 하거나 혹은 반대로 꼼짝 하지 못하게 되지 않게 말이다.

이 장에서는 새로운 거버넌스로 향하는 비밀은 정책 수립에 있음을 설명하고자 한다. 다만 여기서 정책 수립은 새롭게 설계하여 정교하게 만든 것만을 가리킨다. 먼저 이 책 전반에 걸쳐 사용하는 '정책'이라는 용어의 정의를 내릴 것이다. 정책을 명쾌하게 밝히는 것이 이사회 리더십의 중요한 특징이라는 점을 강조한 다음 어떻게 하면 이사회가 현실에서 정책을 잘 이해하고 다룰 수 있을지 숙고해보겠다. 마지막으로 이 책에서 계속 사용될 이사회 정책의 네 가지 범주를 설명하겠다.

1. 가치와 관점으로서의 정책

모든 단체의 본질은 그 단체가 무엇을 믿고, 무엇을 지지하며, 무엇을 얼마나 소중히 여기느냐에 있다. 단체의 말보다는 그 단체가 하는 일에서 효과적으로 신념을 판단할 수 있다. 조직문화에 관한 연구는 어떤 조직의 본질을 꿰뚫어 보는 하나의 방법으로 그 구성원들이 문제와 차이, 고객, 의사결정, 그리고 서로를 대하는 방식을 관찰한다. 이런 가치와 관점이 단체에서 무의식적으로 드러나는 모습들의 근원이 되기 때문이다.

여기서 '가치'는 "신념"이나 "상대적 중요성"에 일반적으로 함축된 의미와 같다. 우리가 옳고 그름, 분별과 무분별, 윤리와 비윤리, 적절과 부적절, 할 만한 것과 할 만하지 않은 것, 용인되는 것과 용인되지 않는 것, 참을 만한 것과 참을 수 없는 것 등을 말할 때처럼 말이다. 예를 들어 어떤 이사회의 가치는 "생계비 인상률은 우리 지역 내 다른 단체의 인상률에 부합해야 한다"가 될 수 있을 것이다. '관점'은 "바라보는 방식"이나 "처리 원칙", "접근법" 혹은 "개념에 관한 시각" 등에 일반적으로 함축된 의미를 뜻한다. 예를 들면 "최고경영자 평가는 조직 전체의 성과를 기반으로 할 것이다"가 이사회의 관점일 수 있다.

한 단체의 목표와 보상, 재고처리, 현금관리, 공장 유지보수, 도장공사, 프로모션 활동, 시장공략계획, 그 밖에 수없이 많은 다른 요인들을 생각해보자. 충분히 인내심을 갖고 유추해보면, 이런 구체적인 현실로부터 그 단체의 가치와 관점에 대한 하나의 그림이 그려진다. 아마도 그런 각각의 요소들에 관한 의사결정은 명확하게 이뤄졌더라도 그 기반이 되는 가치나 관점이 분명하지 않을 것이다. 그 결과, 가치와 관점이 표현되지 않는 것은 물론이고, 지금껏 가치와 관점이 표현되지 않았으니 조직 내 각 부문과 시기에 따라 가치와 관점이 다를 수 있다.

단체도 개인과 마찬가지로 어떤 사실을 대할 때 그 단체가 가진 가치와 관점의 체계에 따라 구체적인 의사와 행동을 결정한다. 그리고 그 체계는 그들이 그 환경에서 무엇을 유의미한 사실로 간주하는지도 결정한다. 그러나 이 효과는 아주 미묘해서 이사회는 대개 자신들이 가치와 관점에 따라 사실을 선별하고도 그것을 선택으로 여기지 않는다. 어쨌거나 사실은 사실일 뿐이라고 보는 것이다. 이렇게 스스로 선택한 현상만 계속 반복되는 환경에 갇히면 비전과 여러 가능성에 관한 생각이 심하게 훼손된다. 그렇게 갇혀 있으면 그 유명한 "틀에서 벗어난 사고"에 심각한 걸림돌이 된다. 캐나다 셔우드파크에 있는 앨버타농업토양연구소Alberta Institute of Agrologists의 제럴드 앤더슨 소장은 개별 사건에서 벗어나 그 바탕에 깔린 정책을 바라볼 때 비로소 사고가 열리고 "우리를 틀에서 아주 멀리, 아예 틀이 존재하지 않는 곳까지 데려간다"고 말했다. 그는 "이런 사고방식이 무한한 선택의 여지를 탐구하도록 부추겨서 모든 가능성을 생각해보게 만든다"라고 덧붙였다. 가치와 관점은 그렇게 강력하고, 보통 눈에 보이지 않는 힘을 발휘해 단체의 환경과 활동, 목표만이 아니라 그 단체가 현실을 판단할 때 받아들이는 데이터까지도 결정한다.

거버넌스의 탁월함은 이사회가 단체의 이런 핵심적이고 결정적인 특징을 인식할 때 시작된다. 목표설정과 직원배치, 절차의 문서화, 계획수립, 전략개발, 예산수립 등 이사회와 사무국의 모든 활동은 가치와 관점에 좌우된다. 그 가치가 토론의 결과물이든 원래부터 있었던 것이든 상관없다. 가치를 인식하지 못하면 치명적인 불균형과 어려움이 생기고 잠재력은 실현되지 못한다. 리더들은 아마도 일관성 없이 흐트러진 부분들을 단단히 묶어 하나의 완전체로 변화시킬 근본적인 의미를 염두에 두지 않은 채 목표와 계획을 세울 것이다. 그러나 단체의 근본적인 가치와 관점을 인식하고 적절하게 사용할 때라야 리더가 하는 일에 효과가 생긴다.

내 경험에 비춰볼 때 사안별로 하나하나 의사결정을 내리지 않고 가치와 가치평가로 관심을 옮기기만 해도 이사회 리더십에 강력한 변화가 일어난다. 곧장 관점과 가치에 집중할 때, 이사회는 단체의 행동 기반과 더 가까워지며, 뒤에서 논의하겠지만, 개별 사안에 대한 실질적인 의사결정을 사무국에 안전하고 유익하게 위임할 수 있는 역량도 더 커진다.

이 책에서는 가치와 관점을 새로운 형식의 정책 개념에 포함시킨다. 따라서 이제부터는 대부분 맥락에서 가치와 관점을 따로 구분하지 않고 그냥 '정책'이라고 지칭하겠다. 이 책에서 '정책'이라고 할 때는 가치나 관점, 혹은 두 가지 다 의미할 수 있다는 것만 기억하면 된다. 내가 '가치'라고 할 때 그것은 가치와 관점을 모두 의미하는 것이라고 보면 안전하다.

'정책'은 친숙하고 유용한 단어지만 친숙하다는 강점은 약점이기도 하다. 이사회의 일상을 보면 정책이라는 단어는 전혀 새롭지 않다. 정책을 만들어야 한다거나 심지어 정책 수립만 해야 한다는 것은 이사회가 오래전부터 주문처럼 반복해온 말이었다. 그것이 사실이라 하더라도, 내가 여기서 하려는 주장은 이사회가 거버넌스를 잘하려면 엄격한 개념을 기반으로 전보다 더 신중하게 도출한, 따라서 그만큼 공들여 만든 정책이 필요하다는 것이다. 정책 기반 거버넌스를 위한 좀더 까다로운 체계를 만들려면, 지금 '정책'이라는 단어에 붙여진 비교적 느슨한 정의를 피해야 한다.

이사회는 내가 여기서 규정하는 대로 정책들을 새롭게 만들고 조정함으로써 조직을 이끄는 법을 배워야 한다. 그런 다음엔 수준 높은 경영진이 이사회 정책을 그들의 출발점으로 삼을 것이기 때문에 이런 문서는 신중하게 표현되어야 한다.

2. 정책을 통한 리더십

정책은 조직 일상의 모든 면에 스며들어 지배하기 때문에 리더십을 발휘하는 가장 강력한 수단을 제공한다. 피터와 워터맨Peters & Waterman(1982, 291쪽)은 "가치체계를 명확히 하고 거기에 생명을 불어넣는 것은 리더가 할 수 있는 가장 큰 공헌이다"라고 썼다. 명확한 정책을 가지고 리더십을 발휘해야 자기 생각의 폭을 넓히고, 다른 사람들도 생각의 폭을 넓히도록 이끌 기회가 생긴다. 일상의 사건들을 가치 측면에서 날카롭게 인식하는 리더들은 매일매일의 급한 업무를 그 기반이 되는 중요한 삶의 요소들과 끊임없이 연결한다. 그들은 회계담당자나 감독관, 혹은 기술자와 달리 우리 안에 있는 더 깊은 어떤 것, 어쩌면 인간에게만 있는 가장 독특한 뭔가를 활용한다. 업무도 정해진 대로 기계적으로 돌아가는 일련의 활동이 아니라 창조와 생성의 과정이 된다. 정책 리더십은 따르는 이들의 리더십을 자극하는 담론을 구체화하고, 영감을 주며, 기조를 정한다.

정책 중심 리더십이 좋은 거버넌스를 보장하는 네 가지 이유가 있다.

1. **영향력과 효율성** 이사회는 조직의 가장 본질적인 요소를 파악함으로써 비교적 적은 노력으로 많은 사안에 영향을 미칠 수 있다. 이사회가 의도하는 바가 아무리 거창해도 그들이 쓸 수 있는 시간은 많아야 일 년에 몇 시간 정도다.
2. **전문성** 이사회 구성원들이 조직을 운영하는 데 필요한 모든 기술을 갖춘 경우는 드물다. 이를 보완하기 위해 일부 이사회는 이사를 뽑을 때 거버넌스 능력보다 사무국에 어울리는 능력에 초점을 맞추기도 한다. 정책거버넌스는 전문가를 필요로 하지 않으며 대개 전문가가 없을 때 더 잘한다.
3. **핵심요소** 이사회가 처리해야 할 것 같은 모든 자료를 추리고 분류하면, 문제의 진짜 핵심은 그 자료들이 대변하는 정책의 주요 내용이다. 정책을 직접 챙기는 방식으로 업무를 수행하는 이사회는 장기적으로 중요한 문제를 더 확실히 처리한다. 핵심요소를 아주 직접적으로 다루는 것에 강력한 정당성이 있다.
4. **비전과 영감** 꿈꾸는 것은 리더의 권리일 뿐 아니라 의무다. 숲은 안 보

고 꼼꼼하게 나무만 대하면서 만족할 수 있지만, 그래서는 비전도 영감도 키우지 못한다.

한 조직을 지휘한다는 건 아이를 키우는 일에 비견된다. 모든 행동을 통제하는 건 지치는 일이고, 궁극적으로 해낼 수 없는 일이다. 인생의 가치와 관점을 심어주는 것이 훨씬 효과적이며, 더러 일탈 행동이 일어나더라도 장기적으로는 그 방법이 유일하게 쓸 만하다. 따라서 통제만 원하는 이사회나 더 대범하게 이끌어가려는 이사회 어느 쪽이든 정책을 통한 거버넌스는 효율적인 운영방식이다.

이사회가 전략적 리더십을 발휘하길 원한다면 그만큼 정책을 분명히 밝히고 단체의 활동으로 정책이 활력을 얻기를 기대해야 한다. 정책을 분명하고 일관되게 만들고, 여러 가지 대안 중에서 양심적으로 정책을 선택하며, 선택한 정책에 집요할 정도로 집중한다면, 거버넌스의 초점이 흔들리고 단체 전체가 그 정책에 충실하지 못하는 것을 막을 수 있다.

3. 이사회 정책의 의미 다시 정하기

이사회는 지금껏 정책을 논의할 만큼 충분한 언어나 유용한 개념적 범주를 갖추지 못했다. 우리가 모두 정책을 얘기하는 데 익숙하고, 많은 이사회가 "정책 이사회"를 표방하는데도, 정책을 다뤄본 경험이 부족한 탓에 정책거버넌스라는 유망한 아이디어 앞에는 많은 걸림돌이 있다. 어떤 정책을 다뤄야 할까? 이사회 정책은 어떤 모습이어야 할까?

정책 유형에는 본질적인 차이가 있을까? 이사회가 정책을 다루게 되면, 이사회가 더는 다루지 않을 비非정책 사안*nonpolicy issues*은 어떤 것들인가? 이사회 정책을 분류하는 체계를 제안하기에 앞서 끝없이 이어지는 조직 내 의사결정과 정책의 관계를 살펴보려 한다.

이사회가 보통 자신들의 현실을 어떻게 보는지 생각해보자. 이사회가 보는 조직의 모습은 구체적인 결정과 문서, 배치(채용방식 또는 계획 등), 그리고 사람들의 모음 혹은 그것의 연속이다. 그렇다 보니 이사회는 구체적인 결정들을 처리하고, 이렇게 무수히 많은 문제를 해결하는 데 익숙하다. 사실 그들은 의사결정을 내리고 문제를 해결하는 존재라는 데 자부심을 느낀다. 그런 결정과 해결책으로 자신들의 성과를 가늠할 뿐 그 결정과 해결책으로 이끌어준 정책의 명확성은 중요하게 여기지 않는다.

특정 직원의 봉급을 500달러 인상하는 것에 대해 이사회가 승인한다면 예산의 균형이 유지되는 한, 누구나 봉급을 최대 15% 조정할 수 있다는 이사회 정책을 실제로 반영하는 것일 수 있다. 직원들이 개인 차량을 이용하는 것에 대해 일정 비율로 보상을 하겠다는 이사회 결정은 직원 임금이 지방정부의 임금 수준에 부합해야 한다는 이사회의 신념에서 비롯됐을 것이다. 병원 진료시간이 낮에 일하는 환자에게 불리하지 않아야 한다는 가치를 가진 이사회라면 병원 운영시간을 오후 8시까지 연장하자는 사무국 제안을 승인할 것이다. 특정 보험 가입에 관한 승인을 요청받은 이사회의 유일한 정책 고민은 장비 교체비용의 80%까지를 그 보험이 보장하는지 여부일 것이다.

이사회는 승인을 요청받은 계획이 어떤 정책을 내포하는지 잘 살피는 편이 현명할 것이다. 이사회는 만능직원이 아니라 가치의 수호자가 됨으로써 기술적인 복잡성에 굴하지 않을 수 있다. 이사회는 "여기에 어떤 정책이 담겨 있는가?" 하는 질문을 계속해서 던져야 한다. "이 조치들이 이사회가 이전에 채택한 정책들과 어떻게 연결되는가?" "이 프로그램이나 예산, 계획은 서로 대립하는 여러 정책 중 어떤 결정을 구현하는가?"

예를 들어, 많은 복지단체에서 "차등 요금*sliding fee, sliding scale*" 제도로 수혜자의 지불능력에 따라 서비스나 산출물의 가격을 조정한다. 이런 요금제도는 대개 사무국에서 만든 다음 이사회가 그 형식과 내용을 매우 주의 깊게 검토해 승인한다. 보통 이런 요금제도가 대변하는 정책이 무엇인지에 대해 아무도 체계적으로 — 철저하게는 고사하고 — 묻지 않는다. 무엇보다, 공공기관의 요금 인하는 절대적으로 그 기관의 경제적 성격을 어떻게 보느냐를 기초로 한다. 간단히 말해 그 기관이 시장원리의 사각지대 해소를(즉, 시장가격 시스템을 따라가지 못하는 사람들을 돕기) 위해 존재한다면, 어떤 구멍을 막고 어떤 구멍은 그대로 둘지에 관한 여러 가지 가치 선택을 해야 한다.

다시 말하면, 어떤 사람이나 어떤 요구에 다른 사람이나 다른 요구보다 많은 보조금을 주려고 할 때, 무엇을 근거로 보조금에 차등을 둘 것인가? 이런 가치는 그 단체의 기본 목적에 맞게 그어진 한계 안에서 어느 정도 결정될 것이다. 사실, 이런 사안과 관련 있는 정책은 더 거대한 목적을 보조하는 정책으로 보일 수도 있다. 이런 정책들이 명확하게 표현되면, 요금조정표의 세부 내용을 작성하는 행정적인 일은 이사회가 관여하지 않아도 진행될 수 있다.

또 한 가지 예를 들자면, 예산은 세세한 부분까지 철저하게 신경 써서 승인하지만, 그 숫자들에 담긴 중요한 정책들은 피상적으로만 검토

한다. 제로베이스 예산 편성이 생겨난 이유는 본래 전통적 예산편성 방식에 담긴 무언의 가치에 대한 반발이었다. 전통적 예산편성 방식에서는 새로 추가되는 항목만 의심의 눈초리를 받는다는 점에서 기존 항목이 유리했다. 신중히 검토되지 않은 그런 무언의 정책이 거의 눈에 띄지 않게 매년 수많은 예산 승인에 영향을 미쳤다.

예산은 비록 말로 하는 건 아니지만, 재무 리스크, 보수적인 수익 예상, 서로 다른 목적사업에 대한 자원 배분 등에 관한 정책에 강력한 의견을 제시한다. 예산은 가장 중요한 정책기술서라는 말도 자주 한다. 그 말이 맞을 수도 있지만, 대개는 제대로 표현되지 못한 정책이다. 예산이 대변한 정책들은 숫자에 너무나 잘 가려져서 그 숫자를 보고 그 바탕에 깔린 정책에 대해 진지하게 토론까지 하는 이사회는 찾아보기 어렵다. 오히려 그 숫자에 현혹되어 흥미롭지만 하나도 중요하지 않은 수많은 세부사항에 몰두하게 된다.

우리는 여러 쪽의 인사 "정책"(적절치 않은 표현*a misnomer*•)을 세세히 들여다보지만, 그 많은 세부사항의 기초가 되는 중요한 정책은 몇 가지 안 된다 — 그마저도 보통은 숨겨져 있다. 또한, 이사회는 과감히 한발 뒤로 물러나 사무국의 계획 업무에 기반이 되는, 가치가 큰 극소수의 사안만 처리하는 것이 아니라 대개 장기계획의 여러 가지 측면에 지나치게 관여한다.

다시 말하면, 특정 사안들이 흥미롭게 보이는 데다 쉽고 명확해서 이사회는 사무국만큼이나 정책을 직접적으로 다루는 데 익숙하지가

• 사무국 직원의 인사는 명백한 사무국 고유 업무이기 때문에 여기에다 이사회 고유 업무에 해당하는 '정책'을 붙이는 것은 적절치 않다는 의미.

않다. 이사 개개인으로 보면 당연히 소중히 여기는 가치가 있고 그 가치를 명확하게 말할 때도 있다. 문제는 이사회의 직무설계와 방식이 단체의 정책이라는 측면에 주안점을 두지 않으며, 그런 정책을 수집하고, 심의하며, 표명하는 체계적인 방법을 제공하지도 않는다는 점이다. 사실 이사회는 가끔 어떤 포괄적인 사안과 관련해 명확한 가치를 표명할 때가 있지만, 그 가치는 곧 그보다 훨씬 긴 서류나 회의록에 파묻혀 '분실되고' 만다. 암묵적으로 표현은 됐으나 성문화하지 않은 지혜는 사라진다.

이사회는 정책 내용을 살핌으로써 단체에 중요한 문제들을 훨씬 잘 통제할 수 있게 되고, 세세한 것에 정신이 팔리는 위험을 덜 수 있다. 정책에 집중할 때에도, 사무국에서 제공하는 정책만 검토한다면 이사회는 여전히 사후에 대응하는 태도에서 벗어나지 못하게 된다. 일리노이주 네이퍼빌 공원위원회의 선출직 이사인 제임스 위크스는 이런 생각을 정확히 담아서 다음과 같이 말했다. "내 철학은 현재 기능하고 있는 것에 반응하기보다 기능하는 방식에 영향을 줄 것이다." 이미 만들어진 것을 검토하는 일엔 선제적인 면이 전혀 없다.

게다가, 그때쯤이면, 조직은 이미 서류나 사무국 권고안에 엄청난 공을 들인 상태다. 이런 사후 가치 검토는 단순히 소극적 대응이기만 한 것이 아니라, 사무국의 관심과 계획, 속도, 범주에 의해 그 형태가 결정된다. 더 나아가, 이사회에 넘길 일과 넘기지 말아야 할 일에 대한 경영진의 권한이 상당히 크다. 이사회가 대개 질문 받은 것에 대해서만 답해온 점을 고려하면, 그에 따른 이사회 반응은 리더십이라고 보기 어렵다.

이사회가 수동적으로 따라가지 않고 주도적으로 이끌기 위해서는 대열의 맨 앞으로 나아가야 한다. 사무국에서 승인받고 싶어 하는 것들로 채워진 안건을 따라가는 게 아니라 이사회가 직접 안건을 만들어야 한다. 물론 이렇게 할 만큼 사무국 영역에서 돌아가는 일을 잘 아는 이사회는 없다. 그렇다고 이사회가 거의 실시간으로 사무국 활동을 파악하려고 노력해야 한다는 얘기는 아니다. 이사회 고유 업무 안에서도 무엇이 어떻게 돌아가고 있는지 — 그리고 다음엔 어떤 일이 진행되어야 하는지를 — 알 수 있다는 뜻이다. 이사회는 경영에 책임이 없지만, 거버넌스에 대해서는 확실히 책임질 수 있다.

이렇게 하는 목적은 사무국 운영이 마치 절대 놓치면 안 되는 기차라도 되는 듯 계속 진행 중인 행정 업무를 이사회가 더 잘 알고 관여하게 하려는 것이 아니다. 중요한 건, 이사회 정책 수립 작업이 사전에 그리고 확실하게 진행되는 것이다. 진정한 이사회라면 이사들이 경영진의 뒤를 쫓아다닐 필요가 없다. 보다 전문적으로 경영진을 따라가려고 열심히 노력하더라도 만능직원이 될 필요는 없다. 사전에 주도적으로 단체의 정책을 수립하는 이사회 업무에만 전념하면 된다.

4. 이사회 정책의 범주

이사회 업무의 범주가 사무국 업무에 따라 정해진다면 이사회는 대열을 이끌기 어렵다. 보통은 이사회가 정책 문제를 처리할 때, 실무 영역을 흉내 낸 범주 안에서 그러기 쉽다. 관리자들은 그들의 영역을 재무, 인사, 프로그램, 데이터처리 등으로 구분하는 데 익숙하다. 이사회의 업무 전통은 이사회가 사무국 중심의 업무 분류에 따라 안건을 도출하도록 부추긴다. 그것이 사무국의 유급 직원들에게 일거리를 분배하는 합리적인 방법일지 몰라도 이사회 수준에 맞는 사고를 최적으로 분배하는 방법은 아니다.

이런 일반적인 이사회 관행은 비서가 하는 일을 토대로 관리자의 업무를 분류하는 것과 마찬가지다. 새로운 관리자가 비서에게 사무 업무 중 어느 범주가 성공적이었는지를 묻는다고 생각해보자. 비서가 타자 업무, 서류정리, 전화응대, 일정 조율로 업무를 구분하는 모습을 보고 관리자도 자기 업무를 타자업무 관리, 서류정리 관리, 전화응대 관리, 일정 조율 관리로 구분한다면 어떻겠는가. 어처구니가 없을 것이다. 우리는 그 관리자가 업무 설계에 거의 신경을 안 쓰고, 아무 생각 없이 구체적이고 쉽게 눈에 띄는 직원의 업무 분류를 따라 했다고 여길 것이다. 실제로 이렇게 행동하는 관리자가 있으리라고는 상상이 잘 안 된다. 그 관리자가 이사회가 아니라면 말이다! 이사회에서는 이런 잘못된 관행이 너무나 일상화한 나머지 다른 방법이 있을 수 있다는 생각을 하지 못한다. 그 결과, 전통적인 이사회는 거버넌스를 통해 경영진을 관리하기는커녕 경영진의 교묘한 관리를 받는다.

거버넌스에 관한 새로운 지식을 구축하는 과정에서 나는 이사회의 논의와 결과 표명을 이끌어줄 범주를 만들 필요가 있다고 생각했다. 행정 실무가 아니라 거버넌스의 본질을 바탕으로 한 범주가 필요했다. 이러한 범주는 이사회 정책이 쌓이는 대로 담을 수 있는 그릇 역할도 한다. 그 결과 이사회 정책매뉴얼의 각 부문이 된다. 이 범주는 첫째, 성취해야 할 목적, 둘째, 피해야 할 수단(여기서 수단이란 단순히 목적이 아닌 것을 말한다), 셋째, 이사회와 경영진의 경계, 넷째, 이사회 자체 실무에 관한 이사회 정책을 모두 아우른다.

정책 수립이 이사회가 하는 일의 전부는 아니다. 외부 환경과의 연계, 경영진의 업무 평가, 그리고 어떤 경우, 모금까지도 완벽하게 해내야 한다. 그러나 정책 수립이 가장 중요한 역할이며, 거기에 다른 활동에 대한 이사회의 견해와 의도가 말로 표현된다. 신중하고 체계적인 정책 수립은 이사회의 다른 모든 업무를 하나의 일관된 완전체로 만든다. 경영에서 사용하는 범주를 그대로 모방하지 않고 이사회 고유의 역할을 고려해 만든 네 개의 범주를 하나씩 살펴보자.

1) 목적

성과는 무엇이어야 하는가? 우리 사업이 세상에 어떤 영향을 미칠 것인가? 우리가 선택해야 할 목적은 포괄적인 것(모든 사람에 대한 영향)에서부터 특정한 것(특정 고객이나 학생, 환자, 혹은 다른 수혜자를 위한 아웃컴)에 이르기까지 다양하다. 장기적인 목적과 단기적인 목적 둘 다 관련이 있다. 세상에 미치고자 하는 영향에 관한 일련의 가치들은 그 단체가 존재하는 근본적인 이유다.

이사회는 주변 환경과의 교류를 생각할 때, 세상에 제공하는 편익과 거기에 드는 비용을 모두 고려해야 한다. 그것이 단체의 존재 목적을 나타내기 때문이다. 목적은 모든 정책 분야 중에 가장 중요한 것으로서 인간의 어떤 욕구를 누구를 위해 어느 정도 비용을 들여 충족시켜야 하느냐에 관한 것이다. 이사회의 최고 소명은 그 단체가 경제적으로 타당하게, 올바른 방법으로 선택한 성과를 적절한 대상을 위해 생산하게 하는 것이다. 목적은 그 단체가 무엇을 '추구하느냐'에 관한 것이지 무엇을 '하느냐'에 관한 것이 아니다. 목적에 관한 정의를 완벽하게 유지하는 것은 그 중요성을 아무리 강조해도 지나치지 않다. 정책거버넌스 모델은 이런 철저한 구분에 기반하기 때문이다.

전략적 리더십은 거버넌스의 다른 어떤 측면보다 지혜롭게 정한 단체의 목적을 통해 분명히 드러난다. 이 같은 정책 범주는 '목적' 외에 '성과', '임팩트', '목표', '아웃컴' 등으로 부를 수도 있으며, 각각의 명칭은 그 명칭만의 어감이 있다. 정책거버넌스만의 독특한 목적 개념은 단순하다. 그러나 정책거버넌스 모델 이전에는 사용된 적이 없는 개념이라서 익숙한 단어와 생소한 개념의 결합이 어색하게 느껴질 수 있다. 이사회의 목적 정책 관리는 4장에서 자세히 다룬다.

2) 수단

단체의 목적에 관한 모든 가치를 분리하고 나면, 남아 있는 가치는 전부 '수단'이라고 불러도 타당하다. 어디로 가고 싶은지를 정하고 나면, 이제 거기까지 어떻게 갈 수 있으며, 가는 동안 어떻게 행동할 것이냐 하는 문제가 남는다. 나라는 한 개인에 비춰보면, 나에겐 특히 수단과 목적을 혼동하는 치명적인 버릇이 있어서 목적과 수단을 구분해 놓는 것이 중요하다. 내가 어느 한 팀의 관리자이며 계획한 목표 일부를 팀원들에게 맡긴다고 생각해보자. 소통이 명확하게 이뤄지기 위해서는 내가 개별 활동과 그 활동이 추구하는 목적을 구분하는 것이 한층 더 중요하다.

명확한 소통의 필요성 말고도 목적과 수단을 구분해야 하는 중요한 이유가 또 있다. 위임자로서 나는 나의 수단뿐 아니라 팀원들의 수단까지도 다루고 있다. 우리는 사람을 관리할 때 내가 가진 수단과 그들의 수단을 철저히 구분해야 한다는 것은 잘 안다. 내가 맡은 부분을 어떻게 할 것인지는 내가 결정해야 하지만 직원에게 (단순히 내가 기대하는 성과가 아니라) 그들의 업무를 어떻게 하라고 지시하는 것은 의도하지 않은 부정적인 영향을 준다. 그들 스스로 결정할 수 없거나 결정할 의지가 없는 게 아니라면, 사람들은 일을 어떻게 하라고 지시를 받으면 최선을 다하지 않는다. 창의력이 꺾이고, 자신들이 기계 같다고 느낀다. 자유롭게 방법을 선택하고 성과에 대해서만 책임지게 한다면 사람들은 위계질서에 따른 부담을 성과에 도움이 되는 방향으로 활용한다.

팀보다 큰 단체에 이를 적용해보면, 위에서부터 통제하는 방식은 조직 내 스트레스와 심지어 병적인 측면의 주요 원인이 된다. 비상근 이사회는 사무국의 모든 활동에 지시를 내릴 만큼 빠르게 쫓아가지 못해서 병목현상이 일어난다. 이사회가 모든 의사결정 권한을 쥐고 있으면 최고경영자가 의사결정을 분산시키는 방식으로 직원들에게 자율권을 줄 수도 없다. 폭넓은 수단을 모두 통제하기로 했다면, 그 이사회는 대개 프로 게임을 하려고 부질없이 애쓰는 아마추어 같아 보인다. 게다가, 조직의 대화가 너무 "어떻게"에 집중되면 "왜"는 관심을 거의 못 받는다. 하지만 이 "왜"와 관련된 사안들이 이사회의 관심을 가장 필요로 하는 부분이다.

자신이 직접 사용하는 수단에 관한 정책과 부하직원의 수단에 관한 정책은 이토록 다른 주제라서 반드시 분리되어야 한다. 이사회 수단에 관한 정책은 아직 살펴보지 않은 두 개의 범주에서 다룬다. 사무국 수단에 관한 정책은 사무국이 단체의 목적을 추구할 때 이용하는 방법과 행동에 관한 이사회의 가치를 나타낸다. 사무국 수단이라는 영역에 대해 이사회의 가치는 어떻게 표현되는 것이 적절할까? 이 질문을 살펴볼 때는 반드시 통제해야 할 것만 통제하고 자유에 맡겨도 되는 부분은 자유롭게 두는 것이 가장 효과적인 거버넌스라는 사실을 기억하자.

가장 먼저 사무국 수단에 관한 이사회의 유일한 관심은 그 수단이 효과적이고 분별력을 갖추었으며 윤리적이어야 한다는 것이다. 이외에는 사무국 수단에 이사회가 간섭해야 할 다른 정당한 이유를 찾지 못했다. 수단을 평가하는 중요한 기준은 당연히 수단이 아니라 목적이다. 효과성에 관한 이사회의 관심은 사무국이 이사회의 목적 정책을 얼마나 이행하느냐에 집중된다. 이제 사무국 수단에 대한 이사회의 직접적인 관심은 직원들의 활동이 신중하고 윤리적이어야 한다는 것만 남는다. 따라서 "어떻게" 목적을 달성하느냐에 관한 이사회의 가치 범주는 분별과 윤리를 정의하는 정책 설명으로 이뤄진다.

이것은 사실 조직을 경영하는 것과 거버넌스가 어떻게 다른 의미를 갖는가와 관련이 있다. 비영리 민간 경제조사기관인 콘퍼런스 보드 Conference Board 유럽지사의 기업 거버넌스와 이사회의 효과성 위원회 위원장인 폴커트 셔켄은 정책거버넌스의 독특한 접근법에 동의하며 다음과 같이 정확하게 압축해서 말했다. "이사회는 경영진의 더 좋은 대안이 되는 것이 아니라 목표를 세우고 경영 수단의 한계를 정하는 일을 해야 한다. 많은 이사회가 (잘못하여) 경영진이 하는 일을 똑같이 하려고 한다." 사무국 수단에 관한 이사회의 관리정책은 5장에서 살펴본다 [참고자료 1].

목적과 수단을 구분하는 것이 직관에 반하는 방법 같지만, 그 어려움은 생각보다 쉽게 극복된다. 정책거버넌스 개념을 이용하면, 확실히 구분된다. 이로써 책임을 확실히 지면서도 권한을 적절히 위임하는

'경영진에 대한 위임'이 활발히 이뤄질 수 있으니 다행스러운 일이다. 변호사이자 톨레도 메트로파크Toledo Area Metroparks 이사회 의장인 잭 갤런이 표현한 바와 같이 "목적과 수단을 분리하는 것은 (모두가) 각자의 역할을 완벽하게 수행하고 모두에게 책임을 묻는 견제와 균형 체계를 만든다".

3) 경영진에 대한 위임

이제 유일하게 남은 것은 이사회가 직접 사용하는 수단이다. 개념상의 이유보다는 구조적인 편의를 위해, 나는 이사회의 수단을 이사회가 거버넌스와 경영을 연결하는 방식, 그리고 거버넌스 업무를 직접 수행하는 방식 이렇게 두 부분으로 나눈다.

사무국과의 관계에 관한 정책은 이사회가 위임하는 방식과 업적을 평가하는 방식을 포함한다. 이런 맥락에서 '경영진'은 거버넌스가 아니라 실행을 하는 직원 조직을 의미한다. 만약에 이사회가 최고경영자 직책을 만들기로 했다면, '경영진'은 그 최고경영자를 가리킨다. 이사회와 경영진의 관계는 6장에서 다룬다.

4) 이사회 운영 절차

이사회는 운영 절차에 관한 정책에서 수탁자로서의 본질과 고유의 업무 절차 및 산출물을 다룬다. 비영리 및 공공 이사회는 보통 다른 누군가를 대신해 단체를 이끌며, 이때의 다른 누군가는 주식회사의 주주에 상응하는 집단이지만 명확히 규정되지 않을 때가 많다. 이사회의 효과성은 이사회가 누구를 대신해 활동하는지를 알아야만 합리적으로 평가될 수 있다. 이사회는 누구를 위한 수탁자인가?

조직 내 가장 높은 위치에서 임무를 수행하는 이사회는 다른 관리자와 마찬가지로 직원들이 하는 일을 총괄하는 것 이상의 구체적인 공헌을 한다. 그 공헌은 어떤 것일까? 다르게 표현하면, 이사회의 직무기술서는 어떤 것일까? 리더십 절차를 규율하기 위해 이사회가 사용하는 원칙이나 기본 규칙은 무엇일까? 이사회가 주제로 삼기에 합당한 것은 무엇이고 합당하지 않은 것은 무엇일까? 이사회는 자체 규율에 어떤 접근법을 이용할까? 이사회는 어떻게 체계적으로 조직될 수 있을까? 이사회는 어떤 위원회를 구성하게 되며 그들이 하는 일은 무엇일까?

이 범주에 포함되는 사안들이 많지만, 이 범주에서 던지는 질문은 간단하다. 이사회는 운영 절차와 산출물에 어떻게 접근하는가? 이 주제는 7장과 8장에서 살펴본다.

5) 새로운 정책 범주 요약

한 단체를 이끄는 가치는 앞에서 살펴본 네 가지 범주로 구분하는 것이 효과적이다. 이 범주를 명확하게 사용하면 이사회가 나누는 대화의 성격과 문서, 책무, 그리고 궁극적으로는 이사회의 전략적 리더십 역량까지도 완전히 달라진다는 사실을 보여줄 것이다. 이어지는 장에서 더 설명하겠지만, 이러한 정책 범주는 운영 규약과 회의록, 주 결정문(법인 설립 정관이나 설립허가증, 권능 부여 규정)을 제외한 이사회의 다른 문서를 모두 대체할 수 있다. 그것은 이사회가 전통적으로 '가치', '신념', '철학', '사명'이라고 부르는 모든 것을 아우르며, 그런 식의 다른 범주까지도 '필연적으로 대체'하게 된다. 정책 범주는 이사회의 지혜를 빠짐없이 보관하는 저장소로서 누구나 이용할 수 있도록 설계된다 [참고자료 2].

지금부터는 이사회 정책 범주의 명칭을 굵게 표시하겠다. 하지만 같은 단어가 개념을 가리킬 때는 굵게 표시하지 않을 것이다. 예를 들어 '**이사회 운영 절차**'라고 하면, 정책 범주의 명칭으로서 이사회 운영 절차를 가리키고, 그냥 '이사회 운영 절차'라고 하면 순수하게 이사회 운영 절차를 의미하는 것이다. 마찬가지로, 목적은 이사회의 네 가지 정책 범주 중 하나를 가리키지만, 굵게 표기하지 않은 목적은 목적이라는 개념을 뜻한다. 정책거버넌스 모델로 이해되는 모든 이사회 정책은 다음과 같이 분류된다.

1. **목적** 해당 단체가 세상과 주고받는 것. 누구를 위해 (운영하는 조직 밖에 있는), 어느 정도 비용 혹은 상대적인 가치를 들여 인간의 어떤 욕구를 충족시킬 것인가 (성과 측면에서) 에 관한 내용. 이 범주에는 수단이 포함되지 않는다는 점이 중요하다.
2. **경영상의 한계** 사무국의 수단 선택을 제한하는 한계. 보통 조직의 분별력과 윤리의식 때문에 정한다. '수단'은 실행 방식과 활동, 환경, 방법 등을 포함하지만, '수단'의 가장 포괄적인 정의는 "목적을 제외한 나머지"다.
3. **경영진에 대한 위임** 경영진이나 사무국에 권한을 넘기는 방식. 그리고 그 권한을 이용한 성과를 보고받고 평가하는 방식.
4. **이사회 운영 절차** 이사회가 주인을 대변하고, 자체로 활동을 규율하며, 고유의 리더십 업무를 수행하는 방식.

이 정책 범주 명칭(목적 하나, 수단 셋)은 이 책 전반에 걸쳐 두루 사용되지만, 의미의 일관성을 갖기 위한 것일 뿐 정확한 명칭이 중요한 건 아니다. 사실, 지난 수년 동안 정책거버넌스 이사회는 여러 가지 비슷한 이름들을 사용해왔다. 목적 정책을 가리켜 '사명 관련' 정책이라고 부른 사람도 있고, 경영상의 한계는 '경영의 한계', '행정 지침', '사무국 수단 제한 규정' 등으로 불렸다. 경영진에 대한 위임 범주는 보통 '이사회-경영진 관계' 혹은 '이사회-최고경영자 관계'로 불리며, 이는 내가 쓴 다른 책도 마찬가지다. 명칭은 중요하지 않지만 이러한 정책 유형을 구분하는 개념은 중요하다.

다음 장에서는

이사회 가치를 표현하고 담을 수 있는 보편적이고 모든 것을 망라하는 정책 범주를 확립했으니 이제 정책 수립에 대해 좀더 깊이 알아보려 한다. 3장에서는 정책 수립의 함정과 효과적인 정책 수립의 특징을 살펴보겠다. 어떻게 하면 이사회가 지금보다 짧은 문서로 더 강한 통제력을 가질 수 있는지 보여주고, 이사회가 중요한 변화를 일으키는 정책을 수립하면 예산과 계획, 그 밖에 다른 행정 자료를 승인하는, 오랫동안 소중히 지켜온 관행이지만 전략적 리더십에 심각한 손상을 주는 방식이 불필요해진다는 사실을 설명한다.

참고자료

1. Carver, J. "Boards Lead Best When Services, Programs, and Curricula Are Transparent." *Board Leadership*, 1995b, no. 19. Reprinted in J. Carver, John *Carver on Board Leadership*. San Francisco: Jossey-Bass, 2002.

   Carver, J. "The CEO's Objectives Are Not Proper Board Business." *Board Leadership*, 1995c, no. 20. Reprinted in J. Carver, *John Carver on Board Leadership*. San Francisco: Jossey-Bass, 2002.
2. Carver, J. "What to Do with Your Board's Philosophy, Values, and Beliefs." *Board Leadership*, 1997r, no. 34. Reprinted in J. Carver, *John Carver on Board Leadership*. San Francisco: Jossey-Bass, 2002.

   Carver, J. "How Can an Organization's Statements of Vision, Beliefs, Values, and Philosophy Be Integrated into Policy Governance Policy?" *Board Leadership*, 2002e, no. 64.

제 3 장

변화를 일으키는 정책 설계

가치에 의한 지배

이사회는 대부분 자신들이 정책 이사회라고 생각한다. 우리는 보통 이사회의 리더십이 주로 정책 업무와 연결된다고 이해한다. 정책으로 접근하면 정신없는 사건들 때문에 정말로 중요한 것을 못 보게 되는 일을 예방한다. 그러나 정책 실행에 관한 여러 가지 세부사항보다 정책에 더 진지하게 주의를 기울이는 이사회는 사실 드물다. 정책거버넌스의 영향을 받는 이사회를 제외하면, 30년 넘게 내가 경험한 이사회 중에 얼마 안 되는 정책을 제공한 곳도 몇 군데 없었다. 대개는 이사회 정책이 아예 없거나, 몇 년간의 회의록에 산발적으로 흩어져 있거나 둘 중 하나였다. 정책이라고 주장하는 문서들은 거의 항상 경영진이 작성하고 이사회는 사후 대응적으로 참여한 개요서였다. 회의록을 뒤져봐도 정책을 가장한 개별 사건에 대한 결정들 그 이상을 찾지 못했다. 틀림없이, "인사 정책"과 "관리 정책" 혹은 일반적인 "정책과 절차 매뉴얼"은 있었다. 그러나 이런 것들은 기본적으로 이사회가 승인 도장을 찍은 사무국 문서다. 이 중에 어느 부분이나 측면을 이사회가 새로 만들거나 결정했는지 확실한 문서는 하나도 없었다.

이런 상황에 대해 가장 자주 예외로 꼽히는 경우는 교육위원회다. 교육위원회에는 정책이 너무 많아서 다 알기 어려울 정도다. 예상했겠지만, 그들의 정책은 주로 사무국의 행동에 관한 것이고 대체로 세세한 지시사항이다. 그중에 이 책에서 설명한 정의에 맞는 이사회 정책은 거의 없을 것이다.

나는 앞서 2장에서 이사회 정책을 네 개 범주로 구분했다. 이 범주는 경영에서 빌려온 것이 아니라 거버넌스의 성격을 기반으로 구분한 것이다. 거버넌스 이론에서 출발한 만큼 단순히 편의나 기호에 따른 것이 아니다. 따라서 이 범주는 명확하게 구분되어야 한다. 즉, 각각의 이사회 정책은 서로 다른 범주에 속해야 하며, 하나의 정책이 두 개 이상의 범주에 동시에 들어가면 안 된다[참고자료 1].

4장에서부터 각각의 범주를 구분해서 살펴보기에 앞서, 모든 범주에 적용되는 원칙을 알아보려 한다. 이 장은 이사회 정책과 관련해 자주 일어나는 문제와 효과적인 정책의 보편적인 특징을 설명하는 것으로 시작하겠다. 이어 더 효과적인 거버넌스를 위해 이사회가 어떻게 각기 다른 "규모"의 정책들을 사용할 수 있는지, 그리고 그 규모가 어떻게 정책의 형식에 구체적으로 반영되어야 하는지를 숙고해보겠다. 그렇게 하고 나서 선제적이고 주도적인 정책 수립이 단순히 승인만 하던 방식을 대신해 이사회 리더십의 주된 방식이 될 수 있다는 것을—그리고 왜 그래야 하는지도—논의하겠다.

1. 바람직한 정책의 요건

정책의 전통적인 의미와 형식은 이사회가 정책을 기반으로 거버넌스 능력을 발휘하는 데 방해가 된다. 더욱이 어떤 경우엔 이사회가 결정하는 모든 것을 '정책'이라고 부르며, 이때 '정책'이라는 단어를 사용하는 이유는 그 결정의 특성보다 그 결정의 주체를 나타내기 위해서다. 이렇듯 정의가 흐릿하다는 것은 정책이라는 영역 전체가 진지하게 취급되지 못하고 있다는 뚜렷한 신호다. 그 결과, 말로는 정책을 수립하는 이사회라고 주장하지만, 대개 실행과 관련한 세부사항이 대부분이라 사실상 사무국 자료인 정책들을 갖고 있는 모순이 나타난다. 그런 정책은 보통 사무국에서 만들고 이사회는 "승인"만 할 뿐이다. 실제로 나는 어떤 이사회가 정책 이사회라고 주장하는 것은 그 이사회가 정말로 하는 일에 대해 거의 아무런 단서를 제공하지 못한다는 사실을 확인했다.

이사회 정책은 아직 매장되지 않은 시신 같기도 하다. 나는 예전에 인디애나주의 한 대규모 공공기관에서 기존의(아직 공식적으로 유효한) 모든 이사회 정책을 수집하는 작업을 지휘한 적이 있다. 정책들이 여러 문서에 흩어져 있었던 탓에 상당한 비용을 들여 힘들게 수집했다. 서류가 두껍게 쌓였다. 상당수 정책이 잊힌 지 오래였지만 여전히 서류에 남아 있었다. 이 정책들이 어떻게 단체 운영에 실질적인 도움이 될 수 있을까? 이사회 정책에 주어졌던 그 모든 매력적인 미사여구에도 불구하고, 그것들은 현재까지 유지하기엔 너무나 하찮은, 무력하고 자기모순적인 서류 더미에 불과했다.

이사회 정책은 눈에 보이지 않는 생명 같기도 하다. 명문화된 진정한 이사회 정책을 발견하기는 어렵지만, 명문화되지 않은 정책을 발견하는 건 언제나 가능하다. 사실, 그조차도 짐작하는 만큼 그렇게 많지 않을 수도 있다. 역설적이게도, 명문화되지 않은 정책을 사람들이 너무 당연하다고 여긴 나머지 아무도 그것을 명문화할 필요를 느끼지 못하기도 하며, 변덕이 아닌가 싶을 정도로 중구난방 해석되기도 한다. 실제로 정책이 부족한 건 결코 아니다. 조치가 취해지는 곳에는 언제나 정책이 존재한다. 암묵적인 정책은 명시적인 정책의 공백을 메우기만 하는 것이 아니라 명시적인 정책의 부재를 용인하는 구실로도 이용된다.

안타깝게도, 명문화되지 않은 정책과 명문화됐는데도 관심을 못 받는 정책은 둘 다 그 쓸모가 의심스럽다. 명문화되지 않은 정책은 정확한 실체가 무엇인지(만약에 명시적으로 정리됐다면 어떤 내용이었을지)에 대해 합의하기가 어렵고, 오래전에 명문화된 정책은 여전히 유효한지를 알기가 어렵다. 희한하게도, 어떤 문구를 진지하게 받아들이고 어떤 문구는 무시해야 하는지를 판단하는 기준 자체가 언제나 명문화되지 않는다! 왜? 이사회는 자신들의 정책이 변화를 이끌지 못한다고 인정하기 싫기 때문이다. 이사회가 정책 수립에 주로 매진한다는 것은 우선 정책 내용의 지침이 될 원칙과 형식을 만든다는 뜻이다. 2장에서 제시한 범주 안에서의 이사회 정책 수립은 정확하게 분류되고, 명시적이며, 현재 통용되고, 문자 그대로를 의미하며, 눈에 잘 띄는 한곳으로 모아져 이용되고, 간결하면서도, 포괄적이어야 한다.

적절한 분류 정책들이 개념적으로나 물리적으로 거버넌스를 위해 설계한 범주를 벗어나지 않는 것이 중요하다는 점은 이미 강조했다. 어떤 정책이든 2장에서 설명한 4개 범주 중 단 하나에만 해당해야 한다.

명시성 정책은 문서 형태로 존재해야 한다. 이것이 모든 당사자(정책 수립자를 포함해)가 정책이 무엇인지 알게 하는 유일한 방법이다. 또한, 이사회가 어떤 정책에 이의를 제기하거나 변화를 줘야 하는지 알 수 있는 가장 좋은 방법이다. 보통 두 가지 요인 때문에 이런 명시성을 확보하기 어렵다. 첫째, "모두가 이해하는" 이런저런 수칙을 굳이 언어로 설명하는 것이 유치해 보인다는 점이다. 유치해 보인다 함은, 명문화 작업을 시작하고 우리가 생각했던 것만큼 합의된 내용이 명확하지 않다는 것을 발견할 때까지는 그렇다는 얘기다. 둘째, 명시적인 것은 선도적인 것과 비슷한 위험이 따른다. 누군가의 가치를 꺼내놓는 일이라서 그렇다. 차이를 드러내고 솔직하게 맞서는 일이다.

현용성 최신 정책만이 진정한 정책이다. 이사회가 일 년에 한 번씩 정책을 검토하겠다고 약속할 게 아니라 정책매뉴얼에 따른 운영을 의무화하는 것이 정책이 항상 통용되도록 보장하는 방법이다. 이사회가 정책이 일상적으로 통용되도록 할 때 그 정책이 효력을 발휘하거나 아니면 바뀌거나 할 것이다. 먼지만 쌓이는 일은 없을 것이다. 정책은 끝이 흐지부지하지 않고 확실해야 한다. 망각 속으로 사라져도 안 된다. 이사회가 아직 폐지하지 않은 정책을 정말 중요하게 여기고 있음을 사무국이 행동으로 보여주는 것도 현용성 유지에 도움이 된다.

문자 그대로의 의미 정책은 명실상부해야 한다. 그렇지 않다면 수정되거나 삭제되어야 한다. 우리는 조직의 무의미한 언어까지도 받아들이게 되었다. 어떤 말은 써진 그대로의 의미를 갖고 어떤 말은 그렇지 않은지를 하나하나 구분해야 한다면, 일을 배울 때 시간 소모가 크다. 이사회 업무는 말로 하는 일이다. 이사회가 하는 말이 진실성이 부족하다면 거버넌스가 탁월할 수가 없다.

집중에 따른 접근 편의성 이사회가 결정한 정책들이 전부 한곳에 잘 정리된다면 그 단체가 대변하는 것이 무엇인지를 판단하는 작업이 한결 쉬워진다. 정책이 제대로 이행되기만 하면, 사실상 그것이 이사회가 목소리를 내는 유일한 수단이다. 따라서 정책이 여기저기 흩어져 몇 년 치 회의록과 사무국의 여러 문서를 뒤진 다음에야 발견되는 일은 없어야 한다. 쉽게 눈에 띄는 이사회의 가치는 이사 개개인이나 임원, 혹은 소위원회가 이사회의 의도를 이상하게 해석하는 일을 막아준다. 변화를 일으키기 위해서는 이사회 정책이 다른 문서보다도 확실하게 눈에 띄는 한 장소에 보관되어야 한다.

간결성 간결함은 탁월함을 보장하는 알려지지 않은 비결이다. 조직은 절차에 관한 지침에 얽매이기도 한다. 마찬가지로, 이사회 정책이 "너무 길고" "너무 많은" 것은 좋은 리더십에 방해가 된다. 하지만 조직들은 복잡한 것에 깊은 인상을 받는 것 같다. 그래서 간결한 정책 수립은 오히려 복잡해 보여야 한다는 요구에 막힌다("그게 그렇게 단순할 리가 없어!"). 이사회는 설득력 있는 간결함을 추구해야 한다. 콜로라도주 손턴의 애덤스 12 공립학교구Adams 12 Five Star Schools의 교육감을 지낸 마이클 패스케비츠는 "거버넌스 절차의 간결한 우아함"을 강조했다.

포괄성 이사회 정책 체계는 그것이 이끄는 대상 전체를 아우르는 것이어야 한다. 즉, 조직의 모든 측면이 이사회가 표명한 가치 안에 들어갈 수 있도록 설계되어야 한다. 이렇게 하면, 이사회가 가치에 관한 모든 사안을 일일이 다룰 필요 없이 상대적으로 큰 사안만 처리하면 된다. 크고 작은 문제가 있을 때는 항상 보다 큰 문제를 먼저 해결하는 원칙을 지킴으로써, 각 범주에서 가장 큰 문제부터 처리하기 시작한다면 이사회의 정책들이 집단에 일어날 모든 가능성을 빠짐없이 아우르게 된다. 그때는 정말로 이사회 정책이 '모든 것'을 포괄한다고 말할 수 있다. 이제부터는 정책 "규모"의 성격을 살펴봄으로써 정책이 어떻게 포괄적일 수 있는지 설명하겠다.

2. 정책의 규모

정책을 바탕으로 내리는 의사결정보다 정책의 수가 더 적다는 점을 고려하면, 이사회가 조직의 모든 의사결정을 처리하려고 했을 때보다 정책만 수립하면 되는 지금의 이사회 과업은 이미 수월해진 것이다. 하지만 여전히 이사회가 주어진 시간 안에 다 고려할 수 없을 만큼 정책이 많으므로, 정책을 다루는 일은 도저히 불가능한 일에서 가능할 것 같지 않은 일로 바뀌었을 뿐 어렵기는 매한가지다. 정책은 우리의 가치나 관점을 나타내는 것이라 명문화가 됐든 안 됐든 조직에서 벌어지는 모든 일을 통해 드러난다. 펜 하나도 더 가치 있게 여기는 펜이 있다. 회의에 걸리는 시간과 이코노미석 항공 요금, 단체 보험, 바닥용 왁스, 폐기물 처리시설에 관한 가치도 있다. 이사회는 그 특성상 처리할 정책들이 이토록 다양하고 과중한데 그 과업과 산출물을 어떻게 감당해낼 수 있을까? 다행히도 처리할 정책들이 과중한 이 난감한 상황을 해결할 간단한 열쇠가 있다. 정책의 규모를 각기 다르게 하는 것이다.

1) 논리적 정책 수납

보다 큰 가치나 관점은 보다 작은 가치나 관점을 논리적으로 담는다. 이 말은 보다 큰 가치나 관점이 보다 작은 가치나 관점의 내용을 논리적으로 제한한다는 뜻이다. 이사회가 하나의 포괄적인 가치를 선택했더라도 그보다 범위가 좁은 다양한 가치들이 여전히 정리되지 않고 남아 있다. 많은 이사들이 정책이 모호하거나 구체적이지 않다고 보는 이유가 바로 이 때문이다. 이사회는 너무 세세한 데 신경 쓰는 만큼 너무 포괄적이기도 쉽다. 그러니 이사회가 근거 없이 불안을 느끼는 건 아니다. 다행히 논리적 수납 현상은 이사회가 정책 범위에 관한 의문을 체계적으로 논의하는 데 도움이 될 것이다.

정책이 아무리 포괄적이어도 말로 표현하지 않은 것보다는 더 구체적이고, 말로 표현한 것보다는 덜 구체적이다. 따라서 그렇게 하면 그 구체적인 부분을 다 해결하지 않아도, 앞으로 해결해야 할 구체적인 영역의 한계가 정해진다. 다시 말하면, 더 큰 가치가 해결되었으니 앞으로 할 수 있는 선택의 범위는 그보다 좁아진다. 가령 당신이 개인적으로 4만 5천 달러를 현금으로 갖는 것보다 4만 5천 달러짜리 새 차를 소유하는 쪽에 더 가치를 둔다고 해보자. 이러한 가치 표명은 색상과 모델, 스테레오 시스템 등 앞으로 있을 수 있는 가치문제를 새로 끌어들이기도 하고 제한하기도 한다. 마찬가지로, 단체의 목적을 선택하는 일은 단체의 성과에 관한 가장 넓은 차원의 가치와 관련이 있다. 그 선택은 우선 사항에 관한 많은 문제를 미해결 상태로 남겨두지만, 남은 선택의 범위를 분명하게 제한한다.

어떤 지역사회는 더 건강한 지역 경제를 구축한다는 목표가 경제개발 단체ecnonomic development agency를 운영할 충분한 이유가 된다고 느낄 수 있다. 보다 넓은 고용 기반을 마련할지 아니면 지역을 대표하는 판매처를 설립할지는 더 포괄적으로 표명된 목적 안에서 차후에 직면할 수 있는 상대적으로 작은 가치 선택이다. 마찬가지로, 유능하고 취업 역량을 갖춘 인재를 배출한다는 공립학교의 목표도 앞으로 결정되어야 할 커다란 사안들을 남겨두지만, 비교적 덜 추상적인 것들 — 예컨대, 학문적 지식과 직업능력, 그리고 인생 설계 역량 사이의 균형이라는 문제 — 이다.

2장에서 설명한 각각의 범주에 속하는 정책들은 크기별로 정렬된다. 크기가 다른 여러 개의 둥근 그릇을 포개놓듯 가장 큰 것부터 가장 작은 것 순으로 차곡차곡 담을 수 있다(〈그림 3-1〉 참조). 이사회는 가장 큰 가치(가장 큰 그릇)를 다루고 나면, 그다음 단계의 가치(두 번째로 큰 그릇)를 다루거나 아니면 가장 큰 가치를 명확히 한 것으로 만족할 수 있다. 두 번째를 비롯해 그 뒤로 이어지는 더 작은 단계에서 선택할 권한은 대리인에게 위임된다(〈그림 3-2〉 참조).

이사회는 각 범주에서 가장 큰 사안을 처리함으로써 반드시 해야 할 일을 책임감 있게 제한할 수 있다. 단계별로 내려가면서 각 단계의 특수성을 처리하다 보면, 이사회 구성원 대다수가 정책 표현에 대해 '그 어떤 합리적인 해석'도 기꺼이 받아들이는 지점에 이른다. 이 원칙에

〈그림 3-1〉 크기 순서대로 포개진 정책들

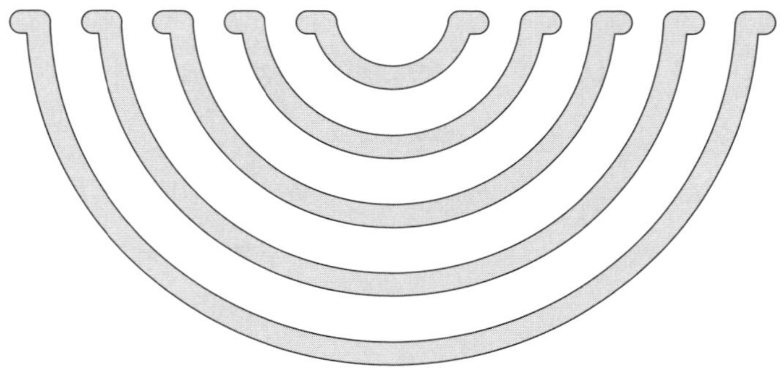

큰 그릇 안에 작은 그릇이 들어가듯 상대적으로 더 큰 사안 안에 상대적으로 작은 사안이 포개진다. 가장 바깥에 있는 정책만 다루어도 전체를 다 제어할 수 있다.

따라 각 범주 안에서 허용되는 모든 선택을 이사회가 받아들일 수 있다고 느끼기 전까지는 아직 멈출 지점에 이른 게 아니다. 이사회는 정말로 그 지점에 이르러서야 안전하게 멈출 수 있다. 남아 있는 범위가 모호한지는 상관이 없고, 오직 수용 가능한지가 중요하다. 예를 들어 목적 범주에서는 이사회가 최고경영자를 얼마나 신뢰하느냐가 중요하지 않다. 오로지 수용 가능한 범위냐가 중요하다. 최고경영자가 어떤 선택을 할 것이라고 이사회가 믿는다는 것은 최고경영자가 정책을 더 구체화할 때 반드시 반영되어야 할 무언의 기대를 품고 있다는 의미다. 목적과 경영상의 한계 정책이 완벽하게 만들어지면 남은 모든 선택에 대한 권한을 경영진에게 안심하고 위임할 수 있다 [참고자료 2].

로드아일랜드 교육위원회Rhode Island Board of Regents의 필리스 필드는 이런 현상을 가리켜 "바깥에 머물며 안을 통제하는 것"이라고 표현했다. 이사회가 정책을 명문화할 때는 이사회가 더 들어가지 않고 멈춘 "그릇"의 크기나 명시적으로 언급한 내용에 모호함이 전혀 없어야 한

〈그림 3-2〉 직접 통제, 위임 통제

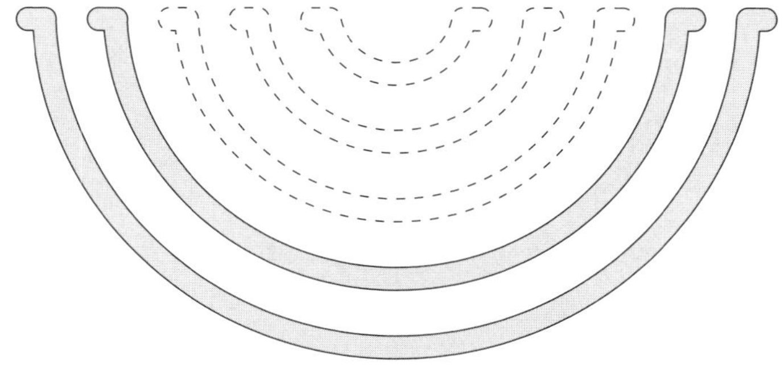

그릇을 크기순으로 포개놓은 상태에서는 가장 바깥쪽 그릇을 직접 제어하면,
그 안의 작은 그릇들까지 간접적으로 제어할 수 있다.
이사회는 가장 큰 사안(실선으로 그린 그릇)은 직접 손을 대서 통제하지만,
그보다 작은 사안들(점선으로 그린 그릇)은 간접적으로, 위임하여 통제하기로 결정할 것이다.

다. 정책을 만들 때 그런 체계가 없으면, 이사회는 하나의 정책에서 이것, 저것, 그리고 또 다른 것까지 한꺼번에 다루는 경향이 있다. 이것저것 짜깁기한 정책들은 위험한 구멍들을 남길 수 있다. 그러면 이사회는 정책의 중요한 면을 간과했다는 합리적인 두려움에 휩싸이고, 헌신적인 관리자가 되어, 모든 것을 검토하고 승인하는 함정에 빠지기 쉽다. 이런 상황에서는 효과적인 위임이 불가능하고, 그 결과 이사회가 중요한 사안을 열정을 갖고 처리하는 자유를 얻기도 불가능하다. 이사회가 의사결정을 할 때 논리적 수납 원칙을 활용하면 조직 내부까지 직접 손대지 않고도 조직을 확고히 통제할 수 있다.

2) 이사회 정책 vs 사무국 정책

커다란 문제부터 시작하는 것은 아주 효과적인 문제해결 방법이다. 심지어 개인에게도 마찬가지다. 그러나 위임이 수반되면, 이 방법의 유용성은 단지 효과적인 문제해결 차원을 넘어선다. 그것은 이사회가 경영진과의 경계를 규정할 수 있게 해준다.

나는 (예전에 표현됐던 것처럼) "정책과 경영" 사이에 명확한 구분이 존재하지 않는다고 주장하고 싶다. 적어도 보편적으로 적용되는 구분은 존재하지 않는다. 이사회와 사무국 사이에는 확실히 명확한 역할 구분이 있을 것이다. 그 선은 각 이사회가 정하며 시간이 지남에 따라 변할 수 있다. 그러나 그렇게 탄력적이라고 해서 이사회가 그 선을 정하거나 변경할 때 사용하는 원칙이 없다는 뜻은 아니다.

이사회와 사무국의 경계는 언제나 이사회 정책이 다루는 가장 구체적 사안 바로 아래다. 모든 이사회에 혹은 같은 이사회라도 서로 다른 시기에 똑같이 적용되는 경계는 없다. 이사회가 모든 정책 수립을 가장 큰 사안에서부터 가장 작은 사안 순으로 접근하는 한, 주변 환경과 이사회의 가치 변화에 따라 이 방법으로 그 경계를 새롭게 정할 것이다.

그렇다면 이사회가 하는 일과 사무국이 하는 일은 주제 자체가 다른 게 아니라 '같은 주제 안에서의 수준'이 다른 것이다. 이 원칙에 예외가 있는데, 그것은 7장에서 살펴볼 이사회 업무의 특수한 요소들과 관련이 있다. 이 같은 접근법은 이사회만이 아니라 누구나 정책을 만든다는 사실을 인정하고 확인시킨다. 점원과 경비원도 각자의 행동을 통해 늘 무언의 정책을 만들고 있다. 비록 그렇게 만들어지는 정책의 규모는 매우 다를지라도 모든 사람이 정책을 만든다는 사실은 피할 수 없다. 중요한 건 조직 안에 존재하는 모든 정책이 이사회가 표명한 더 포괄적인 정책과 조화를 이뤄야 한다는 점이다. 이렇게 하면, 이사회가 간섭하지 않고 통제할 수 있다.

이제 다양한 규모의 정책 사안을 다룰 때, 다음의 원칙을 지킨다면 이사회는 변화를 일으키는 정책을 만들 수 있다.

- 이사회는 어느 범주에서든 그 범주에서 가장 포괄적이거나 가장 규모가 큰 사안을 해결한 다음에 그보다 작은 사안을 처리해야 한다. 이것은 더 광범위한 정책 사안에서 발견되는 대단히 주관적이고 어려운 선택에 집중하는 절제력이 있어야 한다는 의미다. 그런 식으로 보편적인 것부터 설명하기 시작해 더 자세한 설명으로 나아간다. 다소 직관에 어긋나는 얘기지만, 가장 큰 결정을 정확하게 표현할 때 필요한 생각과 언어의 정확성은 그보다 작은 결정을 정확하게 표현할 때도 똑같이 필요하다.
- 만약 이사회가 더 작은 사안을 처리하고 싶다면, 곧장 그 작은 사안으로 건너뛰지 말고 바로 다음 단계의 사안부터 차례대로 좁혀 가야 한다. 이것은 어떤 주제에 대해 사무국보다 전문성을 갖춘 사람이 이사회 내에 있더라도 즉흥적으로 해결하려고 조직의 의사결정 과정에 개입하지 않는 절제력을 요구한다.
- 이사회는 운영에 관한 보다 많은 선택권을 최고경영자에게 주어야 한다. 다만 그 선택들이 이사회의 목적과 경영상의 한계 정책에 부합해야 한다. 이를 위해서는 그만 손을 떼고 위임하는 절제력이 필요하다.

목적과 경영상의 한계 정책의 규정들은 구속력을 갖는다. 하지만 경영진은 그들이 대표하는 업무 범위 안에서는 자유롭게 선택하고 움직일 수 있으며, 이사회가 바보 취급하며 어깨너머로 간섭하는 일도 없다. 이사회가 제 할 일을 했다면, 그렇게 세세한 개입은 불필요할 뿐만 아니라 직원들의 창의성과 효율성을 떨어뜨린다. 사무국 활동과 계획을 휘젓거나 승인 권한을 붙들어두는 것은 선제적 정책 수립에 실패한 이사회에게나 필요한 일이다. 게다가 최고경영자에게 그러한 권한이 없을 경우, 권한의 일부를 직원들에게 위임하려면 번거로운 관료적 절차를 거쳐야 한다. 그러니 기존의 거버넌스 관행이 보통 의사결정을 하지 못하거나 두려워하는 조직을 만드는 것도 당연하다 [참고자료 3].

이사회 운영 절차와 경영진에 대한 위임 정책에 관한 한, 이사회 바로 다음 단계의 의사결정은 이사회 의장에게 위임된다. 이 범주는 이사회 고유의 수단을 다루는 만큼 그 권한이 최고경영자에게 위임되지 않는다. 그러나 목적과 경영상의 한계 범주에서는 이사회 이후의 의사결정 권한이 최고경영자에게 주어져야 한다. 아무튼, 이사회가 좋은 원칙을 충실히 지키는 것이 가장 중요한 부분은 최고경영자에 대한 위임이다. 사무국이 작을 때조차도 더 이상의 결정 권한은 주로 경영진의 영역에 있다. 따라서 남은 의사결정 권한에 대한 나의 추가 의견은 대부분 목적 및 경영상의 한계 범주와 연결된다.

어떤 이사회가 가장 큰 사안부터 처리하기 시작해 점점 작은 규모로 나아가는 한, 비교적 작은 사안에 얼마나 깊이 파고드느냐는 전적으로 그 이사회에 달렸다. 그 이사회가 (사무국이 판단하기에도!) 너무 깊게 파고들 가능성은 적다. 왜냐하면, 더 깊게 파고들수록 어떤 한 선택이 일으킨 모든 파문을 가라앉히는 작업이 더 복잡해지기 때문이다. 낮은 차원의 문제는 조직도나 가계도와 매우 비슷하게 가지를 쭉쭉 뻗는다.

그래서 조율해야 할 요인의 수가 증가한다. 마치 저글링을 하듯 그런 경우의 수를 처리하는 일은 상근 직원들을 바쁘게 만드는 한 가지 이유다.

뒤에서 더 자세히 설명하겠지만, 이사회의 의사결정은 이사회의 가치를 기반으로 포괄적인 것에서부터 보다 좁은 것을 향해 나아간다. 따라서 현재 벌어지는 문제에 일일이 반응할 필요가 없다. 그러나 어떤 경우 이사회가 지금까지 내린 의사결정의 규모나 내용을 뒤집어서 다시 생각해보게 만드는 사안이 발생하기도 한다. 어쨌거나 세상은 우리에게 깔끔하게 정돈된 범주와 분명하게 표현된 규모에 속하는 모습만 드러내는 것이 아니기 때문이다. 지금의 현실을 토대로 앞서 내린 이사회의 결정을 기꺼이 다시 생각해보는 태도는 칭찬할 만하다. 그러나 이는 이사회가 구체적인 사안에 머물지 않고 신중하게 선택한 하나의 정책 차원으로 그것을 끌어올릴 때만 현명한 일이다 [참고자료 4].

"사안의 규모"를 하나의 매트릭스로 그려보면 도움이 된다(〈그림 3-3〉). 이사회의 관여가 필요한 단계는 모든 주제의 맨 위쪽을 가로지른다. 그 바로 아래가 최고경영자의 관여가 필요한 사안들이다. 그리고 그 바로 아래는 사무국의 가장 높은 직급이 관여할 사안이며, 같은 방식으로 계속 조직 전체로 내려간다. 이사회가 선택한 의사결정 규모보다 아래쪽은 전부 최고경영자의 영역이다. 최고경영자는 자신이 직접 처리할 사안을 선택하고, 그보다 작은 사안들에 대한 권한은 직원들에게 위임한다.

세로 열은 단계별로 해당 단체가 다룰 만한 주제들이 하나씩 놓인다. 각각의 주제는 아주 큰 사안(맨 위쪽)과 아주 작은 사안(맨 아래쪽)을 모두 포함한다. 예를 들어 주제가 예산이면, 몇 가지 포괄적인 가치와 아주 많은 수의 작은 가치들을 모두 아우른다. 맨 위 칸은 이사회의

〈그림 3-3〉 단체 내 주제별 의사결정 단계

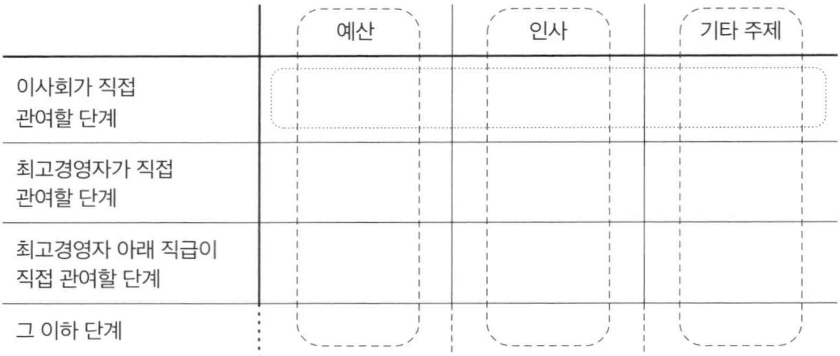

	예산	인사	기타 주제
이사회가 직접 관여할 단계			
최고경영자가 직접 관여할 단계			
최고경영자 아래 직급이 직접 관여할 단계			
그 이하 단계			

이 그림은 사무국의 기능에 대한 이사회의 전통적인 통제 방식과 정책거버넌스의 통제 방식을 비교하여 보여준다. 긴 점선은 아주 높은(혹은 넓은) 단계부터 아주 낮은(혹은 좁은) 단계의 의사결정을 모두 포함하는 전통 방식이다. 이러한 승인 절차는 낮은 단계의 의사결정까지도 이사회가 관여하기 때문에 조직의 해당 부문에서의 신속한 의사결정을 방해하며, 수동적으로 대응하는 경향이 있다. 반대로 정책거버넌스 원칙에 따라 이뤄지는 이사회의 통제는 짧은 점선으로 표시됐다. 이사회는 모든 주제를 가장 포괄적인 단계에서 다룬다. 그 뒤에 이어지는 최고경영자와 그 부하직원들의 의사결정은 이사회의 더 높고, 더 먼저 정해진 정책에 대한 합리적인 해석 안에서 이뤄져야 한다.

정책들로 채워진다. 나머지 모든 선택은 이사회의 의견과 일치하는 범위 안에서 최고경영자와 그 하급자들이 채운다. 이사회 정책은 이사회가 결정하여 발표한 모든 내용을 담은 정책매뉴얼에 기록된다. 추후 사무국에서 내리는 훨씬 방대한 의사결정은 집어넣지 않아야 정책매뉴얼을 어지럽게 만들지 않는다.

다시 말하면, 정책 및 절차 매뉴얼 대신에, 이사회 정책매뉴얼이 있어야 한다. 이것은 사무국이 작성해서 갖고 있는 문서와 구분되어야 한다. 또한 사무국에서 작성해 이사회가 승인한 예산이 아니라, 이를 통제할 별도의 이사회 예산정책이 있어야 한다. 이사회가 승인한 인사매뉴얼 대신에 인사관리를 다루는 이사회의 정책이 있어야 한다. 이사회가 승인한 임금관리계획 및 보상체계 대신에, 보상에 관한 이사회 정책이 있어야 한다. 현실적으로, 대부분의 이사회가 각각에 대해 약 한 쪽 분량의 정책을 갖고 있다. 이사회 핵심 문서가 이런 예산, 인사, 보상 등의 정책과 개념이 유사한 정책들의 모음일 것이다.

기존의 접근법과 대조하면, 기존 방식은 운영 관련 문서들을 주제별로 수직으로 배열한다. 일반적으로, 인사 지침과 예산, 보상 계획이 있다. 각각의 문서에는 사소한 내용과 심층적인 내용이 뒤섞여있는데, 사소한 내용이 대부분이다. 그 이유는 단지 하위 단계의 사안이 가장 많기 때문이다. 뿐만 아니라, 그 문서는 가치에 관한 명확한 설명이 거의 없다. 이사회가 해야 할 선택과 직원들이 해야 할 선택이 단계별로 구분이 안 된다. 대개 사무국에서 만든, 실행에 관한 세부사항이 압도적으로 많다. 더 광범위한 지배 가치는 그것들을 가지고 추론만 할 수 있다.

3) 정책 구조•

어떤 이사회 정책이 두 단계(혹은 범위) 이상의 가치를 동시에 다룰 때는 정책의 구조가 반드시 더 높은 단계의 정책 안에 그보다 낮은 단계의 정책이 포함되는 형태여야 한다. 간단한 개요를 활용하면 쉽게 할 수 있다. 정책 서문이 가장 높은 단계이고, 큰 제목이 그다음 단계에

• policy architecture. 정책을 마치 건축물처럼 하나씩 쌓아가는 구조를 말한다. 즉, 각 단계는 구분돼야 하고, 어느 단계를 건너뛰고 다음 단계를 쌓을 수 없는 속성을 건물을 짓는 것에 비유한 것이다.

해당하는 식이다. 이사회는 하나의 정책에 포함될 여러 가지 가치 중에 가장 높은 단계의 것을 논의하고 결정한 다음에 그보다 낮은 단계를 처리해야 한다. 최종 검토할 때를 제외하고는 문서 전체를 다루는 일은 없을 것이다. 미리엄 카버와 나는 이런 식으로 정책을 만드는 법에 대해 《이사회 재창조》에서 단계별로 자세히 설명해두었다.

결과적으로, 더 큰 사안이 작은 사안을 포함하는 이사회 정책의 구조는 이사회가 지배 가치를 결정할 때의 절제력을 반영한다. 정책은 철저하지만 간결할 수 있다. 어떤 정책이 모든 단어가 중요한 의미를 갖는 간결한 문서가 되려면, 다른 데서도 볼 수 있는 말을 반복하지 말아야 한다.

3. 결재병

명확하게 표현된 정책 형태가 아니라 두꺼운 서류철을 채택하는 데 익숙한 이사회라면 이런 식으로 군더더기 없는 정책을 수립하는 것이 정없고 메말라 보일 것이다. 그런 복잡한 서류 더미에서 가장 광범위하고 가장 포괄적인 정책 사안을 끌어내기는커녕 발견하는 것도 상당히 어려울 수 있다. 서로 다른 수준의 정책을 아무 구분도 없이 덩어리 형태로 채택할 뿐만 아니라 예산과 인사 "정책", 보상 계획 같은 모든 서류를 결재하는 것이 관례다. 여기에는 다양한 단계의 세부사항, 더 솔직히 말하면, 사소한 것들이 거의 대부분이다. 이런 식으로 이사회가 모든 경영 서류를 결재하는 것이 거버넌스의 오랜 방식이었다.

전통을 존중하기만 해서는 이런 "결재병*approval syndrome*"이 이사회를 얼마나 의례적이고, 사소한 것에 매달리느라 중요한 일을 간과하며, 병목을 유발해 진행을 더디게 하고, 수동적인 집단으로 만드는지 알아채지 못한다. 이렇게 오랫동안 지켜왔으며 사실상 어디서나 볼 수 있는 방법에 내재하는 문제들이 거버넌스와 경영의 질을 모두 심각하게 훼손한다. 그 문제가 무엇인지 살펴보자.

수동성 문서 결재는 이사회를 수동적인 위치에 놓는다. 그 문서가 (이사회가 세우지 않은 기준에 따라) 이미 만들어진 점을 고려하면, 이사회는 그저 사실을 좇아가고 있는 것이다. 현실적으로 이사회는 그 문서를 결재하는 것밖에 달리 할 수 있는 일이 없다. 많은 경우 이사회는 거수기 같은 느낌을 피하려고, 특히 예산을 승인할 때 사소한 것을 트집잡곤 한다. 이런 수동적인 역할에 아무리 많은 지혜가 투입되어도 그것은 절대 리더십이 아니다.

너무 많은 자료 이사들은 비판을 하려면 충분히 읽고 이해해야 한다. 그러려면 여러 가지 작은 사안들에도 세심한 주의를 기울여야 한다. 그 결과로 얻은 방대한 정보는 필시 사무국이 처리할 만한 단계의 자료와 쟁점들로 가득한데 이사들은 애써 거기에 엄청난 시간을 쏟아붓는다. 이사회가 이런 작업을 완벽하게 해내기는 어려우며, 넘치는 세부사항에 치여 중요한 항목을 간과하기 쉽다.

정신 산란 전략적 리더는 끊임없이 사소한 것과 맞서 싸워야 한다. 구체적이고 단기적인 문제들에 밀려 더 크고 중요한 가치가 훼손되기 쉽다. 결재병 때문에 이사회는 주로 작은 사안을 처리하고 그보다 본질적이고 포괄적인 사안에 집중하지 못한다. 내가 관여했던 한 이사회는 매년 거의 2억 달러에 이르는 예산의 온갖 세세한 측면을 검토하는 데 시간을 소비했다. 그렇게 진을 빼는 일을 거듭했던 몇 년을 돌아보면, 예산의 고작 0.5%를 개선하는 것도 힘들었다. 그러느라 그 큰 단체가 정작 무엇을 산출해야 하는지를 명확히 밝히는 문제를 해결하지 못했다!

사무국에 책임 묻지 못함 이사회가 정식으로 서명하면 그 문서는 이사회의 것이 된다. 이사회의 정책이라고 할 만한 것(만약에 그런 것이 있다면)과 어긋나는 내용이 있어도 최고경영자를 비난하지 못한다. 이사회가 승인한 사무국의 계획이 바라던 성과를 이루지 못했을 때 그 책임은 누구에게 있을까? 이사회는 그 과정에 가담했다. 그러나 사무국의 판단도 개입됐을 것이다. 사무국의 계획은 성과를 얻기 위해서뿐만 아니라 이사회의 서명을 받아내기 위해 설계되며, 이사회 승인이 대체로 이사들의 암묵적인(정책으로 규정되지 않은) 가치에 따라 내려지는 것임을 고려하면 말이다. 사무국이 이런 정치적인 면을 지나치게 의식하는 모습이 자주 눈에 띈다. 이런 상황에서는 이사회에 대한 최고경영자의 책무가 정당성과 정확성을 모두 잃는다.

사무국에 과도한 책임 추궁 이사회가 서명한 문서는 이사회의 것이 됨에도 불구하고 이사회는 종종 서명할 때는 알아채지 못했던 몇 가지 문제점을 들어 경영진을 비난하는 것으로 자신들의 결정에 따른 책임을 부정한다. 사무국은 판단의 기준을 모른 채 당하니 이사회가 서명을 해도 그것이 최종 결정이라고 믿지 못한다. 이렇게 승인을 철회하는 일은 벌어지지 않더라도, 이사회가 승인하는 과정 자체가 보통은 확실한 기준도 없이 사무국 업무를 판단하는 것이다.

단기 편향 조직 내 낮은 직급은 대개 단기적인 관점에서 업무를 처리한다. 문서는 아래에서 작성되어 올라오기 때문에 이사회가 표명한 원대한 가치를 기반으로 하기보다 단기적인 가치에 편향되어 있을 것이다.

불분명한 이사회 기여 문서가 승인되면, 이사회가 한 말이 무엇인지 정확히 판단하기가 불가능하다! 이사회가 서명하면 공식적으로 그 문서 전체가 이사회 문서가 되니 그 내용 전부를 이사회가 말한 것이라고 볼 수도 있고, 아니면 다른 누군가가 만들어놓은 것을 그저 통과시킨 것뿐이니 아무 말도 안 한 것이나 다름없다고 볼 수도 있다. 아니면 이 양극단 사이에서 뭔가를 말했을 수도 있다. 하지만 정확히 아는 사람은 아무도 없다. 이사회 가치를 표현한 확실한 문구가 없다. 그러니 이사회의 목소리가 들리지 않는다. 이런 모호한 상황에서는 이사회가 검토와 승인으로 바쁘지만, 실질적으로 기여하는 부분이 전혀 없을 텐데도, 아무도 이를 눈치채지 못한다 [참고자료 5].

사무국의 민첩한 대응 방해 이사회가 어떤 말을 했는지 알 수 없으니 결재선에 있는 다른 사람들이 한 말도 알 수가 없다. 그 결과, 이미 결정된 내용을 다시 설명하거나 부분적으로 변경할 권한이 누구에게 있는지도 알 수 없다. 이사회가 신경 쓸 만한 가치가 있는 사안이든 아니든 변경에 관한 사항은 무조건 이사회에 요청해야 한다. 이로 인해 사소한 문제들을 처음 승인할 때는 물론이고 추후 변경할 때도 이사회가 관여하게 된다. 경영진은 사무국에서 감당해야만 상황의 변화에 맞게 활동과 계획을 탄력적으로 운영할 수 있는 수준의 문제들까지 마구 이사회로 넘기거나, 아니면 실무를 가장 잘 아는 사람들이 계획과 절차를 자연스럽게 변경할 수 없어서 생기는 병목현상을 받아들인다.

파편화 이사회는 모든 정책이 수평으로 짜임새 있게 연결되어 다루기 좋은 하나의 구조가 아니라 아무런 맥락 없이, 감당하기 힘들 정도로 길게 잘린 단편들(예산, 인사, 프로그램 등)을 계속 마주한다. 우리는 모두 이사회가 큰 그림을 그려야 한다고 공언하지만, 한 번에 나무 한 그루씩을 조사해서는 숲을 그리기가 어렵다.

승인 절차는 이사회가 리더십을 흉내 내는 손쉽고 전통적인 방법이다. 결재병은 이사회와 사무국의 영역을 구분하는 대신에 두 영역을 혼란에 빠뜨려 하나의 덩어리로 만든다. 이사회는 사무국 수준에서 필요 없는 일을 하고, 사무국은 이사회 수준에서 과도한 영향력을 행사하기 쉬운 여건이 마련된다. 이사회가 사무국 수준에서 필요 없는 일을 하는 것은 보기에 따라 꼼꼼하거나, 사소하거나, 과중하거나, 참여하는 것으로 인식된다. 사무국이 과도한 영향력을 행사하는 것은 자동승인, 사무국의 권세, 편안한 소극성 등으로 인식된다. 물론, 두 가지 상황이 동시에 벌어져 사무국이 할 일을 이사회가 하고 이사회가 할 일을 사무국이 할 수도 있다. 어떤 경우든 재능이 낭비되는 것이며 이사회의 전략적 리더십이 발휘되거나 사무국의 효율적인 경영이 일어날 수 없다. 승인 절차를 너무 가볍게 받아들이면, 이사회 활동이 가식에 지나지 않게 된다. 반대로 승인 절차를 너무 심각하게 받아들이면, 최고경영자 개념이 위장에 불과해진다 [참고자료 6].

희한한 일이지만, 이사회가 최고경영자의 권한을 제한하기 위해서가 아니라 확인시켜주기 위해 승인 절차를 거칠 때가 있다. 이사회는 논란이 많은 경영진의 결정을 이사회의 권한으로 감싸줌으로써 최고경영자에 대한 지지를 표명하기도 한다. 이사회는 그 이유를 보통 이렇게 표현한다. "우리는 이 사안에 대해 이사회가 정말로 최고경영자를 지지하고 있다는 사실을 사무국(혹은 다른 사람들)이 알기를 바랍니다." 그 결정의 권한이 진실로 최고경영자에게 있다는 사실을 이사회와 최고경영자가 이해한다면, 이러한 지지는 전혀 위험하지 않을 뿐만 아니라 단단한 연대를 보여주는 건강한 모습으로 보인다.

하지만 이런 제스처는 이사회가 그동안 위임에 대해 흐릿한 신호를 보냈던 경우에만 필요하다. 이사회가 공언한 범위 안에서 이뤄진 최고경영자의 모든 결정이 언제나 이사회의 지지를 받는다는 것을 모두에게 확실히 보여주었다면 이런 식의 지지 표명은 거의 필요가 없다. 어떤 구체적인 조치에 공식적인 지지를 표한다는 것은 이따금 그런 지원이 필요하거나, 아니면 반대로 위임에 관한 보편적 철학이 약하다는 의미다.

그렇다면 이사회 승인은 언제 어디서나 관행처럼 이뤄지고 있다는 사실과 상관없이 불필요하고 문제가 될 수 있는 통제 방식이다. 4장과 5장, 6장은 조직을 통제해야 하는 이사회의 도덕적·법적 책임을 완수하기 위한 보다 선도적이고, 공정하며, 하찮지 않은 접근법을 설명한다.

4. 정책 개발

바람직한 정책 수립이란 크고 작은 모든 사안에 수동적으로 대응하기보다 가장 광범위한 사안을 선도적으로 처리하는 것이다. 이사회 정책은 그것이 아무리 간결해도 경영진이 내리는 모든 조치의 모체가 된다. 이렇게 정책이 중심이 되기 때문에 현용성이 가장 중요하다. 간결할수록 최신 상태를 유지하기가 훨씬 쉬울 것이다. 오하이오주 교육전문가인 로버트 바워스는 오하이오주 한 위원회가 개발한, 앞서 말한 대로 간결하고 현재 통용되는 정책에 대해 "422쪽이었던 이사회 정책매뉴얼을 34쪽으로 줄여 먼지만 쌓이는 것이 아니라 꾸준히 사용되는 참고자료가 되게 만들었다"고 말했다. 이사회의 어떤 조치도 정책과 무관하게 일어나지 않는다는 의미에서 정책거버넌스란 정책을 모든 행위의 근거로 삼는 거버넌스를 뜻한다. 이사회 회의에서 논의되는 대부분의 결의안은 어떤 식으로든 정책 구조를 변경하자는 제안일 것이다. 따라서 정책 개발은 '이사회가 이따금 하는 일이 아니라 주요 업무'다.

2장에서 설명한 방식으로 범주를 구분해 믹싱볼*mixing bowl*처럼 크기순으로 담아놓은 이사회 정책은 이제 일어날 수 있는 모든 결과와 조치, 행동, 절차, 그 밖에 다른 조직의 특성을 빠짐없이 아우른다. 〈그림 3-5〉는 〈그림 3-4〉와 같은 정책 원*policy circle*을 이용해 그렇게 만들어진 이사회 정책이 본질적으로 모든 것을 아우른다는 것을 보여준다. 이사회는 조직 안으로 손가락을 넣지 않고 두 팔로 감싸기만 함으로써 간섭하지 않는 통제를 실현했다.

때때로 이사회는 자신들의 가치가 변했다는 것을 알게 된다. 어쩌면 예전에 가치를 표명할 때 선택의 범위를 충분히 알지 못했거나 외부 세

〈그림 3-4〉 정책 원

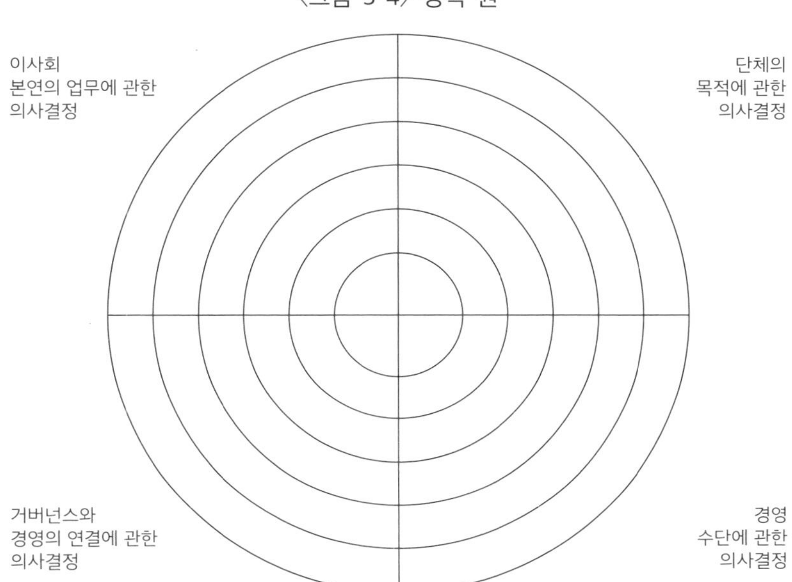

네 개 범주로 나뉘는 조직의 의사결정을 마치 크기순으로 겹쳐 놓은 그릇처럼 표현한 다음 각각이 커다란 원의 사분원을 이루도록 네 개 범주를 합친 모습이다. 각 범주에 속하는 크고 작은 사안들은 크고 작은 그릇처럼 보인다.

계에서의 위기와 기회가 바뀌었을 수도 있다. 그러나 이사회 가치에 큰 변화가 있더라도 대개 무언가를 덧붙이기보다 기존의 표현을 바꿈으로써 처리할 수 있으며, 그로 인해 정책 분량엔 변화가 거의 없다. 정책의 수가 적고, 유형의 구분이 확실하게 유지되는 한, 정책 내용은 진실로 살아있는 문서로 남을 수 있다.

정책이나 정책 변경은 어떤 이유에서든 이사회의 관심을 끌 수 있다. 이사회가 정책을 수립하거나 변경하도록 자극하는 경로를 제한하는 것은 중요하지 않다. 중요한 건 정책 문제에 대해 계속해서 잘 알고

〈그림 3-5〉 이사회 정책 수립

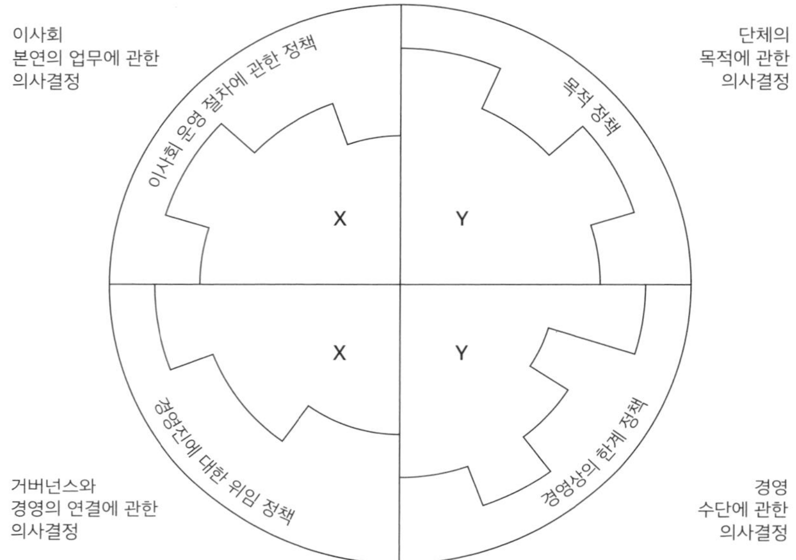

완성된 이사회 정책은 각 사분원의 가장 바깥 부분을 차지하지만 보다 세세한 내용(더 작은 그릇 차원)을 아우를 것이며 같은 사분원 안에서도 각 정책의 주제에 따라 어떤 것은 좀더 상세한 부분까지 파고들기도 한다. 중앙의 빈 공간은 이사회가 대리인에게 위임하는 것으로 만족하는 비교적 작은 의사결정들을 나타낸다. X라고 표시된 공간의 의사결정 권한은 최고거버넌스책임자(Chief Governance Officer)에게 주어질 것이다. 최고경영자에게는 Y라고 표시된 공간의 의사결정 권한이 주어질 것이다.

저울질해야 하는 책임을 지우는 것이다. 그 책임은 반드시 최고경영자가 아니라 이사회가 맡아야 한다. 사실 최고경영자는 이사회의 끊임없는 탐구에 중요한 역할을 한다. 그렇다고 이사회 본연의 임무에 대한 중요한 책임에서 벗어나는 것은 성급한 책임 회피일 것이다. 이사회는 일부 업무를 임원이나 소위원회에 맡겨도 되지만, 그 업무의 책임까지 맡기고 있다고 착각하면 안 된다.

최적의 기능을 발휘하는 이사회는 끊임없이 정책을 개발할 방법에 관해 대화한다. 제대로 된 이사회라면 논의를 통해 가치의 모순을 발견하고, 가치문제에 집중하며, 상대적인 가치를 말로 표현하는 과정에서 흥미로운 발견을 하려고 한다. 의미 있는 정책은 이사회 정신을 표현한 것이다. 거기에 이사회가 믿는 모든 것을 담지는 못하겠지만, 정책거버넌스 방식으로 만들면, 그 이사회가 무엇을 위해 존재하며 무엇을 지지하는지 확실히 보여주는 모든 것을 담을 수 있다. 가치의 크기와 범주에 관한 원칙에 따라 가치를 인식하는 데 단련된 환경에서는 이사회가 변화를 일으키는 정책을 수립할 수 있다 [참고자료 7].

다음 장에서는

효과적인 정책 수립의 본질을 규정했으니, 새로 만들어지는 이사회 정책을 정책 원을 이용해 시각화하며 각각의 정책 범주를 자세히 들여다보려고 한다. 4장에서는 목적 범주에 속하는 정책을 살펴본다. 모든 단체의 가장 중요한 면을 직접 다루는 정책이다. 이 정책을 통해 이사회는 그 단체가 무엇을 '하는지'가 아니라 무엇을 '위해' 존재하는지를 분명히 밝힌다. 목적에 관한 정책은 보통 '사명'이라고 하는 것을 더 정교하고 더 엄격하게 확대한 것이다. 정책 수립에 관한 책임에서 단체의 목표를 통제하는 것보다 더 중요한 면은 없다.

참고자료

1. Carver, J. "A Board Learns That Proper Policy Categories Aren't Just a Nicety." *Board Leadership*, 1998c, no. 36.
2. Carver, J. "The 'Any Reasonable Interpretation' Rule: Leap of Faith or Sine Qua Non of Delegation?" *Board Leadership*, 1996a, no. 28. Reprinted in J. Carver, *John Carver on Board Leadership*. San Francisco: Jossey-Bass, 2002.
3. Carver, J. "Hands On or Off?" *Contributions*, May - June 2004c, *18*(3), 22.

   Carver, J. "Controlling Without Meddling—The Role of Boards." *Business Strategies*, Oct. 2003e, pp. 10 - 11.

   Carver, J. "Good Governance Is Not About Control—It's About Remote Control." *Board Leadership*, 2000b, no. 49.

   Carver, M. "Of Potted Plants and Governance." *Board Leadership*, 2004d, no. 76.

   Carver, J. "If You Want It Done Right, Delegate It!" *Board Leadership*, 1997j, no. 29. Reprinted in J. Carver, *John Carver on Board Leadership*. San Francisco: Jossey-Bass, 2002.
4. Carver, J. "Abstracting Up: Discovering the Big Issues Among the Trivia." *Board Leadership*, 1994a, no. 15. Reprinted in J. Carver, *John Carver on Board Leadership*. San Francisco: Jossey-Bass, 2002.
5. Carver, J. "Boards Should Have Their Own Voice." Board Leadership, 1997d, no. 33. Reprinted in J. Carver, *John Carver on Board Leadership*. San Francisco: Jossey-Bass, 2002.
6. Carver, J. "Board Approval and Monitoring Are Very Different Actions." *Board Leadership*, 1996b, no. 24. Reprinted in J. Carver, *John Carver on Board Leadership*. San Francisco: Jossey-Bass, 2002.
7. Carver, J. "Policies 'R' Us." *Board Leadership*, 1995i, no. 20. Reprinted in J. Carver, *John Carver on Board Leadership*. San Francisco: Jossey-Bass, 2002.

제 4 장

성과에 집중하기

목적의 힘

모든 이사회가 해야 할 가장 중요한 일은 단체의 존재 이유를 규정하고 또 규정하는 것이다. 아주 많은 글에서 이사회를 향해 "단체의 사명을 지지"하라고 조언하는 것은 역설적이다. 그것은 사실 충분한 역할이 아니기 때문이다. 그 조언에 담긴 수동적이고 소극적인 태도로는 단체의 사명을 '결정', '표명' 및 '집행'하는 이사회의 권한과 책임을 다하지 못한다. 게다가 이사회가 이 일을 할 때 중요한 것은 사무국이 아니라 주인들과의 관계다. 이사회는 경영진의 선택을 옹호하는 것이 아니라 주인들의 권한을 대변할 의무가 있다. 그것은 단순히 어떤 목적 선언문을 승인하는 일이 아니다. 한 번 하고 나면 잊어버리는 그런 일도 아니다. 그것은 끊임없이 계속되어야 하는 의무이며, 이사회의 시간과 에너지 대부분을 쏟아야 마땅한 일이다. 이사회가 하는 다른 어떤 일, 심지어 최고경영자를 선택하는 일보다도 더 중요한 일이다.

가치 있는 성과를 산출하는 것만이 단체가 존재해야 하는 유일한 이유가 된다. 가치 있는 성과는 언제나 인간의 욕구 충족과 연결된다. 누구의, 어떤 욕구를, 어떻게 만족시킬 것이냐 하는 것이 이사회가 끝없이 마주하는 정답 없는 문제다. 이 질문에 담긴 중요한, 심지어 존재 가치와 연결되는 딜레마를 해결하는 것이 거버넌스 리더십의 진짜 핵심이다.

4장은 이사회가 조직 내부보다 외부 세계에 더 집중해야 한다고 주장하는 것으로 시작하겠다. 그런 다음 외부에 집중하는 태도를 목적 정책 개발과 연결하려고 한다. 이와 함께 이사회의 관심이 목적에서 벗어나게 만드는 두 가지 강력한 방해요인으로서 목적과 수단을 혼동하는 태도와 목적 평가에 관해 너무 앞서간 불안감을 짚어보겠다. 마지막으로 장기적인 계획 수립에 있어서 주로 목표와 관련된 이사회 역할을 살펴보겠다.

1. 조직 밖을 향하여

한 조직의 이사회 리더십을 위협하는 것은 다른 무엇보다 그 조직 자체다. 이 말은 사무국이 거버넌스에 저항하는 것을 가리키지 않는다. 그보다 더 내밀한 현상, 즉 이사회가 조직 내 행사와 사안들에 몰두하는 모습을 가리킨다. 일반적으로 이사회는 아주 많은 시간을 내부 문제에 소비한다. 심지어 주제가 서비스나 프로그램일 때도 그 업무의 인사, 재무, 물류, 혹은 다른 측면에 주목한다. 다시 말하면, 성과가 아니라 구조와 방법에 관심이 쏠린다.

성과에 집중하는 리더십은 조직 내부가 아니라 외부에서 시작된다. 이사회가 조직 내 활동에 흥미와 관심을 빼앗겨 내부 문제에 사로잡히지 않게 절제하도록 하는 규율 방법을 마련해야 한다. 우리가 이사회의 참여라고 이해하는 것에 반드시 변화가 있어야 한다. 이사회 구성원들이 근시안적인 태도에서 벗어나는 가장 효과적인 방법은 더 넓은 맥락에서 세상을 바라보는 감각을 키우는 것이다.

1) 더 넓은 맥락

단체는 그 자체로 하나의 세상이지만 더 큰 세상의 일부분이기도 하다. 어떤 단체의 기반을 파악하려면 이렇게 더 넓은 맥락에서 출발해야 한다. 단체 밖의 세상은 단체보다 먼저 생겨났고, 더 크며, 아마도 더 오래 존속할 것이다. 단체의 목적에 의미를 부여하고 존재 이유를 만드는 것이 바로 더 넓은 맥락이다. 더욱이 이사회 구성원은 기본적으로 그 정체성이 조직 내부가 아니라 외부 맥락의 어느 부분에 있다.

이사회가 조직 외적인 맥락에서 성과를 고려하지 못하면 조직 역량에 대한 시야가 좁아진다. 리더와 다른 조직 구성원의 차이점은 세상을 아주 조금 더 넓은 시각으로 바라본다는 것밖에 없다. 이사회가 그 넓은 관점, 혹은 더 높은 곳에서 바라보는 시각을 얻으려면, 조직이 아니라 조직을 둘러싼 환경을 바라보고 이를 분석과 토론의 배경으로 삼아야 한다.

2) 세상과 주고받기

단체는 세상이라는 더 넓은 맥락 안에 존재하며, 따라서 그 세상에 영향을 미친다. 그 단체의 존재가 이 더 넓은 세상에 변화를 일으키며, 그 변화는 두 가지로 특징지을 수 있다. 첫째, 그 단체가 생산한 보살핌, 지식, 치료, 아름다움, 질서, 평화, 혹은 지지로 인해 세상이 더 풍요로워지고 더 행복해지며 덜 고통스러워진다. 둘째, 그 단체가 소비한 재능과 자본, 공간 때문에 세상이 더 가난해지고 더 고갈되며 더 고통스러워진다.

이사회는 편익과 비용에 해당하는 이 두 가지 영향에 주로 관심을 둬야 하며, 심지어 집착을 보여야 한다. 이사회는 스스로 되물어야 한다. "우리는 어떤 사람 혹은 어떤 욕구를 위해 어떤 비용을 감수하며 어떤 복리福利를 실현해야 하는가?" 이사회는 단체의 성과를 비용과 편익, 수혜자 측면에서 바라보는 것이 중요하다.

이 개념이 바로 교환*exchange*, 즉 단체와 세상이 주고받는 것이다. 가치 있는 어떤 것이 소비된다는 건 새롭게 생산된 가치 있는 다른 무언가와 교환된다는 뜻이다. 나는 그 교환에 필요한 세 가지 요소를 말하려고 '목적'이라는 단어를 사용한다. 그 세 요소는 첫째, 그 단체가 사람들의 삶에 의도하고, 실제로 이뤄낸 결과, 즉 그 단체가 존재하는 이유다. 둘째, 애초에 그 성과를 경험할 대상으로 의도하고, 실제로 경험한 사람들 혹은 인구다. 셋째, 그 성과 즉 그 특정한 사람들에게 초래한 결과의 비용이다. 이 세 가지가 단체와 세상 간 주고받음을 설명하는 요소다.

따라서 이 책 전반에서 사용되는 목적이라는 개념은 그 단체의 산출물(사람들에게 혹은 사람들을 위해 일어난 변화), 그 단체의 수혜자(어떤 사람들인지), 그리고 효율성(금전적 비용 혹은 다른 성과에 든 비용이나 예전 수혜자 등을 고려했을 때 그 변화의 가치)을 의미한다. 목적 개념에는 활동이나 방법이 전혀 포함되지 않는다는 점이 특히 중요하다 [참고자료 1].

요약해보자. 정책거버넌스 용어로 하면 '목적이 아닌 것은 모두 수단으로 정의한다'. ("목적을 위한 수단"이라는 말을 쉽게 하지만, 사실 오해를 일으킬 수 있는 표현이다. 예를 들어, 잔디를 깎는 것은 정책거버넌스 용어로 보면 수단이지만, 단체의 목적을 위한 수단은 아니다.) 간단히 말하면, 내가 '성과'라고 할 때, 그것은 그냥 아무 종류의 성과가 아니라(따라서, 지붕 누수를 수리한 성과나 직원들을 만족시킨 성과라고 말하는 것은 피하고) 목적 개념에 포함되는 특별한 유형의 성과를 의미한다. 더 나아가, '목적'은 결과와 같은 말이 아니다. 목적은 성과와 함께 수혜자와 비용도 포함한다.

조직에 관해 널리 쓰이는 용어 중에 '골*goal*'과 '오브젝티브*objective*'가 있다. 유감스럽게도 둘 다 수단이나 목적에 두루 쓰인다. 그러니 두 용어를 목적과 동일시하는 것은 오해의 소지가 있다. 나도 개인적으로는 이런 용어들을 어떤 바람직한 성취를 나타내는 일반적인 의미에서 사용하기도 하지만, 이사회 업무를 다룰 때는 사용하지 않는다. 왜냐하면, 경영에서 목적과 수단의 차이를 명확하게 구분하지 않아 거버넌스에 혼란을 주는 개념이기 때문이다. 대신에 나는 '목적과 수단의 차이'를 언급하겠다 [참고자료 2].

마찬가지로, 흔히 사용되는 '전략'이라는 말에도 목적과 수단이라는 요소가 모두 들어있다. 향후 5년간 성과의 우선 사항을 바꾸겠다는 계획은 목적과 관련 있는 문제다. 그러한 변경이 가능하도록 장기적으로 직원을 재교육하고 교체하는 전략은 수단에 해당하는 문제다. 전략이 경영에서 중요하게 쓰이는 개념인 만큼, 거버넌스에 사용하면 목적과 수단을 구분하기 어려워진다. 이 책이 이사회가 전략적 리더가 되어야 한다고 주장하는 만큼, 좋은 거버넌스 전략이란 이사회가 전략 그 자체가 아니라 목적과 수단의 차이에 집중하도록 하는 것이다.

2. 목적과 수단의 혼동

내 말의 요지는 수단이 중요하지 않다는 게 아니다. 단지 수단과 목적을 혼동하지 말아야 한다는 뜻이다. 수단은 그것을 사용해야 하는 사람들이 가장 잘 판단한다.

커크Kirk (1986, 40쪽) 는 이사회가 "수많은 일상적인 일들을 쫓아다니며 굉장히 다양한 사안들을 하나하나 처리하는 데 너무 몰두하느라 정작 그 활동들이 이뤄내야 하는 성과는 안중에도 없다"고 비판했다. 목적과 수단의 차이는 간단해 보인다. 목적과 수단은 우리 주위에서 일어나는 일들을 유용하게 분류하는 한 방법으로 일상적인 용어에도 자주 등장한다. 그러나 더 자세히 들여다보면 이 단순해 보이는 것에서 어려운 점이 눈에 띄기 시작한다. 이사회가 정책거버넌스의 목적과 수단의 차이를 이용하려면, 목적과 수단이 뒤섞이는 방식을 알아야 한다 [참고자료 3].

1) 사명 vs 목적

현대 조직은 사명 선언문 작성의 중요성을 주문처럼 거듭 강조해왔다. 실제로 사명이라는 개념은 군사 행동에서부터 기업활동, 사회복지, 종교에 이르기까지 모든 단체 활동에 대단히 중요하다. 거기에는 날카롭게 표현되고, 심사숙고해서 규정한 성과를 향해 우리의 생각과 행동을 집중시키는 힘이 있다.

전통적인 사명 선언문은 대개 그 단체가 열망하는 주요 가치를 몇 개 단어로 요약한 형태다. 예를 들면 이런 것이다. "우리는 고객과 직원, 거래처로부터 가장 존경받는 지역 대표 부품 공급업체가 될 것이다." 비슷한 문구를 자동차 대여업체, 식료품점, 호텔, 배관업체, 그 밖에 다른 수많은 기업에서도 볼 수 있다. 비영리단체의 경우 "모두를 위한 우수한 정신 건강 서비스" 혹은 "다정한 사람들이 제공하는 효과적인 서비스" 등으로 표현할 것이다.

'사명'이라는 단어 자체에는 아무 문제가 없지만, 일반적으로 통용되는 의미에는 반드시 피해야 할 몇 가지 문제가 있다. 첫 번째, 보통 사명을 글로 정리할 때 목적과 수단을 모두 포함하는 경향이 있다. 그래서 애써 구분한 목적과 수단의 차이를 흐린다. 사명을 명문화하는 방식이 목적과 수단의 구분이 중요하다는 인식이 퍼지기 전에 관행으로 자리를 잡아버렸기 때문이다. 두 번째, 수단까지 사명에 포함하는 바람에 쓸데없는 규정으로 사무국이 자유롭게 창의력과 혁신으로 새롭고 더 좋은 수단을 찾아내는 것을 가로막는다. 세 번째, 사명 선언문은 그저 사명 선언문일 뿐, 보다 체계적으로 정제된 가치 표현에 완벽하게 연결되는 성과와 수혜자, 비용을 포괄적으로 설명한 문서는 아니다. 사실, 사명 선언문이라고 하면 보통 어떤 업무 계획이나 방법들로 곧장 이어진다고 생각한다. 정책거버넌스에서는 포괄적으로 정의된 목적에서 그것을 실현하는 방법으로 곧장 넘어가지 않고, 그 포괄적 목적을 이사회와 최고경영자, 직원들이 단계적으로 더 자세히 규정해 나가며, 목적이라는 범주에서 벗어나지 않는다. 제대로 한다면, 점점 좁아지는 단계에서 설명이 자세해진다는 이유로 목적이 수단이 되는 일은 일어나지 않는다.

따라서 내가 '사명'이라는 단어를 쓰지 않는 주된 이유는 엄격함과 정밀함이 떨어지면서 이론적 근거도 약한 관행들을 연상시켜 정책거버넌스의 목적 개념이 흐려지는 것을 막기 위해서다. 만약에 사무국에서 홍보나 내부 동기부여 차원에서 전통적인 형태의 사명을 발표하기로 정한다면 그것은 용납할 수 있으며, 그것 자체가 사무국이 알아서 수단을 결정하는 행위다. 그러나 단체의 목적과 관련해 이사회가 관심을 두는 부분은 일반적인 의미의 사명이 아니라 목적을 정확하고 간결하게 표현하는 것이다.

따라서 이 책에서는 '사명'이라는 단어를 거의 사용하지 않는다. 그 단어에 일반적으로 함축된 의미가 목적 개념의 중요성을 온전히 담아내지 못하기 때문이다. 사실 나는 수년간 정책거버넌스를 이야기할 때 '사명'이라는 단어를 사용했다. 하지만 그 용어가 얼마나 혼란을 주는지 알게 된 뒤로는 사용하지 않는다. 가장 포괄적이면서도 간결하게 정리된 형태의 목적을 의미할 때는 '사명' 대신에 '총괄• 목적*global ends*'

• 이 책에서는 '총괄'이라는 표현은 더 이상 그것을 포괄할 것이 없는, 최고로 포괄적인 것을 가리킴.

이라는 용어를 사용한다. 이 단어가 '사명'보다 영감을 불어넣는 힘이 덜하다는 사실을 인정한다. 하지만 '총괄 목적'이라는 표현은 조직이 달성해야 할 성과를 더 정확하게 가리키고, 부하직원들에게 권한을 보다 정교하게 부여한다.

2) 목적으로 오인하는 수단

세상에 미치고자 하는 영향을 명확히 규정한 내용이 없으면, 이사회는 수많은 수단을 처리하며 그 자체가 목적인 것처럼 대할 것이다. 일부 비영리단체와 공공기관에서는 전통적으로 이런 가짜 성과가 계속 인정을 받았으며, 이는 심사숙고를 통해서가 아니라 아무것도 하지 않음으로써 단지 익숙하다는 이유로 주어지는 정당성을 노력 없이 획득한 것에 불과하다.

권장 활동 목적을 가장한 수단 중 가장 교묘한 것은 선한 의도나 강력한 논리를 가진 활동들이다. 예컨대 교육 세션에 쓸 자료를 넉넉히 만들어 나눠주는 것은 선한 의도나 의미를 보여주기 때문에, 교육의 효과보다도 인쇄물의 양과 질이 더 중요하게 평가될 수 있다. 이렇게 혼동이 일어날 수 있는 영역은 무수히 많다. 교사들에게 능력에 따른 보수를 지급해야 한다는 대중의 요구에 대해 교육기관은 대개 더 많은 대학원 과정을 밟은 교사에게 성과급을 제공하는 것으로 대응한다!

사회복지 분야에서 금과옥조로 여기는 가짜 목적은 단위원가다. 단위원가는 한 회분의 서비스를 제공하는 데 드는 비용을 화폐가치로 환산한 금액이다. 공립학교에서는 '학생 1인당 1일 교육비'라는 용어를 사용한다. 단위원가는 서비스 단체가 단위금액당 목표한 양의 서비스를 제공하는지 판단하는 기준이 된다. 그러나 단위원가는 서비스의 효과성과는 아무 관련이 없다. 그래서 사회복지 프로그램들이 생산성(단위금액당 편익 산출의 효율성)을 측정하는 것 같지만 실제로는 그러지 않는다. 단위원가를 중시하는 사고방식에 따르면 예컨대 시간당 10만 원인 전문가 활동이 시간당 13만 원인 전문가 활동보다 나을 것이라는 결론에 이른다. 그렇게 믿을 만한 이유가 전혀 없는데도 불구하고 말이다. 어쩌면 시간당 13만 원인 서비스를 받는 편이 원하는 성과를 얻는데 150퍼센트 더 효과적일 수도 있다! 단체들이 단위원가가 생산성을 측정하는 진정한 방법이라고 믿지 않았더라면 이는 단지 해롭지 않은 측정수단에 불과했을 것이다.

선의로 혹은 합리적으로 활동(성과가 아니라)하는 것이 존재 이유라는 믿음이 아주 깊숙이 스며든 단체는 아무도 뭐가 문제인지 알아채지 못하는 상황에 이를 수 있다. 한 가지 두드러진 예가 바로 그것이 목적인 양 서비스와 프로그램에 전념하는 태도다. 마치 서비스와 프로그램 자체가 가치 있는 것처럼 대할 때가 많다. 그러나 서비스와 프로그램은 정해진 활동들의 패키지에 불과하다. 정책거버넌스에서 서비스와 프로그램은 언제나 수단일 뿐이다. 목적 개념은 바쁘게 이뤄지는 당연한 활동 자체가 성과와 같은 의미로 인식되거나 혹은 그 이상의 의미를 갖지 않게 막아준다.

좋은 활동을 하나의 목적으로 인식할 위험은 매우 커서 아무리 강조해도 지나치지 않는다. 오디온Odiorne(1974)은 이런 위험을 늘 경계하고 이를 제도로 뒷받침하지 않으면, “사람들은 활동에 몰두한 나머지 그 목적을 망각하기 쉽다”고 말한다. “활동에만 전념하느라 정작 그 활동을 왜 하는지를 잊어버리고 그 활동 자체가 가짜 목표, 즉 목적이 된다. … 활동이라는 덫에 빠지는 것은 어리석어서가 아니다. 사실 가장 똑똑하고, 교육수준이 높은 사람들이 흥미롭고 복잡한 활동에 가장 쉽게 빠져들어 헤어나지 못하는 경향이 있다"(1~7쪽).

사무국의 선한 의도나 합리적인 활동이 중요하지 않다는 이야기가 아니다. 그런 활동은 절대 단체의 존재 이유가 되지 못한다는 이야기다. 권장 활동은 수단일 뿐 목적이 아니다.

권장 조건 마찬가지로, 권장 조건도 목적을 가장할 수 있다. 가장 대표적인 것이 직원들의 자격증일 것이다. 자격증과 학위를 중시하는 태도는 이해할 수 있다. 교육을 잘 받은 사람이 그렇지 않은 사람보다 일을 더 잘하리라고 생각하는 것은 합리적으로 보인다. 이러한 논리를 가리켜 "실제 기여가 아니라 이력을 근거로 보상하기"라고 부른다. 이런 기준에 따르면, 저서 목록이 화려한 교수가 그렇지 않은 교수보다 더 좋은 스승으로 대우받는다.

직원들의 높은 사기는 또 하나의 권장 조건이다. 일부 이사회는 목적보다 직원들의 사기에 더 많은 관심을 보인다. 그들은 "직원들의 사기가 높으면 우리가 괜찮은 게 틀림없고, 이직률이 높으면 뭔가 잘못된 것이다"라고 생각한다. 직원들의 사기나 이직률이 어떤 조짐을 나타내는 지표가 될 수는 있지만, 그 단체가 직원들의 사기를 높이거나 이직률을 낮추라고 있는 단체는 아니며, 그렇다고 직원들의 사기를 떨어뜨리거나 이직률을 높여야 하는 것도 아니다. 여기서 핵심은 문제가 일어날 수 있는 조짐들을 무시하는 태도가 아니라 좀더 정확한 관점에서 바라보는 자세다. 목적이 아니라 직원들의 사기를 점검하는 이사회는 안타깝게도 목적과 수단이 뒤바뀐 관점을 갖고 있다. 권장 조건 역시도 수단일 뿐이다.

권장 구조 조직의 구조는 업무 배치, 보고 체계, 조직 전반에 분포하는 의사결정 지점 등으로 이뤄진다. 그것을 간단하게 나타낸 것이 조직도다. 구조와 관련된 요인들은 조직의 기능에 지대한 영향을 미친다.

예를 들어, 통제 범위가 좁은 것은 경영진의 잠재력이 개발되지 못했으며 위계구조에 불필요한 단계들이 있다는 의미다. 최고경영자 최측근에 (계선조직*line organization*이 아니라) 참모조직*staff organization*•이 주로 존재한다는 것은 위임이 단편적으로 이뤄지고 일선 관리자들이 충분히 활용되거나 개발되지 못했다는 뜻이다. 최고경영자의 통제 범위가 아주 넓다는 것은 특이할 정도로 위임이 정확하게 이뤄졌다는 것을 보여준다. 하지만 최고경영자가 너무 바빠서 충분히 사려 깊지 못하다는 의미일 수도 있다. 최고경영자를 만날 수 없을 때 다른 직원들이 최고경영자의 바로 아래직급에게 보고하고 있다면 경영진의 권한이 낭비되고 있는 것이 거의 확실하다. 둘 이상의 경영진이 수직으로 배치되어 각자 한 사람만 감독하는 구조라면, 누군가 한 사람은 직책만 있고 하는 일이 없는 게 거의 확실하다. 구조의 차이가 정말로 탁월함의 차이를 만든다.

간결하고 효율적인 구조는 모두가 감탄하고 추구해야 할 대상이다.

• 계선조직은 명령이 상부에서 하부로 수직으로 내려오는 형태의 조직을 말하며, 참모조직은 계선조직의 명령체계 밖에서 자문, 권고, 건의, 협의, 조정, 조사 등을 수행함으로써 계선조직을 지원하는 조직을 말한다.

하지만 그것 때문에 더 점수를 받아야 하거나 그러지 못했다고 점수를 잃어야 하는 것은 아니다. 좋은 단체인지 나쁜 단체인지는 그 단체의 성과와 분별력, 윤리의식으로 드러난다. 만약에 이사회 정책이 제시한 기준에 따라 성과를 판단해서 아무 문제가 없으면 걱정할 필요 없다.

조직의 구조는 중요하다. 하지만 가장 좋은 구조도 그 조직의 존재 이유는 아니다. 구조는 하나의 수단일 뿐이다.

권장 기술 고도의 전자공학 기술이 갈수록 중요해지고 있지만, 운영 기술은 오래전부터 경영진이 해결해야 할 문제였다. 컴퓨터와 저장시스템, 전화기 같은 하드웨어 기술부터 대기행렬이론•, 운영 연구, 의사결정 기법 같은 개념적인 기술에 이르기까지 다양한 예가 있다. 경영진은 이메일과 깔끔한 프레젠테이션 프로그램, 그리고 인터넷으로 옮겨갔다. 그러나 방법과 기술은 조연에서 주연으로 그 지위가 부당하게 높아졌다.

미국환경보호청은 한때 굴뚝 배출구에 남은 미립자들을 제거하기 위해 특정 유형의 솔을 사용하도록 규정하려고 계획했다. 미국환경보호청의 목적은 미립자 배출이 일정 수준을 넘지 않게 하는 것이었다. 그러나 정작 발표한 기준은 그 결과를 얻기 위해 특정 기술을 사용해야 한다는 것이었다. 원하는 결과가 아닌 다른 것으로 사람들의 관심이 쏠린 탓에 미국환경보호청 자체의 장기적인 효과성도 피해를 봤을 것이다. 정부 관료체제는 보통 이런 식으로 작동한다. 장기적인 효과성

• 서비스를 받고자 기다리는 대기시간 등 서비스 제공기관의 수용 능력을 평가해 서비스 수요와 공급을 맞추는 데 쓰이는 계량적 기법.

을 희생시키더라도 단기적인 통제를 극대화한다(그것이 잘못된 통제라 할지라도). 감독하는 상황에선 이런 모습이 관리와 통제의 차이로 보일 것이다. 감독자들도 단기적인 통제를 위해 장기적인 효과성을 포기할지 모른다.

기술 주도의 운영방식은 권장활동 중심의 운영방식과 매우 비슷하게 "도구 환상*tool illusion*"이라고 하는 것에 취약하다. 망치를 든 아이에게는 망치로 두드려야 하는 물건이 세상에서 가장 중요해진다. '두드릴 수 있는' 것인지가 물건의 가장 중요한 특징이 된다. 한 조직 내에서 기술은 중요하다. 하지만 최고의 기술이라도 그것이 조직의 존재 이유는 아니다. 기술은 하나의 목적을 위한 수단일 뿐이다.

3) 수단으로 오인하는 목적

목적과 수단의 차이에 집중하지 못하면, 목적을 수단으로 착각하기도 한다. 예를 들면, 수단에만 너무 집중한 나머지 성과가 나타나도 알아채지 못하는 경우가 있다. 나는 한 공립학교 이사회가 평소 길고 어수선한 회의 때 경영 수단에 관한 문제에서 경영 수단에 관한 또 다른 문제로 옮겨 가며 시간을 보내는 것을 보았다. 수단에 관한 문제는 대부분 아주 크지 않았다. 이렇게 쓸데없이 분주한 가운데 전 학년에 걸친 대규모 읽기 능력 시험 결과에 관한 안건이 있었다. 바쁜 이사회는 그 안건을 확인하고, 뭔가 좋은 이야기를 할 정도의 시간만 쓰고, 다시 혼란스러운 사소한 문제들로 돌아갔다!

가장 자주 눈에 띄는 혼동은 낮은 단계의 목적에 해당하는 성과 요소를 수단으로 착각하는 경우다. 일반적인 어법에서는 전체 성과를 구성하는 각 부분은 최종 성과에 이르는 수단으로 볼 수 있다. 하지만 정책 거버넌스에서 수단은 단순히 목적이 아닌 것을 지칭하려고 편의상 쓰는 말이다. 따라서 성과의 일부분이라면 목적 기준을 충족하기 때문에 목적 문제로 간주한다(하지만 그 부분적인 성과를 만들어낸 '활동'은 언제나 수단이다).

이사회의 가장 포괄적인 목적 선언문에서 성과 및 수혜자 요소에 해당하는 것이 "발달장애인의 정상적인 공동체 생활"(원하는 가장 큰 성과)이라고 가정해보자. 이사회는 개념의 추상성을 한 단계 낮춰, 어떤 "산출물"이 포괄적인 성과의 비전에 가장 부합하는 조합을 구성할지 정한다. 아마도 이사회는 독립적인 생활 능력과 직업능력, 그리고 이들을 받아들일 고용인(하위 성과들)이 필요하다고 결정할 것이다. 가장 큰 결과는 여러 하위 성과들을 포함하고, 하위 성과에는 그보다 더 작은 성과들이 포함될 것이다. 이사회가 어디쯤에서 멈추고 나머지를 경영진에게 위임하는지에 상관없이 말이다. 계속 더 작은 성과로 구체화하는 이 과정은 어느 한 개인 고객과 관련한 가장 구체적이고 단기적인 성과에 이를 때까지 계속된다. 이제 부분적인 성과가 어떻게 그보다 큰 성과를 위한 수단처럼 보일 수 있는지 이해가 된다(직업능력은 정상적인 공동체 생활을 위한 수단으로 보일 수 있다). 그러나 정책거버넌스를 이용할 때는 목적 개념을 이런 식으로 흐리지 않는 것이 중요하다.

"직업능력"은 예를 들어 "능력 훈련"이라고 하는 순수한 수단과는 상당히 다르다. 능력 훈련은 하나의 활동으로서 언제나 수단일 뿐 성과가 될 수 없다. 반면에 직업능력은 하나의 성과로 생각하기 쉬우며, 그 자체가 조직의 성과로 합당하다. 비교적 규모가 작은 단체, 혹은 포부가 크지 않은 단체에게는 직업능력이 유일한 성과이자 가장 큰 성과일 수 있다는 것을 쉽게 상상할 수 있다. 직업능력은 그것을 포함하는 더 포괄적인 성과가 있을 때만 수단으로 오인될 여지가 있다.

이 책에서 목적과 수단의 차이를 논의할 때는, 직업능력과 같은 부분적인 하위 성과가 수단으로 생각될 수 있는 개념을 절대 사용하지 않을 것이다. 목적과 수단을 구분하는 것이 더 나은 거버넌스를 실현하는 데 강력한 도움이 되려면 정확한 정의를 사용해야 한다. 조직의 활동은 그것이 아무리 복잡하거나 중요해도 언제나 수단이다. 외적인 아웃컴, 성과, 그리고 임팩트는 그것이 보다 포괄적인 성과에 포함되는지 여부와 상관없이 목적이다.

3. 총괄 목적 표현하기

목적은 여러 단계에서 생각해볼 수 있지만, 이사회가 처음에 관심을 가져야 할 것은 오로지 가장 포괄적인 표현이다. 가장 간결하게, 가장 포괄적으로 표현된 목적은 그 단체가 의도하는 성과와 수혜자, 비용 등에 관한 모든 것을 결정하지는 않는다. 다만 앞으로 발생할 성과와 수혜자, 그리고 비용의 범위를 알려준다. 그렇다면 가장 포괄적으로 표현된 이 목적은 다음과 같이 간단한 질문에 답하며 성취 범위를 규정하는 것이다. 이 단체는 무엇을 위해 존재하는가? 즉, 누구를 위해 어떤 변화를 얼마나 만들어낼 것인가? 가능한 한 가장 넓은 단계에서 이사회가 제시하는 대답이 총괄 목적 정책이 될 것이다.

이 과업을 주식회사, 특히 상장회사 이사회가 해야 할 일과 구분하기 위해 덧붙이자면, 주식회사 주인(주주)들에게 기업의 목적은 투자

수익을 창출하는 것이다. 영리기업도 비영리단체만큼이나 목적을 표현하는 것이 중요하지만, 그 목적은 또 다른 집단을 위해 무엇을 실현할 것이냐에 관한 것이 아니라 주주 자신들을 위해 무엇을 실현할 것이냐에 관한 것이다. 따라서 영리기업 이사회는 총괄 목적을 예컨대 "연간 주당순이익이 3분기 연속 평균 10% 이상 성장"을 달성하겠다는 식으로 표현해야 할 것이다. 비영리단체나 정부기관 이사회의 경우 목적을 표현하는 작업에 보통 더 많은 요소와 연구가 필요하다.

총괄 목적 선언문을 만드는 작업은 이사회가 단독으로 하는 가장 강력한 행동일 것이다. 이 진지한 활동은 대부분의 이사회가 예상하는 것보다 훨씬 많은 시간이 걸린다. 그렇게 해서 만들어진 몇 개 안 되는 단어에 비춰보면 특히 그렇다. 하지만 그 과정의 목적이 보조금 신청서나 연례보고서, 혹은 안내 책자에 조용히 들어가 있는 선언문을 만드는 것이면 안 된다. 정책거버넌스에서 강력하고 매력적인 총괄 목적 선언문은 다음과 같은 특성을 갖는다.

철저하게 성과 중심 앞서 언급했듯이 목적은 절대 어떤 변화를 이뤄내는 데 필요한 활동의 측면에서 표현되지 않는다. 변화 그 자체가 목적이다.

간결성 긴 서술은 지나친 장황함으로 문제의 핵심을 흐리거나 어수선하게 만든다. 총괄적 목적을 담은 메시지가 여러 단락의 긴 글 혹은 불과 한 단락의 글에 가려져 보이지 않을 때는 애초에 그 메시지를 정한 이사회도 그것을 찾아내는 데 어려움을 겪는다. 그뿐 아니라 최고경영자도 그것을 중심으로 할 일을 정할 수가 없다.

권위 있게 직접 작성 총괄 목적을 결정하는 일은 거버넌스의 핵심에 해당하므로 이사회가 소극적으로, 다른 사람이 작성한 내용을 승인만 해서는 안 된다. 이사회가 단체의 존재 이유를 결정하는 일에 적극적으로 참여하지 않는다면 다른 일에는 왜 참여해야 할까?

수평적 통합 목적은 주인에 대한 책무가 있는 이사회가 단체를 초월해 더 넓은 맥락에서 개발하는 것이다. 그 주인들에게는 다른 일을 하는 다른 이사회도 있을 것이다. 따라서 해당 단체가 더 넓은 맥락의 어느 부분에 속하는지를 보는 것이 중요하다. 이사회가 다른 이사회와 소통하지 않으면 공익사업의 일관성이 사라지고 공공 기반도 약해진다. 지역사회 이사회들이 토론할 주제로 각자 세상에 일으키고자 하는 다양한 목적보다 더 의미 있는 주제는 없다.

적절한 분류 목적이 흐려지는 것을 피하고 설득력을 가지려면 다른 주제들과 확연히 구분되어야 한다. 다른 주제(정의상 수단의 형태를 가진 것)들과 섞여 있으면 날카로운 명확성이 훼손된다. 정책거버넌스에서 목적은 별도의 목적 범주에서 따로 다룬다.

수직적 통합 목적은 주제이자 중추여야 한다. 이사회 결정은 조직에서 진행되고 있는 일들과 밀접하게 연결되지 않으면 별로 도움이 안 된다. 총괄 단계에서부터 목적에 집중하는 태도는 실리 위주의 사고방식과 비슷하다. 비영리단체와 공공기관은 시장에서의 특수한 지위 때문에 실리적인 목적에 부합해야 한다는 압박 없이 내부적으로 마치 섬 같이 드문드문 탁월성을 개발해왔다.

질박함 이사회의 가장 포괄적인 목적 선언문은 밖에 내보이는 슬로건이 될 수 있지만, 슬로건이 되는 것이 목적은 아니다. 목적 선언문의 목적은 군더더기 없이 단순명쾌할 때 최적으로 실현된다. 안내 책자에 멋지게 들어가지 못하더라도 말이다. 총괄 목적 선언문과 맥락을 같이하는 슬로건을 새로 만들 수도 있지만, 그런 노력은 홍보 업무이지 거버넌스 업무가 아니다.

총괄 목적 정책에 필요한 요소를 갖춘 선언문의 예를 살펴보자.

더럼 자치구 주민과 방문객은 홀턴, 해밀턴, 나이아가라, 오타와, 필, 토론토, 워털루, 요크 등 온타리오주의 다른 지역보다 경쟁력 있는 비용으로 안전한 지역공동체에서 생활하고 일할 수 있다(온타리오주 오샤와의 더럼 자치구 경찰 서비스 위원회Durham Regional Police Services Board).

학생들이 책임감 있고 신실한 기독교인의 삶을 통해 세상에 영향을 미칠 수 있도록 합리적인 비용으로 영적 분별력과 도덕적 용기, 학문적 우수성을 갖추게 한다(콜로라도 스프링스 기독교 학교Colorado Springs Christian School 이사회).

사람들이 그들의 직장과 가정, 지역사회에서 잠재력을 극대화하는 데 필요한 지식과 기술 자원을 갖추게 한다(북아일랜드 벨파스트 캐슬레이 칼리지Castlereagh College 이사회).

캘리포니아 공원·휴양협회가 존재하는 이유는 다른 유사 협회보다 높지 않은 회비로 회원들이 성공을 거두게 하기 위해서다(캘리포니아 공원·휴양 협회, 새크라멘토) (〈자료 4-4〉는 이 포괄적 목표 선언문이 확장된 형태를 보여준다).

예시 중 하나만 빼고 모두 세상에 실현해야 할 결과물과 그 혜택을 누가 경험하거나 받을 것인지, 그리고 그 결과를 생산하는 과정의 효율성에 대해서 아주 포괄적으로라도 표현한 것을 보았을 것이다. 캐슬레이 칼리지의 이사회는 비용 부분을 넣지 않기로 정했다. 나는 그렇게 하는 것을 권하지 않는다. 그러나 뒤에서 설명하겠지만, 무분별한 태도를 금하는 이사회 정책(5장에서 논의하는)이 어쨌거나 편익에 대한 비용의 상한을 정하긴 한다. 보통 목적으로 표현될 때보다는 덜 까다롭지만 말이다.

4. 총괄 목적 자세히 설명하기

총괄 목적 정책이 그 이후에 이사회가 새로 만드는 목적 정책들과 확실히 연결되는 것이 바로 수직적 통합의 첫 번째 예다. 따라서 포괄적으로 시작한 목적 선언문을 가장 먼저 더 분명하게 밝히는 건 최고경영자가 아니라 이사회일 가능성이 크다. 이사회는 총괄 선언문보다 순서상 딱 한 단계 더 구체적인 2단계 목적 정책을 수립한다.

앞서 설명한 바와 같이, 가장 포괄적인 목적 선언문은 신중하게 선택한 몇 개 단어들로 간결하게 표현되어야 하고, 그 자체로 충분한 의미를 지니며, 단체의 성과와 수혜자, 그리고 그 비용을 추가로 규정하는 상세한 설명이 덧붙여질 수 있어야 한다. 여기서 말하는 목적 설명은 유기적으로 연결된 형태다 — 즉, 신중하게 분류된 여러 부분이 가장 포괄적인 것에서 시작해 점점 더 구체적인 것으로 자연스럽게 이어지는 것이 특징이다. 이사회 목적을 정할 때는 아무 구분 없이 하나의 덩어리로 설명을 늘어놓는 방식보다는 큰 주제를 먼저 정한 다음 소주제를 정하는 방식(개요를 짤 때처럼)이 더 완전한 형태를 만든다.

전체를 여러 부분으로 분리할 수 있고, 점점 구체화하는 단계로 연결해서 만드는 것 중 하나가 바로 "가치 지도"다. 이것에 대해 이사회와 사무국 모두 이미 해결된 문제와 다음에 처리해야 할 문제를 파악하는 데 도움이 된다고 느낀다. 이사회는 더 논의가 필요하거나 변경 가능성이 있는 부분을 정확히 짚어낼 수 있다. 더욱이 다양한 단계의 정책이 정확한 개요 형태로 정리가 안 되면, 이사회가 제 할 일을 제대로 못한 것일 수 있다.

그럴 가능성은 낮지만, 이사회가 가장 포괄적인 목적 선언문을 결정한 다음, 그보다 구체적인 사항들에 대해서는 다루지 않겠다고 결정해도 된다. 이사회가 총괄 목적 선언문에 대한 최고경영자의 그 어떤 합리적인 해석도 받아들이겠다고 동의하면, 더 말할 필요가 없다. 이 말은, 부분적인 성과와 부분적인 수혜자, 그리고 비용에 대해 최고경영자가 정할 수 있는 모든 우선 사항을 받아들일 수 있다면, 이사회가 굳이 더 많은 정책을 만들어서 예상되는 성과의 범위를 좁힐 이유가 없다는 얘기다. 이사회는 그저 더 구체적인 정책 결정을 자제하고 목적에 관한 더 작거나 더 좁은 선택은 모두 최고경영자가 처리하게 둬도 된다. 대부분의 이사회는 당연히 그렇게 포괄적인 사안들을 최고경영자에게 맡기기를 주저한다. 그래서 이쯤에서 멈추는 이사회는 드물다.

이 책 곳곳에서 나는 실제 이사회들이 만든 정책들의 초안을 보여주면서 정책 개발의 다양한 측면을 설명할 것이다. 그때마다 해당 단체의 이름을 밝히겠다. 그러나 추가로 수정이 되거나 이사회에 다른 변화가 있을 수 있으니 그 정책들이 현재도 유효하다고 장담하지는 못한다.

1) 성과, 수혜자, 비용에 대한 부연 설명

총괄 목적을 선언한 다음에 이사회가 할 일은 목적을 더 좁혀서 정의함으로써 최고경영자의 선택 범위를 좁히고 싶은 부분이 어디인지를 논의하는 것이다. 이사회는 성과나 수혜자, 혹은 비용에 관한 정책을 추가로 만들기로 결정할 수 있다. 〈자료 4-1〉~〈자료 4-4〉는 실제 이사회들이 정책거버넌스 모델을 사용해 총괄 목적 정책에 한 단계 이상 더 구체적으로 설명을 덧붙인 사례들이다. 〈자료 4-5〉와 〈자료 4-6〉은 두 번째 단계에서 시작해 더 깊이 들어가는 정책들을 보여준다. 형식은 같지만, 대부분의 이사회는 사무적으로 목적의 하위 주제들을 개별 정책으로 구분하는 방법을 쓴다. 그 결과 전체를 아우르는 가장 포괄적인 목적을 건너뛴 채 곧장 주제별 정책으로 시작한다. 간결성을 위해 일부 내용을 줄여 소개한다.

성과 이사회의 가장 포괄적인 목적에는 반드시 여러 가지 잠재적 성과가 포함된다. 이런 성과 — 수혜자의 삶에 일어나는 변화나 효과 — 는 치료, 지식, 폭넓은 일자리 기반, 주택 공급, 직업능력과 같이 앞으로 만들어질 편익들이다.

단체들은 많은 성과를 만들어낸다. 그러나 목적이라는 개념에 부합

〈자료 4-1〉 위니펙 매니토바 변호사협회 목적 정책

매니토바 변호사협회(Law Society of Manitoba)의 목적은 유능하고, 모범적이며, 독립적인 법 전문가들이 대중에게 좋은 서비스를 제공하는 것이다.

1. 변호사는 법 전문가의 자격을 갖춰야 한다.
2. 변호사는 자신의 전문성을 발휘하는 데 있어서 모범적이고 윤리적이어야 한다.
3. 변호사업은 정부로부터 독립적이어야 한다.
4. 법률 서비스는 대중이 합리적인 가격에 합리적으로 이용할 수 있어야 한다.
5. 대중은 부정하거나 태만한 변호사로 인한 경제적 손실로부터 보호받아야 한다.
6. 법적으로 차별이 금지된 집단에 속하는 사람들이 변호사업에 진출하거나 활동하는 데 구조적인 장벽이 없어야 한다.

* 이 이사회는 비용이나 우선 사항에 대해서는 언급하지 않기로 했다.

하는 성과는 오직 사무국 조직 밖의 의도된 수혜자들의 삶에 일어난 변화, 그리고 뜻밖의 효과가 아니라 단체의 목적을 구성하는 변화에만 적용된다. 첫 번째 기준을 설명하자면 사무국이나 이사회에 일어난 성과는 해당이 안 된다. 두 번째 기준은 이사회가 판단하기에 조직적 성과에 포함된다고 여기는 것만 해당된다. 따라서 거듭 말해서 미안하지만, 목적 개념에 부합하는 성과에는 그런 성과를 달성하거나 보호하고, 지속하기 위해 직원들이 어떤 일을 하고 있을 것인가 하는 내용(예컨대, 프로그램, 활동, 교육과정, 서비스, 금전 절약)은 들어가지 않는다.

〈자료 4-2〉 사우스캐롤라이나주 컬럼비아의
사우스이스트 서점협회의 목적 정책

사우스이스트 서점협회(Southeast Booksellers Association)의 존재 목적은 이용할 수 있는 자원의 지출에 상응하는 정도로 핵심 회원들의 성공에 도움이 되는 여건을 만드는 데 있다. 그에 따른 우선순위는 아래와 같다.

1. 핵심 회원들은 다음과 같은 기술/능력을 갖출 것이다.
   A. 소규모 및 신규 서점에 필요한 최소한의 재무 능력과 인사, 기술, 재고관리를 포함한 경영능력
   B. 적어도 출판사들과의 관계, 광고, 홍보를 포함하는 마케팅 기술
2. 핵심 회원들은 개별적으로든 집단으로든 주민 생활에 중요한 요소로서 대중에게 가치를 인정받는다.
   A. 회원들은 포럼을 통해 정보를 교환하고 협력을 도모한다.

수혜자 수혜자라는 단어는 그 단체로 인해 혜택을 얻거나 영향을 받거나, 그것도 아니면 변화를 겪게 될 사람들을 가리킨다. 다시 말하면, 그 단체의 존재를 합리화하는 성과가 그들에게 혹은 그들을 위해 발생하는 것이다. 이사회의 가장 포괄적인 목적 선언문은 반드시 다양한 잠재적 수혜자를 아우르는 내용이어야 한다. 수혜자는 나이, 장애나 결핍 유형, 필요의 심각성, 소속 단체, 지역, 소득, 그 밖에 다른 개인적 혹은 인구학적 특성에 따라 다르게 목적의 대상으로 정해질 것이다. 가장 포괄적인 목적 선언문에 합리적으로 부합하는 다양한 편익들도 서로 다른 우선순위가 매겨질 것이다. 사실, 뚜렷하게 결정되는 것이 없더라도 운영이라는 행위 자체가 여러 가지 우선순위를 부여하게

될 것이다. 이사회가 판단할 문제는 다양한 성과나 수혜자 집단의 상대적 가치를 직접 결정할지 여부다.

비용 사람의 상태나 상황에 일어난 변화를 금전적 가치로 환산하는 일이 쉽지는 않지만, 암암리에 늘 하는 일이기도 하다. 이사회는 특정 편

〈자료 4-3〉 펜실베이니아주 랭커스터의
랭커스터 카운티 바이블 교회 목적 정책

랭커스터 카운티 바이블 교회(Lancaster County Bible Church, LCBC)를 접하는 사람들은 예수님을 통해 인생의 변화를 경험하게 될 것이며, 그것에 드는 비용은 하느님이 주신 인간적 · 금전적 자원을 더 효율적이고 효과적으로 사용하는 방법을 증명할 것이다.

1. 가장 먼저, 주변 지역사회에서 교류가 전혀 없었던 이들이 예수님을 접하고 LCBC 신자들과 교류하게 될 것이다.
2. 두 번째, LCBC를 본교회로 여기는 신자들은 신자 공동체 모임을 통해 도움을 받고 온전히 예수님만을 따르는 충실한 신자로 성장할 것이다.
3. 세 번째 (자원의 일정 비율을 초과하지 않는 범위에서), 세계 각 대륙에서 선정한 일부 지역의 불신자들은 LCBC 신자 공동체의 노력을 통해 예수님을 그들의 구세주로 받아들이고 신앙 안에서 성장하게 될 것이다.
4. 네 번째 (자원의 일정 비율을 초과하지 않는 범위에서), 같은 뜻을 가진 다른 단체들도 LCBC가 지역 교회 목사들에게 접근하는 방식을 참고하고 배움으로써 효과적으로 불신자들을 전도하고 신자들의 성장을 도울 것이다.

* 이 정책은 축약한 버전이며 "일정 비율"에 대해서는 아직 논의 중이다.

익이 얼마만큼의 가치가 있는지, 아니면 적어도 그 편익을 제공할 때 초과하면 안 되는 단위원가가 얼마인지 결정할 것이다. '비용'은 혜택을 받은 사람에게 부과한 가격(만약에 있다면)이 아니라, 그 성과를 내

〈자료 4-4〉 새크라멘토 캘리포니아 공원 · 휴양협회 목적 정책

캘리포니아 공원 · 휴양협회가 존재하는 목적은 다른 유사 협회보다 높지 않은 회비로 회원들이 성공을 거두게 하기 위해서다.

1. 회원들은 캘리포니아 전체 주민을 위한 공원과 휴양시설의 혜택을 설명하고 실현하기 위한 공통된 비전과 전략적 계획을 중심으로 뜻을 모은다.
   A. 회원들은 공원과 휴양시설이 공동체 형성에 공헌하는 바를 증명하고 설명할 수 있다.
   B. 회원들은 주 및 지역 단위 의사결정자와 소통할 수 있다.
2. 공원과 휴양시설에 영향을 미치는 공공 정책을 수립하는 과정에서 회원들의 의견을 정책 입안자들에게 전달한다.
   A. 회원들은 공원과 휴양시설 분야에 중대한 영향을 미치는 공공 정책안에 대한 정보를 받는다.
   B. 회원들은 정치적인 방식을 이용할 수 있다.
3. 회원들은 직업적으로 변화하는 요구에 대응하기 위해 꼭 필요한 핵심 역량을 인식한다.
   A. 회원들은 공원과 휴양시설 분야에서 발전하는 데 필요한 능력과 지식을 얻는다.
   B. 회원들은 직업적 교류를 통해 혜택을 얻는다.
4. 캘리포니아 공원 · 휴양협회 회원들을 고용하는 기관의 선출직 관료들은 공원과 휴양시설이 지역사회에 없어서는 안 될 중요한 서비스라는 사실을 인정한다.

〈자료 4-5〉 펜실베이니아주 뉴턴 스퀘어의
프로젝트 매니지먼트(Project Management, PM)• 협회 목적 정책

1.1 합리적인 투자를 통해 PM이 해당 실무자의 전문 능력으로 인정받는다.
  1.1.1 PM 전문가들에게 보편적으로 받아들여지는 PM에 관한 지식이 존재한다.
    1.1.1.1 PM 전문가를 위한 PM 지식의 확장이 역동적, 계획적으로 일어난다.
    1.1.1.2 PM 지식은 PM 전문가들이 업계와 일반, 국가, 세계와 관련해 고려해야 할 사항들을 다루며 확장된다.
    1.1.1.3 PM 지식의 내용은 글로 정리되어 PM 전문가들의 인정을 받는다.
  1.1.2 PM 전문가들이 보편적으로 받아들이는 기준이 있다.
  1.1.3 PM 전문가를 위한 공인 PM 학위 프로그램이 있다.
  1.1.4 기업과 정부, 사회 전체가 윤리적으로 PM을 실천한다.
    1.1.4.1 PM 전문가 회원들을 위해 보편적으로 인정되는 PM 수행 기준이 있다.
  1.1.5 PM을 위한 자격 및 면허 프로그램이 있다.
    1.1.5.1 PM 전문가를 위한, 보편적으로 인정되는 자격증 프로그램이 있다.
    1.1.5.2 정부 혹은 정부 지원을 받는 적정 기관을 통해 PM 전문가를 배출하는 면허 프로그램이 운영된다.

* 이 정책은 두 번째 단계에서 시작해 다섯 번째 단계로 확장된다.

• 한정된 시간에 주어진 비용과 자원으로 고객이나 발주처의 기대 수준에 맞춰 고유한 산출물을 완성할 수 있도록 전반적인 계획 및 과정을 총괄 관리하는 방식.

〈자료 4-6〉 멜버른의 옥스팜 오스트레일리아 목적 정책

옥스팜(Oxfam)이 활동하는 모든 지역에서는 인구수, 특히 현재 그들의 성별이나 인종, 문화 때문에 혹은 원주민이라는 이유로 억압받거나 소외당하고 있으나 그 지역사회의 주류 집단과 동등한 권리와 지위를 갖는 사람들의 수가 늘어날 것이다. 그 결과,

1. 정부와 기업, 주민들이 원주민의 개인적 권리와 집단적 권리를 인정하고 존중하게 된다.
2. 인종과 종교, 문화, 사회적 차이를 바탕으로 적극적으로 이뤄지는 차별이 눈에 띄게 줄고, 다양성 존중은 강화된다.
3. 옥스팜이 활동하는 지역에서는 특히 정부를 비롯해 더 많은 단체가 각종 국제 조약, 그중에서도 세계인권선언이 규정한 책임을 준수한다.
4. 여성의 동등한 사회적 · 정치적 참여와 폭력으로부터 자유로울 권리를 비롯한 여성의 권리 보호가 더욱 강화된다.

* 이 정책은 두 번째 단계에서 시작해 세 번째로 확장된다.

기 위해 소비된 자원을 가리킨다. 가격 개념은 요금 감면 제도를 운영하거나 무료 서비스를 제공하는 여러 비영리단체와 공공기관에 중요하지만, 목적에 관한 사안은 아니다. (특정 고객의 비용을 다른 고객이나 기부자, 혹은 대중이 보조하는 식의 비용 분담은 이사회가 경영상의 한계 정책으로 다룰 수 있는 수단에 관한 문제다. 예컨대 이사회는 해당 단체가 소득이 적은 직접 수혜자에게 비용의 일정 비율 이상을 부과하지 못하게 막을 수 있다.)

목적 개념을 구성하는 3요소 사이에는 상호작용이 일어난다. 예를 들어 빈곤 지역에서 치아건강프로젝트를 추진한다고 생각해보자. 정

해진 비용으로는 어린이 500명에게 충치 제거를 해주거나 150명에게 치아 교정 시술을 해줄 수 있다. 어떤 것이 가장 좋은 선택일까? 이 문제를 해결하려면 산출물의 원가와 성과의 가치를 저울질해 봐야 한다. 공립학교에서는 행동에 문제가 있는 학생들을 교육할 때 더 많은 비용이 든다. 비용이 더 든다는 건, 문제 학생을 교육할 일이 없을 때 다른 아이들이 받을 수 있는 혜택을 다 받지 못한다는 의미다. 행동에 문제가 있는 아이들을 좀더 완벽하게 돕기 위해 다른 아이들이 받을 혜택을 어느 정도 희생해야 할까? 공립도서관의 경우, 똑같은 성과를 내기 위해 드는 이용자 1인당 원가는 도시보다 시골 지역이 더 높다. 그렇다면 시골의 성과 비용과 도시의 성과 비용 간 적절한 균형은 무엇일까?

목적 개념을 구성하는 비용 요소는 간단할 것 같지만 직접 다뤄보면 이사회가 어렵다고 느끼는 부분이다. 비용은 언제나 의도한 성과가 얼마나 가치 있는지를 나타내야 한다. 그 가치는 금액이나 다른 성과로 표현될 수 있다. 총괄 목적 단계에서는 비용을 금액으로 표현하는 것이 선택이지만, 더 구체적인 단계(여러 가지 부분적인 성과들을 고려하는)로 내려가면, 원하는 성과를 서로 비교할 일이 생긴다. 따라서 목적의 비용 개념을 "사용 가능한 예산을 초과하지 않고"와 같이 표현하는 것은 합당하지 않다. 그것은 단순히 "가진 것보다 더 쓰면 안 된다"라는 의미라서 조심성의 문제일 뿐 자원과 성과 간 교환에 대해서는 함구하는 것이기 때문이다.

목적 정책의 비용 요소와 관련해 이사회가 정하는 우선순위는 프로그램이나 서비스 간의 우선순위 문제가 절대 아니라는 점을 기억해야 한다. 이사회가 정하는 것은 다양한 성과나 그 수혜자들에 대한 우선순위다.

총괄 목적 단계에서는 이사회가 해당 단체는 다른 단체와 비슷한 정도의 비용으로 성과를 내야 한다고 말하는 식으로 어느 정도 시장의 평가를 고려해도 괜찮다. 모든 성과에 대한 비용은 전년보다 감소할 것이라고 표현해도 무방하다. 또한, 성과는 거기에 든 비용에 상응하는 것이어야 한다고 해도 된다. 최고경영자는 이러한 예문이 표현한 대로 이뤄지고 있는지를 보여주는 평가 데이터를 생성해야 한다.

이사회가 비용에 관한 언급을 모조리 피하는 것은 좋은 방법이 아니다. 만약에 그렇게 한다면, 이사회는 그 문제에 관한 한 최고경영자의 상당한 자율권을 기꺼이 허용해야 한다. 왜냐하면, 비용에 관해 이사회가 지시한 목적 정책이 없는 상황에서 이를 제약할 요인은 이사회가 경영상의 한계 정책으로 무분별한 태도를 금하는 것밖에 없기 때문이다. 이럴 경우, 그 폭넓은 장벽에 부딪힐 정도로 성과 비용이 아주 많이 들어야만 최고경영자가 이사회 정책을 충실히 이행하지 않는 것으로 보일 것이다.

이런 것들은 단체들이 자주 직면하는 수많은 선택 중 몇 가지에 불과하다. 이런 일은 대개 직접적으로 눈에 띄지 않고, 여러 쪽에 걸친 프로그램 설명과 예산, 그 밖에 다른 사무국 서류에 가려진다. 이사회가 이렇게 감춰져 있던 많은 사안을 새롭게 알게 되면, 처음엔 감당할 수 없을 정도로 많은 가치문제를 발견한 것으로 여길지도 모른다. 이런 사안은 전에도 늘 있었지만 아무도 손을 쓰지 않아 저절로 정해졌다. 이사회는 그동안 단체의 본질과 운명에 관한 이런 엄청난 가치 선택에 아무런 결정을 하지 않는 결정을 해온 것이다.

이는 모두 표현은 다르지만 결국 "우리는 무엇을 위해 여기 있는가?"라는 지극히 중요한 질문을 던지는 것이며, 이사회가 온 힘을 다해 매진해야 할 부분이다. 기존 거버넌스 방식의 혼란을 줄이면 이사회는 이런 선택에 체계적으로 접근할 수 있다. 첫 번째 단계는 목적에 관한 총괄적인(가장 포괄적인) 표현을 결정하는 것이다. 두 번째 단계는 성과와 수혜자, 그리고 비용의 어느 측면에 관해 이사회가 추가로 의견을 밝혀 좀더 구체화할 것인지를 확실히 정하는 것이다. 세 번째 단계는 분석하고, 정보를 모으고, 토론하여, 그 이상의 정책 표현을 최종 선택하는 것이다.

이런 정책들이 갖춰지면, 이사회는 과감히 더 나아갈 기회를 얻는다. 정책 수립 과정은 유동적이다. 남은 결정은 최고경영자가 내리도록 이사회 다수가 기꺼이 허락한다면 정책 수립 과정은 어느 지점에서나 멈출 수 있다. 가능한 한 가장 작은 가치 선택까지 정책 수립 과정을 확대하라는 말이 아니다. 이사회는 스스로 지향하는 가치가 가리키는 만큼만 가야 한다. 이사회가 '가능한 한' 모든 것을 통제하는 것이 아니라 '반드시' 통제해야 하는 것을 통제하는 것이 핵심이다.

사무국은 이따금 이사회가 비교적 작은 가치들까지 폭넓게 다루어 사무국의 결정 권한이 전혀 안 남을까봐 걱정한다. 이사회가 그렇게까지 선택 범위를 확대할 것 같지는 않다. 이사회가 다루는 사안들의 단계가 점점 낮아짐에 따라 그 사안들의 관련성이 기하급수적으로 늘어난다. 그 많은 가치 선택을 모두 조율하기가 극도로 어려워진다.

전통적인 인사위원회와 재무위원회는 직원 보상과 관련해 각각의 영역이 교차하는 지점을 처리하느라 더 많은 시간을 써야 할 때 비로소 이런 문제를 어렴풋이 알아챈다. 이사회는 감당할 수 없을 정도로 많은 시간이 필요하다는 것을 깨닫는다. 이렇게 서로 연결된 많은 변수를 조율하는 것이 바로 사무국이 필요한 이유 중 하나다. 이 책에서 소개하는 정책 수립 원칙(특히, 한 번에 한 단계씩 내려가는)을 따르는 한, 이사회가 한참 낮은 단계로 불쑥 내려가는 일은 자제할 것이다.

2) 정책 산출물

이사회가 이렇게 일련의 가치들을 고려해 만들어내는 구체적인 산출물은 목적 범주에 속하는 정책들이다. 대부분의 이사회는 총괄 목적을 포함해 몇 개 안 되는 목적 정책만으로도 단체를 잘 이끌 수 있다. 이사회마다 다루는 정책 사안의 가짓수와 가치의 깊이가 달라서 한 이사회에 그런 정책이 정확히 몇 개 있어야 한다고 말할 수는 없다. 일반적인 조건에서라면, 지역사회 내 평범한 사회복지단체 이사회가 평균 한 쪽 분량의 목적 정책이 6개가 넘는다면 놀랄 일이다. 당연히, 자세한 프로그램 설명은 이렇게 간결한 이사회 지시를 바탕으로 사무국에서 만들 것이다.

이 장에서 설명하는 목적 정책은 단일 차원의 성취를 목표로 한다. 단체의 성과가 목적 정책이 규정하는 바를 합리적으로 해석해서 실현하느냐 아니냐 둘 중 하나라는 의미에서다. 이사회가 성과의 최소 기준과 탁월 기준을 정하는 식으로 목적 정책을 만드는 것도 충분히 생각해볼 수 있는 일이다. 사실 이렇게 둘 혹은 그 이상의 여러 단계로 접근하는 방식에 대해 꽤 논리적인 주장이 만들어질 수 있다[참고자료 4].

내가 이런 식으로 목적 정책을 제시하지 않기로 정한 이유는 두 가지다. 첫째, 그 형식이 설명하기가 더 복잡하다. 둘째, 목적 정책 수립이 올바른 순서로 진행되기만 하면, 어느 이사회나 2단계 방식으로 전환할 수 있다. 내 경험에 비춰보면, 여기서 제시한 바와 같이 목적 정책 전체를 그렇게 성패를 가르는 형태로 만드는 데 필요한 절제력을 갖추는 것 자체가 아주 중요한 성과다.

5. 장기계획 수립

이사회는 목적을 적절히 장기적인 관점에서 규정하는 것이 중요하다. 장기적 관점에서 목적 정책을 개발하는 것은 장기적인 계획 수립을 위해 이사회가 가장 크게 공헌할 수 있는 부분이다.

이사회는 미래 지향적으로 생각할 의무가 있다. 단체는 장기계획을 갖는 것이 중요하다. 이 두 생각의 연장선에서 사람들은 이사회가 장기계획 수립에 관여해야 한다고 생각할지 모른다. 실제로 이사회는 장기적 판단을 해야 하고, 단기적 판단도 장기적 관점에서 해야 하지만, 최고경영자가 있는 단체의 이사회는 계획서의 세세한 부분들을 구성하는 데 관여하면 안 된다.

좋은 거버넌스가 되려면 장기계획을 수립할 때 이사회는 주로 그 단체가 계획을 세우는 근거를 마련하는 역할을 해야 한다. 계획은 지금의 상태에서 다른 어떤 목표지점에 도달할 가능성을 높이기 위해 세우는 것이다. 그 "어떤 목표지점"을 명확히 밝히는 것이 이사회가 할 수 있는 가장 큰 공헌이다. 어떤 의미에서, 이사회는 계획 수립 과정 밖에서 가만히 지켜보는 것이 가장 효과적으로 참여하는 방법이다. 이사회는 계획 수립에 아주 중요한 공헌을 할 수 있다. 하지만 이사회 거버넌스 방식 자체를 개선하는 계획을 세우는 게 아니라면, 이사회는 실질적인 장기계획 수립을 하면 안 된다.

이사회는 계획 범위에 관한 목적 정책을 제시하는 것으로 사무국이 세우는 계획의 기준이 되는 가치들을 펼쳐 보일 수 있다. 물론 이사회가 목적 정책을 작성하는 데 무심했다면, 계획이 그저 "비현실적인 구상"에 그칠 수도 있다. 목적에 관한 기대사항을 정할 때는, 함부로 기대를 높이지 말아야 한다. 이사회는 책임감 있는 논의를 위해 사무국 및 외부 관계자들과 열심히 소통해야 한다. 이때 소통은 직원들의 일상적인 관심사나 맡은 일에 관한 이야기를 나누는 게 아니다. 여기서 말하는 사무국과 이사회의 소통은 직원들의 통찰과 열정, 그리고 환경에 관한 판단을 이사회 논의 과정에 꼭 반영하기 위한 것이다. 기존에 이사회와 사무국의 소통이 대개 그러했듯이, 이사회가 자신들의 초점을 사무국이 처리해야 할 단계의 사안들로 옮기면 안 된다. 반대로 사무국을 이사회처럼 장기적으로 바라보고 가치를 대단히 중시하는 세계로 충분히 끌어 올려, 모든 참여자가 좀더 성장하는 기회로 만들어야 한다.

이사회가 목적 정책을 수립하기 위해서는 커다란 질문들을 꿰뚫어보고 진지하게 토론해야 한다. 사무국 현안에 얼쩡거리고 있을 시간 따위는 없다. 어려운 도전이겠지만, 목적 정책 수립은 이사회가 할 수 있는 가장 흥미롭고 창의적이며 책임이 무거운 작업임이 틀림없다. 이사회의 자료·대화·결정에는 미래 환경 여건과 대중의 욕구 변화, 거시적인 전략 차원에서의 교환이 포함되며, 나름의 비전(즉, 중요 정보에 기초한 꿈)을 갖고 일하는 다른 이사회들의 의도도 담긴다.

계획 수립은 단순함을 유지할 때 더 효과적이다. 그런데 이 책에서 정의한 이사회 리더십에 저항하는 가장 큰 이유가 바로 쉽지는 않지만 단순해 보인다는 것이다. 버몬트주 벌링턴에 있는 미국 가족계획연맹

Planned Parenthood 노던 뉴잉글랜드 지부의 알 제임스 르페브르가 지적한 바와 같이 그 원칙은 "너무 복잡해서 이해하기 어려운" 것이 아니라 "오히려 너무 간단해서 놓치기 쉽다"는 게 문제다. 그 단체가 세상에 이바지하는 것이 무엇이어야 하는지를 결정하려면 아무리 포괄적인 단계라도 상당한 어려움이 따른다. 그러나 일단 결정되면, 계획의 구체적인 내용은 그 목적을 실현할 실행 도구가 된다. 워터맨Waterman (1988) 은 관리자들에게 이렇게 조언한다. "기본 지침을 생각하고 또 생각하라. 그러나 그 지침에 대한 설명은 단순하고 보편적이어야 한다. (비록) '전략'을 찾는 사람들이 불만을 느끼더라도 그래야 한다. 전략은 완벽한 게임 계획이 되어야 한다는 이상화된 이미지가 너무 강해서 구체적이지 않은 설명은 … 뭔가 부족해 보이는 것이다"(71쪽).

요컨대, 장기계획 수립에서 이사회가 할 일은 직접 장기계획을 수립하지 않고 목적에 부합하는 언어로 비전을 설명하는 것이다. 이사회가 할 일은 장기적 사고방식을 유지하고 행동으로 보여주는 것이다. 어떤 사람들을 위해 어느 정도 비용으로 어떤 혜택을 실현할지를 집요하게 결정함으로써 이 중요한 사고방식을 행동으로 증명하는 것이다. 목적에 관한 이러한 가치문제는 단체가 존재하는 핵심 이유와 연결된다. 그리고 몇 개 안 되는 간결한 목적 정책으로 간추려진다. 따라서 이사회가 목적 정책을 만들면 장기계획을 세우는 데 기여하고 조직의 성과도 통제하는 일거양득의 효과를 거둘 수 있다.

6. 목적 평가

평가는 경영 절차에서 아주 중요한 부분이며, 거버넌스에도 마찬가지여야 한다. 평가는 "우리는 어떻게 하고 있는가?"라는 질문에 끊임없이 답하는 더할 나위 없이 정확하고, 체계적이며, 간섭받지 않고, 기준에서 벗어나지 않는 방법이어야 한다. 평가에 대해서는 6장에서 논의하겠지만, 여기서도 조직의 성과를 평가할 때 흔히 부딪치는 특유의 어려움에 대해 언급하려 한다.

'평가'라는 단어는 이제 재무상태나 구매지침 준수 같은 다른 분야의 성과보다 서비스나 프로그램의 성공과 더 많이 연결된다. 하지만 여기서 소개하는 모델은 이런 다양한 성과 평가 사례를 일일이 구분하지 않는다. 이사회는 미리 규정하거나(목적의 경우) 혹은 금지해야(사무국 수단의 경우) 할 정도로 중요하다고 판단한 문제에 대해서만 성과를 확인할 의무가 있다. 따라서 다른 정책 유형과 마찬가지로 이사회가 목적을 평가하는 것이 중요한 이유는 세 가지다. 첫째, 목표한 가치로부터 받아들일 수 없을 정도로 이탈한 것을 발견한다. 둘째, 이사회가 현재 상태에 안심하고 미래에 집중할 수 있다. 셋째, 이사회 정책이 계속해서 주목을 받게 되므로 시대에 뒤처지면 바로 개정할 수 있다.

1) 평가에 관한 올바른 고민

보통 시장의 가혹하고 피할 수 없는 목적 평가로부터 자유로운 비영리단체와 공공기관은 대개 그들의 성과를 평가하기가 어렵다고 느낀다. 만약에, 시장 원리를 통해 소비자들이 비영리단체와 공공기관의 산출물이 얼마나 가치 있는지 말할 수 있다면, '평가'가 그렇게까지 중요한 주제가 되지는 못했을 것이다. 영리기업은 시장 조사를 하고 상품 연구를 하지만 비영리단체와 공공기관에서 흔히 하는 식의 프로그램 평가는 — 산출물의 가치를 판단하기 위해서라면 — 하지 않아도 된다.

공공기관과 비영리단체가 그들의 임팩트를 평가해야 하는 정확한 이유는 그들의 성과가 그것을 생산하는 데 드는 비용만큼 충분히 효과적인지를 판단할 자연스러운 소비자 기반의 행동 척도가 없기 때문이다. 공공기관과 비영리단체는 그들이 이런 저런 제품이 아니라 서비스를 생산하기 때문에 평가가 어렵다고 주장하지만, 이는 핑계일 뿐이다. 그들은 서비스를 생산하는 것이 아니다. 그들은 서비스를 '이용해' 사람들의 삶에 성과를 만들어내는 것이다 — 왜냐하면 서비스는 수단일 뿐 목적이 아니기 때문이다. 그리고 소비자가 조직 활동의 효과를 평가할 때는 원래 어려운*inherently difficult* 것이 없다.•

목적 평가는 단순히 조직 활동이 효과적인지를 평가하는 것이 아니라 그 활동에 비용을 들일 만큼 충분히 효과적인지를 평가한다. 이사회가 침묵하는 시장이라는 특수한 여건을 극복하려면(즉, 평가가 이뤄질 수 있게 하려면), 상대적인 가치문제를 무시할 수가 없다. 효과성과 가치를 분리하는 태도는 비영리단체와 공공기관에 만연한 병폐이며, 공공 행정의 근본적인 문제다. 이런 이유로 이 책에서 제시하는 모델은 단체와 세상과의 교환, 즉 소비된 것과 생산된 것의 비교라는 단순한 개념에 일관되게 초점을 맞춘다.

• 시장에서 소비자의 의사결정(주어진 가격과 품질 하에서 소비량을 결정하는 것)이 조직 활동의 성과에 영향을 주는 것을 가리킴.

이런 어려움을 마주하고, 전문 평가자와 일반인들이 하나같이 비영리단체와 공공기관의 서비스를 평가하기엔 우리가 역부족이라고 한탄하는 것을 충분히 이해할 수 있다. 과정 평가*process evaluation*• 분야에서는 의도적으로 목적이 아닌 수단을 평가함으로써 그 문제를 피해가려고 한다. 평가의 타당성과 신뢰도에 관한 문제를 다룬 저작들은 대개 그 문제를 피하는 세심한 전략들을 제안한다. 효과성 평가는 그 성과가 비용 이상의 가치를 지니느냐 하는 개념적으로 부담스러운 질문조차 없는 기초 수준이다. 실제로 우리는 효과성 평가를 아주 잘하고 있지 못하다.

평가 방법에 관한 이런 능력 부족은 평가와 관련해 비영리단체와 공공기관 이사회가 직면하는 가장 큰 문제는 아니다. 가장 큰 문제는 단연 무엇을 평가해야 할지 모른다는 것이다! 평가에 관해 엉뚱한 걱정을 하는 것도 이런 어려움의 원인이다.

2) 평가에 관한 쓸데없는 걱정

역설적이게도, 목적 평가에 관한 때 이른 걱정이 리더십에 엄청난 방해가 될 수 있다. 이 문제는 사무국의 분별력과 윤리의식을 평가할 때도 발생하지만, 특히 목적 평가에서 많이 일어난다.

평가의 문제점을 걱정하기 때문에 이사회는 종종 "하지만 우리는 그것을 평가할 수 없어요"라거나 혹은 좀더 부드럽게 "하지만 우리가 그것을 어떻게 평가하죠?"라며 목표한 아웃컴에 대한 논의를 갑자기 중

• 프로그램 진행 과정의 문제점을 파악하고 개선방안을 탐색하기 위한 평가.

단한다. 사람들은 그렇게 말문을 막아버리는 질문에 답하려고 하지 않는다. 누군가 열정을 갖고 "아니에요, 우리는 할 수 있어요!"라고 말한다면, 사람들은 분명 그가 순진하다고, 어쩌면 정확하게, 낙인을 찍을 것이다. 박식한 사람들은 평가 제도가 논의할 가치도 없을 만큼 제대로 작동하지 못한다는 화려한 증거로 무장한 듯하다. 실제로 역부족인 점을 고려하면, 이 사람들의 논리가 맞다.

명쾌하게 평가할 수 없는 것을 판단해야 한다는 두려움 때문에 이사회는 아예 모든 판단을 멀리해버린다. 평가에 관한 합리적인 염려 때문에 아웃컴이 어떠해야 한다는 말조차 하지 않는다. 이런 방식이 지나치면 그들이 목표에 도달했을 때 평가자가 판단할 수 있는지를 바탕으로 목표를 정하는 일이 벌어질 수도 있다. "무엇을 성취하고 싶은가?"라는 질문에, 현실적인 이유로 "그건 당신이 무엇을 평가할 수 있느냐에 달린 문제"라고 답하게 되는 것이다.

이사회 구성원들이 안개로 둘러싸인 택시 안에 있다고 상상해보자. 그들을 둘러싼 환경은 물론이고, 얼마나 나아가고 있는지, 심지어 도착했는지조차도 안개에 가려져 모를 텐데도 그들은 택시기사에게 자기들이 어디로 가려는지 말하기를 그만두지 않는다. 이 모습이 바로 누가 봐도 어려운 수많은 성과 평가 문제를 앞에 두고 많은 이사회가 하는 행동이다. 그들은 수단을 평가하는 함정에 빠지기 쉽다. 왜냐하면, 목적보다 수단이 더 잘 보이고 더 쉽게 고려할 수 있어서다. 평가 전문가와 이사회는 가장 중요한 핵심을 놓친다. 의도하는 목적을 명시하는 것은 정당한 평가를 기다리느라 미루기엔 너무나 중요하다는 사실을 말이다.

무엇을 달성해야 하는지를 이사회가 직접 명시한 선언문은 그 성과를 평가하지 않더라도 단체의 행동에 강한 영향을 미친다. 평가를 생략하기 위한 변명이 아니다. 당신이 원하는 것을 사람들이 알게 하는 것은 설령 원하는 것을 얻었는지 확신할 수 없더라도 가치가 있는 일이다. 프로그램 평가를 가장 위협하는 단 한 가지 측면은 기술적 어려움이 아니라 너무 이른 판단이 가로막고 있다는 점이다. 우리가 거버넌스 절차에서 지레 평가부터 걱정한다는 게 문제다.

3) 평가 걱정은 언제 해야 할까

조금도 걱정하지 않기 첫 번째 선택지는 평가에 대해 전혀 걱정하지 말라는 것이다. 먼저 그 단체가 세상에 무엇을 공헌할 것이며, 달성할 가치가 있는 상태는 어떤 것인지, 할 수 있다면 무엇을 평가할 것인지를 선언하는 것으로 시작한다. 이 작업은 지금껏 설명한 바와 같이 목적을 중심으로 단계적으로 진행할 때 가장 훌륭하게 완성된다. 따라서 평가의 어려움은 신경 쓰지 말고 그렇게 해야 한다.

엉뚱한 것 평가하지 않기 또 다른 전략은 단순히 평가 대상이 아닌 것을 평가하는 일이 없도록 주의하는 것이다. 엉뚱한 것을 평가할 경우 두 가지 면에서 해롭다. 첫째, "기대하는 것이 아니라 평가하는 것을 얻는다"는 게 유효한 행동 원칙이 된다. 엉뚱한 것을 평가할 경우 조직 내에 그것이 중요하다는 강력한 메시지를 준다. 만약에, 누구나 이해할 만한 좌절감에 다 포기하고 무의미한 활동들을 평가하기 시작하면, 분명히 그런 활동들이 더 많아질 것이다. 둘째, 명백히 정해진 아웃컴이 없어서 평가를 못 한다는 압박감, 심지어 난처함을 느끼면 최소한 처음으로 달성해야 할 성과 비슷한 것이라도 만들어보려는 강력한 동기가 생긴다. 하지만 엉뚱한 것을 평가할 경우, 특히나 그 평가를 잘한다면, 그런 건강한 압박이 상당 부분 사라진다. 엉뚱한 일을 얼마나 잘하는지에 관해 자부심이 생기면 어설프나마 옳은 일을 하려고 시도할 이유가 없게 된다.

걱정해도 좋을 때 이사회는 목적 정책을 개발한 다음에 비로소 평가에 대해 생각해야 한다. 그 단체가 무엇을 달성하길 바라는지 알아야만 지혜롭게 평가를 논의할 수 있어서다. 구체적인 목표도 없이 평가하는 것은 적절치 않다. 목표도 정하지 않고 평가를 걱정하는 것은 문제만 일으킨다. 평가에서 중요한 문제는 오직 다음과 같은 것이다. 이사회가 추구하는 바를 합리적으로 해석하고 있다는 확실한 증거는 무엇인가? 평가의 무결성은 멋지지만, 무결성이 필수는 아니다. 평가에 필요한 것은 학문적 정확성이 아니라 비용에 대한 합리적인 확신이다.

우리는 성과 점검 형태의 평가가 연구주제가 아니라 관리 주제라는 점을 잊어버린다. 평가라는 주제는 학문적 사고방식이 지배하고 있으며, 그것이 걸림돌로 작용하기까지 하는 상황이라고 볼 수 있다. 우리는 우리가 하는 일이 가치 있는지를 판단해야 하는 현실적인 요구에 아무 생각 없이 전혀 오염되지 않은 깨끗한 기준과 실험실에서와 같은 평가를 적용한다. 학자와 사고방식이 다른 관리자라면 조직 행동에 영향을 미치는 것과 관련해 이렇게 조언할 것이다. '옳은 것을 대충이라도 평가하는 것이 잘못된 것을 정확히 평가하는 것보다 낫다.'

그렇다면 평가에 관해 이사회가 택할 수 있는 가장 좋은 접근법은 수단을 규정하는 것으로 책임을 회피하지 말고 철저히 목적에 집중하는 방법이다. 평가가 정교하지 못하다고 해도 괜찮다. 잘못된 것을 더 정확히 평가하느라 정말로 원하는 성과를 구체적으로 밝히는 작업을 절대로 포기하면 안 된다.

거의 모든 비영리단체와 공공기관에서 가장 중요한 현실 세계의 평가 — 그 단체의 가치에 관한 대중의 판단 — 는 대단히 정교하지 못하다. 이런 평가는 너무나 추상적이라 경영에 도움이 안 된다. 그런 평가는 보통 경영에 너무 엄격하거나 너무 관대하다. 공정한 판단의 근거가 되는 권위 있는 기준을 이용하기가 어렵기 때문이다. 다시 말하면, 성과에 대한 암묵적이고 엉성한 평가는 어떻게든 일어난다. 이사회가 할 일은 그 평가가 변덕스럽거나 혼란스러운 기대에서 벗어나 미리 정해놓은 기준에 맞춰 명시적으로 이뤄지게 만드는 것이다. 그런 다음에 비로소 그 평가를 좀더 정교하게 만들 것을 걱정하고, 논의하고, 시도해봐야 한다.

목적 평가 문제에 있어서 이사회 리더십은 정교함에 현혹되지 않고 "우리가 무엇을 성취하고자 했던가? 우리는 그것을 성취하고 있는가?"라는 질문에 답하려는 흥미롭고, 순진할 정도로 단순한 탐구를 줄기차게 이어가는 데 있다.

7. 노력 없이 보람 없다

목적 개념 자체는 아주 단순한데도 불구하고, 목적 개념을 이해하고 목적 정책을 개발하는 것이 정책거버넌스에서 가장 어려운 측면이라고 생각하는 사람들이 많다. 그러나 목적을 세우는 작업을 하는 데 있어서 그 원칙을 지키는 고통은 단순히 목표를 정하거나 장기계획을 채택하는 것보다 훨씬 많은 것을 약속한다. 캘리포니아 공원・휴양협회 최고경영자인 제인 애덤스는 정책거버넌스 모델의 목적 원칙을 따른 결과, 이사회가 "우리 회원들에게 중요한 사안들을 훨씬 빠르게 처리"할 수 있으며 "정말로 중요한 것, 즉 우리 회원들의 세상을 더 좋게 만드는 일에 더 집중"할 수 있다는 것을 발견했다. 앤더슨에 있는 세컨드 하베스트 푸드 뱅크Second Harvest Food Bank 이스트센트럴 인디애나 지부의 사무총장인 로이스 록힐은 "목적 정책 개발은 이사회가 앞을 내다볼 수 있게 만들고 우리 단체를 중요한 변화의 주체로 보게 만든다는 점에서 즐거운 활동이었다"라고 말했다.

물론 내가 주장하는 바는 장기적으로 정말 중요한 건 그 단체가 세상에 미치는 영향이라는 것이다. 이사회가 흔들림 없이 원하는 목적 달성에만 집중하지 못하고 사무국 활동에 관심을 빼앗기는 것은 그들의 신탁 관리의무를 저버리는 행위다. 다시 택시 예로 돌아가면, 이사회는 자신들이 사기를 당하고 있는 게 아님을 아는 한, 어느 길, 어느 차선으로 갈지는 택시 기사가 선택하게 두는 게 최선이다.

내가 독자들에게 과도한 인내심을 요구하는 것일지 몰라도, 거듭 말하지만 '목적'은 지금도 다른 거버넌스 체계에서는 볼 수 없는 아주 독특한 개념의 약칭이다. 만약에 이사회가 다른 의미로 목적이라는 단어를 사용한다면, (즉, 그 단어가 개념이 아니라 특정 요소가 된다면), 정책 거버넌스는 애초에 의도한 대로 작동하지 않을 것이다. 그것은 마치 철자가 같다는 이유로 야구에서의 '파울' 개념과 농구에서의 '파울' 개념을 혼동하는 것과 같다. 따라서 어떤 사람이 자기가 속한 단체에서는 재무 건전성이나 공정한 채용, 혹은 좋은 이미지가 목적에 관한 문제라고 말한다면, 당신은 그 사람이 바로 이런 잘못을 한 것이라고 확신해도 된다.

일부 이사회가 목적 개념에 맞지 않는 목적 정책을 만드는 이유는 — 단순히 정확성이 부족한 게 아니라면 — 아마도 이런 실수 때문일 것이다. 예컨대 어떤 것이 목적 정책이 될 수 있느냐고 할 때, 한 병원 이사회는 "환자 존중"이라고 말했다. 한 지역 봉사단체 이사회는 "지역 내 모든 작고 외진 마을에 소수 학습 및 훈련 서비스 제공"이라고 말했다. 한 대학 이사회는 "지역사회와의 생산적 관계"라고 말했다. 모두 목적 개념을 전혀 신경 쓰지 않은 대답이다. 환자를 존중하는 태도는 중요하지만, 병원이 존재하는 이유가 환자를 존중하기 위해서는 아니다. 지역 봉사단체도 서비스를 제공하기 위해 존재하는 것이 아니라 그 서비스가 만들어낼 결과물을 성취하기 위해 존재하는 것이다. 대학도 지역사회와 좋은 관계를 맺는 것은 중요하지만, 그것을 위해 대학이 존재하는 건 아니다. 목적은 그 단체가 누구를 위해 어떤 성과를 내려고 존재하는지에 관한 것이다. 그 단체가 어떻게 행동하거나 혹은 어떻게 그 목적을 달성해야 좋을까에 관한 것이 아니다. 이 차이를 철저히 구분한다면 많은 단체가 계속 존재하는 이유가 그들의 성과가 아니라 그들의 방법 때문이라는 슬프지만 흔한 현실의 또 다른 예가 되는 것을 막아준다.

〈그림 4-1〉 완성된 목적 정책

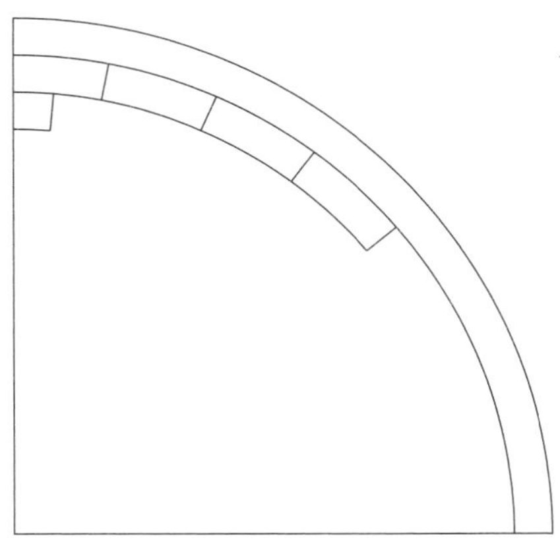

이사회는 사무국의 어떤 결정이나 선택도 그것이 더 포괄적인 목적 설명을 합리적으로 해석한 것이라면 다 받아들일 수 있을 정도로 충분히 깊게 목적 정책을 수립했다. 따라서 그보다 작은 목적에 관한 결정 권한은 안전하게 위임할 수 있다.

정책거버넌스 모델의 목적 개념은 효율성 대 효과성이라는 오래된 논쟁을 지속할 필요가 없도록 비용과 혜택을 함께 묶는다. 정책거버넌스 모델은 스테인Stein이 "효율성 맹신"이라고 비판한 근시안적인 면을 제거한다. 지출된 비용 대비 받아들일 수 있을 만한 올바른 효과를 달성하는 것이 목적이라는 하나의 종합적인 개념 안에 모두 담긴다. 목적 개념을 대할 때 그것이 마치 성과만 포함하거나 비용만 포함하는 것처럼 대하면 그 유용성이 훼손되는 이유가 바로 이 때문이다 [참고자료 5].

8. 정책 원에서의 목적 정책

이쯤에서 3장에서 설명한 정책 원(〈그림 3-3〉) 을 기억해보자. 〈그림 4-1〉은 특정 이사회가 목적 사분원의 바깥쪽 단계를 어떻게 채울 수 있는지를 보여준다. 물론 이사회마다 더 세부적으로 들어가기를 멈추고, 그 이후부터는 최고경영자가 합리적으로 해석할 수 있도록 선택하는 지점이 다를 것이다. 〈그림 4-1〉의 정책 개수와 그 깊이는 올바른 깊이나 정책의 개수를 나타내기 위한 것이 아니라 가능한 여러 예시 중 하나를 제시한 것뿐이다. 게다가 이사회 정책의 깊이와 개수, 내용이 무엇이든, 이사회는 지혜로운 판단에 따라 언제든 그것을 바꿀 권리가 있다.

다음 장에서는

전략적 리더십은 다른 무엇보다도 이사회의 목적 정책과 관련이 깊다. 그러나 이사회는 사무국이 이 목적을 어떻게 달성하고 어떻게 처신하는지에 대한 책임도 있다. 5장에서는 이사회가 어떻게 사무국의 업무와 안전하게 거리를 두면서도 업무 행위를 책임질 수 있는지에 대해 생각해본다. 비교적 얼마 안 되는 경영상의 한계 정책이 어떻게 해서 이사회와 최고경영자 모두에게 혁신적인 자세와 대담한 태도로 각자 업무에 집중할 자유를 줄 수 있는지 살펴볼 것이다.

참고자료

1. Oliver, C. "The Cult of Efficiency." *Board Leadership*, 2002b, no. 61.
   Carver, J. "FAQ: Why Shouldn't a Board Set Ends Policies One Program at a Time?" *Board Leadership*, 2004a, no. 76.
   Carver, J. "Beware the Quality Fetish." *Board Leadership*, 1998a, no. 37. Reprinted in J. Carver, *John Carver on Board Leadership*. San Francisco: Jossey-Bass, 2002.
   Argenti, J. *Your Organization: What Is It for? Challenging Traditional Organizational Aims*. London: McGraw-Hill Europe, 1993.

Carver, J. "The Market Surrogate Obligation of Public Sector Boards." *Journal of Mental Health Administration*, 1981b, 8, 42-45.

Carver, J. "Profitability: Useful Fiction for Nonprofit Enterprise." *Administration in Mental Health*, 1979b, 7(1), 3-20.

Carver, J. "*Your Board's Market Surrogate Obligation.*" Board Leadership, 1997t, no. 30. Reprinted in J. Carver, *John Carver on Board Leadership*. San Francisco: Jossey-Bass, 2002.

Carver, J. "Evaluating the Mission Statement." *Board Leadership*, 1993e, no. 5. Reprinted in J. Carver, *John Carver on Board Leadership*. San Francisco: Jossey-Bass, 2002.

Carver, J. *Creating a Mission That Makes a Difference*. The CarverGuide Series on Effective Board Governance, no. 6. San Francisco: Jossey-Bass, 1996f.

2. Carver, J. "Why in Policy Governance Are Customary Management Words Like Goal, Objective, Procedure, and Strategy Discouraged?" *Board Leadership*, 2003w, no. 68.

   Carver, J. "Does the Balanced Scorecard Have Governance Value?" *Board Leadership*, 2001f, no. 58.

3. Odiorne, G. S. *Management and the Activity Trap*. New York: HarperCollins, 1974.
4. Argenti, J. *Your Organization: What Is It for? Challenging Traditional Organizational Aims*. London: McGraw-Hill Europe, 1993.
5. Oliver, C. "The Cult of Efficiency." *Board Leadership*, 2002b, no. 61.

   Stein, J. G. *The Cult of Efficiency*. Toronto: Anansi, 2001.

제 5 장

조직의 윤리의식과 분별력 통제

목적 달성에 도움이 돼도 허용할 수 없는 것

이사회가 사무국 운영의 복잡하고 세세한 내용을 통제하는 것은 중요하다. 그러나 이사회가 사무국 운영의 복잡하고 세세한 내용에서 벗어나는 것 또한 중요하다. 이사회는 조직의 모든 활동에 책임이 있으니 아무리 이해하기 힘들고 동떨어진 내용이라도 통제할 필요가 있다. 하지만 이사회는 비상근직이라서 이사회 고유의 업무를 처리하기에도 시간이 부족하니 운영 업무로부터 자유로워질 필요도 있다.

보통은 한 가지 요구를 위해 다른 한 가지 요구를 희생한다. 일부 이사회는 자잘한 사무에서 벗어나거나 최고경영자에게 간섭받지 않을 자유를 주려고 통제권을 내려놓는데, 그러면 거수기 노릇만 하는 우를 범할 수 있다. 한편 자잘한 사무를 통제하려고 자유를 포기하는 이사회도 있는데, 이런 경우 오지랖과 잔소리가 도를 넘을 우려가 있다.

책임 있는 이사회라면 넓은 범위의 목적(내가 '총괄 목적'이라고 부르는)을 규정해야 함은 물론, 보다 세부적인 수준의 목적까지도 규정할 의무를 피할 수 없다. 다시 말하면, 넓은 붓으로 그 단체가 앞으로 세상에 미칠 영향을 정하는 것이다. 하지만 이번 장에서는 그 단체가 세상에 미치는 영향이 아니라 그 목적에 이르기 위해 사무국이 무엇을 하는지 살펴보려고 한다. 최고경영자와 그의 직원들이 직면하는 수많은 "방법" 문제를 다룰 것이다. 더 정확히는 이사회가 어떻게 하는 것이 사무국의 "방법" 문제에 관여하는 최선의 방식인지를 다룬다. 이사회의 임무는 모든 일이 예상대로 진행되고 있음을 합리적으로 확신하는 동시에 그 일을 실행할 기술과 능력이 있는 사람들에게 업무 수행에 필요한 방법을 가능한 한 제약 없이 선택하도록 허용하는 것이다.

제한을 통한 자유의 필요성을 주장하기 위해, 대개 어지러울 정도로 많은 조직의 수단과 그것의 솔깃한 매력, 그리고 그에 대한 이사회의 당연한 관심을 먼저 이야기하겠다. 그리고 어떻게 하면 이사회가 직접 관여하지 않고 한계를 정함으로써 내부 운영에 대한 통제를 유지할 수 있는지 살펴보겠다. 그런 다음, 선도적 통제를 가능케 하는 문서(경영상의 한계 정책) 개발을 다루고, 이 범주에 들어가는 정책 주제들의 전형적인 사례를 제시하겠다.

1. 흥밋거리 넘치는 사무국 운영

대부분의 이사회가 가장 복잡해 하면서도, 유감이지만 가장 흥미를 보이는 대상은 목적이 아니라 사무국 운영이다. 이사회는 예산, 인사관리 절차 및 쟁점, 구매, 채용 방식, 보상, 사무국 계획 등과 씨름한다. 그러면 사무국 직원들은 이사회가 그런 문제를 알고 싶어 한다고 여겨 계속해서 이사회에 이것을 안건으로 올리는 순환이 반복된다. 이사회는 자기들이 그렇게 하지 않으면 직원들이 방치되었다고 느낄 것으로 생각해서 정보를 요구하고 사무국에서 처리할 문제에 신경을 쓰는 것이다. 간혹 직원들은 의사결정을 피하려고 이사회에 문제를 넘기기도 한다. "이 사안은 까다로우니까 이사회가 결정하도록 하는 게 좋겠어." 이사회가 미리 가이드를 주지 않는 편이니 이사회가 사무국의 선택권을 보호할 장치도 없는 것이다.

한편, 이사회가 사무국 문제에 깊이 관여하는 이유는 이사회 구성원 중 누군가가 그와 관련된 전문지식이 있거나 단순히 운영의 어떤 측면에 호기심이 생겨서일지도 모른다. 이사 한두 명의 관심 때문에 이사회 전체가 어떤 한 문제에 말려드는 일이 드물지 않다. 그 결과 이사회가 하는 일은 신중하게 구성한 과업 설계에 따라 정해지는 것이 아니라 이사회 구성원의 수많은 개인적인 관심사에 따라 정해진다. 아마도 가장 괴로운 점은 이사회에 관한 문헌과 조언 대부분이 이런 식의 혼란스러운 거버넌스를 강화한다는 사실일 것이다.

이사회는 복잡하고 끝도 없이 빠져드는 사무국 활동을 위해 연구하고, 회의도 하고, 소위원회 시간까지 투자하며, 걱정하고 논쟁을 벌인다. 신중하게 고민해 결정한 목적과 효과적인 이사회 운영 절차를 모두 훼손하며, 사무국 수단에 얽매여 넋을 잃는다. 마치 저항할 수 없는 힘에 끌리듯 다음과 같은 사무국 사안에 말려든다.

인사: 직무설계, 채용, 해고, 승진, 훈련, 교육, 직급이 가장 낮은 직원부터 최고경영자에 이르기까지 전 직원의 불만, 배치, 평가

보상(최고경영자에 대한 보상은 제외): 급여 범위, 급여 등급, 급여 조정, 성과급, 수당, 연금

공급: 구매, 입찰, 위임, 보관, 재고, 배급, 구조

회계: 예산, 금고, 규제, 투자, 삭감, 성장, 표준원가 설정

시설: 공간 할당 및 요건, 임차, 매입, 매도, 유지, 재정비

위기관리: 보험, 노출, 방어 유지, 면책조항

고객 기록 관리: 고객 서식, 포기서, 동의서, 서비스 추적, 서비스 설계

보고: 보조금사용 보고서, 세금 신고, 준법

소통: 통신 시스템, 회의, 게시물, 우편물 전달

경영 방법: 목표 설정, 채용 방식, 팀 규정, 피드백 루프, 계획 수립 기법, 제어 방식 등

이게 전부가 아니다. 사무국 직원들이 다루는 수단에 관한 사안은 끝이 없다. 사무국에는 언제나 이사회가 고유 업무를 다 팽개치고 쫓아가도 따라잡을 수 없을 만큼 많은 일이 있다. 이 모든 사안을 챙기는 일은 — 이사회에 리더십을 제공하기는커녕 — 절대 불가능하다. 모든 것을 검토하고 승인하는 이상적인 모습도 환상이다. 그러나 이사회로서는 이런 문제에 당연히 생기는 관심을 외면하지 못한다. 그 관심을 무시해버리면 이사회의 책무 개념이 심각하게 손상된다고 믿기 때문이다.

이사회가 도전해야 할 일은 역할 구분을 흐리지 않고, 사무국의 의사결정 권한을 빼앗지 않으면서 사무국 운영을 감독하는 것이다. 이사회가 합당한 관심을 적절히 표현하는 방식은 사무국이 다룰 사안을 이사회가 다룰 사안으로 가져가는 것이 아니라 사무국이 이사회가 수용할 수 있는 범위 안에서 수단을 선택하도록 한정하는 것이다.

2. 사무국 운영에 대한 이사회의 적절한 통제

앞에서 제시한 사무국 수단의 목록 일부에는 단체 일상의 중요한 측면들이 들어있다. 이사회 구성원에게 보내는 우편물이나 회의자료에 담기는 수단 관련 자료는 매우 인상적이라서 마치 그 단체의 정수를 담고 있는 것처럼 보인다. 하지만 이런 것들이 얼마나 중요하고, 얼마나 기술적으로 정교하며, 얼마나 인상적으로 실행되는지, 혹은 여러 분야의 전문가들이 얼마나 훌륭한 훈련을 받았는지와 상관없이, 그 항목들은 수단이지 목적이 아니다. 단체의 존재 목적이 아니라, 단체의 목적을 실행하는 것들이다. 그리고 대부분은 이사회가 정한 목적을 잘 실현하는 정도에 따라 그 가치가 결정되는 것들이다.

대부분은 그렇지만 전부 그런 것은 아니다. 사무국 활동에 대한 이사회의 관심은 한 가지가 아니다. 정책거버넌스 모델은 사무국이 사용하는 수단 중에서 이사회의 통제가 필요한 것들만 경제적이면서도 철저하게 통제하는 특별한 방법을 제시한다.

1) 효과성

이사회가 사무국의 실행 수단을 가장 중요하게 여기는 이유는 단연 그 효과성 때문이다. 효과가 있는가? 그것이 첫 번째 질문이다. 수단의 효과성은 그 수단을 보아서는 판단이 안 되고 애초에 그것으로 생산하고자 했던 것이 무엇인지를 봐야 한다. 수단을 가장 잘 평가하는 방법은 목적에 집중하는 것이다. 사실, 수단 자체를 바라보는 태도가 수단의 효과성을 측정하는 가장 큰 걸림돌이다.

이 부분에서, 비영리단체와 공공기관의 경영방식은 엄청난 오류를 범하기 쉽다. 사람들은 현장 방문, 각종 증명, 기관 평가 등을 통해 수단을 점검할 뿐 성과에 대해서는 거의 점검하지 않는다. 보상 또한 달성한 성과가 아니라 수단의 우수성이라고 알려진 것을 근거로 주어진다. 조직의 수단은 성과를 내는 능력과 상관없이, 지금까지 주된 평가 항목이었다는 이유로 생명력과 추진력을 갖는다. 이런 요인이 경영을 왜곡한다는 건 전혀 놀랍지 않다. 인력과 더불어 특히 훈련이나 전문성이 독특한 방법이나 활동, 즉 수단 주변에 몰리고, 집중적으로 투자된다.

따라서 이사회가 목적 달성을 중요한 기반으로 삼아 수단을 판단하고자 한다면, 실행 수단에 쏠려있던 지대한 관심을 밀어낼 수 있을 것이다. 4장에서 다룬 바와 같이, 이사회는 그 단체가 이사회의 목적 정책을 얼마나 잘 실행하는지를 평가하는 방식으로 문제를 처리하면 된다.

2) 승인 가능성•

이사회가 목적 달성을 평가함으로써 실행 수단에 관한 지대한 관심을 내려놓는다고 하더라도 우리는 이제 승인 가능성이라는 모호한 개념을 해결해야 한다. 대부분의 이사회는 효과성을 유일한 평가 기준으로 사용하는 데 만족하지 않고, 효과성과 별개로, 사무국이 실행 수단을 사용할 때 이사회가 승인 가능한 범위에서 그렇게 하기를 요구할 것이다.

승인 가능한 사무국 활동이나 계획은 무엇을 의미할까? 이사회가 전

• 사무국 수단은 이사회가 용납할 수 있어야 함을 말한다.

통적인 승인 절차를 진행하는 모습을 관찰해본 결과 세 가지 현상이 눈에 띄었다. 첫째, 하나의 집단으로서 이사회는 승인 가능성의 의미를 확실히 알지 못하는 것 같다. 그 결과, 이사회는 동의 절차를 거치는 경향이 있다. 이사마다 각기 다른 항목에 대해, 대개는 서로 다른 기준을 근거로 질문한다. 더러 효과성을 묻기도 하지만, 다시 수단을 면밀히 살펴 효과성을 판단하려는 함정에 빠지기 쉽다. 이사회의 승인 가능성을 시험하는 가장 확실한 방법은 무엇을 '불허'할지 자문해보는 것이다. 만약에 무엇을 불허할지 알지 못한다면, 그 이사회가 하는 승인은 방향 없는 절차, 거칠게 말하면 요식행위에 불과하다.

둘째, 이사회 구성원들은 승인 가능성을 "나라면 이렇게 할까?"라는 질문과 동일시하는 것 같다. 이런 관점으로 승인을 하면, 진짜 최고경영자는 경영자인 척하는 사람들을 너무 많이 상대해야 한다고 느낀다. 이사회 구성원들은 간혹 비상근 최고경영자 역할을 하는 것을 자신들의 권한이라고 여긴다. 이런 현상으로 인해 정치적인 성향이 있는 최고경영자는 이사들의 다양한 관심을 충족시키기 위해 문서를 조작하기도 한다. 그런 조작에는 반드시 대가가 따른다. 목적은 뒷전으로 밀려나고, 사무국은 수단을 선택함에 있어 최선의 판단에 충실하지 못하게 된다. 이사회가 수단을 지시하면 목적 달성에 대한 최고경영자의 책무는 줄어든다.

셋째, 이사회 구성원들은 사무국의 수단이 — 정해진 목적에 도달하는 데 아무리 효과적이어도 — 분별 있고 윤리적이기를 원한다. 실행수단에 대한 이사회의 검토와 승인은 그것이 분별 있고 윤리적이기를 원하는 이사회의 관심 범위 안에 머무는 한은 합당하다.

3) 수단에 대한 정당한 통제

지금까지 살펴본 내용의 요점을 간추리면 첫째, 효과성은 수단에 대한 조사를 필요로 하지 않으며, 사실, 의도적으로 수단을 보지 않으려고 할 때 가장 잘 평가할 수 있다. 둘째, 이사회는 실행 수단이 특정한 방식으로 마련되거나 선택되어야 한다는 식의 단순한 선호도를 드러내고 싶겠지만, 그것은 경영의 완결성을 떨어뜨리고 사무국 책무성의 의미를 가볍게 만든다. 셋째, 이사회는 목적 달성을 평가하는 것으로 분별력과 윤리의식을 보장할 수 없다. 그러나 단지 선호에 불과한 것들을 강요하려는 욕구와 달리, 이사회는 운영상의 분별력과 윤리의식을 보장해야 할 도덕적 책임이 있다.

따라서 사무국이 각자의 업무를 수행하는 방식과 관련해 이사회가 반드시 가져야 할 정당하고 직접적인 관심은 그 모든 활동이 분별력이 있으면서 윤리적으로 이뤄져야 한다는 것이다. 좀더 콕 집어 말하면, '분별 있고 윤리적이어야 한다는 것 외에, 최고경영자 및 그 아래 단계에서 진행되는 활동은 이사회에게 전혀 중요하지 않다.' 이사회는 오직 분별 및 윤리와 관련해 수용 가능한 기준이 충족되고 있는지를 확인하는 목적으로만 실행 수단에 관여해야 한다. 이렇게 하면 이사회의 시간을 많이 아낄 수 있고 경영진의 불만도 상당 부분 해소된다. 그러면 가장 명민한 이사회가 주어진 문서나 권고안을 가지고 어떤 가치를 승인하거나 불허할지도 분명해진다.

3. 사전에 결정한 원칙을 통한 통제

수단은 성과를 내라고 있는 것이므로, 대부분의 수단은 이를 뒷받침하는 목적이 있는 한 정당하다. 그러나 일부 수단은 그것이 아무리 효과적이어도 정당화되지 못한다. 그렇지 않다면, 이사회는 효과성 말고는 실행 수단에 대해 전혀 평가할 필요가 없을 것이다. 승인할 수 있는 수단보다 승인할 수 없는 수단에 초점을 맞추는 편이 이사회 업무가 간소해져 관리하기도 덜 부담스럽다.

해당 단체의 활동이 반드시 분별 있고 윤리적이기를 바라는 이사회는 정확히 무엇이 분별없고 비윤리적인지를 '미리' 규정해야 한다. 그렇다면 이사회가 정한 기준을 위반하지 않은 행동은 자동으로 승인될 수 있다. 이사회 기준은 긍정문으로 지시하는 형태가 아니라 부정문으로 금지하거나 제한하는 형태임을 기억해야 한다. 이사회는 모든 올바른 행동을 일일이 명시할 시간도 전문지식도 없다. 다만 해서는 안 되는 행동이 무엇인지 아는 데 필요한 윤리와 분별에 관한 인식은 있다. 이 원칙은 직관에 반하기는 해도 그것이 실현하는 거버넌스의 탁월함에 비하면 못 믿을 정도로 단순하다.

이사회는 목적에 대해서는 규범적으로 말하더라도, 실행 수단에 관한 한, 절대 용납이 안 되는 것만 분명히 밝히고, 그 외에는 침묵을 지켜야 한다. 몇 개 안 되는 정책으로도 분별력과 윤리의식이라는 최소 단계에 대한 이사회의 가치를 충분히 밝힐 수 있다. 이사회는 사무국 활동에 직접 개입하는 것이 아니라 정책을 통해 수많은 실행 수단을 통제할 수 있다. 나는 실행 권한을 제한하거나 제약을 두는 정책의 범주를 경영상의 한계라고 부른다.

그렇다면 이사회가 사무국에 보내는 메시지는 어떤 성과를 달성해야 하고(목적), 그 과정에서 어떤 행위는 일어나면 안 되는지(수단에 대한 제한)가 전부다. 이사회의 사고방식은 수동적이지 않고 선도적이며, 나무보다 숲을 본다. 그렇게 해서 이사회는 향후 각기 다른 수많은 결정을 내리지 않아도 된다.

이 같은 접근법이 이사회의 효과성을 획기적으로 높여주는데도 불구하고, 일부 이사회 구성원들은 사무국의 수단에 제한을 두기가 어렵다고 느낀다. 사람이자 관리자로서, 그들은 부정적이기보다 긍정적이길 원한다. 그런 욕구는 칭찬받아야 하지만, 위임의 역설적인 면을 간과하고 있다. 이사회가 사무국의 수단에 대해 택할 수 있는 가장 긍정적인 접근법이 바로 절대 안 되는 것만 딱 꼬집어 부정문으로 말하는 것이며, 반대로 가장 부정적인 접근법은 일일이 어떻게 해야 한다고 긍정문으로 규정하는 것이다. 부하직원에게 어떤 일을 어떻게 하라고 말하는 방식은 자동으로 다른 모든 방법을 배제한다. 하지만 부하직원에게 그 일을 어떻게 하면 안 되는지 말하는 것은 가능한 다른 모든 방법을 열어둔다. 좋은 관리 감독은 가능한 한 많은 여지를 남겨둔다.

모든 혁신적인 수단의 조합을 미리 알 수 있는 사람은 없다. 업무와 시스템, 구조, 관계를 개선할 수 있는 모든 방법을 직감으로 예측할 수 있는 사람도 없다. 현재 어떤 일을 실행 중인 사람들조차도 우연히 혁신을 발견하는 경우가 처음부터 혁신적인 아이디어를 적용하는 경우 못지않게 많다. 더욱이 단체를 운영하다 보면 개별 과업 안에서만 혁신이 일어나는 것이 아니라 과업과 사람들 사이에서도 끊임없는 관계 재형성이 일어난다. 결정을 내리고, 수정하며, 신속하게 움직일 수 있는 능력은 그 조치와 가장 밀접한 사람들에게는 특히 무엇보다 중요하다. 최고의 기업에서는 리더들이 "경계를 정하고, 그들을 따르는 사람들은 그 경계 안에서 맡은 일을 해낼 가장 좋은 방법을 찾아낸다" (Waterman, 1988, 7쪽).

이사회가 수단을 규정하는 것은 사람들을 바보로 만드는 반혁신적인 통제 방식이다. 조직의 모든 전문 영역에 정통한 상근직 이사회라도 마찬가지일 것이다. 하지만 실제 이사회가 의사결정에 쓸 수 있는 시간은 1년에 단 몇 시간뿐이고 조직의 모든 부분을 알지도 못한다. 불완전한데도 불구하고 널리 퍼진 수단 관련 규정 때문에 이사회가 할 일이 감당이 안 될 정도로 많아질 뿐만 아니라 사무국의 효과적인 업무수행도 크게 방해받는다. 이사회의 이런 적극성은 사무국이 잠재력을 상실하는 심각한 원인이다. 더구나 더 효과적인 대안이 있다는 점을 고려하면, 전혀 불필요한 방법이기도 하다.

프램Fram이 '기업 모델*corporate model*'이라고 칭한 것을 탐구한 소설에 나오는 한 인물은 이렇게 뽐내듯 말한다. "우리 회사엔 '진짜 이사회'가 있어요. … 진짜 이사회는 최고경영자에게 그가 해야 할 일을 정확히 말해줍니다." 프램의 주인공은 점잖게 그의 생각을 반박한다. "당신 회사에 있는 것은 진짜 이사회가 아니에요. 그건 부모-자식 관계죠" (Fram, 1988, 74쪽).

이사회가 실행 수단을 직접 규정하지 않고도 사무국에 그와 비슷한 식의 손상을 입힐 수 있는 좀더 교묘한 방법이 있다. 그것은 사무국이 수립한 계획에 대한 승인 권한을 이사회가 계속 보유하는 것이다. 사무국이 구체적인 사안들에 대해 일일이 이사회의 승인을 받아야 한다면(예컨대, 연간 예산과 보상 변경에 대한 승인 등), 이사회가 승인하는 활동만 정당성을 갖는다는 의미다. 그 활동을 제안하는 건 사무국 직원들이지만, 그 활동이 정당하다고 인정하는 건 이사회다. 사무국 관점에서는 이사회가 승인한 사안들은 애초에 그것을 누가 먼저 제안했든 이사회가 시간을 들여 변경 여부를 심의하고 결정하기 전까지는 그 자리에 얼어붙은 것처럼 그대로 유지해야 한다. 경영에 미치는 영향은 이사회가 직접 수단에 관한 규정을 만들었을 때와 비교해 별반 나을 게 없다. 따라서 이사회 승인은 아무리 사무국에서 올린 자료에 대한 것이라도 최고경영자의 직원들에 대한 위임 체계와 의사결정 흐름에 쓸데없는 간섭이 된다.

이사회가 사무국의 수단을 최소한으로, 부정문을 사용해 처리할 때의 효과를 생각해보자. 명확한 지침으로 금지해야 할 때를 제외하고는 사무국의 수단에 관심을 두지 않으면 이사회와 사무국 모두가 자유로워진다. 특이하게 금지하는 표현을 사용하는 방식에 대해 비영리 구호단체인 하이퍼 프로젝트 인터내셔널Heifer Project International의 조 럭 대표는 경영상의 한계 범주를 "부정적인 것으로" 오인할 수 있다며 "그 주된 이유는 부정문을 사용하기 때문이다. 그러나 실제 내용은 경영진에 훨씬 많은 융통성을 허용한다"고 말했다. 게다가, 이사회가 끝없이 이어지는 사무국 업무의 세세한 내용에서 해방되면 본연의 업무를 더 잘 수행할 수 있다. 텍사스주 엘파소의 라이프매니지먼트센터Life Management Center 이사회 의장인 지 태프트 라이언 주니어는 "(최고경영자) 업무에 관여하고 그에게 무엇을 해야 하는지 말할 필요가 없었다"며 만족스러워했다. 미국 가족계획연맹 이사회 의장인 앤 소니어는 "전국 단체 이사회로서 세세한 행정 업무에서 안전하게 물러날" 수 있다고 말하며 "'안전하게' 그럴 수 있다는 게 중요하다"고 말한다. 사무국은 분명하게 정해진 경계 안에서 자유롭게 선택하고, 바꾸고, 새로 만들어낼 수 있다. 루터교 세계 구호단체Lutheran World Relief 뉴욕 지부의 최고경영자인 노만 바스는 "내가 원하는 것은 무엇이든 할 수 있다는 의미에서가 아니라 내 권한이 어디까지인지를 안다는 점에서 자유로워졌다"는 사실에 기뻐하며 이렇게 말했다. "이사회는 나를 아무렇게나 추측하고 비판하지 않는다" [참고자료 1].

한 대형 동물원 최고경영자는 이렇게 자유의 경계가 확실하지 않아서 "계속해서 덫과 지뢰 사이를 걷고 있는 느낌이다"라며 "다행히 그 지뢰와 덫이 대부분 어디 있는지 짐작이 된다. 많은 것을 알아맞히고 있다"고 썼다. 메인주 루이스톤의 트라이카운티정신건강서비스Tri-County Mental Health Services 최고경영자인 제이 그레고리 시어는 그의 이사회에 대해 "최고경영자가 얼마나 멀리까지 갈 수 있고, 얼마나 멀리 갈 것인지를 안다고 … 확실히 느낀다. … 그래서 나의 일상적인 업무와 이사회의 정책 수립 및 감독 활동이 모두 훨씬 많은 자유와 … 융통성을 갖고 … 이따금 매우 빠르게 변하는 환경에 (적응하며) 수행된다. 그런 정책이 없었다면, '뒷북치는 사람들'이 많았을 것이다"라고 말한다. 세컨드 하베스트 푸드 뱅크 이스트센트럴 인디애나 지부의 사무총장인 로이스 록힐은 "운영에 대한 이사회의 간섭으로부터 이미 상당한 자유를 누렸음"에도 "정책거버넌스가 그 이상의 자유를 제공한다는 점에 놀랐다"고 말한다. 마찬가지로, 캐나다 뉴펀들랜드래브라도주 세인트 존스의 공인간호사협회Association of Registered Nurses 사무총장인 지네트 앤드류스는 "정책거버넌스가 우리 직원들에게 자율권을 주고 창의력과 혁신을 불러일으켰다. 그와 동시에, 이사회에 대한 우리의 책무성도 높아졌다고 느낀다. … 그것은 진정한 거버넌스 혁신이다"라고 주장한다.

이사회의 목표가 실현되고, 이사회가 정한 경영상의 한계 정책을 위반하지 않는 한, 사무국 활동은 언제나 이사회의 지지를 받는다. 이 접근법으로 이사회는 상황을 선도한다. 3장에서 논의한 바와 같이 사무국에서 만든 문서를 승인하는 방식은 사후대응이다. 더욱이 이사회는 사무국의 활동과 계획의 세세한 내용을 절대로 사무국만큼 잘 알 수 없기 때문에, 사무국의 사안을 승인하기만 하는 방식은 이사회를 늘 사무국보다 "'한 수 아래' 두는 악수가 된다".

이사회는 사전에 지침을 마련함으로써 분별과 윤리 문제를 처리했다는 자신감을 더 크게 가질 수 있다. 승인해야 할 일들이 많으면 힘든 만큼 이사회는 대개 구체적인 활동이나 문서 내용이 수용할 만한 것인지를 판단하는 데 집중한다. 그 판단의 기초가 되는 근본적인 가치는 신경 쓰지 못한다. 그 결과, 이사회가 구체적인 활동이나 문서를 승인한 뒤에도 이사회 정책은 전혀 드러나지 않는다.

이사회 목적과 경영상의 한계에 집중하는 방법의 또 다른 장점은 이사회의 문서업무 부담이 줄어드는 것인데, 생각보다 훨씬 중요한 부분이다. 이사회는 사무국이 본분을 다하도록 돕는 것이 아니라 사무국에 기대하는 성과를 결정하는 데 리더십의 대부분을 투입할 수 있다.

4. 사무국 활동을 제한하는 정책

그렇다면 이제 이사회가 사무국이 사용하는 수단을 감독하기 위해 해야 할 일은 실행 가능한 정책을 만들어 운영의 자유를 제한하거나 한계를 규정하는 것이다. 먼저, 말할 필요가 없어 보이는 것들을 심지어 가장 포괄적이고 가장 눈에 띄는 단계에서 '~하면 안 된다'는 식으로 말해야 하는 이유를 살펴보겠다. 그다음으로, 이사회 정책은 사무국의 가치가 아니라 이사회의 가치로부터 나와야 한다는 점을 강조하고자 한다. 마지막으로, 이러한 경영상의 한계 정책이 나오게 된 근원으로서 이사회가 걱정하는 부분들을 살펴볼 것이다.

1) 포괄적으로 금지하는 표현으로 시작

모든 정책 통제가 그렇듯 적절한 거버넌스는 구체적인 행동과 거리가 있다. 일부 이사에게는 이것이 불편할 수 있다. 그러나 사무국의 수단을 세세하게 규정해야 하는 부담으로부터 안전하게 물러날 수 있는 정책 수립은 불편할 수는 있어도 어렵지는 않을 것이다. 그러려면 이 책에서 제안한 간단한 정책 개발 원칙 몇 가지를 철저히 지켜야 한다. 예컨대, 3장에서 살펴본 바와 같이 이사회는 가장 넓고, 가장 포괄적인 단계에서 출발해 더 구체적인 단계로 나아가야 한다.

경영상의 한계 정책의 의도는 이사회가 분별없거나 비윤리적이라고 간주하는 행동들을 사무국이 못하게 하려는 것임을 기억하자. 이 의도는 더 구체적으로 정의하겠지만, 처음부터 무분별하고 비윤리적인 행동을 예방하는 것이 이사회가 이 정책을 만드는 '유일한' 목적임을 명심하는 것이 중요하다. 또한, 이 정책은 부정문을 사용한다는 점도 주목해야 한다. 우리는 쉽게 — 긍정어를 사용해 — 이사회가 모든 행동이 분별 있게 윤리적으로 이뤄지도록 노력하고 있다고 말할 수도 있다. 그 의미는 기본적으로 같을 테니까. 하지만 이사회는 사무국 수단을 규정하는 방식으로 되돌아가려는 뿌리치기 힘든 유혹에 직면하기 때문에 고지식해 보일 정도로 금지의 태도를 유지하는 것이 현명하다.

포괄적인 단계에서 시작할 때부터 바로 부정문을 사용하는 접근법이 이사회가 앞으로 더 복잡한 사안을 처리할 때 필요한 절제력을 유지하는 데 도움이 된다.

경영상의 한계 정책을 만드는 이유는 '목적 달성에 도움이 되더라도' 이사회가 받아들일 수 없는 수단을 금지하기 위한 것이지, 사무국의 수단을 규정하는 편법을 제공하기 위한 것이 아님을 기억해야 한다. 여기서 편법이란 이사회가 지정한 것 외에는 모두 금지함으로써 특정한 운영방식을 강요한다는 뜻이다. 예컨대, "전사적 품질 경영*total quality management*, TQM• 외에 다른 방법은 사용하면 안 된다"라고 하는 경영상의 제약은 그런 편법에 해당한다. 그 의도는 무시한 채 부정문이라는 언어 형식만 따른 것이다. "전 직원을 대상으로 하는 직무기술서와 성과 보상 제도를 갖추지 못하면 안 된다"도 마찬가지다.

이사회가 가장 먼저 가장 포괄적으로 정하는 사무국 수단에 관한 정책은 경영진의 권한에 대한 간단한 제약이다. "최고경영자는 무분별하거나 비윤리적인 조직 행동을 일으키거나 허용하면 안 된다." 이 정책의 의미는 아주 분명하다. 이사회는 왜 이 정책에 힘을 실어야 할까? 이렇게 단순한 단계에서 시작하는 데는 두 가지 이유가 있다. 첫째, 이 단계가 다른 모든 통제가 발생하는 원천이다. 여기가 시작점이다. 이 토대 위에 다음 단계의 정책들이 세워지기 때문에 단순함을 유지하거나 최소한 단순함과 연결된 끈을 유지하는 것이 더 중요해질 것이다. 게다가 우리는 계속 다시 배워야 해서, 조직은 그 단순한 것들을 잘 해

• 개별 제품 및 서비스 품질 관리를 넘어 기업활동 전반의 품질을 높이는 데 주력하려는 경영방식.

낼 때 탁월한 경지에 이른다.

둘째, 가장 포괄적인 관점에서 제약에 접근하는 방법은 겉보기엔 단순해도 이사회가 정책 공백을 남기는 일이 절대 없도록 막아준다. 이런 식의 "백업" 정책은 이사회가 하려는 것보다 포괄적일(그래서 해석의 폭이 더 넓을) 수 있으나, 이사회가 어느 사안을 모든 정책 단계에서 다루지 않는 일이 벌어지지 않게 해준다. 만약에 예를 들어 "경솔한 행동"에 관한 제약이 합리적으로 허용하는 범위가 이사회의 의도보다 넓다면, 다음 단계의 정책을 추가할 필요가 있다. 그러나 어느 순간에도 정책 공백은 없을 것이다. 이런 논리적 수납 원칙을 따르지 않는 단체의 경영진이나 이사회는 이사회 정책에 들어있지 않은 사안들을 계속 만나게 된다. 그 결과, 정책 공백이 메워지는 동안 효과적인 사무국 활동이 지체되거나 혹은 사무국이 불필요한 위험을 감수하거나 기회를 놓치는 일이 벌어진다.

기존 방식대로 사무국의 수단을 규정하는 정책을 개발하려면 이사회가 있을 수 있는 모든 활동을 예상하고 그 활동을 겨냥한 정책을 만들어야 한다. 이런 접근법은 불필요한 위원회 활동을 엄청나게 많이 만들어내는 것이 특징이다. 완벽한 예측은 당연히 불가능해서, 그런 접근법은 땜질식 정책 수립으로 이어진다. 또한, 이사회가 영원히 사무국의 한 발짝 혹은 두 발짝 뒤에 서 있게 만든다. 사무국 운영은 계속해서 새로운 세부사항들을 만들어내기 때문이다.

최적의 정책 결정은 이사회가 승인한 사무국 문서를 일관성 없이 늘어놓거나 단순히 재탕하는 것이 아니다. 최적의 정책 결정은 가치로 천을 짜는 일이다. 아무리 얇아도 모든 가능성을 효과적으로 덮을 수 있는 그런 천을 만드는 작업이다. 실행 수단을 덮을 천을 만드는 일은 가장 포괄적인 금지로 시작해야 한다. 이런 포괄적인 언급이 없으면 앞으로 만들어질 더 자세하고 분명한 이사회의 제약을 모두 아우르는 출발점도 없는 것이다.

최고경영자는 사무국의 행동에 제한이 있다는 것을 알지만 보통은 그 제한이 무엇인지를 막연히 추측해야 한다. 최고경영자가 마음을 읽는 기술을 개발하는 사이 대개는 그 짐작이 빗나가고, 그러다 보면 이미 자리에서 물러날 때가 된다. 그래서 전통적인 거버넌스에 속한 최고경영자는 구체적인 계획이나 활동 및 모든 변경사항에 대해 일일이 이사회의 승인을 요청한다(그래서 이사회를 사무국 수단에 관한 복잡한 문제들로 끌어들인다). 혹은 아주 조심스러운 태도로, 사무국의 활동에 이사회가 의도한 것보다 더 많은 제약을 둔다. 불필요한 통제는 성과를 낮출 때가 많다. 이는 분명 이사회가 원하는 결과가 아니다. 어떤 제약은 비용을 높이거나 생산량을 줄임으로써 실적을 낮추기도 한다. 세상에 공짜는 없다. 그건 통제도 마찬가지다.

2) 이사회 정책을 '이사회의' 정책으로 만들기

완전한 거버넌스를 위해 이사회는 사무국의 가치를 반영한 정책을 앵무새처럼 따라할 것이 아니라 이사회 고유의 가치로부터 정책을 개발해야 한다. 과거의 땜질식 정책 수립은 사무국이 계속해서 이사회에 승인을 요구하게 되는 부작용이 있다. 이사회가 사무국이 올린 서류를 승인한다는 것은 그 문서에 깔린 가치를 받아들이는 것이다. 그로 인해 이사회가 선언할 의도가 없었던 정책들, 아직 논의도 안 되고 글로 정리도 안 됐으며 정확히 몇 개인지도 모르는 정책들을 모두 받아들인다는 뜻이다. 다시 말해, 이사회가 승인한 문서에 담긴 가치들은 — 이사회가 알아챘을 정도로 — 이사회가 수용할 만한 것이겠지만, 이사회 고유의 가치에서 비롯되어 하나의 요건으로 규정된 것은 아니다.

이 책에서 제시하는 거버넌스 모델에서는 이사회가 그 고유의 가치에 따라 필요한 정책만 채택한다. 이사회 정책은 사무국, 나아가 최고경영자의 비위를 맞추기 위해 채택되는 것이 아니다. 최고경영자에게는 이미 의사결정 권한이 있다. 다만 그 결정은 이사회 정책에 부합해야 한다. 최고경영자가 이사회에 경영진의 자유를 더 제한해달라고 요구하지는 않을 것이다. 그들에게 이미 자율권이 주어진 상황에서 그런 요구를 하는 것은 최고경영자가 단지 의사결정을 회피하려고 이사회를 이용한다는 것을 여실히 보여주기 때문이다.

윤리와 분별에 관한 이사회 기준은 정해지기까지의 과정이 혼란스럽지만 한번 도입되면 변함없이 유지되는 경향이 있다. 정책으로 명문화하면, 이사회 기준은 모든 사무국 활동의 정신적 닻 역할을 한다. 폭풍이 몰아치는 것 같은 상황에 놓여도, 사무국이 이리저리 융통성을 발휘할 여지는 있지만, 아예 방향을 잃거나 이사회가 정한 기준에서 완전히 벗어날 정도는 아니다. 단단한 닻처럼, 좋은 정책은 복잡하지 않으며, 그 단순함 때문에 효과를 발휘하는 것이다. 사무국이 정통한 일에 대해서는 실행 방법을 제약 없이 선택할 수 있어야 하지만, 이사회가 미처 한계를 규정하지 못한 부분을 발견하거나 우왕좌왕하는 일이 없어야 한다.

이사회는 사무국에 가해지는 것과 같은 단기적인 압박에 시달리지 않을 때만 이런 리더십을 발휘할 수 있다. 만약에 이사회도 사무국과 똑같이 폭풍이 몰아치는 바다에 던져진다면, 지평선은커녕 다음 파도가 지나가는 것도 보기 어려울 것이다. 거버넌스 영역이 차분하게 안정되면, 이사회는 그 소란 위로 흔들림 없이 떠다닐 수 있다. 그러면 근본적인 가치를 더 신중하게 고민할 에너지가 남는다. 심사숙고하지 않고 서두르는 이사회는 십중팔구 단체를 이끄는 일을 접어두고 사무국 현안에 빠져들었을 것이다.

다시 총괄적 경영상의 한계 정책으로 돌아가 보자. 비윤리적이고 무분별한 행동만 금지했으니 이사회는 그 정책이 너무 포괄적이라고 걱정할지 모른다. 그 내용을 합리적으로 해석한 범위 안에 들어가는 사무국의 행동은 무엇이든 용인되는 것으로 생각해야 한다. 여기서 '합리적인 해석'은 법에서 흔히 사용하는 '선량한 관리자*prudent person*•' 기준과 비슷하게 쓰인다. 합리적인 해석이란 주어진 정책 표현에 대해 합리적인 사람이 할 만한 해석이라고 이사회에 증명할 수 있는 것을 가리킨다. 만약에 합리적인 해석의 기준을 통과한 행동임에도 이사회 구성원 다수가 여전히 받아들일 수 없다고 느낀다면, 그것은 정책에 문제가 있는 것이다. 왜냐하면, 이사회가 원하는 범위가 제대로 표현이 안 됐다는 의미이기 때문이다. 따라서 이사회는 기존 정책을 더 구체적으로 정의하고 범위를 좁혀야 한다. 짐작하겠지만, 총괄적 단계보다 수용 가능한 범위를 더 좁히려고 하지 않는 이사회를 나는 본 적이 없다.

• 법률적 개념으로서, 합리적이고 추상적인 평균인을 가리킴.

3) 우려사항을 정책으로 바꾸기

(분별없고 비윤리적인 행위를 금지하는) 가장 포괄적인 제약은 조직 행동의 모든 영역에 똑같이 적용된다. 이런 보편적인 금지보다 더 구체적인 정책을 만들 때, 이사회는 당연히 몇몇 주제에 다른 주제보다 더 많은 주의를 기울일 것이다. 이 때문에 그다음 단계로의 진행은 조직의 구체적인 측면을 다루는 형태가 된다. 그 결과, 정책은 구체적인 단계로 내려갈 뿐 아니라 조직의 사안에 따라 구분되기 시작한다.

추가 제한을 위해 구분된 주제들은 구체적인 "우려 영역"이라고도 볼 수 있다. 그중에서도 비윤리적이고 분별없는 행동을 더 구체적으로 규정하기 위해 가장 많은 정책이 만들어지는 우려 영역은 재무상태, 인사, 고객대응, 보상, 자산보호, 그리고 예산이다. 이런 각각의 주제를 다루면, 첫째, 이사회 구성원들은 받아들일 수 없는 것에 대해 합의할 기회가 생긴다. 둘째, 경영진에게 반드시 피해야 할 것에 대해 명확한 메시지를 전달할 수 있다. 이 명쾌함에 대해 경영진 대부분은 비록 조작은 어렵게 됐지만 시원하다고 느낀다. 셋째, 이사회가 수행 평가 기준을 마련했으니 향후 점검 절차를 간소화 할 수 있다. 넷째, 이사회는 우려사항을 정책으로 성문화하였으므로 안심할 수 있게 된다.

이런 정책을 구상할 때, 이사회는 현재의 우려사항에만 집중하면 안 된다. 이사회는 받아들이기 어려운 상황을 전체적으로 아우르는 경영상의 한계 정책을 만들어야 한다. 이사회가 불쾌하다고 느끼는 것은 최근에 있었던 행사의 기능 한 가지가 아니다. 물론 한두 가지 상황 때문에 특히 예민해질 수는 있다. 사후에 반응하는 식의 정책 수립은 위기 상황이 벌어졌을 때 대응 조치를 하는 것이다. 그러나 이런 방식은 이사회 리더십이 이상보다는 상황에 좌우된다는 의미다.

중요한 건 단지 오늘이나 내일의 문제를 해결하는 것이 아니라 앞으로 어떤 상황이 펼쳐지든 효과를 발휘할 수 있는 시스템을 만드는 것이다. 당면한 고민에서 벗어나면 이사회는 그때까지 드러나지 않았던 가치들, 예상치 못했던 일들을 설명해줄 가치들을 발견하게 된다. 또한, 논리적 수납 원칙의 안전망 효과가 모든 것을 완벽하게 망라해야 한다는 부담으로부터 이사회를 구해준다.

이사회 구성원들이 내는 우려의 목소리에 귀를 기울이면 그 단체의 특수성을 반영한 경영상의 한계 정책을 수립하는 데 도움이 된다. 애리조나 위원회의 한 이사는 만약에 최고경영자가 갑자기 사라진다면 얼마나 혼란스러울지 크게 걱정했다. 나머지 이사들도 그것이 이사회가 마땅히 걱정할 일이라는 데 동의했다. 그 걱정을 경영상의 한계 정책으로 바꾼 결과 그 문제에 대해 곧바로 안심할 수 있게 됐다. 그 이사회는 이사회와 경영진 활동을 상당히 잘 아는 고위급 간부를 최고경영자에게 배속하되, 그 수가 2명에 미달하면 안 된다는 정책을 도입했다. 그 이사회 구성원 다수가 이 정책으로 모든 위기 상황에 대한 준비가 갖춰졌다고 느꼈다. 그 정책은 그들의 가치에 부합하는 것으로서 더 이상의 걱정은 해소되었다. 게다가 두 문장으로 간단하게 표현됐다 [참고자료 2].

정책은 그것을 만드는 이사회의 가치를 대변한다는 점에서 중요하다. 정책은 카탈로그에서 선택하는 것이 아니며, 정부기관이 발행하는 것도 아니다. 사무국에서 발표하거나, 자문위원에게서 얻어내거나, 책에서 가져오는 것도 아니다. 정책은 이사회가 직접 만드는 것이다.

5. 경영상의 한계 정책의 전형적인 주제

경영상의 한계 정책은 이사회의 분별력과 윤리의식에서 비롯되기 때문에 다른 범주의 정책들에 비해 이 모델을 사용하는 다른 이사회들과 정책이 비슷할 가능성이 크다. 분별과 윤리는 여러 이사회에 비교적 흔하고, 목적보다도 훨씬 더 많이 보인다. 다음 목록은 특별히 추천하는 정책이라기보다 흔히 볼 수 있는 몇 가지 경영상의 한계 정책 타이틀을 예로 든 것이다.

판매업체와의 관계: 공정한 대우를 위한 "최저한도"

자산보호: 고정자산 및 유동자산에 대한 수용 불가한 리스크의 범주와 처리 방법

부채: 경영자가 조직에 부채를 발생시키는 결정을 해도 되는 상황에 대한 제약

재무상태: 피해야 할 재정적 위기 상태

예산: 예산에서 수용 불가한 특성

보상과 복리후생: 임금 및 급여 관리에서 수용 불가한 특성

경영상의 한계 범주에 들어가는 모든 정책은 이사회가 최고경영자에게 보내는 메시지다. 그것은 이사회가 사무국 전체에 보내는 메시지가 아니다. 왜냐하면, 최고경영자는 이사회가 지시를 내리는 유일한 직원이기 때문이다. (설명을 간단히 하기 위해, 최고경영자가 있다고 가정하자. 물론 정책거버넌스 모델을 활용하기 위해 반드시 최고경영자가 필요한 것은 아니다. 그러나 최고경영자가 없으면, 경영진에 대한 이사회의 위임이 한

사람이 아닌 여러 사람으로 분산돼서 훨씬 어려운 작업이 된다.) 게다가 이 정책들은 최고경영자에게 이런저런 것을 할 권한을 주는 게 아니다. 오히려 최고경영자가 가진 권한이나 자유를 제한한다("… 하면 안 된다"). 최고경영자는 이사회가 금지하지 않은 모든 권한을 갖는다. 이사회는 최고경영자에게 "우리가 가라고 할 때까지 가만히 있어"가 아니라 "멈추라고 할 때까지 가"라고 말하고 있는 것과 같다.

세 가지 경영상의 한계 영역을 설명하기 위해, 재무관리와 인사관리 부문에 대한 이사회의 우려사항을 살펴보자. 전통적 거버넌스에서 재무관리에 대한 우려사항은 대개 단체의 실제 재무상태에 관한 월간 보고서와 예산에 대한 연례 감사, 두 가지로 표현된다. 전통적 거버넌스에서 인사관리에 대한 우려사항은 인사 '정책' 승인에서 드러난다.

1) 재무상태 정책

이사회는 월간 혹은 분기별 재무 보고서를 무척 신뢰한다. 그러나 이사회 구성원 중 상당수는 이 보고서를 이해하지 못한다. 재무제표 분석에 능한 사람들로 구성된 이사회에서조차도 그 이사회가 승인할 수 없다고 여기는 것이 무엇인지를 구성원 전체가 아는 경우는 흔치 않다. 이런 상황은 승인 절차의 중요성에 의문을 품게 만들며, 계속해서 재무와 관련된 세세한 내용까지 논의하게 한다. 사실, 누가 봐도 명확한 기준이 있어도 재무 보고서에 대한 승인은 그런 데이터가 존재하며, 이전 달 혹은 이전 분기에 정말로 그랬다고 인정하는 것에 불과하다.

정책거버넌스로 전환할 때, 이사회는 보통 그 기준이 오로지 무분별함을 피해야 한다는 식의 아주 포괄적인 금지 규정에만 기초하도록 두려고 하지 않는다. 어떤 활동이나 여건이 일반적인 의미에서는 분별없는 것이 아닌데, 특정 이사회가 인정하는 범위를 벗어나는 것일 수 있어서다. 재무상태에 대해 받아들일 수 있는 범위를 더 구체적으로 정하는 정책을 채택하기 위해서는 이사회가 받아들일 수 없다고 여기는 상황, 단순히 무분별함을 피해야 한다는 식보다 더 좁은 범위에서 합리적인 해석이 가능한 상황에 대해 논의하고 논쟁을 벌여야 한다. 재무상태는 유동적인 현상이다. 대부분의 구불구불한 선은 전혀 중요하지 않다. 그러나 몇몇 측면은 걱정스럽거나 심지어 두렵기까지 하다 [참고자료 3].

대체로, 이 정책의 가장 높은 단계는 재무상태가 재정적 위기에 빠지지 않아야 한다거나, 성과나 편익과 관련해 이사회가 정한 우선순위에 어긋나는 지출이 없어야 한다고 요구한다. 이런 포괄적인 금지 다음으로는 여러 가지 고려사항이 있지만, 그중에서도 가장 중요한 규정은 보통 지출이 수입을 초과하지 말아야 한다는 것(혹은 상황에 맞게 좀더 섬세하게 조정된 관계)이다.

만약 자금 대출 능력이 있거나 예금을 보유한 단체라면, 금지를 통해 대부 또는 예금 인출 규모를 제한하거나 특정 조건을 충족하지 않는 한 대부 또는 인출을 금할 수도 있다. 공교롭게도 보고 기간에 지출이 연기되고 수입이 몰렸다면, 경영진의 지출이 수입을 초과하지 않았다는 것은 무의미한 자료일 수 있다. 게다가 자산의 이동이 전체 금액에 가려져 유동부채 대비 유동자산 비율(유동비율)이 줄어들고 있는 것과 같은 심각한 재정적 위기 상태를 보지 못할 수도 있다. 정책 표현을 섬세하게 다듬으면 이런 점들을 다룰 수 있으며, 동시에 재정적 위기에 대한 이사회의 인식을 높일 수 있다.

재무상태에 관한 정책을 만들기 위해서는 이사회가 이러한 요인은 물론이고 그와 관련된 문제를 논의하고 이해해야 한다. 단기적으로는, 그렇게 이해 수준이 달라져서 얻는 가치가 정책 자체로부터 얻는 가치만큼이나 크다. 이사회는 그런 정책을 만들 때 전문가 조언을 받아도 되지만, 그 전문가가 직접 정책을 만들지 않는다는 전제조건이 있어야 한다. 전문가는 이사회 구성원들이 이해력을 더 높이도록 도와줘야 한다. 그 이해력은 리스크와 안전성, 보수적인 판단, 위기 대응 등에 관한 이사회 구성원들의 가치가 영향력을 발휘하는 기반이 된다. 이사회 가치를 종합하고 토론한 산물이 정책이다. 대부분의 이사회에서 이렇게 만들어진 수용 불가한 재무상태 목록을 이용하는 방법은 표준적인 결재 방식을 사용하여 일상적으로 감시해온 항목들을 이용하는 방법보다 완벽하고 체계적이다. 더 완벽할 뿐만 아니라, 나중에 재무제표를 검토할 때 걸리는 시간도 전통적인 수많은 이사회와 재무위원회보다 훨씬 적게 든다.

세컨드 하베스트 푸드 뱅크 이스트센트럴 인디애나지부 이사회는 위험한 상황이라고 생각하는 기준을 바탕으로 "재무상태 및 활동" 정책(〈자료 5-1〉)에 허용되는 재무관리의 한계를 밝혀두었다. 이 이사회는 기준 3의 "소정의 기한"에 대해서는 어떤 합리적인 해석도 받아들일 수 있다고 보았다. 하지만 해당 기준의 채무 부문에서 다른 이사회라면 "할인 기간과 30일 중 더 짧은 기간 내에" 같은 표현을 넣어 범위를 제한해야 한다고 판단할 수도 있다.

물론, 기부를 꽤 많이 받는 단체의 경우 특별히 투자만 집중적으로 다룬 경영상의 한계 정책이 추가로 필요할 것이다. 간단한 형태의 이런 정책은 예비금이 별로 많지 않은 단체 이사회에도 유용하다. 최고

〈자료 5-1〉 세컨드 하베스트 푸드 뱅크 이스트센트럴 인디애나 지부 경영상의 한계 정책: "재무상태 및 활동"

현재 재무상태 및 진행 중인 활동과 관련해 최고경영자는 재정 위기나 이사회가 목적 정책으로 정한 우선순위에서 크게 벗어나는 실질적인 지출을 초래하거나 허용하면 안 된다. 또한, 최고경영자는 다음과 같은 행위를 하면 안 되며, 이는 앞의 조항에 영향을 미치지 아니한다.

1. 직전 회계연도 수입을 초과하는 지출
2. 이사회의 예비 자금 사용
3. 소정의 기한 내 임금 지급 및 채무 정산 지체
4. 세금이나 정부가 부과한 다른 납부금, 혹은 서류 제출 기일을 넘기거나 부정확하게 처리
5. 부동산 신규 취득, 담보 제공 및 처분
6. 상당한 유예기간이 지났음에도 미수금을 적극적으로 회수하지 않음

경영자에게 안전하지 못한 투자사나 원금보장이 안 되는 입출금계좌, AA 등급 미만의 채권, 혹은 거래를 더 편하게 하기 위한 경우를 제외하면 무이자 계좌에 운영자금을 투자하거나 넣어두면 안 된다고 지시하는 것만으로도 효과가 있다. 투자자문가 존 가이John Guy (1992, 1995)에 따르면, 보통 이렇게 정책으로 투자를 통제하는 방법이 투자위원회 소속 이사들에게 투자 결정을 내리게 하는 것보다 낫다.

2) 예산정책

재무상태 정책은 현재 재무상태 — 약칭으로 '실제'(기대하는 상태와 대비되는 실제 재무상태) — 의 수용 가능한 범위를 규정한다. 이사회는 더 나아가 재무 '계획' 중에서 받아들일 수 없는 특성들도 규정할 수 있다. 재무계획은 예산의 형태를 띠며, 대개는 연중 수없이 일어나는 예산 조정이 바로 그것이다.

대부분의 비영리 및 공공 이사회는 예산 승인 절차를 아주 신성한 과정으로 여긴다. 이사회의 예산 승인이 재무관리에 꼭 필요한 요소가 아닐 수 있다고 말하면 이는 많은 이들의 확고한 신념과 부딪친다. 그 신념이 너무나 확고한 나머지 어떤 이사들은 정기적인 이사회 활동이 예산 승인만큼 중요하지 않다고 주장할 정도다. 그들이 그렇게 주장하는 근거는 수탁자 책임 때문에 이사회가 예산을 통제해야 한다는 것이다. 게다가 예산이 이사회가 승인하는 가장 중요한 정책 문서라고 말하는 이들도 있다.

두 주장 모두 어느 정도는 맞는 얘기다. 이사회는 맡은 책임을 다하기 위해 예산을 통제해야 한다. 게다가 대개 함축적이긴 하지만, 예산은 그 단체에 중요한 것을 많이 나타낸다. 단체의 목적과 리스크, 보수적인 판단을 보여주는 게 사실이다. 그러나 둘 중 어느 주장도 이사회가 예산을 '어떻게' 통제해야 하는지와 예산정책의 의미에 대해서는 말하지 않는다. 어느 이사회나 처음 시작하는 질문은 "우리가 통제하길 바라는 것은 예산의 어떤 면인가?"와 "우리가 예산을 볼 수 없었더라면 어떤 구체적인 상황에 대해 걱정했을까?"이다.

예산은 아직 일어나지 않은 일들과 관련이 있다. 예산은 계획이다.

모든 계획이 그렇듯 가설을 세우고, 의도를 전달하고, 절차나 흐름을 설계한다. 돈의 액수로 표시되는 만큼 다소 특별한 계획이다. 게다가, 대부분 예산은 프로그램 예산 혹은 목적별 통합 예산이라기보다 항목별 예산이다. 그래서 거버넌스 관점에서 보면, 재무계획 중에서도 비교적 의미가 덜 중요하다. 예컨대 이사회가 목적 정책을 논의할 때는 어떤 특정 결과물에 예상되는 비용이 중요한 관심사다. 직원 보상 중 단체보험 비용은 상대적으로 덜 중요할 것이다.

이사회가 통제하고자 하는 것은 무엇인가? 이사회가 예산에 포함될 모든 금액과 비율을 나열해야 한다면, 그들은 포기하고 집으로 돌아갈 것이다! 대단히 강박적인 이사들만이 문구류 예산을 알고 싶어 할 뿐, 그것까지 통제하려고 하지는 않는다. 사실 책임 있는 이사회가 예산에서 통제해야 할 측면은 아주 적다. 이사회는 그들의 법적 책임과 주인에 대한 책임을 다하기 위해 예산의 몇 가지 특징적인 부분을 통제하길 원하며, 그럴 필요가 있다. 그러나 그 특징적인 부분이 무엇인지 아는 이사회는 거의 없다.

수탁자 책임을 정밀 조정하기 위해서는 이사회가 예산의 어떤 측면을 통제할지 결정해야 한다. 만약에 이러한 예산의 특징들을 내내 감시해온 이사회라면, 금방 써내려 나갈 수 있을 것이다. 만약에 선뜻 그게 잘 안 되면, 그동안 예산의 세세한 부분까지 승인한 방식이 무엇을 추구해온 것인지 의문을 가져볼 필요가 있다. 실제 승인된 것은 무엇인가? 이사회 구성원들이 생각했던 것보다 효과가 덜한 절차를 정당화하려고 수탁자 책임이라는 고결한 원칙을 함부로 거론해도 되는가? 수년간 예산 승인 과정을 지켜본 결과 이것이 정확한 현실이라고 결론을 내렸다.

이사회가 재무계획에 관하여 걱정하는 것을 글로 정리하기 시작하면 깨달음을 얻지 않을 수 없게 된다. 이사회는 예산에 대해 무엇을 걱정할 것인가? 무엇 때문에 예산을 승인하지 않을 것인가? 중요한 특징들이 드러나기 시작하고, 덜 중요한 특징들은 희미해진다. 재무 지식이 없는 사람들에게도 그 많은 숫자가 덜 위협적으로 느껴진다. 재무 지식이 있는 사람들은 그 전문지식을 각자의 지혜와 연결할 기회가 생긴다. 그들이 다른 이사회 구성원들과 만나 지혜 차원에서 이야기를 나누면 언어의 장벽이 사라진다.

이 과정에서 이사회는 수탁자 책임의 의미를 진지하게 받아들인다. 수탁자 책임은 전화선의 개수를 통제하는 것이 아니라 전화 요금 납부 능력을 통제한다는 의미다. 주(혹은 도)를 벗어나는 출장을 제한한다는 뜻이 아니라 보수적인 관점에서 수입을 예상하도록 통제한다는 뜻이다. 아니면 이런 문제들이 잘못된 것인가 하는 논의를 하게 된다. 리스크, 위기 대응, 정직, 분별력, 노력의 규모 등에 관한 가치가 더 일상적인 요인들보다 더 많은 관심을 받기 시작한다. 그리고 그 절차 내내 모든 정책 개발의 원칙대로 큰 질문에서부터 작은 질문 순으로 나아가는 진행 방식을 지킨다.

다른 모든 경영상의 한계 정책과 마찬가지로, 메시지는 최고경영자를 향하며, 그 메시지는 권한을 주기 위한 것이 아니라 제한을 두기 위한 것이다. 최고경영자에게는 이미 "우리가 멈추라고 할 때까지 가도 좋다"라는 위임 체계에 따라 자율권이 주어진 상태다. 이제 그가 알아야 할 것은 권한의 한계, 즉 그 권한을 행사해도 되는 범위다. 최고경영자는 이런 질문을 곰곰이 생각해봐야 한다. "병아리가 부화하기도 전에 닭을 세는 일(수입 전망)에 나는 얼마나 후할 것인가? 목표한 성과 수준을 유지하면서 유동비율을 얼마나 낮출 것인가? 현금이 부족할 때는 예비금을 얼마나 꺼내 쓸 것인가? 현금흐름을 맞추기 위해 특별목적자금의 일부를 일시적으로 전용하는 것은 어느 정도 가능할까?" 다음 달 계획이든 내년 계획이든 재무계획을 세우다 보면 가치에 관한 이런 여러 가지 의문이 생긴다. 민첩하고 자율권을 가진 경영진은 이런 결정을 이사회 가치 안에서 이사회보다도 훨씬 더 효과적으로 처리할 수 있다.

경영상의 한계로 접근하는 방식의 또 다른 좋은 점은 '모든' 재무계획에 적용 가능한 정책이라는 점이다. 이 말은 곧 다음 한 달을 위한 계획과 다음 일 년을 위한 계획, 그리고 끊임없이 변하는 현실에서 일어나는 모든 계획을 다시 짤 때 적용할 수 있다는 얘기다. 한 단체에 한 해 예산이 한 가지인 경우는 드물다. 상황이 바뀌고 예상이 빗나가는 만큼 예산이 여러 개일 것이다. 최고경영자가 하는 모든 예산 수정은 그 횟수에 상관없이 이사회의 예산정책 기준을 충족해야 한다. 최고경영자는 이사회가 이렇게 안정적인 방식으로 리더십을 발휘하는 것을 존중할 수 있다. 그렇다면 예산에서 변하지 않는 면은 그 예산의 바탕이 되는 정책, 그리고 예산의 세부사항이 끝없이 바뀔 것이라는 확신뿐이다.

나의 도움을 받아 이러한 과정을 거친 이사회는 대부분 예산수립에 관한 금지사항을 반 쪽 이상 생각해내지 못했다. 이것이 주는 메시지는 무엇인가? 재무위원회 활동 시간은 말할 것도 없고, 오랜 세월 힘들게 예산을 승인한 결과가 고작 반쪽 분량의 용납할 수 없는 재무상태라는 얘기다. 승인의 방법은 언제나 수용 불가한 재무상태에 해당하는지 여부를 점검하는 수준을 훨씬 넘어섰다. 수용 불가한 재무상태를 설명

〈자료 5-2〉 주정부 공무원 신용협동조합의
경영상의 한계 정책: "재무계획 / 예산수립"

새로운 회계연도 혹은 남은 회계연도를 위한 재무계획을 세우는 작업은 이사회의 목적 우선순위에서 크게 벗어나면 안 되고, 재정적 위험을 초래하지 말아야 하며, 다년간의 계획과 단절되면 안 된다.
또한, 최고경영자는 다음과 같은 방식으로 계획을 수립하면 안 되며, 이는 앞의 조항에 영향을 미치지 아니한다.

1. 이사회의 재무상태와 활동 정책에서 받아들일 수 없다고 설명한 상황이나 상태를 초래하는 위험 감수
2. 합리적인 수입과 지출 전망, 자본금과 운용 항목 분리, 유동성, 계획의 전제조건 등을 포함하지 않음
3. 당해 이사회에 제공하는 특권이 거버넌스 비용 정책에 명시된 것보다 적음

하는 정책이 없는 이사회는 개인적인 관심과 두려움이 이끄는 대로 마구 뒤졌다. 더욱이, 이렇게 힘들게 뒤져도 예산에 중요한 변화가 생기는 경우는 드물었으며, 너무 늦었다고 할 때까지 위험한 상황을 간과하는 경우가 잦았다.

이사회는 예산에 책임이 있다. 그러나 그 단체가 실제로 사람들을 위해 이뤄내는 성과의 비용 대비 가치에 대한 책임보다 더 무거운 책임은 아니다. 예산은 정말로 이사회의 가장 중요한 업무가 아니다. 어느 정도 비용에 어떤 사람들에게 어떤 혜택을 제공할 것인지를 규정하는 것이 이사회가 해야 할 가장 중요한 일이다. 예산과 관련된 대부분의 실수보다 단 몇 퍼센트라도 목표에서 벗어나는 것이 세상에 훨씬 큰 손

해를 입힌다. YMCA 전미 이사회 사무총장인 퀜덜린 캘버트 베이커는 수용 불가능한 것을 정책으로 제한하는 식으로 재무계획을 처리하면, "프로그램이 예산을 움직이지, 예산이 프로그램을 움직이지 않는다"는 사실을 발견했다.

미시간주 랜싱에 있는 주정부 공무원 신용협동조합 State Employees Credit Union 이사회는 신협의 예산을 통제하기 위해 정책(〈자료 5-2〉)을 만들었다. 번호가 매겨진 부분 중 항목 1은 재무상태와 활동 정책에서 언급한 재정적 위험을 방지하는지 판단하는 것이 예산을 평가하는 중요한 한 가지 기준이라는 뜻이다. 단체가 복잡하면 예산도 복잡하지만, 예산에 대한 거버넌스까지 복잡할 필요는 없다.

3) 인사 정책

비영리단체(예컨대 공교육 체계에 대비되는) 이사회는 그들의 정책을 보여 달라는 요청을 받으면, 인사 "정책"을 보여준다. 인사 "정책"은 '정책'이라는 단어가 거의 언제나 잘못 사용되는 문서임에도 이사회 정책하면 가장 자주 떠오르는 사례가 바로 이것이라는 점이 아이러니다. 비윤리적이거나 분별없는 태도를 금지하는 더 포괄적인 규정을 지나 이사회가 할 수 있는 질문은 "인사 문제를 처리할 때 우리가 통제해야 할 부분은 무엇인가?"이다. 이에 대해 합리적인 사람이라면 윤리적인 혹은 분별 있는 행동이라 생각하지만 이사회는 일어나지 않기를 바라는 모든 상황이 답이 된다.

오차드 컨트리 데이 스쿨 Orchard Country Day School 이사회는 비밀스러운 의사결정 방식이 "비윤리적이면 안 된다"라는 원칙으로는 수용 가능

〈자료 5-3〉 테네시주 내슈빌에 있는 테네시 관리의료 이사회 경영상의 한계 정책: "직원대우"

최고경영자는 유급 직원 및 자원봉사자를 대할 때 비인간적이거나 불공평하거나, 품위를 해치는 상황을 초래하거나 허용하지 않는다. 또한, 다음과 같은 행위를 해서는 안 되며, 이는 앞의 조항에 영향을 미치지 아니한다.

1. 업무와 확실한 관련이 없는 개인적인 성과나 자격을 근거로 직원 차별
2. 위험하거나 건강에 해로운 여건으로부터 직원을 보호하기 위한 합리적인 절차를 밟지 않음
3. 직원들이 편견 없이 이용할 수 있어야 할 정당한 고충 처리 절차를 제공하지 않음
4. 이 정책에 포함된 직원들의 권리를 알리지 않음

한 것에 해당할지 몰라도 이사회가 보기엔 받아들일 수 없는 부당 행위라고 판단했다. 또 다른 이사회는 불만을 제기한 직원에 대한 선입견에 똑같은 판단을 내렸다. 대부분의 이사회는 그 지역에 관련법을 다루는 사법기관이 있는 한 성별과 인종, 나이로 인한 차별에 관해 따로 언급하지 않기로 정한다. 법 위반은 아주 명백하게 분별없는 행동이라 더 말할 필요가 없어서다. 그러나 법으로 충분하지 않다고 믿는 이사회는 법이 보호하는 내용에 추가로 제한 규정을 두기도 한다.

정책거버넌스 모델을 따르는 이사회도 인사 정책이 있지만 대개 한 페이지를 넘지 않는다. 그전에 있었던 인사 정책매뉴얼은 최고경영자의 것이 되어 최고경영자의 판단에 따라 바꿀 수 있다(물론 정책으로 그 범위가 제한된다). 마찬가지로, 이사회는 최고경영자의 부하직원들의

〈자료 5-4〉 인디애나주 고센에 있는 메노나이트 상호부금 이사회 경영상의 한계 정책: "보상과 복리후생"

직원 및 자문위원, 계약직 노동자, 자원봉사자에 대한 고용 및 보상, 복리후생과 관련해 최고경영자는 재무 건전성이나 구성원의 이미지를 위협하는 상황을 초래하거나 허용하지 않는다. 더 나아가, 다음과 같은 행위를 해서는 안 되며, 이는 앞의 조항에 영향을 미치지 아니한다.

1. 최고경영자 자신에 대한 보상 및 복리후생 변경
2. 종신 고용이나 고용 보장을 약속하거나 암시
3. 퇴직급여제도를 새로 만들거나 변경하여 다음과 같이 예측이 안 되거나 불공평한 상황을 초래하는 행위
   A. 지급 준비가 안 된 부채 발생
   B. 모든 상근 직원에게 기본적인 수준보다 적은 금액 지급
   C. 이전 퇴직급여제도로 적립된 금액보다 퇴직급여가 줄어드는 직원이 한 명이라도 발생

보수를 직접 결정하지 않지만, 보상에 대한 최고경영자의 결정을 제한하는 정책이 있을 것이다. 〈자료 5-3〉과 〈자료 5-4〉는 그런 정책들을 보여준다.

4) 경영상의 한계 정책의 범위

이사회마다 경영상의 한계 정책에서 할 이야기가 다르다. 그 양은 물론이고 제한 정도도 다르다. 어느 이사회는 다른 이사회 정책이 너무 규제가 심하거나 너무 무책임하게 방치한다고 볼 수도 있다. 내 지식으로는 "올바른" 수준이나 "올바른" 내용 같은 건 없다. 다만 어느 조직

이든 최고경영자와 이사회는 절대 하면 안 되는 것이 무엇인지에 대해서는 언제나 정확히 알고 있어야 한다.

대부분의 이사회는 좀 전까지 논의한 세 가지를 비롯해 많은 정책 주제가 필요하겠지만, 유형이 같은 단체라도 전체 정책 목록은 이사회마다 다를 것이고, 유형이 다른 단체끼리는 확연히 차이가 날 것이다. 국제개발기구와 가족계획서비스단체의 정책은 다를 수밖에 없다. 지역의회와 도서관, 상공회의소, 직종 혹은 직능 단체 정책도 다 다를 것이다. 모두 같은 원칙을 적용하더라도 말이다.

〈자료 5-5〉에 제시한 사우스캐롤라이나주 그린빌의 비영리 노숙인 지원 단체 미라클 힐 미니스트리즈Miracle Hill Ministries 이사회의 "소통과 지원" 정책은 정책 거버넌스 모델을 따르는 많은 이사회가 충분한 정보와 지원을 제공받기 위해 선택하는 방식을 보여준다. 물론 이사회는 운영사무국과 별도로 비서실을 만들 수도 있지만, 꼭 필요한 경우는 드물다. 하지만 비상근 이사회가 업무를 제대로 수행하려면 상당한 정보와 하부조직의 도움은 필요하다. 이사회는 그런 도움에 의지하더라도 그 도움을 주는 이들에게 복종하거나 그들의 조종을 당하면 안 된다 [참고자료 4].

단체의 자산보호는 사무국 수단에 관한 모든 문제와 마찬가지로 이사회가 적절한 경영상의 한계 정책으로 해결할 수 있는 문제다. 〈자료 5-6〉은 애리조나주 프레스콧에 있는 야바파이 칼리지Yavapai College가 자산보호 정책을 어떻게 표현했는지 보여준다. 이 정책은 대부분의 단체에 유용할 것이다. 다만 금융기관 이사회라면 아마도 투자와 관련해 최고경영자의 권한을 제한하는 또 다른 정책을 마련할 개연성이 높다.

실제로 이사회는 대부분 10개도 안 되는 경영상의 한계 정책으로 잘

〈자료 5-5〉 미라클 힐 미니스트리즈 이사회 경영상의 한계 정책:
"이사회에 대한 소통과 지원"

대표/최고경영자는 이사회가 업무에 필요한 정보나 지원을 받지 못하게 하면 안 된다. 또한, 다음과 같은 행위를 하면 안 되며, 이는 앞의 조항에 영향을 미치지 아니한다.

1. 이사회가 요구한 평가 자료(대표/최고경영자 성과 평가 정책 참조)를 제때, 정확하고 이해하기 쉽게, 이사회 정책이 제대로 지켜지고 있는지 점검한 조항들을 직접 다뤄 제공하는 데 소홀
2. 이사회가 관련 트렌드나 적대적인 언론 보도에 대한 우려사항, 조직 안팎의 물리적인 변화, 특히 이사회 정책이 만들어질 당시 가정했던 상황들의 변화에 대해 알지 못하게 방치
3. 대표/최고경영자가 느끼기에 이사회가 직접 정한 이사회 운영 절차와 이사회/사무국 관계 정책을 준수하지 않으며, 특히 이사회 행동이 이사회와 대표/최고경영자의 업무 관계를 해치는데도 불구하고 이사회에 충고하지 않음
4. 이사회가 충분히 알고 결정을 내리도록 가능한 한 많은 직원과 외부인들의 관점과 쟁점, 대안들을 모아서 제공하지 않음
5. 정보를 쓸데없이 복잡하게 혹은 길게 제공하거나 평가 자료, 의사결정 준비 자료, 부수적인 자료 등으로 구분해 제공하지 않음
6. 이사회나 임원, 혹은 위원회가 공식적으로 소통할 수 있는 구조를 제공하지 않음
7. (a) 개별 정보 요청에 응하거나 (b) 이사회가 정당한 절차를 거쳐 책임을 부여한 임원이나 위원회 위원을 대할 때를 제외하고는 이사회를 총체(總體)로서 대해야 함에도 그러지 않음
8. 이사회 정책에 확실히 어긋나거나 어긋날 우려가 있는 일을 때맞춰 보고하지 않음

〈자료 5-5〉 계속

9. 대표/최고경영자에게 위임했으나, 법이나 계약에 의거해 이사회 승인을 받고, 그에 따른 점검도 받아야 하는 모든 사안에 대해 동의 안건(consent agenda)을 만들어 제공하지 않음

〈자료 5-6〉 야바파이 칼리지 이사회 경영상의 한계 정책: "자산보호"

총장은 법인의 자산이 보호받지 못하고, 제대로 관리되지 못하거나 불필요한 위험에 처하게 하면 안 된다. 또한, 다음과 같은 행위를 하면 안 되며, 이는 앞의 조항에 영향을 미치지 아니한다.

1. 화재, 도난, 우발적 손실에 대해 전액 보상받을 수 있는 보험과 대학 자체와 이사회, 직원, 자문위원 및 대리인에 의해 발생한 손실에 대한 면책 보험에 다른 유사 단체들과 비슷한 규모로 가입하지 않음
2. 전문성이 입증되지 않은 인력이 상당한 자금을 운용할 수 있게 허용
3. 대학 시설과 장비들이 부당하게 소모되거나 부적절하게 관리되도록 방치
4. 불필요하게 혹은 고의로 대학과 이사회, 혹은 직원들이 법적 책임을 지게 만들기
5. 지적재산과 정보, 파일들이 분실되거나 심각하게 훼손되지 않도록 보호하고, 고의로 타인의 지적 재산권을 침해하지 말아야 하는 의무 소홀
6. 이사회가 승인한 회계감사 기준을 충족하지 못하는 통제 방식으로 기금을 받거나 처리, 혹은 지출
7. 원금보장이 안 되는 입출금계좌, AA 등급 미만의 채권, 혹은 무이자계좌(거래를 더 편하게 하기 위한 경우를 제외하고) 등을 포함해 안전하지 않은 투자처에 운영자금을 투자하거나 예치
8. 대학의 대외 이미지나 신뢰도를 위협하는 행위, 특히 목적 달성을 방해하는 방식으로 그렇게 하는 것

운영된다. 평균적으로 보면 한 쪽 분량도 안 된다. 그러나 그 분량은 조절할 수 있어서 이사회가 옳다고 판단하는 만큼 충분히 제한을 두거나 자유를 허용해도 된다. 다만 정책 범위를 아무리 좁히려고 해도 해석의 여지는 여전히 남는다는 점을 인정해야 한다. 최고경영자가 하는 일이 주로 정책을 해석해서 자기 임무를 다른 사람들에게 위임하는 것이다. 이사회가 조직 업무를 직접 수행하길 바라지 않는 한, 언제나 그럴 것이다. 해석은 경영의 본질을 이루는 아주 중요한 요소라 혹자는 경영자가 하는 일이 어느 단계의 추상적인 개념을 더 구체적인 단계로 해석하는 것이라고 설명할 수도 있다.

따라서 최고경영자와 사무국에 관한 이사회 정책이 모호하다거나 해석의 여지가 있다거나 보편적이라고 불평하는 것은 정당하지 못하다. 이사회는 그 모호한 정도와 해석의 범위, 그리고 보편성을 주제로 논쟁을 하면 된다. 만약에 어떤 정책 표현 때문에 해석의 범위가 너무 넓다고 느끼는 이사가 있다면, 그 범위를 좁히는 표현으로 바꾸자고 주장해야 한다. 그러지 않고 사실상 이사회 정책은 해석의 여지를 조금도 남겨두면 안 된다고 불평한다면, 좋은 논리에서 벗어나는 것밖에 안 된다. 이사회가 이사회 자체와 사무국의 기여도를 높이는 방법은 바로 이런 보편성을 신중하게 관리하는 것이다.

이사회와 사무국 모두 임무 수행을 위해서는 되도록 많은 자유가 필요하다. 이사회는 실무를 대신하는 것이 아니라 미래를 창조할 책임이 있다. 차이트Chait와 테일러Taylor(1989)는 이사회가 너무 많은 시간을 "운영 업무에 낭비"(45쪽) 한다고 안타까워했다. 이사회가 세세한 것에 얽매이느라 정책과 전략에 사용할 시간이 없다며, "더 많은 일을 하기보다 더 많은 요구를 하라는 조언이 필요할 것"(52쪽) 이라고 말했다.

사무국이 맡은 일을 잘 해내기 위해서는 이사회의 친절한 간섭으로부터 자유로워져야 한다. 이사회가 너무 많은 것을 강요한다면, 그 조직의 잠재적 성과를 가로채는 것과 같다. 반대로 너무 약하게 통제하면, 받아들일 수 있는 행위의 기준을 훼손할 위험이 있다. 최고경영자에 대한 제한 규정을 사전에, 비교적 적게 정해두면 이사회와 최고경영자 모두의 자유가 확대된다(Barth, 1992).

6. 목적 및 경영상의 한계 정책을 이용한 위임 요약

〈그림 5-1〉은 한 단체에 대해 이사회가 기대하는 바(목적과 한계)가 어떻게 확립되어야 하는지를 보여준다. 나는 최고경영자가 있다고 가정하지만, 어쨌거나 이사회가 내리는 지시는 운영 조직을 향한다. 위임된 권한의 범위가 점차 좁아지는 원칙(3장)에, 목적의 긍정적인 성격과 경영상의 한계가 가진 부정적인 성격(4장과 5장)을 모두 더하면 하나의 명령 체계가 만들어진다.

〈그림 5-1〉에서는 목적이 활쏘기의 과녁으로 표현되었다. 최고경영자는 폭넓은 권한을 사용해 적당하다고 생각하는 모든 방법으로 그 과녁을 겨냥한다. 물론 최고경영자 권한에는 한계가 있다. 경영상의 한계 정책을 상징적으로 표현한 장벽들이 목적으로 향하는 다양한 길을 막고 있다. 이런 식의 위임이 갖는 한 가지 효과는 이사회와 최고경영자 모두 과녁이 무엇이고 장벽이 무엇인지 아주 명확히 안다는 점이다. 또 다른 효과는 최고경영자 권한에 해당하는 넓은 영역에서 직원들이 자유롭게 창의력을 발휘하고 혁신을 꾀할 수 있다는 점이다. 이사회는

사무국의 실행 수단을 규정하지 않는다. 만약 그랬다면, 그 규정들은 그림 〈5-1〉에 창문들로 표시되었을 테고, 최고경영자는 그 창문을 통해 표적을 맞혀야 하니 어쩌면 선구적일 수도 있는 방법을 포함해 많은 가능성이 차단되었을 것이다.

목적과 경영상의 한계 개념이 〈그림 5-2〉에 또 다른 방식으로 표현되었다. 글자들은 셀 수 없이 많은 사무국 활동과 의사결정, 상황, 주변 여건, 그리고 방법 — 간단히 말하면, 목적이 아닌, 조직 운영과 관련된 측면들 — 을 나타낸다. 이사회는 개인적으로나 위원회 위원으로서 혹은 이사회 전체로서도 이런 측면을 파고들지 않는다. 이사회는 당연히 목적이 아닌 측면들도 통제해야 한다. 하지만 그 통제는 깔때기의 옆면과 배출구만 제공하는 형태를 취한다. 여기서 옆면은 수용할 수 있는 한계를 의미하며, 그 한계를 넘어가면 주어진 권한을 넘어서는 것이다. 배출구는 셀 수 없이 많은 그 모든 운영 수단에 요구되는 효과를 상징한다. 올바른 비용으로 올바른 사람들에게 올바른 성과를 산출하는 것, 즉 목적을 의미한다.

많은 사람들이 이렇게 시각적으로 표현한 그림이 개념을 기억하는데 도움이 된다고 말한다. 이사회 지침과 금지 규정이 어느 정도로 조정 가능한지를 보여주기 위해 스케치를 수정할 수도 있다. 〈그림 5-1〉에서 표적을 나타내는 가운데 원은 목표를 더 넓게 규정하느냐 아니면 더 좁게 규정하느냐에 따라 더 커지거나 작아질 수 있다. 각각의 장벽도 경영진의 권한을 더 많이 제한하느냐 아니면 더 적게 제한하느냐에 따라 더 넓어질 수도 있고 더 좁아질 수도 있다. 〈그림 5-2〉에서 양측면은 수용 가능한 범위가 더 넓어지느냐 아니면 더 좁아지느냐에 따라 더 좁아질 수도 있고 더 벌어질 수도 있다. 배출구도 목적을 더 엄격

〈그림 5-1〉 목적과 장벽으로 표현한 정책 통제

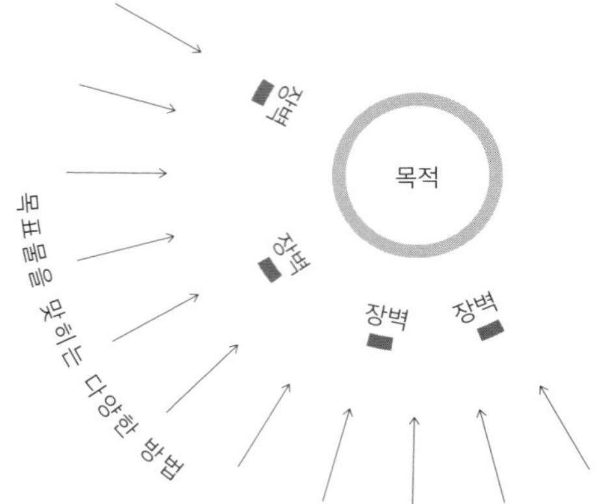

이사회는 달성해야 할 목적에 대해서는 쉽게 만족하지 않아야 하지만,
수단을 통제할 때는 훨씬 더 관대할 수 있다. 이사회가 무분별하거나 비윤리적인 태도,
혹은 다른 용납할 수 없는 방법들을 저지하는 데 필요한 모든 장벽을 세워두는 한,
경영진은 원하는 방법을 자유롭게 사용할 수 있다.

〈그림 5-2〉 활동과 결과물로 표현한 정책 통제

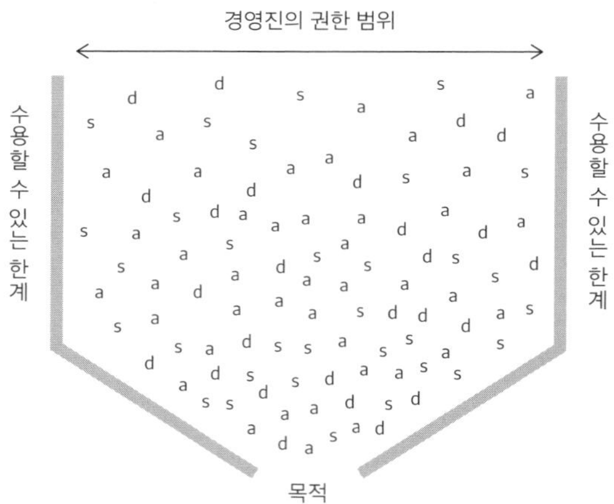

받아들일 수 있는 한계와 성취해야 할 목적이 명확하면, 이사회는 경영에서 벌어지는
여러 가지 상황(s)과 활동(a), 의사결정(d)으로부터 자유롭다.
미리 정해놓은 목적에 맞는 성과를 산출하지 못하거나 받아들일 수 있는 한계를 벗어나는
행동을 하면 이사회가 반응하지만, 이사회 기준에 맞는 행동들에 대해서는 반응하지 않는다.

〈그림 5-3〉 완성된 경영상의 한계 정책

완성된 **경영상의 한계** 정책은 경영 수단에 대해 이사회가 염려하는 모든 가능성을 포함한다. 이는 그들이 가장 포괄적인 단계(모든 것을 아우르는)에서 시작해 점점 더 구체적인 단계로 원하는 만큼 확장해 나가기 때문이다. 그 지점에서 이사회는 최고경영자가 이러한 정책을 합리적으로 해석하여 금지되지 않은 경영 수단 중에 어떤 것이든 선택할 수 있는 권한을 갖는다고 말해도 안전하다고 느낀다.

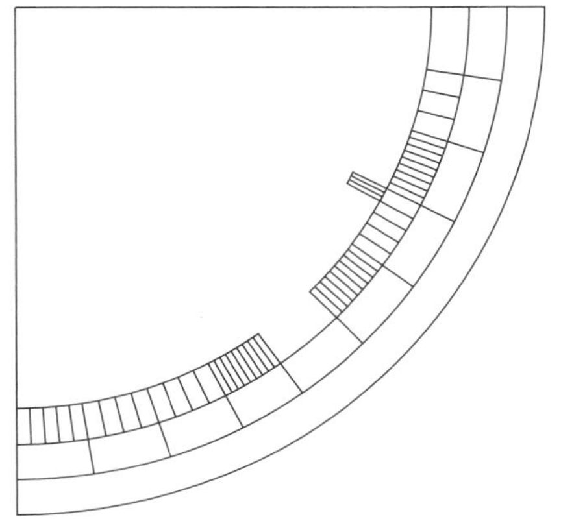

하게 규정하느냐 아니면 덜 엄격하게 규정하느냐에 따라 구멍의 크기가 달라질 수 있다.

7. 정책 원으로 표현한 경영상의 한계 정책

〈그림 3-3〉의 정책 원을 한 번 더 떠올려보자. 〈그림 5-3〉은 어떤 이사회가 사무국의 수단을 나타내는 사분원의 가장 바깥 단계를 어떻게 채웠을지 예를 든 것이다. 물론 이사회마다 어느 정도까지 구체화하고 그 이후 단계는 최고경영자가 합리적으로 해석하게 둘지는 다 다르게 선택할 것이다. 〈그림 5-3〉 에 표현된 정책의 개수와 그 깊이는 정책의 올바른 깊이나 개수를 보여주려는 목적이 아니며 여러 가능성 중 한 가지 예를 제시한 것뿐이다. 더욱이 이사회 정책의 깊이와 개수, 내용

에 상관없이 이사회는 지혜로운 판단에 따라 언제든 그것들을 바꿀 권리가 있다.

다음 장에서는

우리는 지금까지 사무국의 행동이 무분별하거나 비윤리적이지 않게 하기 위해 수립하는 경영상의 한계 정책의 간결성과 엄청난 영향력을 살펴보았다. 그러나 아주 단순하면서 아주 강력한 위임은 거버넌스와 경영의 특별한 관계를 전제로 한다. 6장에서는 이사회와 최고경영자의 관계에 주목한다.

참고자료

1. Carver, J. "Why Should the Board Use Negative Wording About the Staff's Means?" *Board Leadership*, 2002n, no. 61.
2. Carver, J. "Dealing with the Board's First-Order and Second-Order Worries: Borrowing Trouble Effectively." *Board Leadership*, 2003f, no. 66.
   Oliver, C. "The Board and Risk." *The Bottom Line, the Independent Voice for Canada's Accounting and Financial Professionals*, Oct. 2002a.
   Carver, J. "Free Your Board and Staff Through Executive Limitations." *Board Leadership*, 1992f, no. 4. Reprinted in J. Carver, *John Carver on Board Leadership*. San Francisco: Jossey-Bass, 2002.
   Carver, J. "Running Afoul of Governance." *Board Leadership*, 1993p, no. 7. Reprinted in J. Carver, *John Carver on Board Leadership*. San Francisco: Jossey-Bass, 2002.
3. Carver, J. "Redefining the Board's Role in Fiscal Planning." *Nonprofit Management and Leadership*, 1991c, 2(2), 177-192. Reprinted in J. Carver, John Carver on Board Leadership. San Francisco: Jossey-Bass, 2002.
   Carver, J. *Three Steps to Fiduciary Responsibility*. The CarverGuide Series on Effective Board Governance, no. 3. San Francisco: Jossey-Bass,

1996t.
Carver, J., and Oliver, C. "Financial Oversight Reform—The Missing Link." *Chartered Financial Analyst* (Institute of Chartered Financial Analysts of India), Dec. 2002e, *8*(12), 31-33.
Oliver, C. "Getting Off Lightly." *The Bottom Line, the Independent Voice of Canada's Accounting and Financial Professionals*, May 2002c, *18*(6), 11.
Carver, J. "Crafting Policy to Guide Your Organization's Budget." *Board Leadership*, 1993b, no. 6. Reprinted in J. Carver, *John Carver on Board Leadership*. San Francisco: Jossey-Bass, 2002.
Carver, J. "Crafting Policy to Safeguard Your Organization's Actual Fiscal Condition." *Board Leadership*, 1993c, no. 6. Reprinted in J. Carver, *John Carver on Board Leadership*. San Francisco: Jossey-Bass, 2002.
Carver, J. "Fiduciary Responsibility." *Board Leadership*, 1993f, no. 6. Reprinted in J. Carver, *John Carver on Board Leadership*. San Francisco: Jossey-Bass, 2002.
Carver, J. "Making Informed Fiscal Policy." *Board Leadership*, 1993j, no. 6. Reprinted in J. Carver, *John Carver on Board Leadership*. San Francisco: Jossey-Bass, 2002.
4. Carver, J. "Does Your Board Need Its Own Dedicated Support Staff?" *Nonprofit World*, Mar.-Apr. 2000a, *18*(2), 6-7.
Carver, J. "CEOs! Guiding Your Board Toward Better Governance." *Board Leadership*, 1997e, no. 29. Reprinted in J. Carver, *John Carver on Board Leadership*. San Francisco: Jossey-Bass, 2002.

제 6 장

강한 경영진이 필요한 강한 이사회

이사회와 경영진 관계

조직 내에서 이사회와 최고경영자 사이만큼 중요한 관계는 없다. 이사회와 최고경영자 관계가 잘 구축되면 효과적인 거버넌스와 경영을 준비할 수 있다. 그러나 이사회와 최고경영자 관계만큼 쉽게 오해하거나 혹은 아주 심각한 결과로 이어지는 관계도 없을 것이다.

흔히 이사회가 맡은 가장 중요한 업무가 바로 최고경영자를 선택하는 일이라고 말한다. 그 선택이 중요한 건 분명하지만, 효과적인 관계를 구축하는 것도 그 못지않게 중요하다. 그동안 많은 좋은 최고경영자들이 이사회와 관계가 좋지 않아 효과적이지 못하다는 평가를 받았다. 반면에 많은 형편없는 최고경영자들이 이사회와 부당한 관계를 맺고 자리를 지켰다. 여기서 말하는 관계는 개인 간의 사교적인 관계를 의미하지 않고, 관련 업무가 체계적으로 연결된 관계를 의미한다.

효과적인 관계를 설명하려면, 이사회가 하는 일, 최고경영자가 하는 일, 그리고 그 둘의 관계를 살펴봐야 한다. 이 장에서는 최고경영자가 하는 일, 그리고 이사회와 최고경영자의 관계에 주안점을 둘 것이다. 정책거버넌스 모델에서 사무국의 자율권과 사무국 책무성의 본질에 관한 이사회 정책은 경영진에 대한 위임이라고 하는 범주에 속한다. 먼저 최고경영자 역할의 의미와 책무성의 본질, 그리고 거기에 담긴 위임을 살펴보자. 그런 다음 이사회가 최고경영자를 책임 있게 감독하는 데 필요한 정보의 종류, 그리고 이 정보와 최고경영자 성과 평가 간의 관계를 다룰 것이다. 마지막으로 이사회와 최고경영자 역할을 분리해 상호보완 관계가 되도록 하는 방법을 논의하겠다.

1. 최고경영자의 정의

이사회가 가진 몇 가지 특수한 기능을 제외하면, 거의 모든 조직 활동은 사무국이 수행한다. 비교적 작은 집단에서도 사무국 활동의 절대적인 규모는 비상근 이사회를 당혹스럽게 만들곤 한다. 더욱이, 조직 내 여러 독립적 기능 간의 관계는 상근하는 직원들도 혀를 내두를 정도로 얽히고설켜 있다.

이사회는 보통 이런 복잡한 부분을 조율하기 위해 최고경영자를 고용함으로써 모든 조각이 제자리를 찾게 만든다. 최고경영자는 단순히 조정자로 그치지 않고, 모든 부분이 수용 가능한 하나의 완전체를 이루도록 만들 책임이 있다. 이사회가 최고경영자 없이 직접 경영 활동에 관여하는 것도 가능하지만, 그러면 위임하는 작업이 — 지시를 내리고 책임을 묻는 것 모두 — 훨씬 복잡해진다. 최고경영자가 있으면 이사회는 개념상으로는 조직 전체만 상대하고, 공식적으로는 오직 최고경영자만 상대하는 방식으로 이끌게 된다. 최고경영자는 단지 사무국을 대표하는 데 그치지 않고 이사회와 사무국을 연결하는 가교로서 더 뚜렷한 역할을 갖는다. 이사회가 탁월함을 발휘하려면 최고경영자 지위를 효과적으로 설계하는 것이 핵심이다. 최고경영자 지위를 잘 설계한다면, 이사회는 사무국 운영이라는 복잡한 사안에 단기적으로 초점을 맞추지 않고 전체적이고 장기적인 관점에서 거버넌스에만 충실할 수 있게 된다 [참고자료 1].

많은 비영리단체와 공공기관은 최고경영자 기능과 관련해 고질적인 문제를 갖고 있다. 이는 최고경영자 권한이 너무 과도하거나 너무 약해서다. 어떤 경우든 이사회가 탁월함을 발휘할 기회는 물론 최고경영자를 두는 실익 또한 잃게 된다. 만약에 강한 최고경영자가 이사회를 약하게 만들거나, 강한 이사회가 최고경영자를 약하게 만든다면 그 역할은 잘못 설계된 것이다. 자기들도 모르는 사이에 최고경영자가 조종에 능한 사람이 되거나 쉽게 조종당하는 사람이 되도록 하는 이사회가 많다.

가든 시티 커뮤니티 칼리지Garden City Community College 이사회 정책 중에 "총장에 대한 위임"이라는 제목의 정책(〈자료 6-1〉)은 권한이 넘겨지는 방식을 보여준다. (자료의 예시는 이 범주에 해당하는 포괄적 정책이 아니다. 그들의 포괄적 정책은 다른 이사회와 마찬가지로 이사회와 직원들 사이의 공식적인 연결고리는 '총장'이라는 직책을 가진 최고경영자라는 사실만 간단히 언급한다.) 6번 항목을 특히 주목하자. 6번에서 하나의 집단으로서 이사회는 이사들이 개별적으로 마치 상냥하게 정보를 요구하는 것처럼 보이는 행동을 통해 자원을 함부로 사용하지 못하게 권한을 제한했다. 이 조항은 "한목소리", 즉 이사회는 개별 구성원이 아니라 하나의 집단으로 목소리를 내야 한다는 철학을 엄격하게 해석한 것과 확실하게 일치한다 [참고자료 2].

〈자료 6-1〉 가든 시티 커뮤니티 칼리지의
경영진에 대한 위임 정책: "총장에 대한 위임"

사무국에 위임되는 모든 이사회 권한은 총장을 통해 위임함으로써 사무국의 모든 권한과 책임은 — 이사회와 관련이 있는 한 — 총장의 권한과 책임으로 간주한다.

1. 이사회는 목적 정책을 수립함으로써 총장에게 일정한 수혜자들을 위한 특정 성과를 어느 정도 비용으로 달성해야 한다고 지시할 것이다. 이사회는 경영상의 한계 정책을 수립함으로써 실행과 방법, 행동, 그 밖에 다른 "수단"에 대해 총장이 행사할 수 있는 자율권을 제한할 것이다.
2. 총장이 이사회의 목적과 경영상의 한계 정책을 합리적으로 해석하는 한, 총장은 더 구체적인 정책을 수립하고 모든 의사결정을 내리며 모든 조치를 취하고 모든 관행을 정하며 모든 활동을 개발할 권한을 갖는다.
3. 이사회는 목적과 경영상의 한계 정책을 변경해 이사회와 총장의 영역을 구분하는 경계를 옮길 수 있다. 그렇게 함으로써 이사회는 총장이 가진 자율권에 변화를 주는 것이다. 어떤 식으로든 위임되어 있는 한, 이사회 구성원들은 총장의 선택을 존중하고 지지할 것이다.
4. 이사회가 하나의 집단으로서 내린 결정만이 총장에게 구속력을 갖는다.
5. 이사 개개인이나 임원, 혹은 위원회 위원들이 개별적으로 내린 결정이나 지시는 아주 드물게 이사회가 특별히 그런 권한 행사를 승인한 경우를 제외하고는 총장에게 구속력을 갖지 않는다.
6. 이사회 구성원이나 위원회 위원들이 이사회 승인 없이 정보나 도움을 요청하는 경우, 총장은 그 요청이 직원들의 시간이나 자금을 상당히 필요로 하거나 업무를 방해한다고 판단하면 거절해도 된다.

---

1) 조직 내에서의 최고경영자 역할 정하기

효과적인 최고경영자 역할을 어떻게 설계하는지 이해하려면 먼저 그 호칭이 주는 혼란을 넘어서야 하며, 두 번째로는 누적 책임이라는 특수한 조직 현상을 파악해야 한다.

분야마다 전통적으로 선호하는 최고경영자 호칭이 있다. 최고감독관*superintendent*, 부사장*executive vice president*, 시장*city manager*, 처장*administrator*, 교장*headmaster*, 군수*county executive*, 회장*president*, 사무총장*secretary general*, 총재*executive director*. 최근 몇 년간 일부 비영리단체에서는 총재를 대표로 바꾸는 작업이 유행했다. 그 이유는 "좀더 효율적인 인상을 주려고" 혹은 "기업 모델을 적용하기 위해서"다. 그러나 기능은 바뀌지 않고 이름만 바꿀 경우, 달라진 건 겉모습뿐이었다. 호칭 자체는 경영과 아무 관련성이 없다. 중요한 건 기능이다. 호칭으로 자주 사용되는 '최고경영자'라는 표현을 이 책에서는 호칭과 관계없이 최고경영자 기능을 하는 사람을 가리킬 때 사용한다.

최고경영자 기능은 사무국에서 가장 높은 지위를 갖는 직원이나 이사회 의장에게 주어질 수 있다. 그러나 이사회 의장에게 최고경영자 역할을 맡기는 것은 "애매함과 복잡함"이 가득한 선택이다(Lorsch & MacIver, 1989, 94쪽). 기업에는 한 사람이 의장과 최고경영자를 동시에 맡게 하는 오랜 전통이 있다. 비록 최근에 영국에서 이 전통이 뒤집히긴 했지만 말이다.• 역사적으로 영리기업에서는 사업이 성장함에

• 1990년에 일어난 기업 거버넌스 개혁의 영향으로 영국에서는 최고경영자/대표이사 겸임제도가 개선되기 시작한 것을 의미한다.

따라 사업가가 자기 주변 사람들로 이사회를 조직했다. 규모가 큰 상장회사들도 대개 의장 겸 최고경영자를 중심으로 친한 사람들이 모여 운영한다. 표준 관행이든 아니든, 일부에선 이런 방법이 일으키는 이해의 충돌을 오랫동안 지적해왔다(Geneen, 1984). 더 최근에는, 기업거버넌스를 주제로 한 많은 글에서 두 역할의 차이가 매우 크다는 것과 함께 한 사람이 두 역할을 동시에 수행하기 어려운 점을 지적한다. 이사회 의장과 최고경영자의 구분된 역할을 정책거버넌스 관점에서 더 자세히 논의한 내용은 (올리버와 공동 집필한) 내 책 《가치를 창출하는 기업 이사회》에서 다룬다 [참고자료 3].

확실히 비영리단체와 공공기관은 의장 기능과 최고경영자 기능을 각각 다른 사람이 맡을 때 가장 잘 운영된다. 최고경영자는 "이사회의 폭넓은 권한 밖에서" 최종 권한을 가지며, "이 최종 권한을 비상근 이사의 손에 맡기는 것은 아무래도 적절치 않아 보인다"(Fram, 1986). 이사회가 최고경영자 기능을 두든 안 두든 간에, 경영에 문제가 없으려면 이사회는 이랬다저랬다 하지 말고 확실하게 한 가지 방법을 일관성 있게 사용해야 한다. 이사회 의장이 어떤 때는 가장 높은 지위의 직원에게 보고를 받고 또 어떤 때는 보고를 안 받으면 안 된다. 가장 많은 보수를 받는 경영진이 이사회 의장의 승인을 받아야 하거나 혹은 이사회 의장의 감독을 받는 것처럼 보인다면, 그 이사회 의장이 실질적인 최고경영자다.

일부 이사회는 운영규약을 통해 이사회 의장이 최고경영자이지만, 월급을 받는 경영진이 그 임무를 수행하는 방식으로 운영한다고 밝히고 있다. 다른 한편, 월급을 받는 경영진이 최고경영자이지만, 이사회 의장이 적절하다고 판단할 경우 그 역할을 직접 수행해도 된다고 명시한 이사회도 있다. 매우 중요한 관계에 그런 변덕스러운 면이 있는 것은 효과적인 이사회-사무국 관계에 해로울 수 있다. 여전히 많은 이사회가 경영진에게 재무이사와 의장, 그리고 여러 위원회(그중에서도 특히 집행위원회에)에 보고할 책임을 부여한다. 이런 상황은 이사회와 사무국의 관계를 아주 혼란스럽게 만든다. 이사회와 최고경영자 관계가 이사/위원회/이사회와 최고경영자의 관계가 될 수도 있다면 그 관계는 당연히 약해진다.

이사회와 최고경영자의 마음이 편하기 위해서는 이사회와 최고경영자의 임무를 되도록 간단하게 정의하는 것이 중요하다. 최고경영자의 책무는 이사 개개인이나 위원회가 아니라 오직 이사회라는 단일체에 대한 것이어야 한다. 이런 규정이 최고경영자와 위원회 혹은 개별 이사들과의 교류를 금지하는 것은 아니지만, 최고경영자는 이사회라는 단일 집단으로부터만 지시와 평가를 받아야 한다. 이사회 절차와 구조는 그런 전체성과 조화를 이뤄야 한다.

조직 성과에 대해 이사회 전체에 보고할 책무가 있다는 것은 최고경영자 역할이 갖는 뚜렷한 특징이다. 그 책무는 직원들의 책임을 모두 더한 것이다. 직급이 올라갈수록 책임이 누적되는 것이 경영진의 임무, 이사회의 임무, 그리고 이사회와 직원(최고경영자를 제외한)의 관계를 설명하는 핵심 현상이다.

2) 책무는 누적되는 책임

각 개인은 자기 행동에 책임을 져야 한다. 개인이 모여 단체를 이루어도, 그들은 여전히 각자의 행동에 책임을 져야 한다. 관리자 역시 개인적으로 이바지한 부분과 법이나 규칙 준수에 책임을 져야 하지만, 그들은 부하직원의 행동에 대해서도 책임을 져야 한다. 그렇다면 관리자에겐 두 종류의 책임이 있다. 다른 사람들과 비슷한 직접적 혹은 개인적 책임과 또 한 가지 누적되는 책임이 있는데, 이것은 조직의 가장 아래에서부터 위로 올라갈수록 쌓이는 책임이다.

수직적 위계에 따른 관계와 업무, 성과 평가를 설계할 때 이사회는 이 두 가지 유형의 책임을 각기 다른 방식으로 처리해야 한다. 나는 위로 갈수록 누적되는 책임에 대해 '책무*accountability*'라는 단어를 쓴다. 따라서 각 관리자는 각자 직무 기여와 법·규정 준수에 대한 '책임'이 있으며, 자기가 관리하는 팀이 아무리 커도 그 팀 전체의 기여와 법·규정 준수에 대한 '책무'도 있다. (책임과 책무는 당연히 다르게 정의될 수도 있지만, 이 책을 비롯한 정책거버넌스 관련 글에서는 보통 이렇게 구분해서 사용할 것이다.) 조직 내 계층 사다리를 올라갈수록 책임은 증가하지 않을지 몰라도 책무의 부담은 커진다. 달리 말하면, 최고경영자의 개인적인 직무 책임은 문서 처리 관리자의 직무 책임보다 더 어렵지 않겠지만, 최고경영자에게는 훨씬 더 많은 책무가 쌓인다는 뜻이다.

이사회 관점에서 중요한 교훈은 '최고경영자와 이사회 관계가 최고경영자라는 직위의 책임이 아니라 책무를 중심으로 형성되어야 한다'는 것이다. 다시 말하면, 이사회는 최고경영자의 직무 책임에 신경 쓰지 않아도 된다. 이사회가 신경 쓸 부분은 최고경영자에게 어떤 책무를 부과하느냐에 한한다.

방금 내린 정의에 따라 최고경영자는 조직 전체 결과물과 행동에 대한 책무가 있다. 이사회와 이사회 기능을 제외한 모든 것에 책무가 있다는 의미다. 그리고 최고경영자는 단일 집단으로서 이사회에 보고할 책임이 있다. 이것은 아주 간단해 보이지만, 거기에 함축된 여러 가지 의미를 생각해보자.

이사회가 고용한 직원은 딱 한 명이다 대부분의 공식적인 목적을 위해, 이사회 직원은 딱 한 명이다. 그 직원이 바로 최고경영자다. 나머지는 모두 최고경영자의 직원이다. 조직에 문제가 생기면(예를 들어 목적 달성에 실패하거나 이사회가 정한 경영상의 한계를 위반하면), 이사회가 지적할 수 있는 사람은 단 한 명뿐이다. 최고경영자는 자신의 직접적인 행동뿐 아니라 가장 멀리 있는 직원의 행동에 대해서도 이사회에 책임을 져야 한다. 모든 것이 최고경영자의 일괄 책무에 포함된다. 이사회는 최고경영자의 요청이 있을 때를 제외하고는 직원들과 공식적인 관계를 맺을 필요가 없다.

최고경영자의 개인적 업무는 중요하지 않다 최고경영자는 전체 사업이 이사회의 기대를 충족하는지 관리할 책무가 있다. 최고경영자의 개인적 업무는 이를 수행하는 데 필요한 하나의 요소일 뿐이다. 최고경영자 업무에 관한 실질적인 설명(최고경영자가 실제로 어떤 부분에서 개인적으로 기여하는지에 관한 설명)은 이사회가 결정하는 것이 아니며, 이사회가 최고경영자 성과를 평가할 때 사용하는 것도 절대 아니다. 최고경영자에게서 찾아야 할 능력은 책임이 아니라 책무와 관련된 능력이다.

예컨대, 지원금 신청, 시설 관리, 회계 능력이 중요한 게 아니다. 경영진 직무설계, 리더십, 전략적 조직, 창의적인 성과를 북돋우는 분위기 조성이 중요하다 [참고자료 4].

이사와 최고경영자는 동료 관계다 최고경영자와 개별 이사의 관계는 수직적이지 않고 수평적이다. 최고경영자는 이사회 전체에 대해서만 책무가 있고, 이사에겐 개인적인 권한이 없으니 최고경영자와 이사는 동등한 관계다. 최고경영자와 이사회 의장의 관계도 서로 지지하는 관계여야 한다. 그들은 수직적인 관계가 아니다. 그렇다면 최고경영자 기능이 의장에게로 이동할 것이기 때문이다.

최고경영자의 직무는 그 단체가 적합한 양과 유형의 편익을 적합한 대상에게 분별 있는 윤리적인 방법으로 제공하는 데 필요한 모든 확실한 방법을 강구해 행하는 것이다. 이렇게 막중한 책무를 짊어지기 위해서는 강한 최고경영자가 필요하다. 일부 이사회는 최고경영자에게 이 정도까지 권한을 부여하는 것을 주저한다. 그 이유는 여러 가지다. 의사결정에 대한 끈을 놓고 싶지 않다는 이유에서부터 최고경영자와 사무국에 그런 중대한 결정의 부담을 지우고 싶지 않다는 이유까지 다양하다. 그러나 최고경영자에게 권한을 덜 위임하면, 이사회는 전술을 결정하느라 전략적 리더십을 포기해야 하는 일이 계속 발생한다.

어느 쪽이든 리더십을 기만하는 것이다. 이사회는 위임이 사무국에 부담을 준다고 생각하지만, 직원들은 대부분 이미 거의 모든 의사결정에 대해 권고안 작성이나 위원회 지원 같은 일들을 하고 있다. 따라서 그들은 의사결정 권한이 부담되기보다 오히려 열정을 북돋운다고 여길 것이다. 캘리포니아 공원·휴양협회 최고경영자인 애덤스는 이 모델이 "사무국에 엄청난 자율권을 주었다"며 그 결과 "책무에 대한 사무국의 인식도 더 높아졌다"고 말한다.

이사회는 최고경영자 권한을 설명할 때 "일일 관리day-to-day management"라는 전통적인 구분을 없애는 편이 좋을 것이다. "일일 관리"라는 말은 이사회 업무가 "월별"로 이뤄진다는 의미일까? 만일 그렇다면, 이사회와 최고경영자 모두 위험할 정도로 바로 코앞만 보고 일하는 셈이다. 이사회는 수년 앞을 내다보고 있어야 하며, 아주 작은 단체가 아니라면 대개는 최고경영자도 거의 그 정도로 멀리 내다봐야 한다. 일일 관리는 최고경영자 업무가 아니다. 상징적인 의미에 불과하다 해도, 이런 설명은 도움이 되기보다 오해를 일으킨다.

최고경영자 역할은 이사회와 직원 각각의 역할과 매우 달라서 거버넌스와 운영(이사회-사무국)이라는 일반적인 두 역할 관계보다는 세 역할 현상(이사회-최고경영자-사무국)으로 생각하는 편이 이해하기 쉽다. 형식상으로 보면 최고경영자 역할은 이사회로부터 사무국을 보호하고, 사무국으로부터 이사회를 보호하는 것이다. 그러나 그 보호라는 것이 이사회와 직원들의 접촉을 엄격하게 막는다는 의미가 아니다. 형식적인 역할 구분이 명확하다면 오히려 이러한 아주 인간적인 교류는 전혀 문제될 게 없다. 원칙은 다만 이사회가 최고경영자에게는 적당하다고 여기는 만큼의 요구를 해도 되지만, 직원들에게는 업무를 지시하거나 평가할 수 없다는 것이다.

최고경영자의 업무 기여(업무 활동이 아니라) 목록은 누적되는 특성으로 인해 조직 내에서 가장 간단하다. 최고경영자는 이사회에 대해 첫째, 목적 정책을 달성하고 둘째, 경영상의 한계 정책을 위반하지 않을 책무가 있다.

이것이 최고경영자 직무의 핵심이다. 최고경영자는 이사회 권한을 넘겨받지 않으며, 이사회가 사무국 업무를 할 때 옆에서 지켜만 보지도 않는다. 최고경영자는 자유 재량권을 갖기 위해 애쓰는 동시에 강한 이사회를 가지려고 노력한다. 자신의 기능이 강력한 최고경영자라야 이사회와 사무국 모두에게 발전하라고 요구할 수 있다.

이렇게 초점이 분명한 최고경영자 직무는 이사회가 제 역할을 해야 제대로 수행할 수 있다. 이사회가 바라는 바가 이사회 구성원과 최고경영자 모두에게 명확해야 한다. 많은 최고경영자가 경험으로 깨닫고 있는 것처럼, 이사회가 무엇을 원하는지 모르면, 이사회를 만족시킬 수가 없다. 그 반대도 마찬가지다. 명확한 기준이 없고 체계적인 평가를 하지 않는 이사회는 불만을 느껴야 할 상황에서도 불만을 느끼지 않는다.

2. 경영진의 성과 평가

이사회가 운영 업무와 거리를 두고 그렇게 많은 권한을 최고경영자에게 위임한다면, 그들이 내린 지시가 잘 지켜지고 있는지 어떻게 알 수 있을까? 이사회는 많은 정보를 받지만, 그중 일부만이 평가 목적의 정보다. 이사회는 대개 정보의 종류를 구분하지 못해 평가에 관한 질문을 흐린다. 정보를 세 가지 유형으로 구분하면 유용하다.

1) 정보 유형

의사결정 정보 의사결정 정보는 이사회가 의사결정, 예컨대 여러 대안 중에서 한 가지 예산정책을 선택한다든가, 자체 운영 절차에 사용할 접근법을 결정한다든가 혹은 신임 최고경영자에게 바라는 자질을 정할 때 도움을 얻고자 받는 정보다. 이런 유형의 정보는 오직 이사회가 결정을 내릴 때만 사용된다. 판단이 담긴 정보가 아니며 장래를 고려한다는 점에서 미래지향적이다.

평가 정보 평가 정보는 이사회가 앞서 목적 정책과 경영상의 한계 정책을 통해 내린 지시가 지켜지고 있는지를 가늠할 때 사용되는 정보다. 이 정보는 언제나 과거를 고려한다는 점에서 과거지향적이다. 좋은 평가 정보는 기준에 맞게 성과를 체계적으로 조사한 내용이다. 특정 기준을 겨냥한다는 점에서 엽총을 난사하는 것이 아니라 소총으로 저격하는 것에 더 가깝다. 이런 정보는 "다 말해주세요"라고 요구하지 않고 "이것, 이것, 저것에 대해 말해주세요"라고 요구한다.

부수적 정보 의사결정이나 평가에 사용되지 않는 정보는 부수적 정보로 분류된다. 거버넌스 목적으로 사용되는 정보가 아니기 때문이다. 이런 정보는 평가 정보를 가장할 때가 많다. 그래서 이사회는 사무국의 보고를 받거나, 활동에 관한 장문의 서류를 검토하거나, 혹은 실행을 세세히 살피지만 정작 정보가 올바른 것인지 판단할 기준이 없을 수 있다. 그런데도 그렇게 성실히 일하다 보면 효과적으로 성과를 평가하고 있다는 착각을 불러일으킨다. 그 엄청난 월간 혹은 분기별 재무보고서도 한몫한다. 재무보고서를 판단할 기준이 명확하지 않은 만큼 그것은 평가 정보보다는 부수적 정보를 제공한다. 실제로 이사회는 산발적으로 정보를 받으며, 그 정보에 푹 빠져들 뿐 그것을 이용해 점검하려고 하지 않는다. 내가 본 바로는 이사회가 받는 정보 대부분이 이런 유형이었다.

이사가 흔히 저지르는 어리석은 행동은 "진행되는 모든 일을 알기" 원하는 것이다. 그렇게 하면 이사회가 정보의 늪에 끌려 들어가게 된다. 이사회라면 마땅히 단체의 모든 일을 알아야 한다고 생각하는 이사 몇 사람 때문에 이사회 전체가 운영에 관한 이들의 세세한 관심사에 끌려다니게 되기 때문이다. 이런 갈증은 절대 풀릴 수 없음에도 불구하고, 이사회는 결국 사무국의 많은 활동을 검토하고 조금씩 발을 담근다. 역설적이게도, 진행 중인 모든 일을 알려는 이런 불가능한 시도에 너무 많은 시간을 쓰면 오히려 그 단체가 일을 어떻게 하고 있는지 제대로 알기가 어려워진다. 첫째, 사무국 자료로 넘쳐나는 이사회는 처음부터 기준 역할을 할 정책을 만들 시간이 거의 없다. 둘째, 이사회에 그런 정책이 있더라도 끝없이 밀려드는 자료 대부분이 기준 대비 성과를 집중적으로 엄격히 비교하는 데 도움이 안 되는 것들이다. 위원회 보고서와 한 사람씩 발표하는 식의 안건으로 중요하지 않은 정보 속에서 허우적대는 행위는 하나의 예술 형태로 승화된다 [참고자료 5].

그러나 이 모든 이야기가 부수적 정보에 문제가 있다고 말하려는 것은 아니다. 그 정보 자체는 문제가 없으며, 그 정보로 인해 이사회는 단체에 개인적인 감정을 느낄 수도 있다. 다만 부수적 정보는 이사회가 엄격한 평가를 이미 완수한 것으로 착각하게 만들 수 있다는 게 함정이다.

2) 평가(모니터링) 기준

'모니터링'은 보통 "추적하기" 혹은 "지켜보기"라는 의미로 사용된다. 우리는 실내온도나 적군의 움직임, 혹은 법률안의 상태를 모니터링한다. 이런 것들이 '모니터링'이라는 단어의 올바른 용법이다. 그러나 정책거버넌스에서 '모니터링'은 아무리 신경 써서 하는 것이라도 "추적하기"를 의미하지 않는다. 정책거버넌스에서 '모니터링'이라는 단어는 언제나 현실과 정책을 비교하는 '평가'를 의미한다. 다시 말하면, 미리 밝혀놓은 기대사항이 없으면 평가도 있을 수 없다. 따라서 예컨대, 이사회가 늘 하는 식으로 재무제표를 검토하는 행위는 그 자료가 사전에 표명된 이사회의 기대사항과 비교되고 있는 것이 아니라서 정책거버넌스 평가 단계로 올라서지 못한다.

이사회가 현재 상태에 안심하고 미래에 집중하기 위해서는 올바른 평가가 필요하다. 올바른 평가를 하려면 미리 정해놓은 기준이 필수적이다. 기준을 미리 정하는 것은 올바른 거버넌스에 매우 중요해서 기준이 왜 필요한지에 대해 잠시 설명을 하겠다. 그런 다음, 사전에 기준을 정해두는 2단계 방법이 어떻게 해서 평가 도중 생기는 기준에 맞춰 평가하는 방법보다 더 효과적으로 이사회의 지혜를 자극하는지 살펴보겠다.

먼저, 사전에 정한 기준이 있으면 이사회 시간이 절약된다. 기준이 명확하지 않으면 판단할 때마다 더 많은 사람과 더 많은 시간이 필요할 것이다. 물론 실질적인 조사는 거의 하지 않고 빠르게 처리할 수도 있지만, 무조건 승인해주는 관행을 피하려면 판단할 때마다 상당한 시간이 소요될 것이다. 받아들일 수 있는 범위를 정하는 데는 아주 조금의 시간이 더 필요할 뿐이고, 그러고 나면 성과나 계획을 평가하는 일은 이와 같이 미리 정해둔 기준과 비교하는 쉬운 일이 된다. 정말 중요한 일이 맨 앞에서 이뤄지면, 그때부터는 절약 효과가 두고두고 쌓인다. 이사회는 명확한 기준이 없어서 안건을 승인할 때마다 처음부터 다시 시작해야 하는 어려움을 피할 수 있다.

둘째, 기준은 사무국의 시간도 절약한다. 사무국이 제안서를 만들 때 사용한 자료가 나중에야 받아들여질 수 없는 것으로 판명되면 시간 낭비다. 많은 경우, 이사회는 너무나 일상적으로 사무국의 계획과 보고서를 승인하기 때문에 직원들은 사실 거부당할 것을 크게 걱정하지 않는다. 이처럼 승인이 확실한 상황에서조차 사무국은 그런 의례적인 절차가 순조롭게 진행되도록 보고서나 제안서를 꾸미는 데 시간을 들인다. 이 과정에서 이사회의 환심을 사려는 엄청난 조작이 일어나는 것으로 알려졌다.

셋째, 이사회가 기준도 없이 경영 성과를 판단하는 것은 전혀 공정하지 않다. 이사회 가치는 언제나 경영진이 주도적으로 움직인 다음에야 명확해졌음에도, 그동안 많은 최고경영자가 이사회로부터 부당하게 가혹한 평가를 받았다. 이사회는 처음부터 자신들의 가치를 고민해서 표명하는 것보다 사무국의 활동을 비판하는 편이 더 쉽고 안전하다고 느낀다.

넷째, 만약에 이사회가 직원들의 성과를 평가할 때 그 과정을 두 단계로 구분해서 한다면 이는 하나로 뭉뚱그리는 것보다 훨씬 믿을 만한 작업이 된다. 보통의 한 단계 접근법에서는 이사회가 미리 정해진 기준 없이 판단한다. 이사마다 서로 다른 기준을 적용해 '예/아니오'라고만 답하는 것이다. 그리고 그 '예/아니오' 수를 세면 그것이 이사회의 공식 결정이 된다. 이런 식의 투표는 개인의 기준에 따른 개인적 판단을 간추린 결과물이다. 이렇게 해서는 이사회의 종합적인 가치를 짐작하기가 어렵다. 정확한 기준에 관한 집단적 판단은 그저 발언하고 주장한 것을 모은다고 얻어지지 않는다. 그렇게 추리한 기준은 개인의 기대를 담은 목록에 지나지 않기 때문이다. 달리 말하면, 결정이 난 뒤에도 그 무언의 중요한 기준이 무엇이었는지 아무도 모른다!

2단계 방식은 훨씬 나은 산출물로 이어진다. 이사회는 먼저 목적과 경영상의 한계 정책으로 성문화될 집단의 가치를 논의하고 결정한다. 그런 다음 평가 단계에서는 실제 수행 결과가 미리 정해놓은 기준을 합리적으로 해석한 것에 부합하는지를 판단하기만 하면 된다. 이사회의 판단은 이제 매번 새로운 경기를 치르는 것이 아니라 이사회 가치를 점점 더 명확한 정책 언어로 다듬는 과정의 연속이 된다. 정책 수립을 통해 가치문제가 이미 해결이 되었으니 평가 작업이 더 간단해진다. 평가 정보를 정책과 비교하는 일은 다소 기계적으로 돌아가는 일상화된 절차가 될 수 있다.

그렇게 평가를 체계화하면, 이사회는 목소리 큰 사람이나 관심을 끌려고 고함을 치는 사람이 없어도 평가가 부지런히 이뤄지고 있다는 강한 확신을 가질 수 있다. 이렇게 모든 것이 문제없이 돌아가고 있는지 체계적으로 확인하는 작업은 이사회가 지치거나 산만해져서 미흡하게 진행될 가능성도 적고, 모든 관련자에게 훨씬 공정하다. 이사회는 적절한 수준의 사고에 몰두할 수 있을 것이며 반대로 이사들이 사소한 사안에 관여하는 일은 크게 줄어들 것이다.

3) 합리적인 해석 원칙의 구현

이와 같이 평가란 사무국의 업무 수행이 사전에 표명된 이사회의 기대에 부합하는지를 이사회가 판단하는 일이며, 이때 이사회의 기대를 합리적으로 해석한 바와 데이터에 기반하여 체계적으로 판단해야 한다. 미리 밝혀둔 이사회의 기대는 이사회의 목적과 경영상의 한계 정책에 표현된다. 이 책에서는 아무런 기준 없이 산발적으로 이뤄지는 기존 이사회 방식에 '평가'라는 용어를 쓰지 않을 것이다. 따라서 내가 '평가'라고 할 때는 정책거버넌스 모델에 따라 데이터를 기반으로 정책에 근거해 엄격하게 이뤄지는 방식을 의미한다.

그러면 평가에는 두 가지 뚜렷한 요소가 필요하다. 첫째, 최고경영자는 자신이 이사회 정책에 대한 합리적인 해석을 이용했다는 사실을 이사회에 증명해야 한다. 둘째, 최고경영자는 그 해석이 실현되었다는 증거를 제시해야 한다. 따라서 최고경영자의 해석이 합당한지 여부가 평가에서 가장 중요한 부분이다. 합리적인 해석이라는 것이 증명되지 않거나 성과에 관한 데이터가 확실하지 않으면 이사회는 평가 정보가 설득력이 없다고 판단하게 될지 모른다 [참고자료 6].

덧붙이자면, 이사회는 최고경영자의 해석이 합리적인지에 관한 판단을 미리 하지 말고 평가 시점에 하는 것이 좋다. 이 말이 직관에 반하는 것 같겠지만, 이사회가 사전 승인에 해당하는 행위를 피해야 할 이유는 얼마든지 있다. 그 이유는 《이사회 재창조》에 자세히 나와 있으며, 거기에는 실행에 관한 다른 실질적인 측면들을 단계적으로 설명하는 내용도 있다.

평가 보고서의 세부사항은 《이사회 재창조》에서 더 자세히 다루지만, 보고 형식은 논리를 따르기만 하면 된다. 명확한 순서대로 가능한 한 간결하게, 최고경영자는 첫째, 이사회 정책 중 유의미한 부분의 표현을 있는 그대로 반복한다(이사들의 편의를 위해). 둘째, 자신의 해석과 함께 이사회가 그것을 합리적이라고 판단할 만한 근거를 제시한다. 그런 다음 셋째, 그 해석이 실현되었음을 증명할 데이터를 제시한다. 이 요소 중 어느 하나라도 빠지면 이사회의 기대를 합리적으로 해석해 충족시켰는지를 이사들이 판단하기가 어렵거나 아예 불가능해진다. 확실히 이렇게 구체적인 기준과 데이터를 기반으로 보고하는 방식은 규격화된 보고서 제출 방식과는 엄청난 차이가 있다.

평가가 제대로 안 된다는 것은 이사회가 정책거버넌스를 정확하게 활용하지 못하고 있다는 증거일 수 있다. 그러나 이 책에서 제시한 원칙을 따르면 공정하고 정확한 평가가 이뤄지며, 이사회는 보통 경영진이 책무를 다하게 하려고 이용하는 여러 가지 산발적인 시도로부터 해방된다. 캐나다의 지적장애인을 위한 비영리단체 커뮤니티리빙협회 Association for Community Living 노스베이(온타리오주) 지부 대표이사인 로버트 페털리는 "만약에 정책거버넌스로는 사무국이 책무를 다하지 않는다고 생각하는 전통적인 이사회가 있다면, 이사회에 제출해야 할 평가 보고서에 대해 우리 협회 대표와 이야기를 나눠보시면 좋겠다"라고 말했다. 정책거버넌스 평가의 예리함은 전통적인 방식의 이사회 평가가 주어진 자료나 개인적인 확신 앞에서 갈피를 못 잡는 행위에 불과하다는 것을 보여준다.

4) 평가 방법

만약에 이사회가 기존에 정책에서 다룬 사안만을 평가한다는 원칙을 채택한다면, 우려사항에 대해 필요한 모든 정책을 개발하려고 할 것이다. "그것이 어떠해야 하는지를 밝히지 않았다면, 지금 어떠한지 묻지 마라"는 것이 이사회가 헤매지 않고 제대로 평가하게 만드는 원칙이다. 이사회는 다음 세 가지 방법 중 한 가지 이상을 이용해 각 정책을 원하는 만큼 자주 평가할 수 있다.

1. 경영진 보고 최고경영자는 평가 중인 정책을 직접적으로 다룬 보고서를 만든다. 일반적인 사무국 보고서 형태와 달리, 특정 이사회 정책 한 가지에 초점을 맞춘 보고서다. 예를 들어 한 단체의 재무상태 평가 보고서는 표준 대차대조표와 손익계산서 형태로 나타나지 않는다. 대신에 재무상태에 관한 이사회의 정책에 명시된 받아들일 수 없는 활동과 상황들을 하나하나 짚어보는 방식이다. 그 보고서는 정책 표현을 아주 직접적으로 언급하기 때문에 추가 설명이 필요 없다. 사무국의 법규 준수 또는 위반 여부가 한눈에 봐도 명확해야 한다. 이사회 다수가 충분한 성과라고 안심하도록 자료를 만드는 것은 최고경영자의 책임이다.
2. 외부 감사 이사회는 특정 정책을 사무국이 제대로 준수하고 있는지 판단하기 위해 외부 자원을 활용하기도 한다. 중요한 건 외부 관계자라도 이사회 정책에 대한 최고경영자의 해석을 근거로 평가해야 한다는 점이다. 외부 인사가 자신의 개인적인 기준을 근거로 판단하면, 그 평가 결과는 평가 정보와 의사결정 정보를 혼란에 빠뜨린다. 회계감사가

가장 흔한 예이지만, 외부 감사가 꼭 재정 문제에 국한될 필요는 없다.

3. **직접 조사** 이사회는 이사 한 명 혹은 여러 명을 선정해 어떤 한 정책이 잘 지켜지고 있는지 직접 확인하게 할 수도 있다. 간혹 이사회 전체가 직접 조사에 나서기도 한다. 직접 조사는 현장 방문이나 서면 조사를 필요로 한다. 이런 방법이 자칫 간섭하는 수단으로 악용되지 않으려면, 이사회의 역할이나 조직 기강이 확실할 때 외에는 사용을 자제해야 한다. 직접 조사에 참여하는 이사는 누구에게도 지시를 내릴 권한이 없으며, 오직 정책 문구를 근거로만 판단해야 한다.

〈자료 6-2〉에 제시한 "경영진 성과 평가" 정책은 텍사스주 베드퍼드에 본부가 있는 선교단체 미션 리소스 네트워크Mission Resource Network 이사회가 단체의 성과를 체계적으로 평가하기 위해 만든 것이다. 재무상태와 활동 정책을 서로 다른 방법과 빈도로 감시하는 점을 눈여겨보자. 이 이사회는 이 정책을 만들 당시 목적 범주를 완성하지 못한 상태였다. 그래서 정책 중 4번 항목을 보면, 평가 일정이 경영상의 한계 정책을 따른다고만 되어 있다. 목적 정책이 완성되는 대로 이 항목에 목적 정책이 추가될 것이다.

〈자료 6-2〉 미션 리소스 네트워크의 경영진에 대한 위임 정책: "경영진 성과 평가"

경영진의 업무 성과에 대한 체계적이고 엄격한 평가는 오로지 경영진에 대한 성과 기대, 즉 이사회가 정한 목적 정책을 조직적으로 완수하고 경영상의 한계 정책에 명시된 경계 안에서 조직을 운영했는지를 기준으로 한다. 따라서,

1. 평가는 단순히 이사회 정책이 지켜지고 있는 정도를 판단하기 위한 것이다. 이런 목적이 아닌 정보는 평가 정보로 간주하지 않는다.
2. 이사회는 다음 세 가지 중 한 가지 이상의 방법으로 평가 자료를 얻는다.
   A. 경영진이 정책 준수와 관련한 정보를 공개하고 자신의 해석이 합리적이라는 것도 증명하는 내부 보고서.
   B. 이사회가 선택한 외부의 제3자가 이사회 정책이 지켜지고 있는지를 평가하는 외부 보고서. 경영진의 해석이 합리적임을 증명하는 내용이 포함된다.
   C. 이사회가 지정한 이사 한 명이나 여러 명이 정책 준수 여부를 판단하는 이사회의 직접 조사. 이때 이사회는 경영진이 자신의 해석이 합리적임을 증명한 내용을 근거로 판단한다.
3. 어떤 경우든 정책 준수 여부를 가늠하는 기준은 해당 정책에 대한 경영진의 합리적인 해석이어야 한다. 합리적임을 판단하는 최종 결정자는 이사회이지만, 언제나 이사 개개인이나 이사회 전체가 선호하는 해석이 아니라 "합리적인 사람"의 기준에 맞춰 판단할 것이다.
4. 경영진을 향하는 모든 정책은 이사회가 정한 빈도와 방법에 따라 평가될 것이다. 이사회는 어떤 정책이든 언제 어느 방법으로 평가해도 되지만 보통은 정해진 일정을 따를 것이다.

〈자료 6-2〉 계속

정책	방법	빈도
수혜자 대우	내부 보고서	연례(9월)
기부자 대우	내부 보고서	연례(9월)
직원 대우	내부 보고서	연례(9월)
재무계획 및 예산편성	내부 보고서	분기별(분기말)
재무상태 및 활동	내부 보고서	월별(월말)
	외부 보고서	연례(연말)
자산보호	내부 보고서	연례(9월)
기부금	내부 보고서	분기별(분기말)
긴급 경영 승계	내부 보고서	연례(9월)
급여 및 복리후생	내부 보고서	연례(9월)
이사회와의 소통 및 지원	직접 조사	연례(9월)
보조금이나 계약의 목적	내부 보고서	연례(9월)

5) 최고경영자 평가

최고경영자의 유일한 업무는 모든 것이 제대로 이뤄지게 하는 것이다! 그 말은 이사회의 목적 정책을 달성하고 경영상의 한계 정책을 위반하지 않는다는 뜻이다. 이것이 이사회가 총체로서 정확하게 그 조직에 바라는 것이다. 조직의 성과와 최고경영자의 성과는 같다. 조직의 성과를 평가하는 것이 곧 최고경영자의 성과를 평가하는 것이다. 조직과 최고경영자를 구분해서 보면 최고경영자의 책무가 심각하게 훼손될 수 있다. 조직의 성과와 최고경영자의 성과에 대한 평가는 지속되는 과정이다. 정례 평가 제도가 '곧' 최고경영자 평가라고 해도, 이사회는 연례 최고경영자 수행 평가로 이 지속성에 마침표를 찍고 싶을 것이다. 평가는 꾸준히 하는 것이 더 중요하며 조직의 성과에 대한 효과도 확실히 극대화됨을 이사회가 이해하기만 한다면, 중간중간 이뤄지는 모든 평가를 공식적인 최고경영자 평가로 통합해도 괜찮다. 정례 평가는 종전에 해 오던 평가를 종합하는 형태여야 하는데, 그 이유는 연례 평가에 종전에 없던 다른 기준을 들이대면 공정하지도 못하고 관리도 제대로 안 되기 때문이다.

이사회가 불필요한 평가 기준을 더하는 방식은 보통 세 가지다. 첫째, 사전에 명시하지 않은 기대사항을 평가에 포함하는 이사회가 있다. 이런 기준은 이사회가 정책에 넣으려고 선택했으나 결과적으로 넣지 않은 것들일 수 있다. 만약에 어떤 한 이사가 평가를 담당하고 있다면, 이렇게 명시하지 않은 기대사항은 당연히 그 이사 혼자만의 기대일 것이다. 둘째, 흔히 볼 수 있는 일반적인 인사 평가 형식 중 한 가지를 사용할지도 모른다. 셋째, 최고경영자의 성과를 최고경영자가 직접 제안한 목표와 비교해 평가하는 방식이 있을 수 있다. 이런 경우, 이사회는 이사회 기준이 아니라 최고경영자 본인이 세운 기준에 맞춰 최고경영자를 잘못 평가하는 것이다. 이 세 가지 기준이 추가되면, 이사회 정책과 최고경영자 책무의 강력한 일치 관계가 몹시 약해진다.

최고경영자 평가를 위해 만든 모든 형식은 반드시 하나의 출처에서 나온 평가 데이터를 반영해야 한다. 나는 교육위원회가 교육감에 대한 평가 제도를 만들기 위해 시민의 세勢를 모으는 모습을 본 적이 있다. 그것은 최고경영자는 물론이고 대중에게도 무책임한 행동이다. 만약에 그 위원회가 임무에 충실했다면 이런 식으로 평가를 가지고 힘겨루기를 하는 일은 불필요했을 것이다. 오직 다음과 같은 질문만 의미가 있다. 애초에 그 단체가 달성해야 할 목적으로 부과한 것이 무엇인가? 그 단체가 하면 안 된다고 금지한 것이 무엇인가? 그 단체는 오로지 이 두 가지 기준에 대해 어떤 성과를 보였는가? 이 세 가지 질문에 대한 답을 구하는 것이 최고경영자 평가다. 이사회는 처음에 정책 기준을 만들 때 대중의 도움을 받아야지 애당초 제 할 일을 다 하지 않고서 곤경을 피하려고 대중을 이용하면 안 된다.

최고경영자 평가를 오직 목적과 경영상의 한계에 관한 이사회 정책에 들어 있는 기준으로 제한하는 것은 매우 중요해서 거듭 강조할 필요가 있다. 이사회는 보통 최고경영자의 능력과 성격을 평가하고 싶은 그들의 (혹은 최고경영자의) 욕구를 마음껏 채운다. 다른 사람과 마찬가지로 최고경영자에게도 개선해야 할 부분이 있다. 박식한 조언자의 도움을 구하거나 교육과 개발을 이어가는 것은 그들에게 좋은 일이고 권장할 일이다.

하지만 그렇게 하는데도 목적 달성이 안 되거나 경영상의 한계가 지켜지지 않는다면, 그들이 스스로 개선하기 위해 노력한다고 좋은 평가를 받아야 할 이유가 무엇인가? 반대로 그들이 자기 개발을 전혀 안 하는데도 목적을 달성하고 경영상의 한계를 준수한다면, 왜 그들이 불이익을 당해야 하는가? 최고경영자를 평가하는 목적은 최고경영자의 코치가 되려는 것이 아니다. 사실, 이사회는 최고경영자를 평가할 때 최고경영자를 평가한다는 생각을 전혀 안 하는 것이 가장 좋다. 이사회는 관련 정책을 근거로 조직을 평가하고 그 결과의 책임을 최고경영자에게 돌리면 된다 [참고자료 7].

최고경영자를 평가하는 이유는 이사회의 가치가 정말로 지켜지고 있는지 확인하기 위해서다. 최고경영자의 성과를 평가하는 작업의 유용성은 그 평가가 이사회의 정책 구조 및 책무 개념, 즉 누적되는 책임 개념과 긴밀하게 연결되어 있다는 데서 나온다. 이렇듯 최고경영자 평가는 미리 정해진 기준에 절대적으로 의존하기 때문에 이사회는 자신의 임무를 다하지 않으면 최고경영자를 평가할 수가 없다.

3. 이사회와 경영진의 역할 분리

이사회와 사무국의 직무 기여를 뚜렷이 구분하지 않으면, 이사회는 한 발 뒤로 물러난 사무국이 된다. 이사회가 하는 일이 사무국 업무 위에 얹혀 있다고 보는 일이 드물지 않다. 그렇다면 이사회가 자신들이 결정할 영역과 최고경영자가 결정할 영역을 구분하는 데 어려움을 겪는 것도 놀랍지 않다! 이사회와 경영자의 효과적인 관계는 이사회와 경영자의 업무가 엄밀히 구분된다고 인식하는 관계다. 효과성은 완전히 다른 두 개의 강한 책임을 요구한다.

어느 한쪽이 다른 한쪽이 할 일을 하려고 하면 효과적인 운영에 방해가 된다. 최고경영자가 맡은 일에 책임지지 않아도 되도록 최고경영자를 구제하는 것은 이사회가 할 일이 아니며, 거버넌스 책임으로부터 이사회를 구제하는 것도 최고경영자의 임무가 아니다. 나아가 누가 누구를 위해 일하는지도 늘 명확해야 한다. 이사회는 최고경영자의 능력과 헌신, 그리고 리더십을 존중하고 심지어 존경할 수도 있지만, 은연중에 최고경영자를 위해 일하는 것처럼 행동하면 안 된다.

이사회-최고경영자 관계에서 흔히 벌어지는 두 가지 모습에 주목할 필요가 있다. 둘 다 두 역할 구분이 흐려진 상태를 상징적으로 보여준다. 첫째, 경영자가 이사회에 권고안을 제시하는 것과 둘째, 이사회가 경영자의 계획과 실행에 관여하는 것이다.

1) 경영진의 권고

이사회는 보통 어떤 조치를 하기 전에 경영진의 권고안을 기다린다. 심지어 그러지 않으면 무모한 태도이거나 최고경영자를 부정하는 자세라고 믿는 이사회도 있다. 이사회가 주로 사무국 수준의 자료와 의사결정을 다루고 있다면 이 문제에 관한 그들의 직감이 맞는 것이다. 이사회가 그런 결정을 독단적으로 내리는 것은 부당할 것이다. 그러나 이사회 안건에서 사무국 문제는 모두 지우고 정말로 이사회에 속하는 문제만 남겨둔다면, 상황이 완전히 달라진다. 이전과 똑같은 행동이 이제는 겉모습만 리더인 사람들이 다음엔 무엇을 해야 할지 몰라서 최고경영자의 지시를 기다리는 것으로 보인다. 최고경영자가 이사회에 원하는 것이 무엇일지 궁금하고 심지어 그 영향이 어느 정도 있을 수 있지만, 그런 방식은 확실히 좋은 거버넌스를 이끄는 힘은 아니다.

그렇다면 지금의 관행은 두 가지 문제가 뒤섞인 결과물이다. 첫째, 이사회가 낮은 단계의 사안만 주로 다루다 보니 최고경영자가 이사회에 지배적인 영향력을 행사하지 못한다면 바보가 되는 것이다. 둘째, 이사회가 경영진의 권고안에 의존함으로써 진정한 거버넌스 관련 의사결정을 자주 회피하는 문제이다. 조직의 비전이 담긴 장기적 전략적 취지를 논하는데, 최고경영자에게 "우리가 어떻게 결정하길 바라나요?"라고 묻는 것은 리더로서 할 말이 아니다.

이사회가 좀더 온전한 리더십을 개발하도록 도우려면 최고경영자는 경영에 관한 사안을 결정해달라고 이사회에 올려 보내지 않는 편이 낫다. 그리고 거버넌스에 관한 사안을 결정할 때 최고경영자가 줄 수 있는 최고의 도움은 정책 대안들과 각각의 다양한 영향에 대해 권고안을 내지 않고 이사회가 스스로 개발하도록 하는 것이다.

이사회가 다양한 정책 대안을 대변하는 사람들을 만나보게 하는 것도 방법이다. 이렇게 해야 이사회가 하는 선택이 비로소 진정한 이사회의 선택이 된다. 무조건 승인하는 자세를 버리고 실질적으로 참여하는 것이다. 절차가 가진 활력 때문에 이사회가 적절한 단계의 사안에 관여하게 된다. 이사회 구성원들은 조직의 자산과 미래에 영향을 미치는 중요한 흐름을 더 잘 알게 된다. 이사들이 회의를 마치고 떠날 때 사무국의 업무가 아니라 이사회 본연의 업무를 했다고 느낀다. 이렇게 더 활력 있고 의미 있는 이사회 업무가 필시 경영의 품질에도 긍정적인 영향을 줄 것이다.

2) 이사회의 침범

사무국이 해야 할 의사결정을 이사회가 하는 것은 이사회 역할을 하찮게 만들고 사무국의 자율권을 침해하며 그들의 노력을 방해하고, 아웃컴에 대해 최고경영자가 책임질 수 있는 범위를 좁힌다.

이사회는 수많은 단순한 조치를 통해 사무국이 해야 할 의사결정을 대신한다. 누군가를 고용하거나, 특정 업체와 페인트칠 용역 계약을 체결하거나, 어떤 인사 규정을 변경하거나, 예산의 지출 항목을 바꾸거나, 컴퓨터 시스템을 구매하거나, 차량의 새 타이어를 구매하는 등 전략적 리더십과는 거리가 먼 일들이다. 이사회는 종종 알 수 없는 이유로 많은 사람이 일상적으로 처리하는 문제를 최고경영자가 결정하게 두려고 하지 않는다. 나는 예산이 수십억 원 규모인 단체를 한 최고경영자에게 맡기면서 3천만 원 넘는 지출을 못 하게 하는 이사회도 보았다!

〈자료 6-3〉은 이사회가 직접 관여해야 할 업무와 이사회가 관여하면 안 되는 업무를 구체적으로 보여준다. 이사회가 계속 보유하는 결정 권한과 경영진에게 위임하는 결정 권한은 각각 '손수'와 '맡겨서'라는 일반적인 표현과 대략 같은 의미다. 다만 이사회는 둘 다에 대한 고유 권한을 보호해야 한다. '손수'와 '맡겨서'는 이 장 앞부분에서 설명한 '책임'과 '책무'의 정의와도 일치한다.

제 3장에서 논의한 승인 절차 외에 추가로 이사회는 운영 부문에서 직원들에게 도움을 주거나 조언을 해주려고 함으로써 경영에 개입한다. 이사 개개인에 의해서든, 위원회를 통해서든, 아니면 전체 이사회 차원에서든 이사가 직원에게 조언하면, 직원들은 대개 지시로 받아들인다. 그런 경우 직원들은 위임이 훼손되지 않도록 지키면서 우호적인 관계를 유지하는 외교적 수완을 발휘해야 한다. 따라서 이사가 혹은 이사회 구성원이 최고경영자에게 총괄책임이 있는 어떤 일을 자원해서 할 때는 반드시 최고경영자의 통제를 받아야 한다. 이사회는 이사 각자가 이사회와 사무국의 역할 구분을 훼손하지 못하도록 책임지고 관리해야 한다 [참고자료 8].

최고경영자뿐만 아니라 다른 직원들도 직접 의사결정을 내리고 성과를 내고 싶어 한다. 직원들은 최고경영자와 마찬가지로 이사 개개인과 위계 관계를 맺지 않는다. 그렇지만 이사와 직원 사이에 존재하는 사회적 권력의 차이를 완전히 무시할 수 있다고 주장하는 것은 순진한 얘기로 들릴 것이다. 조직문화를 통해 그 영향을 최소화하거나 아예 없앨 수 있더라도 말이다. 역할 규정에 특별히 주의한다면, 누구나 지휘 체계에 해로운 영향을 끼치지 않고 누구와도 대화를 나눌 수 있으며 그 사람으로부터 지혜를 얻는 것이 가능하다. 사람들은 다른 사람들과

〈자료 6-3〉 이사회가 손수 처리할 업무와 맡겨서 처리할 업무

 손수(hands on!)	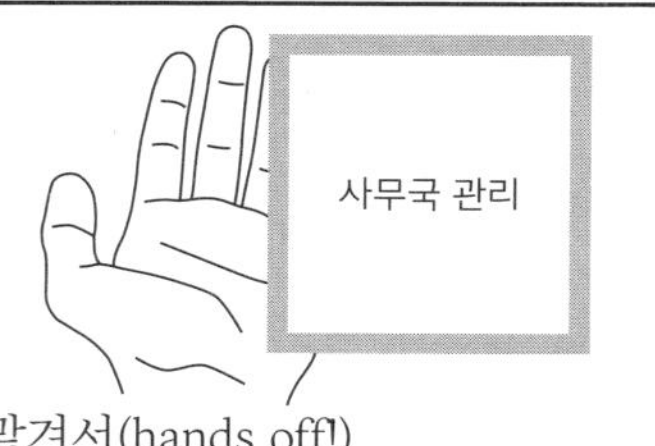 맡겨서(hands off!)
이사회가 손수 처리해야 할 업무의 예	이사회와 CGO*가 손을 떼고 맡겨서 처리해야 할 업무의 예
• 이사회의 연간 업무 계획 수립 및 각 회의 안건 마련 • 이사회 자체 교육 및 능력 개발의 필요성 판단 • 이사회 출석 및 내규 준수, 그 밖에 스스로 정한 다른 규칙 관리 • 거버넌스 전문가 되기 • 주인들과 만나 지혜 모으기 • 예산편성 및 재무와 보상 집행, 프로그램 설정, 그 밖에 다른 조직 관리에 관한 최고경영자 권한의 한계 설정 • 조직 존립의 근거가 되는 성과와 수혜자, 그리고 허용 가능한 비용 결정 • 평가 자료 검토 후 조직이 이사회가 정한 기준을 합리적으로 해석해 실행했는지 판단	• 서비스나 프로그램, 교육과정, 혹은 예산수립 • 최고경영자의 인사, 프로그램, 혹은 예산 계획안 승인 • 이사회가 미리 밝혀놓은 기대사항이 없는 사무국 활동을 판단하거나 평가 • 직원 능력 개발의 필요성과 면직 혹은 승진 여부 판단 • 사무국 직무를 설계하거나 최고경영자에게 소속된 직원에게 지시(최고경영자가 이사회 업무 부문에 배정한 직원이 있다면 예외) • 조직도와 직원 채용 요건 결정 • 직원들에게 조언이나 도움을 제공할 위원회 구성 * 3장에서 소개한 CGO라는 용어는 의장과 거의 같은 의미다.

의 교류 방식에 엄격한 제한을 받지 않을 때 일을 더 잘한다. 적절한 유형의 규칙이 있다면 이사회는 자유로운 소통에 대한 아주 인간적인 욕구를 포기하지 않고도 직원들에게서 가장 많은 것을 얻어낼 수 있다.

이사회는 최고경영자로부터 비용 대비 최대 수익을 내는 데 관심이 있다. 최고경영자에 대한 투자수익은 최고경영자의 결정권이 최대한 활용될 때 가장 크다. 물론 최고경영자의 결정권은 이사회 책무에 관한 이사회의 해석에 의해 제한을 받는다. 이사회는 강한 최고경영자를 보유하고 싶어 한다. 그러나 아무리 매혹적인 최고경영자의 결정이라도 이사회가 원치 않았던 방향으로 조직을 이끌거나, 이사회가 비윤리적이거나 무분별하다고 여기는 행동을 도모하도록 내버려 둔다면 그것은 이사회가 무책임한 것이다.

이사회가 원하는 목적과 원치 않는 수단을 미리 정한다면, 그것으로 최고경영자의 권한과 이사회 권한을 동시에 최적화할 수 있다. 이사회는 피로가 줄어드는 만큼 자신감이 높아진다. 최고경영자는 자유의 한계가 명확하니까 더 자유롭게 의사결정을 내린다. 최고경영자에 대한 수익 개념은 더 나아가 비영리단체 및 공공기관 자원 중 가장 많은 경비가 들어가는 인력에 대한 수익 개념으로 확대된다. 이 수익률이 아주 조금만 개선돼도 한 해 목표 달성에 훨씬 큰 도움이 된다. 대부분 이사회가 임기 내내 세세한 일에 관여해 기여한 것보다 훨씬 더 유익하다 [참고자료 9].

3) 상호 기대

이사회와 최고경영자는 리더십 팀을 이룬다. 그들이 맡은 임무는 형식적으로 구분이 가능하다. 두 역할이 명확하게 구분될 때 서로 지지하고 존중할 수 있다. 텍사스주 오스틴의 교육자치구 교육위원인 존 피츠패트릭은 "교육위원회와 교육감의 안정적인 관계가 우리 교육위원회와 교육자치구, 직원들을 효과적으로 만드는 이상적인 구조이며 수단"이라고 말한다. 스포츠와 마찬가지로, 팀이 효과적으로 움직이려면 처음부터 각자의 포지션이 명확하게 구분되어야 한다.

팀워크는 책임 소재를 흐리고 뒤죽박죽 만드는 것이 아니다. 상호지원의 가장 중요한 조건은 각자 고유의 책임을 성실히 이행하는 것이다. 최고경영자는 거버넌스와 관련된 문제를 직접 해결하는 일은 이사회를 믿고 의지할 수 있어야 하지만, 경영에 관한 한 정중하게 거리를 둬야 한다. 이사회는 경영과 관련된 문제를 직접 해결하는 일은 최고경영자를 믿고 의지할 수 있어야 하지만 거버넌스에 관한 한 정중하게 거리를 둬야 한다. 네덜란드 주테르메이르에 있는 네덜란드의료서비스이사회협회Dutch Association of Governors in Heath Care 자크 제라드 최고경영자에 따르면 정책거버넌스는 "이사회와 최고경영자에게 그들의 상호관계와 뚜렷한 역할 구분에 관한 명확한 통찰을 제공한다".

이사회와 최고경영자는 상대방이 리더십을 보여주기를 기대해도 된다. 이사회가 할 일이 제대로 설계된다면, 이사회 리더십은 그저 서번트 리더십의 비전과 진정성을 갖고 주어진 일을 이행하기만 하면 되는 문제다. 하지만 그 설계의 질이 대단히 중요하다. 그 자리는 비전과 가치, 전략적 사고방식이 필수적이다. 최고경영자 리더십은 두 가지 요소로 이뤄진다. 최고경영자는 조직문화에 영향을 줌으로써 그 조직이 세상에 미치는 효과가 최소한 이사회가 기대하는 바에 부응하게 해야 한다. 또한, 꼭 해야 하는 일은 아니지만, 최고경영자는 이사회가 더 진정성을 갖고 전략적 리더십에 필요한 역량을 갖추도록 영향을 줄 수 있다. 이사회가 진정성을 강화하도록 최고경영자가 압박, 회유하고 심지어 무안을 주는 편이 이사회가 어떤 특정 권고안에 동의하도록 — 즉, 최고경영자 자신이 원하는 것을 이사회가 허락하도록 — 압박, 회유하고 무안을 주는 것보다 훨씬 좋은 선물이다. 최고경영자가 전자를 희생하지 않고 후자를 하기는 어렵다. 리더라면 전자의 길을 택할 것이다.

이사회는 최고경영자에게 성과와 정직, 솔직함을 기대할 권리가 있다. 이사회는 이따금 성과 부진에 대해 이해심을 발휘할 수 있지만, 진정성에 관한 한 조금도 굽히면 안 된다. 최고경영자에게는 이사회가 규칙을 명확하게 만들고 규칙대로 실행할 것을 기대할 권리가 있다. 또한, 이사회 구성원들 사이에 엄청난 소용돌이가 휘몰아쳐도 이사회가 결국은 한목소리를 낼 것이라고 기대할 권리가 있다. 게다가 이사회가 맡은 일을 다할 것이라고 기대할 권리도 있다. 매사추세츠주 말버러에 있는 디지털 연방 신용협동조합Digital Federal Credit Union 이사회 의장인 프랭크 브랑카는 정책거버넌스를 활용한 덕분에 "우리 이사회와 경영진이 각자의 책임과 집단책임을 최적화할 수 있었다"고 말한다.

정책거버넌스가 만들어진 이유는 최고경영자에게 혜택을 주기 위해(혹은 이사회 구성원들의 편의를 위해)서가 아니라 주인의 권한이 그 단체에 효과적으로 발휘되게 하기 위해서다. 그렇지만, 성과를 내고 싶어 하고, 이사회를 통제할 필요가 없으며, 실질적인 의사결정에 따르는 책무를 외면하지 않는 최고경영자들은 정책거버넌스를 통해 얻을 것이 많다. 그들은 진정한 최고경영자로서의 권한을 얻고 부실한 거버넌스가 흔히 초래하는 불필요한 위험으로부터도 보호받는다.

최고경영자들은 그동안 한목소리를 내지 못하는 이사회를 만족시킬 수 없어 경력에 손해를 입었다. 그들은 이사회 전체가 합의한 적 없는 이사 개개인의 기준을 근거로 — 때로는 공개적으로 — 비판을 받아왔다. 또한, 이사회 전체가 합의했더라도 실제 표명된 적이 없는 기대와 비교당하며 부당한 평가를 받아왔다. 이사회는 주인과 최고경영자 사이에 위치해야 하는데도, 최고경영자가 주인의 비난을 받도록 내팽개쳤다. 이사회가 모든 중요한 사안에 대해 위원회를 조직하기로 정함에 따라, 최고경영자의 경영능력이 힘을 잃을 때가 많았다. 정말 좋은 권한을 부당한 방식으로 휘두르면 선한 사람도 많은 해를 가할 수 있다. 이사회가 친절하고 관대한 사람들로 이뤄졌더라도 공식 집단으로서는 불친절하고 상처를 줄 수 있다.

4. 경영 절차

이 책은 경영이 아니라 거버넌스 이론과 실행에 관한 책이다. 목적과 경영상의 한계 정책 수립에서부터 이사회가 그 정책에 대한 평가 자료를 받기까지 그사이에 벌어지는 세세한 일들을 여기서 일일이 살펴볼 필요는 없다. 간단히 언급하자면, 이사회가 정책거버넌스 모델을 이용하는 단체의 일반적인 경영 절차는 다음과 같다. 가장 먼저, 최고경영자가 가능한 모든 자원(대개는 다른 직원이나 외부 전문가)을 활용해 정책을 해석한다. 합리적으로 보일 수 있다고 확신할 정도의 해석에

〈그림 6-1〉 완성된 경영진에 대한 위임 정책

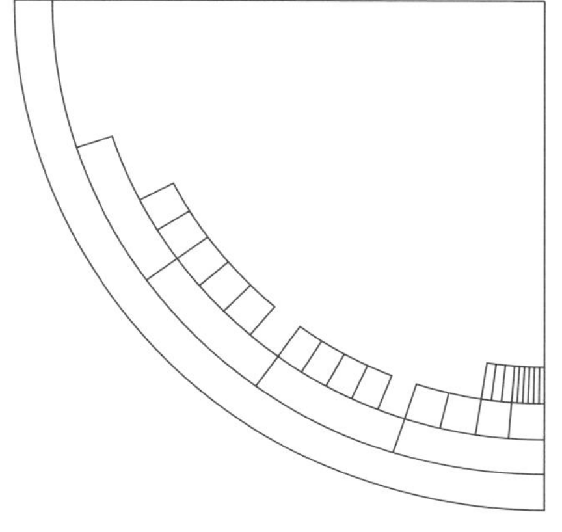

이사회가 포괄적으로 규정한 내용을 합리적으로 해석했다면 최고경영자가 내린 어떤 결정도 받아들일 수 있을 정도로 경영진에 대한 위임 정책을 충분히 구체적으로 수립했다. 그 결과 이사회는 이 범주 안에서 추가로 일어나는 모든 의사결정 권한을 안전하게 위임할 수 있다.

이르면, 최고경영자는 경영에서 일반적으로 사용되는 위임 기술을 이용해 여러 직원에게 달성해야 할 업무를 나눠준다. 시간이 흐름에 따라, 최고경영자는 코칭이나 제재, 업무 재배정 등 필요하다고 여겨지는 다른 중간 교정 활동을 한다. 평가 시기가 다가오면 최고경영자는 이사회에 제공할 믿을 수 있는 자료를 수집한다. 사실, 최고경영자는 이사회를 위해서가 아니라 내부적인 목적으로 중간 점검을 했을 수도 있다. 이사회는 이 같은 일련의 절차 중 맨 앞과 맨 끝에만 관여한다.

5. 정책 원으로 살펴보는 경영진에 대한 위임 정책

〈그림 3-3〉의 정책 원을 상기해보자. 〈그림 6-1〉은 어떤 이사회가 거버넌스와 경영의 접점을 나타내는 사분원의 가장 바깥 단계를 이렇게 채웠을 수도 있다는 것을 보여준다. 물론 이사회마다 더 파고들지 않

고 그 이후부터는 CGO가 합리적인 해석을 내리도록 하는 지점이 다를 것이다. 〈그림 6-1〉에 나타난 정책의 개수와 그 깊이는 올바른 깊이나 올바른 정책 개수를 보여주려고 의도한 것이 아니라 많은 예시 중에 하나를 보여준 것에 불과하다. 더욱이 이사회 정책의 깊이와 개수, 그 내용이 어떻든 이사회는 지혜로운 판단에 따라 언제든 그것을 바꿀 권리가 있다.

다음 장에서는

이사회가 제 할 일을 하게 하는 것이 이 책 전체의 주제다. 7장에서는 효과적인 이사회의 주인에 대한 책무와 직무 기술, 그리고 규율에 더 집중한다. 이런 것들이 이사회 정책의 네 번째이자 마지막 범주인 이사회 운영 절차의 주제다.

참고자료

1. Carver, J. "Title Versus Function: The Policy Governance Definition of a CEO." *Board Leadership*, 2002k, no. 59.
   Carver, J., and Carver, M. "The CEO's Role in Policy Governance." *Board Leadership*, 2000, no. 48.
   Carver, J. "Separating Chair and CEO Roles with Smoke and Mirrors." *Board Leadership*, 2003p, no. 68.
   Carver, M. "What Is a CEO?" *Association*, June-July 1998c, 15(4), 18-20.
   Carver, J. "Do You Really Have a CEO?" *Board Leadership*, 1996g, no. 26. Reprinted in J. Carver, *John Carver on Board Leadership*. San Francisco: Jossey-Bass, 2002.
   Carver, J., and Carver, M. M. *The CEO Role Under Policy Governance*. The CarverGuide Series on Effective Board Governance, no. 12. San Francisco: Jossey-Bass, 1997a.

Raso, C. "Two People in the CEO Role: Can It Work?" *Board Leadership*, 2000, no. 48.
Carver, M. "FAQ: When a Policy Governance Board Hires a New CEO, What Are Some Important Dos and Don'ts to Remember During the Hiring Process and the New CEO's Early Weeks?" *Board Leadership*, 2004c, no. 74.

2. Carver, J. "Creating a Single Voice: The Prerequisite to Board Leadership." *Board Leadership*, 1992a, no. 2, pp. 1-5. Reprinted in J. Carver, *John Carver on Board Leadership*. San Francisco: Jossey-Bass, 2002.
3. Carver, J., and Oliver, C. *Corporate Boards That Create Value: Governing Company Performance from the Boardroom*. San Francisco: Jossey-Bass, 2002c.
Carver, J. "The New Chairman: A Chief Governance Officer (CGO) for Tomorrow's Board." *Institute of Corporate Directors Newsletter*, Aug. 2003m, no. 109, pp. 1-2.
Dayton, K. N. *Governance Is Governance*. Washington, D.C.: Independent Sector, 1987.
Lorsch, J. W., and MacIver, E. *Pawns or Potentates: The Reality of America's Corporate Boards*. Boston: Harvard Business School, 1989.
Leighton, D. S. R., and Thain, D. H. *Making Boards Work: What Directors Must Do to Make Canadian Boards Effective*. Whitby, Canada: McGraw-Hill Ryerson, 1997.
Cadbury, A. "The Corporate Governance Agenda." *Corporate Governance: An International Review*, 2000, *8*(1), 10.
Carver, J. "Should Your CEO Be a Board Member?" *Board Leadership*, 1996r, no. 26. Reprinted in J. Carver, *John Carver on Board Leadership*. San Francisco: Jossey-Bass, 2002.
Cadbury, A. *The Company Chairman*. Hemel Hempstead, Hertsfordshire, U.K.: Director Books, 1995.
Cadbury, A. *Corporate Governance and Chairmanship: A Personal View*. Oxford: Oxford University Press, 2002a.
4. Carver, J. "The CEO's Objectives Are Not Proper Board Business." *Board Leadership*, 1995c, no. 20. Reprinted in J. Carver, *John Carver on Board Leadership*. San Francisco: Jossey-Bass, 2002.
5. Carver, J. "What If Board Members 'Just Want to Know' About Some Aspect of Operations?" *Board Leadership*, 2003v, no. 65.
Carver, J. "What If the Committee Chair Just Wants to Know?" *Board Leadership*, 1997o, no. 29. Reprinted in J. Carver, *John Carver on Board Leadership*. San Francisco: Jossey-Bass, 2002.
6. Conduff, M., and Paszkiewicz, D. "A 'Reasonable Interpretation of Ends':

What Exactly Does It Mean?" *Board Leadership*, 2001, no. 54.
Carver, J. "Why Only the CEO Can Interpret the Board's Ends and Executive Limitations Policies." *Board Leadership*, 1999k, no. 46. Reprinted in J. Carver, *John Carver on Board Leadership*. San Francisco: Jossey-Bass, 2002.

7. Moore, J. "Meaningful Monitoring: The Board's View." *Board Leadership*, 2001b, no. 54.
Moore, J. "Meaningful Monitoring." *Board Leadership*, 2001a, no. 53.
Carver, J. "The Mechanics of Direct Inspection Monitoring." *Board Leadership*, 1998m, no. 39. Reprinted in J. Carver, *John Carver on Board Leadership*. San Francisco: Jossey-Bass, 2002.
Carver, J. "Board Access to the Internal Auditor." *Board Leadership*, 2003a, no. 68.
Carver, J. "One Board Fails to Follow Its Own Monitoring Policy and Courts Fiscal Disaster." *Board Leadership*, 1994g, no. 14. Reprinted in J. Carver, *John Carver on Board Leadership*. San Francisco: Jossey-Bass, 2002.
Carver, J. "Handling Complaints: Using Negative Feedback to Strengthen Board Policy." *Board Leadership*, 1993h, no. 8.
Carver, J. "Putting CEO Evaluation in Perspective." *Board Leadership*, 1996p, no. 26. Reprinted in J. Carver, *John Carver on Board Leadership*. San Francisco: Jossey-Bass, 2002.
Carver, J. "Getting It Right from the Start: The CEO's Job Description." *Board Leadership*, 1996j, no. 26. Reprinted in J. Carver, *John Carver on Board Leadership*. San Francisco: Jossey-Bass, 2002.
Carver, J. "Off Limits: What Not to Do in Your CEO Evaluations." *Board Leadership*, 1996m, no. 26. Reprinted in J. Carver, *John Carver on Board Leadership*. San Francisco: Jossey-Bass, 2002.
Carver, J. "A Simple Matter of Comparison: Monitoring Fiscal Management in Your Organization." *Board Leadership*, 1993q, no. 6. Reprinted in J. Carver, *John Carver on Board Leadership*. San Francisco: Jossey-Bass, 2002.

8. Carver, J. "It's Not the Board's Role to Act as Management Consultant to the CEO." *Board Leadership*, 2000c, no. 49.
Carver, J. "Board Members as Amateur CEOs." *Board Leadership*, 2001a, no. 53. Reprinted in J. Carver, *John Carver on Board Leadership*. San Francisco: Jossey-Bass, 2002.
Carver, J. "How Can Staff Know That Board Advice Is Not Actually Veiled Instruction?" *Board Leadership*, 2001g, no. 59.
Carver, J. "The Trap of Answering Your CEO's Request for More Guidance." *Board Leadership*, 2003t, no. 66.

Carver, J. "When Board Members Act as Staff Advisors." *Board Leadership*, 1992o, no. 9. Reprinted in J. Carver, *John Carver on Board Leadership*. San Francisco: Jossey-Bass, 2002.

Swanson, A. "Who's in Charge Here? Board of Directors and Staff— The Division of Responsibility." *Nonprofit World*, 1986, 4(4), 14-18.

Carver, J. "Policy Governance Is Not a 'Hands Off' Model." *Board Leadership*, 1995j, no. 19. Reprinted in J. Carver, *John Carver on Board Leadership*. San Francisco: Jossey-Bass, 2002.

9. Carver, J. "FAQ: Doesn't Policy Governance Require Too Much Confidence in the CEO?" *Board Leadership*, 2003g, no. 68.

Carver, M. "FAQ: It Worries Me That in the Policy Governance System, the Board Gives a Huge Amount of Authority to the CEO. What Makes This OK?" *Board Leadership*, 2004b, no. 73.

Carver, J. "Does Policy Governance Give Too Much Authority to the CEO?" *Board Leadership*, 2001e, no. 55. Reprinted in J. Carver, *John Carver on Board Leadership*. San Francisco: Jossey-Bass, 2002.

제 7 장

이사회 스스로에 대한 책임

남을 이끌기에 앞서 자신을 다스릴 것

이 책의 주제는 물론 이사회가 하는 일을 새롭게 설계하는 것이다. 단체가 지향할 성과를 이사회가 어떻게 결정하고, 어떻게 운영을 통제하며 어떻게 사무국과 관계를 맺는지 보면 이사회 직무설계에 관해 많은 부분을 알게 된다. 이제 이사회가 스스로 운영 절차를 어떻게 이끌어 갈지를 밝히는 일이 남았는데, 여기에는 이사회가 자기 시간과 행동을 규율하는 직무기술서*job description*도 포함된다. 확실히, 스스로를 다스리지 못하는 이사회가 조직 전체를 제대로 이끌기를 바랄 수는 없다. 거버넌스 과업 자체에 관한 관점들은 이사회 운영 절차 정책에 명시된다. 7장에서는 이사회 전체의 책무를 다루고, 8장에서 이사회 인력을 세분한 임원과 위원회를 다루려고 한다.

먼저 이사회 책무의 원천이 되는 주인*ownership* 개념을 소개하겠다. 그런 다음 좋은 거버넌스를 책임지는 것이 단체를 이끄는 이사회의 의무임을 확실히 하겠다. 그리고 이사회라는 한 집단의 책임을 완수하려는 이사 개개인의 역량에 영향을 미치는 역학관계를 확인하겠다. 그렇게 하고 나서 이사회 운영 절차 관리는 이사회 산출물의 자연스러운 소산임을 보여주겠다. 마지막으로, 정책 수립 외에 이사회가 하는 일을 간단히 언급하고 이사회 직무기술서를 다루겠다.

1. 도덕상의 주인

비영리단체나 공공기관의 이해관계자는 아마도 고객과 학생, 부모, 직원, 납세자, 기부자, 이웃, 일반시민, 유사기관, 공급업체 등일 것이다. 이사회는 이 모든 집단에 책임이 있으며, 이 집단 모두 어떤 식으로든 그 단체의 주인이라고 말할 수 있다. 그러나 내가 '주인'이라고 부르는 대상은 이사회가 대신해서 책임을 지는 특별한 부류의 이해관계자를 말한다. 이렇게 더 좁혀진 주인 개념은 주식회사 주주와 같은 위치에 있는 이해관계자로 범위가 한정된다 [참고자료 1].

이사회의 책무가 시작되는 원점이 바로 이렇게 특별하게 정의한 주인 개념이다. 주인 개념은 주인 — 그 단체에 정당성을 부여하는 사람들로 이뤄진 특별한 집단 — 이 일반적인 이해관계자들 속에 가려지는 것을 막아준다. 동업자협회 회원들은 주인으로서 상인이나 심지어 그 협회에서 일하는 직원들과도 다른 순위를 갖는다. 시의회의 경우, 그 도시 주민들이 다른 이해관계자들과 구분되는 위치를 차지한다.

다양한 이해관계자 그룹이 겹칠 수도 있으며 어떤 경우 서로 다른 두 그룹이 같은 주인들로 구성되어 있을 수도 있다. 앤티크 자동차 동호회의 주인은 동호회 회원들이며, 그 동호회의 수혜자도 동호회 회원들이다. 주민정신건강센터의 주인은 그 지역주민 대부분이며, 수혜자는 그 지역주민이다. 공립학교의 주인은 그 학군의 주민이며, 수혜자는 학생들이다. 게다가 주민정신건강센터와 공립학교의 경우 직원들이 대체로 지역주민이라서 각각의 주인이기도 하다. 주인은 수혜자 그룹보다 더 클 수도 작을 수도 있다. 설령 같은 사람들로 이뤄지더라도 개념을 분리하면 여러 수혜집단에 대한 조직의 서로 다른 책임이 명확하게 구분된다 [참고자료 2].

내가 '주인', '수탁자 책무 *trusteeship*'라는 용어를 쓸 때 언제나 법적 실체를 가리키는 것은 아니다. 이 책에서 관심을 두는 부분은 수탁자의 사회적 책임이며, 그것이 법이나 계약서에 명시되어 있는지는 중요하지 않다. 이사회는 법적 주인보다 도덕상의 주인을 기반으로 고유의 책무를 정한다.

기본적으로 회원제 단체가 아님에도 법적으로 회원(법적 소유주)이 있어야 한다면, 이사회는 그 형식적인 회원을 훨씬 넘어서는 넓은 집단으로 도덕상의 주인이 확대되는지를 결정해야 한다. (일부 지역에서는 대개 이사회를 구성하기 위해서 비영리단체에 회원이 있어야 한다고 법으로 규정하고 있다. 진성眞性 회원들로 구성된 동업자협회나 직능단체와 달리 이런 단체의 회원은 흔히 관심 있는 사람들이나 심지어 직원 몇 명을 대충 끌어모은 형태다. 이런 경우 법적 요건은 충족되지만, 정책거버넌스에서 말하는 '주인'의 의미는 충족하지 못한다.) 단체의 주인이 누구인지에 동의하는 이사회 구성원들이 많을수록, 그들이 느끼는 이사회 역할의 중요성도 커질 것이다.

잠시 샛길로 빠지면, 대리인 이론이 갖는 법적 쟁점을 법률가들은 잘 안다. 누군가(대리인*agent*)가 다른 사람(주인*principal*)을 대신하여 행동할 때, 그 대리인이 자신의 이익을 완전히 무시하기란 불가능하진 않지만 쉽지도 않다. 이런 이유로 대리인이 모든 자기 이익을 배제하고 주인의 이익을 우선하는 일이 드물다는 것이 대리인 문제다.

마찬가지로 대규모 집단과 그들을 대표해 활동할 권한을 가진 그보다 작은 집단의 관계는 정치학자들에게 익숙한 주제다. 어쩌다 보니 정책거버넌스 모델은 철학자들이 실제 사람들 사이의 사회계약을 다룰 때 최초로 설명한 개념에 기반을 두고 만들어졌다. 당시 철학자들이 다룬 사회계약은 오늘날 우리가 '국가'라고 부르게 된 무형의 존재를 창조하기 위한 것이었다. 거버넌스 우등생이 되고자 하는 사람이라면 루소Rousseau와 흄Hume, 밀Mill에게 배울 점이 많다 [참고자료 3].

내가 제안하는 도덕상의 주인은 그 구성이 시의회처럼 명확할 수도 있고, 공영 라디오방송국처럼 불분명할 수도 있다. 라디오방송국의 도덕상의 주인은 고정 청취자들일까, 기부자들일까? 아니면 청취 가능 지역에 있는 모든 사람일까? 아니면 모든 클래식 음악 애호가들일까? 정부와 재단의 보조금을 받는 단체는 보조금 제공기관을 주인으로 보지 않는 것이 중요하다. 주인은 단순히 비용을 지급하는 사람이 아니다. 물론 그것이 하나의 요인일 수는 있다. 보조금 제공기관은 보통 규모가 큰 고객으로서 이사회가 거래하는 상대라고 보는 것이 가장 좋다. 따라서 거래하지 않기로 정할 수도 있다. 주인에 관해서는 이사회가 그런 선택을 할 수가 없다. 정당한 주인은 이사회가 무시하고 싶어 한다고 해서 그 지위를 잃지 않는다. 주인을 판별하는 기준은 이사회가 거래하는 상대인지 여부가 아니라, 그들이 주인임을 부인할 도덕상의 권리가 이사회에 있는지 여부다.

이사회는 보통 주인의 일부분으로서 주인을 대신하는 수탁자로 활동한다. '이사회와 주인 사이의 신탁 관계가 이사회와 사무국의 관계보다 우선한다.' 그러나 이사회가 할 일이 많고, 사무국 직원들이 눈에 잘 보인다는 이유로 이사회의 관심이 사무국 쪽으로 기울면, 이사회는 주인과의 관계가 사무국과의 관계보다 우선한다는 사실을 쉽게 잊는다. 이사회는 사무국의 언어를 배우고 사무국의 줄임말을 사용하며 조직 내부 현안에 관여하게 된다. 이렇듯 열정적으로 사무국과 동화되는 것은 이해 못 할 바는 아니지만, 수탁자라는 중요한 역할에서 벗어나는 일이다. 또한, 주인과의 교류와 주인의 복잡한 이해관계 해결을 희생하는 대가로 얻는 결과다. 이사회 업무 방식은 반드시 이사회가 사무국이 아니라 주인과 동질감을 느껴야 옳다는 것을 기억하도록 설계되어야 한다.

이사회 전체가 주인으로 구성되는 경우도 있다. 예컨대, 모든 투자자가 이사인 주식회사(보통 작은 기업)를 생각해보자. 그와 똑같은 형태의 비영리단체가 있다면 그 이사회는 자기들 외에 누구도 대변하려고 하지 않을 것이다. 대중이 보기엔 그들만의 안건을 가진 작은 집단에 불과한데, 법적으로는 비영리 지위를 충족하는 그런 형태일 것이다. 그런 이사회는 틀림없이 자기 영속적이고(자기 영속성을 갖는 모든 이사회가 이 범주에 속하는 것은 아니지만), 회원과 특권에 대해 당당하게 절대적인 통제를 유지할 것이다. 이렇게 주인과 이사회가 일치하는 형태를 언급하는 이유는 그런 이사회가 실제로 있어서일 뿐, 흔하기 때문은 아니다. 이사회 구성원은 자신들의 이사회가 그런 형태라고 단언하기에 앞서 자신들의 현황을 자세히 살펴야 한다.

2. 이사회 업무 수행에 대한 이사회의 책임

도덕적인 의미에서 주인을 위한 수탁자는 직원이 아니라 이사회 구성원이다. 따라서 완전한 거버넌스에 대한 첫 번째 책임은 이사회 구성원에게 있다. "다른 사람을 이끌고자 하는 사람은 먼저 자신의 주인이 되어야 한다"(Massinger, 1979). 이사회는 스스로 역량을 개발하고, 스스로 직무를 설계하며, 스스로 규율을 세우고, 스스로 업무를 수행할 책임이 있다. 거버넌스를 개선하기 위한 절차를 논의하기에 앞서 이 같은 책임에 대해 이사회와 사무국 모두 확실히 알아야 한다. 이사회 역량 개발의 일차적 책임은 최고경영자나 사무국, 자금 지원 단체, 혹은 정부에 있지 않다. 이사회 외의 이 당사자들도 틀림없이 더 나은 거버넌스에 관심이 있다. 그들은 거버넌스의 질을 높일 기회를 잡으려고도 할 것이다. 그러나 거버넌스에 대한 책임이 그들에게 있는 것은 아니다.

이사회의 막대한 권한은 오직 책임 있는 거버넌스를 위한 것이다. 이런 폭넓은 책임을 받아들이지 않겠다고 하는 이사는 물러나야 한다. 만약에 이들이 스스로 물러나지 않는다면, '태도를 바꾸지' 않을 경우에 이사회에서 축출하는 내용을 담은 이사회 발전 제도를 만드는 것은 다른 이사들의 책임이 된다. 온화한 태도와 출석 의지, 기부 의사, 조직의 주요 사안에 대한 관심 등으로는 책임 있는 이사가 될 수 없다. 바람직한 특징들이지만 그것만으로 부족하다.

이사회에게 동기를 부여하는 일은 최고경영자에게 맡겨도 나쁘지 않을 것 같다. 하지만 이럴 경우 이따금 동기를 부여하는 '묘약'을 제공하는 데 그치지 않고 대개는 떠먹여 주는 수준까지 간다. 이사회가 무엇을 해야 하고 언제 그것을 해야 하는지까지 아무리 잘 말해줘도, 이런 여건에서는 거버넌스가 탁월해질 수 없다. 아무리 '올바른' 움직임이더라도 그렇게 알려준 대로 따라 하는 것은 최고경영자를 베이비시터로 만드는 가짜 리더십이다. 최고경영자가 좋은 이사회를 만들어주기만 기다리는 건 착각에 빠진 이사회나 하는 행동이다.

이런 여건에서, 공공정신과 윤리의식이 투철한 최고경영자는 그가 생각하기에 책임 있는 거버넌스 집단이 해야 할 말과 행동이라고 여기는 것을 이사회가 말하고 행동하도록 자극한다. 시간을 갖고 이런 상황을 지켜보는 사람이라면, 이사회가 책임감을 느껴야 할 필요성에 의문이 들지도 모른다. "모든 게 다 잘 돌아가고 있다면 공연히 안달할 게 뭐람? 이사회가 진정으로 책임감을 느끼게 만드는 것은 현학적이고 어쩌면 비현실적인 얘기인지도 몰라. 어쨌거나 이사들은 대개 자원봉사자일 뿐이잖아. 어떻게 비상근에, 거의 비전문가인 외부 집단이 전문성이나 기술을 갖춘 직원들에게 무엇을 하라고 지시할 수 있겠어?" 이런 생각이 꼬리에 꼬리를 물면 리더들에게 리더십 발휘를 독려하고 싶은 마음이 수그러든다.

앞에 기술한 불행한 시나리오야말로 실은 최상의 시나리오다! 만약에 최고경영자가 공공정신과 윤리의식이 투철하지 않다면 어떨까? 안일한 거버넌스로 인한 부적절한 행동은 쉽게 상상이 된다. 나는 최고경영자를 방임하고 거수기 노릇만 하던 이사회가 돌연 위법행위를 발견하고 놀라 태도를 바꾸는 일을 보았다. 비영리단체 이사회는 대부분 너무 사적이거나 너무 작아서 공개적으로 망신을 당하는 일이 실질적인 위협이 되지는 않는다. 하지만 운전석에 앉아서 졸고 있었다는 자괴감을 견뎌야 한다. 그들의 잘못은 어떤 사안을 잘못 판단한 데 있

〈자료 7-1〉 오하이오 족부의대의 이사회 운영 절차 정책: "거버넌스 스타일"

이사회는 거버넌스 업무를 수행할 때 첫째, 내부에 집착하기보다 외부로 향하는 비전에 주안점을 두고, 둘째, 경영의 세세한 부분을 챙기기보다 전략적 리더십을 강조하며, 셋째, 이사회와 최고경영자의 역할을 확실히 구분한다. 넷째, 개별이 아닌 집단적 의사결정에 중점을 두고, 다섯째, 과거나 현재보다 미래를 중시하며, 여섯째, 사후에 대응하기보다 사전 대책을 강구하는 태도에 역점을 둘 것이다. 이사회는

1. 심의할 때는 여러 목소리를 내지만 거버넌스와 관해서는 한목소리를 낼 것이다.
2. 집단책임의식을 키울 것이다. 탁월한 거버넌스는 사무국이 아니라 이사회가 책임질 것이다. 이사회는 사무국에서 세운 계획에 반응하기보다 사전에 주도적으로 정책을 수립할 것이다. 이사회는 이사들의 개인적 판단으로 이사회의 가치를 대신하는 것이 아니라 각자의 전문지식을 활용해 하나의 집단으로서 이사회 역량을 높일 것이다.
3. 이사회의 가치와 시각을 반영하여 문서화한 폭넓은 정책을 통해 조직에 방향을 제시하고 통제력을 행사하며 영감을 줄 것이다. 이사회는 주로 의도한 대로 장기적 영향을 조직 외부에 미치는 데 관심을 두되, 그 효과를 거두는 데 필요한 행정 혹은 실행 수단에는> 신경 쓰지 않는다.
4. 탁월한 거버넌스에 필요한 규율이라면 무엇이든 시행할 것이다. 규율은 출석 및 회의 준비, 정책 수립 원칙, 역할 존중, 거버넌스 역량 유지와 같은 문제에 적용될 것이다. 이사회의 지속적인 발전에는 신임 이사에 대한 이사회 운영 절차 교육, 절차 개선을 위한 정기적 논의가 포함될 것이다. 이사회는 임원이나 개별 이사 혹은 위원회가 이사회 고유의 책무를 완수하지 못하도록 방해하거나 구실을 제공하게 두지 않을 것이다.

〈자료 7-1〉 계속

5. 회의 때마다 이사회 운영 절차와 성과를 점검하고 논의할 것이다. 자체 점검에는 이사회 활동과 규율을 이사회 운영 절차와 이사회-사무국 관계 범주에 속하는 정책들과 비교하는 작업이 포함될 것이다.

지 않고 운전대를 책임져야 한다는 사실을 깨닫지 못했다는 데 있다. 엔론Enron과 월드콤WorldCom• 같은 기업들의 붕괴는 신문을 읽는 사람이면 누구나 아는 대표적인 거버넌스 실패 사례다.

이사회는 출석과 규율, 거버넌스 방법, 발전, 안건, 그리고 미래를 구상하는 능력에 대한 책임이 있다. 다른 이들이 도울 수도 있다. 당연히 최고경영자는 이사회를 도와야 할 의무가 있다. 그러나 그 도움은 스스로 모든 책임을 맡은 집단에게만 도움이 된다. 겉으로는 책임감 있게 보이는 집단이 실제로는 책임을 다하지 않는다면 그때는 도와봐야 일부 책임을 대신 메워주는 것밖에 안 될 수 있다.

클리블랜드에 있는 오하이오 족부足部의대Ohio College of Podiatric Medicine•• 이사회는 이사회 업무 수행 시 지켜야 할 기준을 정했다(〈자료 7-1〉). 이사회의 거버넌스 성과에 대한 책임은 사무국이 아니라 이사회에 있다는 것을 어떻게 분명히 밝히고 있는지를 눈여겨보자.

• 최고경영자가 저지른 회계부정으로 파산하여 투자자와 미국 경제에 큰 손실을 입힌 대표적 회사들. 자세한 내용은 아래 기사 참조.
https://news.joins.com/article/9083289

•• 족부의학을 가르치는 의과대학. 족부의학은 영국, 미국, 뉴질랜드 등에서 발이나 발목 질환을 전문으로 다루는 전문과다.

3. 다양성과 역동성

이사회가 수탁자 책무를 이행하려고 할 때, 가장 먼저 따라오는 책임은 이사회가 하나의 집단이라는 사실과 관련이 있다. 이사들은 각자의 개인적인 의무를 이해하고 그것들이 어떻게 하나의 집단의무로 결합되는지를 이해해야 한다. 실제로, 진정한 집단책임 체제로 이행하지 못해서 이사회가 중요한 의무를 이행하지 못하는 경우가 많다.

여러 사람으로 구성된 다른 집단과 마찬가지로, 이사회에도 구성원 간에 다양한 역학관계가 존재한다. 사람들은 대립을 불편해하는 정도나 감정을 표현하는 능력, 그리고 소통할 때 사용하는 자기방어 형태가 다 다르다. 또한, 두려움과 희망, 긍정, 흥분에도 차이가 있으며, 이 모든 것이 이사회 운영의 대인관계 측면에 영향을 준다. 이런 측면은 모델이나 합리적인 구조, 직무설계와 완전히 별개로 존재하는 것이다.

이 책은 거버넌스 집단의 대인관계 역학을 직접적으로 다루지는 않는다. 소규모 집단에서 대인관계 문제를 해결하는 방식에 관한 유용한 문헌들이 많으니 여기에서 논의할 필요는 없지만 대인관계 문제가 거버넌스에 미치는 강력한 영향은 인정한다. 실제로 나는 정책거버넌스 모델을 처음 수용한 이후 대인관계 문제에 완전히 가로막혀 이를 제대로 실행하지 못하는 이사회를 여럿 목격했다.

무엇보다 독자들에게 강조하고 싶은 것은, 이사회 운영 절차가 개인의 전유물이 되기 전에 시간을 들여 건실한 이사회 운영 절차를 설계하는 것이 당혹스러운 대인관계 문제로 인한 부정적 영향을 막는 강력한 보호장치라는 점이다. 그에 버금가는 또 하나의 예방책은 모든 이사회 구성원이 지혜롭고, 적극적으로 소통하며, 자신감이 있고, 정신적으로 건강해지는 것이다! 애석하지만, 정서적 유대감이 강한 르네상스인에게 맡기더라도 무력한 이사회 운영 절차의 문제점은 보완하지 못할 것이다. 기업 이사회 구성원들의 상호작용에 관한 가장 광범위한 연구로는 레블랑Leblanc과 질리Gillies(2005)의 연구가 있다[참고자료 4].

이사회의 직무 수행 영역을 신중하게 설계하다 보면 이사회에서 일어나는 소통 방식에 지대한 영향을 주게 된다. 예를 들어, 직무설계는 장래에 겪게 될 갈등 유형과 더불어 구성원들이 집단적 규율과 개인적 규율 중 어느 쪽을 따를지 결정하는 데 영향을 준다. 다양성 추구는 일부 영역에만 적용되고, 나머지 영역에서는 약해지거나 아예 사라진다. 과업을 분류하고 논의 금지 주제를 정하는 것은 차후에 어떤 사안이 이사회에서 논의하기에 적절한지를 판단할 때 객관적인 태도를 유지하도록 도와준다.

충실하게 명문화된 이사회 운영 절차가 있으면 권력을 얻으려고 속임수를 쓰고, 몇몇 개인들이 부정적인 태도로 집단을 통제하며, 관련 없는 주제로 벗어나는 일을 바로잡을 수 있다. 무엇이 적절한 행동인지를 미리 정해놓지 않으면, 어떤 한 사람이 문제 있는 행동을 할 때 대처하기가 훨씬 어렵다. 이런 규정은 이따금 이사회 운영을 방해하는 이사를 상대할 때도 상당한 도움이 된다. 이사회가 만든 지침이 없으면, 이 같은 문제는 개성의 충돌로 간주되며, 수용 가능한 이사회 행동이라는 주제는 실종되고 악감정만 남는다.

애리조나주의 글렌데일 학군 NO. 40의 초등교육위원회는 "위원 행동강령 I"(〈자료 7-2〉)을 도입함으로써 특별한 면을 보여주었다. (이 위원회는 일반적인 이해의 충돌을 다루는 "행동강령 II"도 별도로 마련하고 있다.) 선출된 위원들은 교육위원회라는 하나의 집단으로서, 그들

〈자료 7-2〉 글렌데일 학군 NO. 40의 이사회 운영 절차 정책: "교육위원 행동강령 Ⅰ"

교육위원회는 하나의 집단으로 활동하며 공공을 대변한다. 따라서 학교는 개별 위원이 아닌 교육위원회라는 하나의 집단에 답할 책임이 있다. 이 원칙을 조금이라도 위반하는 일이 발생하면 교육위원회는 공공에 대한 책임을 다하지 못한 것이다. 따라서 개별 위원들은 그들의 권한을 적절히 사용하며 교육위원회 리더십의 진정성과 규율을 유지하는 데 필요한 품위를 보여주기 위해 노력해야 한다.

1. 교육위원회는 하나의 집단으로 개별 위원에게 권한을 행사할 수 없지만, 위원의 개인적인 행동이 조직에 영향을 미치는 일에 책임을 져야 한다. 그러한 목적을 위해서는 교육감이 개별 위원에게 대응하지 못하도록 교육위원회 차원에서 권한을 행사할 수 있으며 각 위원의 절제에 대한 기대사항을 명시할 수도 있다.
   A. 교육위원회는 각 위원이 모두 동등한 대우를 받기를 기대하지만, 교육감과 직원들에게 개별 위원의 의견이나 지시에 주의를 기울이라고 요구하지 않는다.
   B. 개인적으로 교육위원회 결정에 동의하지 않더라도, 교육위원은 위원회가 동일체로서 내린 지시에 교육감이 따르도록 지원해야 한다.
2. 교육위원회 정책으로 명시되지 않는 한, 개별 위원은 조직에 권한을 행사하려고 하면 안 된다.
   A. 교육위원들이 개별적으로 교육감이나 직원과 소통할 때는 직원들에 대한 아무런 권한이 없으며 운영에 관여할 권한도 없다는 사실을 인정해야 한다. (이 조항의 내용은 교육위원회와 직원, 그리고 지역주민 사이의 평범하고 솔직한 소통을 제한하거나 억제하려는 의도가 전혀 없다.)
      ⅰ. 어떤 위원도 논의나 협상 과정에서 직원들 입장에 설 수 없다.
      ⅱ. 어떤 위원도 실무자위원회에서 활동하거나 직원들의 문제해결에 관여할 수 없으며, 직원들에게 어떤 해석도 제공하면 안 된다.

〈자료 7-2〉 계속

iii. 어떤 위원도 다음과 같은 상황을 제외하고는 학교에 있으면 안 된다. a) 교육위원회 차원의 계획된 방문이나 학교 성과 평가를 위해, b) 담당 직원에게 알린 뒤에, c) 학부모로서 혹은 자원봉사자로 초청받은 경우와 같이 교육위원이 아닌 다른 임무를 수행하기 위해

B. 모든 위원은 위원회에서는 가능한 한 열정을 갖고 서로 다른 의견을 제시해야 하지만, 직원들에게 서로 다른 의견을 전달해 조직 내에 균열 또는 대립을 유발하거나 다수결로 정해진 위원회 결정을 훼손하면 안 된다.

C. 위원들이 대중이나 언론, 그 밖에 다른 대상과 소통할 때는 교육위원회가 특별히 권한을 부여한 경우가 아니면 위원회를 대신해 발언할 권한이 없다는 사실을 인정해야 한다.

D. 위원들은 위원회 정책에 따라 하나의 집단으로서 평가할 때를 제외하고는 교육감이나 직원들의 성과에 대해 개별적으로 평가하지 않을 것이다.

개개인으로부터 학교를 보호하기로 결정했다. 아주 바람직하고 용기 있는 조치다. 내가 경험한 많은 선출직 이사회는 자신들에게 엄격해지기를 주저한다. 개별적으로 선출된 공직자이므로 서로에 대해 권한이 없다는 단순한 이유에서다. 그러나 이 교육위원회는 방법을 찾아보기로 했다.

다양성을 효과적이면서도 적절하게 다루려면 구체적인 이견이 발생하기 전에 그 처리 방법을 논의해야 한다. 다양성은 어떻게든 하나의 입장으로 정리가 되어야 한다. 모든 의견이 승리할 수는 없기에, 이사회 구성원들이 저마다 개인적으로 논의에 참여할 경우 승자와 패자로 나뉠 것이다. 깔끔한 타협이 반드시 책임 있는 해결책은 아니다. 아주

다른 두 접근법 중 하나를 선택하는 편이 그 둘의 타협안보다 훨씬 좋을 수도 있다. 그러나 결정을 미루는 식으로, 혹은 반대의견에 대해 몹시 가학적이라거나, 몹시 무례하다거나, 몹시 현명하지 못하다고 억압하는 식으로 타협안 도출을 회피하기도 한다. 결정을 못 내리고 만장일치를 고집하는 일은 대개 대립을 피하고 싶은 욕구에서 비롯된다.

연극 '〈누가 버지니아 울프를 두려워하는가?*Who's Afraid of Virginia Woolf?*〉'• (Albee, 1962)에 등장하는 가족들처럼, 이사회는 말 못할 어려운 문제를 회피하려고 하찮은 문제에 고심할 때가 더러 있다. 사소한 일에 집착하는 듯 보이는 태도는 어쩌면 집단 차원에서 더 큰 문제를 마주하기가 두려움에서 비롯되었을지 모른다. 놀랄 일도 아니다. 우리는 심지어 개인일 때도 중요한 문제에 정면으로 맞서는 것에 별로 익숙하지 않다. 그러니 사소한 일을 못 하게 하면 이사들은 시간을 어떻게 써야 할지 모를 것이다. 한번은 어떤 이사가 내게 진지하게 물었다. "사무국의 계획과 방법들을 세세하게 검토하고 승인하는 일이 불필요해진다면 이사회는 대체 어떤 일을 해야 하나요? 우리가 사무국 일을 하지 않으면 대체 무엇을 하죠?" 이 단체는 오랫동안 단체의 목적을 탐구하는 일을 회피했다. 지어낸 분주함과 성실해 보이는 태도로 사무국이 만든 부담스러운 안건 뒤에 계속 숨기만 했다.

다양성을 마주하기를 회피하는 또 다른 방법은 이사회 산하 소위원회에서 사무국의 전폭적 지원을 받아 이사회에 올릴 권고안을 만드는

• 1962년에 공연된 에드워드 올비의 첫 장편연극. 등장인물들이 지칠 줄 모르고 고함을 지르며 싸워대는 장면이 있다. 주인공 부부인 조지와 마사는 위험한 감정싸움을 이어가는데 이사회도 이와 같이 중요하지 않은 문제를 심의한다는 의미로 볼 수 있다.

것이다. 주로 최고경영자의 권고안대로 움직이는 것과 비슷한 회피 방법이다. 최고경영자에 대한 신뢰 부족으로 해석될 만한 어떤 질문도 하지 않는 것처럼, 이사들 간의 갈등도 그렇게 사라진다. 분별력 있게 의견 차이를 해결하는 대신에 무시하거나 대충 수습하려고 한다. 차이를 유도하거나 포용하는 것이 아니라 차이가 보이면 당황하거나 심지어 겁을 먹는다. 이는 공중公衆을 대표하는 이사회의 경우 특히 애석한 일인데, 차이라는 것이 공중의 특징 중 하나이기 때문이다.

이사회가 차이를 인정하고 해결하기로 정하면, 이사회가 그 과업을 계속 수행하는 데에 상호 합의 제도가 필요하다는 것을 알게 된다. 좋은 제도가 없다면 대립할 때마다 개인의 특성이 두드러지게 된다. 대립의 발단은 생각이 다르다는 것이겠지만, 대화를 나누다 보면 감정과 통제의 문제로 변질되기 쉽다. 사람들이 동맹을 이루고 개인의 힘을 경험하면, 의견 자체보다 그 의견을 표명한 사람을 더 중요하게 여기게 된다. 그래서 그 의견의 장점을 판단하는 것보다 거절당하거나 지지받는 느낌이 더 중요해지는 것 같다.

그 결과 사안이 아니라 이사들의 개인적 특성에 따라 이사회 운영의 형태가 달라진다. 지나친 겸손과 권력에 기대 맞서는 태도는 언뜻 반대되는 것처럼 보이지만, 둘 다 사안보다 개인적인 측면을 더 중시하는 데서 비롯되는 모습이다. 표면적인 고요함이 깨지면 반대의견을 억누르고 있던 역학관계가 개인 간의 대립으로 격화한다. 사안에 집중함으로써 생산적인 대립으로 발전시킬 기회는 사라지고, 사람들은 상처를 받게 되며, 거버넌스 경험은 쓴맛을 남긴다. 제도가 미비하면, 좋은 의도로 참여한 사람들조차도 상대를 아랑곳하지 않고 떠들거나 서로를 죽도록 물어뜯게 된다.

이사회 운영 절차에 관한 한 의장에게 고유의 책임이 있다. 그러나 이 부분은 이사회 전체가 공동 책임을 피할 수 없다고 얘기해야 더 설득력 있다. 달리 말하면, 의장이 존재한다고 해서 이사회 운영 절차를

〈자료 7-3〉 쓰리 리버스 지역 병원의
이사회 운영 절차 정책: "안건 기획"

이사회 정책에 맞는 거버넌스 스타일로 임무를 완수하기 위해 이사회는 연간 안건 목록에 따라 첫째, 매년 목적 정책에 대한 재탐색을 완료하고, 둘째, 이사회 교육 및 풍부한 정보와 숙의를 통해 이사회 성과를 꾸준히 개선한다.

1. 이 사이클은 매년 9월 30일에 종료된다. 이는 이사회가 가장 최근에 밝힌 장기적 목적 정책 중에 그해 성취해야 할 부분을 기준으로 경영 계획과 예산편성이 이뤄질 수 있게 하기 위함이다.
2. 이 사이클은 이사회가 내년도 안건을 수립하는 것으로 시작된다.
   A. 엄선된 주인 그룹과의 상의나 주인의 의견을 듣는 다른 방법들이 첫 분기에 결정이 되어 남은 기간에 진행될 수 있도록 일정이 잡힐 것이다.
   B. 거버넌스 교육 및 목적 결정에 관한 교육(예컨대 미래학자, 인구통계학자, 지지단체, 직원 등의 발표)이 첫 분기에 정해져 남은 기간에 진행될 것이다.
3. 이사회는 동의 안건 항목*(10장에서 설명)을 한 해 내내 되도록 신속하게 처리할 것이다.
4. 평가 보고서에서 정책 위반이 발견되거나 정책 기준이 논란이 될 경우, 최고경영자 평가가 안건에 포함될 것이다.
5. 최고경영자 보수는 평가 보고서 검토 후에 최고경영자 취임일에 맞춰 결정될 것이다.

완벽하게 이행해야 할 이사들의 책임이 줄어들지 않는다는 얘기다. 이사회 전체가 이사회 운영 절차에 대한 책임을 받아들이지 않는다면, 의장이 해낼 수 있는 최선은 피상적인 규율뿐이다. 온타리오주 네핀의 제리 커가 표현한 바와 같이, "회의를 효과적으로 만드는 것은 회의 진행자뿐만 아니라 모두의 의무다".

이사회가 좋은 운영 절차 만들기에 착수할 수 있는 한 가지 방법은 이사회 운영 절차 범주 안에 그 주제에 관한 명확한 정책을 만들어 넣는 것이다. 그렇게 하면 의장은 이사회 정책을 참고해 절차를 이어갈 수 있으며, 이 방법은 개인의 판단을 기초로 징계 조치를 들먹이는 방법보다 더 쉽다. 이사들이 이사회에서 가장 목소리가 큰 사람이 이사회를 볼모로 삼지 못하도록 구제해달라고 의장에게 요청하는 것은 의장에게 너무 많은 기대를 하는 것이다. 각 이사에게는 상황을 원하는 대로 움직이거나 절대 양보하지 않을 권리가 있다. 그러나 동일체로서 이사회는 개인의 좋지 않은 성향이 절차를 망가뜨리게 놔둘 권리가 없다.

미시건주 쓰리 리버스 지역 병원Three Rivers Area Hospital 이사회는 이사회 교육 및 이사회와 소유주의 관계, 그리고 다른 기능들을 보장하는 이사회 업무 사이클을 정했다. 구체적인 내용은 〈자료 7-3〉에서 볼 수 있다.

명쾌하게 설계된 절차는 개인의 성향이나 목전의 급한 상황이 아니라 이사회의 의지에 따라 통제되는 규율을 만들어낼 수 있다. 이사회가 마땅히 해야 할 일들로 이사회 운영 절차가 만들어진다면, 계획된 산출물이 여기에 적절히 반영될 것이다. 거버넌스 산출물이라는 것이 고작 무계획의 부작용밖에 없을 가능성은 언제나 잠재하고 있다.

4. 이사회의 산출물: 직무기술서

이사회 운영 절차에 관한 정책 수립은 이사회가 존재하는 전반적인 이유에 대한 고찰로 시작한다. 절차에 대한 궁극적인 평가는 이 이유가 충족되었는지 보는 것이기 때문이다. 이사회가 생산하는 궁극적 산출물은 (그 단체의 궁극적 산출물과 달리) 이사회가 책임을 다해야 할 대상과 이사회에 책임을 다해야 할 대상을 연결하는 다리다.

그렇다면 효과적인 이사회 운영 절차는 주인과 생산자를 연결하는 이 다리가 구체적으로 공헌하는 바를 명확히 밝히는 것으로 시작해야 한다. 우리가 현명하게 이사회 운영 절차를 설계할 수 있으려면 먼저 이사회가 무엇을 성취하기 위해 존재하는지를 알아내야 한다. 기능에 따라 형태가 정해지는 것이다. 적절한 활동은 기대하는 성과를 바탕으로 결정된다. 따라서 이사회의 직무기술서는 이사회 운영 절차의 핵심 요인이다.

전통적인 직무기술서는 직무 활동을 하나하나 나열한 목록이다. 직무 산출물보다 수단을 강조한다. 나는 활동을 나열하지 않고 그 활동을 하는 이유, 즉 의도된 아웃컴에 초점을 맞추는 더 효과적이고 간결한 형태를 사용한다. 레딘Reddin (1971) 이 강하게 지지하는 이 방법으로 지위에 따른 부가가치를 효과적으로 나타내는 직무기술서를 완성해낸다. 이 직무의 존재로 인해 그 조직은 어떻게 다른가? 이 직무가 기여하는 바는 무엇인가? 업무 기여를 설명할 때, 내가 업무 '산출물'에 대해 말하는 이유는 단순히 그 활동 자체보다 그 활동의 결과물 측면을 늘 떠올리게 하기 위해서다.

이사회가 어떤 단체에 기여하는 산출물의 수는 정해져 있지 않다.

다만 위임해서는 안 될 것이 세 가지 있는데, 절대 줄일 수 없는 이 삼총사는 모든 이사회에 적용된다. 주인과 사무국을 연결하는 다리라는 이사회 고유의 역할이 이 세 가지 의무적인 산출물을 낸다.

1) 이사회의 핵심 산출물

이사회는 그 단체와 주인을 연결하는 모든 정당한 방식에 이바지해야 한다. 따라서 이사회의 첫 번째 직접 산출물은 그 단체를 '주인과 연결하는 장치'다.

이사회의 두 번째 직접 산출물은 '명시적 거버넌스 정책'이다. 이 정책들은 내가 목적, 경영상의 한계, 경영진에 대한 위임, 이사회 운영 절차 정책으로 기술한 것과 같이 각 범주에 대해 이사회가 선택한 단계까지 상세하게 발전시킨 형태여야 한다. 그 정책들은 수탁자의 책임과 위험, 우선 사항, 그리고 일반적으로 이사회와 조직의 모든 활동을 아우를 수 있도록 만들어진다.

마지막으로, 이사회는 사무국이 이사회 정책을 정확히 준수하도록 할 의무가 있다. 만약에 최고경영자가 계속해서 이 명시적 기대를 충족시키지 못한다면 이사회에 책임이 있다. 이사회는 상황을 개선하는 데 필요한 조치를 해야 한다. 이사회의 세 번째 직접 산출물은 '조직 성과 보장'이다.

누구에게도 위임할 수 없는 이 세 가지 직무 기여는 이사회의 특수한 책임이며, 오직 거버넌스 집단만이 제공할 수 있는 산출물이다. 이사회는 이 세 가지 목록에 다른 산출물을 추가해도 되지만, 이 목록을 줄이고도 책임감 있게 관리 감독을 할 수는 없다.

2) 이사회의 선택적 산출물

세 가지 핵심 산출물 외에 이사회의 다른 모든 업무는 최고경영자에게 위임해도 되지만, 반드시 위임해야 한다는 의미는 아니다. 이사회가 추가로 만들어내는 산물 중에 가장 흔한 것으로는 모금 활동과 입법 운동이 있다.

이사회가 모금을 책임져야 할까? 단체의 유형과 처한 환경에 따라 대답이 달라진다. 거버넌스 개념 자체로 보면, 모금에 관한 권한은 이사회 재량에 따라 위임하거나 보유한다고만 말할 수 있다. 이사회가 모금에 대한 책임을 맡는다면, 모금 활동의 산출물을 충분히 명확하게 규정함으로써 사무국과 이사회 사이에 책임에 관한 혼선이 없게 해야 한다. 모금은 하나의 활동이지 성과가 아니다. 성과라는 용어를 사용할 경우 이사회는 사무국에 기대하는 바가 아니라 직접 떠맡은 과업으로서 모금을 대해야 한다. 이사회는 기부 연결만 하고 실제 돈을 모으는 책임은 사무국에 맡기는가? 아니면 모금 목표 달성의 책임이 이사회에 있는가? 그것도 아니면 이사회의 책임이 이 두 가지 외에 다른 것에 있는가? 성과에 이르는 수단이 아니라 기대하는 성과를 중심으로 업무를 규정한다면 이사회(혹은 이사회 내 모금위원회)와 최고경영자(혹은 최고경영자 직속 모금개발 책임자) 역할에 관한 쓸데없는 갈등은 줄어들거나 어쩌면 아예 피할 수도 있다[참고자료 5].

입법 운동에 대해서도 핵심은 같다. 이사회는 입법 전략에 관한 책임을 맡기 원하는가? 아니면 인맥을 알리고 싶은 것인가? 그것도 아니면 공청회에 "개인적으로 참석"하기 위해서? 이사회 구성원은 이사회 업무를 복잡하게 만들지 않고 사무국의 지시를 받는 자원봉사자를 자처할 수 있다는 점을 기억하자. 예를 들어, 이사회는 어떤 입법 관련 영향에 대해 최고경영자에게 책임을 맡기되 최고경영자의 지시에 따라 증언할 수 있도록 내용을 잘 아는 이사 중에 지원할 사람을 제공하겠다고 약속할 수도 있다. 이런 접근법을 이용하면 이사회 업무에 입법 운동에 관한 성과를 추가할 필요가 없다. 왜냐하면 입법 성공은 최고경영자의 책임일 테니까. 하지만 이사들은 여전히 경영 활동에 자원봉사자로 참여해 중요한 도움을 준다. 입법에 관한 성과를 달성하는데 필요한 전략과 방식에 대한 권한과 책임이 누구에게 있는지가 항상 명확해야 한다. 이런 경우, 이사들이 관여하더라도 그 권한과 책임은 최고경영자에게 있다. 최고경영자에게 책임이 있는 활동에 이사회가 참여할 경우, 이사들은 최고경영자 혹은 최고경영자가 지명한 사람의 지시를 받으며 일한다.

세 가지 기본적인 책임 외에 추가로 더 책임을 맡는 것에 관해 이사회가 어떤 결정을 내리든 명확해야 하며, 이후의 모든 활동은 그 결정에 부합해야 한다. 그 세 가지 기본 책임은 다른 사람에게 위임될 수 없으니, 그것을 최우선에 두는 것이 중요하다. 그 세 가지 책임에 변함없이 충실하겠다는 확신이 없다면, 다른 책임을 추가로 맡으면 안 된다.

어떤 사람들은 모금이 이사회의 주요 책임이며 심지어 존재 이유라고 말할지도 모른다. 내 생각은 다르다. 어떤 단체에는 이사회의 모금 활동이 아주 중요할 수 있지만, 기부를 해도 될 정도로 가치 있는 단체가 되는 것이 더 중요하다. 거버넌스의 세 가지 기본 영역이 만들어진 이유가 바로 그 가치를 보장하기 위해서다. 기부금을 받아도 될 만큼 확실히 가치 있는 단체를 만들었다면 이사회의 모금 활동을 깎아내릴 의도는 전혀 없다. 오히려 그런 능력과 헌신에 깊은 존경과 박수를 보낸다. 이사회가 세 가지 기본적인 산출물에 더해 모금까지 아주 잘해내지 못할 이유는 없다. 그러나 모금이 이사회의 가장 중요한 책임인 듯 관심이 쏠리면 이사회의 거버넌스가 완벽하게 이뤄지지 못한다 [참고자료 6].

5. 기본적인 이사회 직무기술서

더 줄일 수 없는 최소한의 이사회 역할은 아래에 다시 정리해두었다. 이 역할이 이사회의 구체적인 직무 책임을 구성하며, 이를 완수하면 6장에서 살펴본 정의에 따라 이사회의 전반적인 책무성도 보장된다는 점에 주목하자. 관리 직무설계의 이런 책임/책무 측면은 이사회가 마치 모든 것이 자기 일인 것처럼 행동하는 것을 막는다. 이사회는 제한적인 책임 목록을 만들되, 간결해야 한다는 핑계로 전체에 대한 이사회의 책무를 회피하지 않도록 구성한다. 이사회 직무의 산출물을 간추리면 다음과 같다.

1. 주인과 이어지는 연결고리 이사회는 주인의 수탁자로서 주인과 단체 사이를 잇는 정당한 연결고리 역할을 한다.
2. 명시적 거버넌스 정책 이사회는 포괄적인 정책을 명확히 밝히고 적절히 분류함으로써 조직 전체의 가치를 담아낸다.
3. 만족스러운 조직 성과 보장 이사회는 사무국의 업무 수행에 대한 책임이 없지만, 사무국 전체가 반드시 이사회가 정해 둔 기준을 충족하게 만들어야 한다. 그렇게 해야 성과에 대한 이사회의 책무를 다하는 것이다.

이 세 가지는 각각이 직무 활동이 아니라 직무의 결과물이다. 물론 부수적인 활동들이 몇 가지 포함되기는 한다. 그러나 이사회는 활동을 기반으로 하지 않으며 완료한 활동에 대해 평가를 받지도 않는다. 각각의 책임 영역 안에서 이사회는 단기 업무에 필요한 목표를 정할 수 있다. 이사회가 사무국의 업무 목표를 정할 필요는 없지만, 이사회 업무에 대한 목표는 반드시 세워야 한다.

국제정책거버넌스협회International Policy Governance Association 이사회는

〈자료 7-4〉 국제정책거버넌스협회
이사회 운영 절차 정책: "이사회 직무기술"

주인을 잘 아는 대리인으로서 이사회가 하는 일의 구체적인 결과물은 적절한 조직의 성과를 보장하는 것이다. 따라서 이사회는 다음과 같은 결과물을 생산할 직접 책임이 있다.

1. 주인과 운영조직 사이의 연결고리
2. 조직 내 모든 의사결정과 상황을 가장 포괄적인 수준에서 다룬 문서로 된 거버넌스 정책
   2.1. 목적: 조직의 산출물과 임팩트, 편익, 아웃컴, 수혜자, 상대적 가치(어떤 편익을 어떤 수혜자에게 어느 정도 비용에 제공하는지)
   2.2. 경영상의 한계: 모든 경영 활동과 의사결정이 분별 있고 윤리적인 범위 안에서 이뤄지도록 경영자의 권한을 제한
   2.3. 이사회 운영 절차: 이사회가 고유 업무를 구상하고 실행하며 점검하는 방법에 대한 자세한 설명
   2.4. 이사회-경영진 역할 관계: 권한이 위임되고 그 위임된 권한이 적절히 사용되는지를 점검하는 방법. 즉 최고경영자의 권한과 책무에 관한 설명
3. 성공적인 조직의 성과 보장

"이사회 직무기술"(〈자료 7-4〉)이라는 명칭의 정책 안에 직무 산출물을 열거했다. 추가로 선택할 수 있는 결과물에 대해서도 고려는 했으나 최종적으로 선택하지 않았다. 그래서 딱 세 부분만 활동이 아니라 부가가치로 신중하게 표현했다. 경영진에 대한 위임 범주가 여기서는 "이사회-경영진 역할 관계"로 되어 있으나 명칭의 차이는 별로 중요하지 않다. 세 번째 부가가치는 일부 경영 문헌에서 연결핀이라고 부르는 것이다. 그것의 영향으로 경영진이 성공하지 않는 한 이사회도 성공하지 못한다.

6. 이사회가 직접 수행하는 업무

세 가지 기본 업무의 산출물은 이사회가 존재하는 이유를 정확히 표현하기 위한 것이다. 이사회가 이 세 가지 외에 더 많은 결과물을 추가하고 싶어 한다면, 그 추가 업무의 산출물을 반드시 직무기술서에 반영해야 한다. 어떤 경우에도 앞으로의 이사회 업무는 이렇게 미리 의도한 아웃컴을 이뤄내기 위해 계획한 활동들로 이어져야 한다. 앞선 장에서 두 번째 및 세 번째 산출물과 관련 있는 원칙과 활동에 대해 다루었으니 이제 첫 번째 산출물의 몇 가지 측면과 활동을 생각해보고 이사회가 다른 영역을 추가할 때 수반되는 작업을 간단히 살펴보겠다.

1) 직접 업무: 주인과의 연결고리

이사회는 주인의 정체와 함께 그 주인과 연결되기에 가장 좋은 방법들은 신중히 고민하여 이사회 정책의 이사회 운영 절차 범주에 제시한다. 그 설명은 모든 정책 수립이 그렇듯 말로 하는 일이지만, 실제 연결고리를 만드는 작업은 행동이 필요하다.

이사회는 주인을 규정하고 주인과 연결되기 위한 노력을 끊임없이 해야 한다. 주인들이 단합하여 이사회를 어깨너머로 지켜본다면 발휘했을 정도의 열정으로 그렇게 해야 한다. 유얼Ewell (1986) 은 병원에 대해 쓴 글에서 "'지역사회가 주인'이라는 말은 정의가 확실치 않다"며 "그래서 지역사회는 기업의 주주들이 그러는 것처럼 자신들의 목소리를 내거나 병원의 성과 보고서를 엄격하게 요구하지 않는다"고 썼다. 이런 주인들이 체계적으로 조직화하는 경우도 드물다.

비영리단체의 경우, 대부분의 주인이 자기가 주인이라는 사실조차 모른다. 혹시라도 주인의 목소리가 들린다면 그것은 틀림없이 일부 주인이 내는 목소리에 불과하다. 이사회는 그 일부 의견에 귀를 기울여야 하지만, 침묵하는 이들을 위해 그 일부가 전체를 대변하지 않는다는 점을 인식해야 한다. 선출직 이사회는 특히 일부 의견이 마치 전체 의견인 것처럼 경청하는 잘못을 범하기 쉽다.

나는 그동안 시의회와 도서관 이사회, 교육위원회, 공익사업 위원회가 목소리를 높이지 않는 주인들을 무심코 불공평하게 대하는 모습을 보았다. 몇몇 파벌을 대표하는 사람들에게 발언 시간을 길게 허용하는 것이 이사회로서는 민주적이라고 느낄 수 있지만, 그것이 어쩌면 더 많은 권한을 빼앗는 방법일지도 모른다. 주인과의 연결고리로서 이사회는 회의를 개방하고 일부 대변인에게 신나게 발언할 기회를 주는 것보다 더 적극적으로 손을 뻗을 필요가 있다. 콜로라도주 애덤스 카운티 손턴에 있는 애덤스 12 파이브 스타 교육위원회Adams 12 Five Star Schools board 부위원장인 리 콤브는 "이사회가 지역사회 의견을 경청하고 지역사회가 원하는 것과 원치 않는 것을 확실하게 규정하는 일에 노력을 (집중하도록)" 한다는 점에서 정책거버넌스를 높이 평가했다 [참고자료 7].

주인과의 연결고리는 태도와 통계, 인간적인 관점에서 바라볼 수 있다. 첫 번째이자 가장 단순한 단계의 의무에 태도가 포함된다. 이사들은 자신이 주인의 도덕상 수탁자라는 신념을 갖고 행동해야 하기 때문이다. 이러한 목적에 따라 하나의 사고방식이 정해지면, 따로 교육하지 않아도 최소한 가치문제를 해결할 때 이사회가 적절히 고려하고 충성심을 발휘하게 이끌어준다. 두 번째 단계에서 이사회는 주인의 관심사와 희망사항, 요구사항, 우려사항에 관한 통계학적 근거를 수집한다. 설문조사와 제3자에 의한 인터뷰, 통계자료 등을 활용한다. 세 번째 단계는 좀더 사적이다. 이사들이 주인과 주인을 대변하는 사람들을 직접 만나는 것이다. 인터뷰, 포커스그룹, 공개 포럼, 이사회 회의에서의 초청 발표, 다른 이사회나 공무원과의 대화, 그 밖에 다른 긴밀한 교류가 이용될 수 있다.

연결고리로서의 태도를 유지하는 것은 명시적인 행동을 요구하지는 않는다. 주인과 주인의 바람에 관한 데이터에 정통한 이사회를 만드는 것도 연구를 잘하면 된다. 그러나 세 번째 단계인 인간적 접촉은 이사들이 직접 행동으로 해야 하는 일이다. 나가서 만나고 앉아서 듣고 대화를 나누며 소통하기 위해 애를 써야 한다. 이사회는 이런 활동을 단체로 할 수도 있고 위원회별로 혹은 이사 개개인이 진행할 수도 있다.

주인의 일부로서 이사회를 구성하는 것은 그 자체가 하나의 내장된 연결고리다. 이사회 구성원들은 임의로 주인의 일부가 되는 것이 아니라 거버넌스라는 신탁 의무를 가장 잘 이행할 수 있어서 선정되는 것이다. 임의로 선정되는 것이 아닌 만큼 이사회는 그 선정 절차가 주인과의 연관성 중에서도 가장 눈에 잘 띄는 요소인 인간적인 유사성을 훼손하지 않도록 해야 한다.

인종과 소득수준, 지리적 위치, 성별, 그 밖에 다른 특징들이 주인과 비슷한 사람들은 확실히 주인에게 유대감을 느낀다. 그러나 아무리 꼼꼼하게 유사성을 따져 이사회를 구성하더라도 그 자체로 주인과의 연결고리가 만들어졌다고 생각하는 것은 지혜롭지 못하다. 흑인 한 사람이 흑인 전체를 대변하거나 여성 한 명이 여성 전체를 대변할 수 있는지 의심스럽기 때문이다. 어떠한 특징을 가진 사람이 표면에 드러나는 것은 그들이 배제되지 않았다는 의미일 뿐, 그들을 제대로 대변한다는 의미는 아니다. 전자를 위해서는 토크니즘• 으로도 충분할지 모르나 후자를 위해서는 주인과의 적절한 연결고리를 계속 유지하는 방법밖에 없다 [참고자료 8].

이사회는 구성원의 다양성을 확보하기 위해 몇 번의 과정을 거쳐도 상관없다. 아칸소주 리틀 록에 있는 국제 빈곤 퇴치 단체인 하이퍼 프로젝트 인터내셔널Heifer Project International, HPI 이사회는 〈자료 7-5〉에 제시한 바와 같이 "이사회의 포용성"이라는 이름의 이사회 운영 절차 정책에 그 의도를 밝혔다.

• 사회적 소수집단의 일부를 대표로 뽑아 구색을 갖추는 정책적 조치 또는 관행.

〈자료 7-5〉 하이퍼 프로젝트 인터내셔널의
이사회 운영 절차 정책: “이사회의 포용성”

이사회는 HPI의 비전과 사명에 대한 해석을 반영해 여성과 여러 소수집단 및 인종을 포함함으로써 HPI 공동체의 다양한 구성원과 폭넓은 배경을 대변해야 한다. 이런 정신으로 이사회는,

1. 사회적 보호 대상자인 사람들을 포함해 다양한 배경을 가진 이들이 HPI 이사회에 대표자로 참여할 수 있도록 이사 후보자지명위원회에 장려해야 한다.
2. 모든 태스크포스와 위원회, 보조위원회, 그 밖에 조직될 수 있는 다른 집단들도 다양성이 반영되도록 권장해야 한다.
3. HPI 이사회 내 “전국을 대표하는” 자리에 다양한 배경을 가진 이들을 선임한다.

이사회는 연결고리가 될 책임을 일정 부분 위원회나 개별 이사에게 위임할 수 있다. 위원회는 연결고리 역할의 질을 높이려는 이사회 목표를 일부 실행하는 차원에서 포커스그룹이나 주인의 권한을 위임받은 대표단을 만날 수 있을 것이다. 연결고리 역할에 대한 이사회 목표가 분명해야 하며, 그 목표를 완수하는 데 필요한 활동과 예상 시간도 명확하게 제한해야 한다. 달리 말하면, 위임에 포함되는 일반적인 요소들이 이사회가 내부적으로 임무를 배정할 때도 똑같이 적용된다. 이사회는 권한을 최고경영자에게 위임할 수 있는 것과 마찬가지로 하나의 위원회나 어느 한 임원에게 위임하는 방법이 있다.

이사 여러 명에게 위임하는 방법은 처리하기가 더 어렵다. 이사회와 최고경영자 사이의 확실한 위계 관계 때문에 이사회는 동료 이사보다

최고경영자에게 위임한 업무를 더 잘 통제한다. 따라서 이사회 내에서 위임하는 것은 최소화하는 편이 좋다. 그렇지 않고 동료 이사들에게 많은 권한을 위임할수록, 목표를 실제로 달성하고 최고경영자 책무에 해당하는 과업과 겹치지 않도록 더 많이 신경 써야 한다.

이사회가 주인과 연결되는 한 가지 방법은 그들과 주인이 같은 다른 기관과 이어지는 것이다. 지역사회에서 이사회 형태를 하고 일반 대중을 대변한다고 주장하는 집단이 많다. 그러나 같은 지역사회 내에서 그들끼리는 대개 소통하지 않는다. 사무국끼리는 교류가 있을 수 있으나 거버넌스 차원에서는 그런 게 없다. 사실상 체계적인 소통은 이뤄지지 않는다. 그들이 주인과의 연결에 좀더 신경을 썼더라면 주인이 완전히 똑같지는 않더라도 상당히 겹치는 만큼 서로 나눌 이야기가 많다는 사실을 깨달았을 것이다. 자신들이 더 큰 맥락과 연결되어 있다는 점을 정말로 이해하는 지역사회 이사회라면, 이사회 활동의 25% 이상을 다른 이사회를 상대하는 데 할애해도 지나친 게 아니다. 지역사회 이사회가 그렇게 서로 교차하는 지점에서 연결이 되면 지역사회 구조에 진정한 변화가 일어날 수 있다.

2) 직접 업무: 선택적 책임

자선 모금이나 대외 이미지, 입법에의 영향 등 위임이 가능한 다른 업무들이 이사회 책임으로 정해지면, 이사회는 그 일을 직접 수행할 수 있게 조직을 정비해야 한다. 이사회 전체가 움직일 수도 있고 위원회나 이사 개개인에게 임무를 배정할 수도 있다. 어쨌거나 필요한 방법을 찾아내고 이용하는 것은 사무국이 아니라 이사회 책임이다. 만약에 어떤 구체적인 과업을 사무국이 실행하고 그 아웃컴에 대한 책임까지 지길 원한다면, 그 과업은 이사회 업무가 될 수 없다. 이사회는 정책을 통제하는 일로도 충분할 것이다. 이사회가 고유의 업무에 직접 책임지는 영역을 추가할수록 1장에서 언급한 실무이사회와 비슷해진다. 이사회와 최고경영자 역할 구분이 흐려질 가능성이 큰 만큼 거버넌스라는 가장 중요한 책임에 집중하지 못할 위험도 커진다.

자선 모금이나 대외 이미지, 입법에의 영향 등 추가로 선택할 수 있는 책임 영역은 최적의 성과를 위한 조직 구성을 다룬 연구가 풍성하니 그것을 활용하면 된다. 그러니 이사회가 맡은 업무를 명확히 하는 것이 얼마나 중요한지 강조하기 위해서가 아니라면 그 부분에 대해 더 설명할 필요가 없을 것 같다. 어떤 활동 한 가지를 맡는 것은 그렇게 어렵지 않다. 그 활동이 아무리 바쁘고 인상적이어도 이사회가 책임질 영역은 활동이 아니라 성과다. 책임은 처음부터 성과를 나타내는 용어로 정의하는 것이 더 강력하고 예리하다.

7. 정책 원으로 나타낸 이사회 운영 절차 정책

다시 한 번 〈그림 3-3〉에서 보았던 정책 원을 떠올려보자. 〈그림 7-1〉은 어떤 한 이사회가 이사회 고유의 역할과 책임, 규율, 그리고 구조를 나타내는 사분원의 가장 바깥쪽 단계를 어떻게 채웠을지 나타낸 모습이다. 물론 이사회마다 다른 단계를 선택해 그 이후부터는 의장(혹은 다른 이사나 위원회)이 합리적인 해석을 내리게 해도 된다(이사회가 그렇게 명시한 경우). 〈그림 7-1〉에 표시된 정책의 개수와 깊이는 정책

〈그림 7-1〉 완성된 이사회 운영 절차 정책

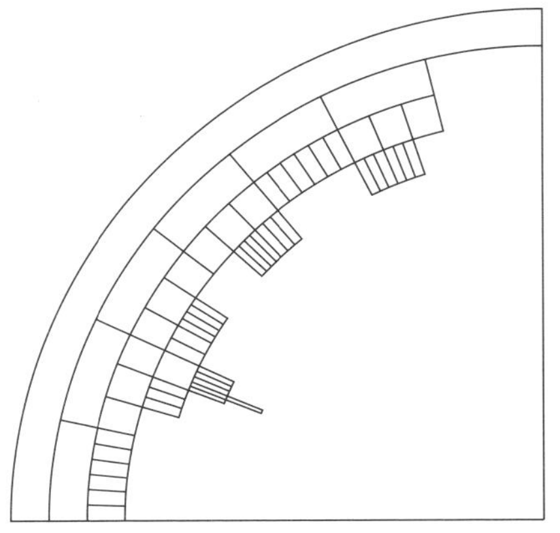

이사회는 **이사회 운영 절차** 정책을 충분히 깊이 있게 수립함으로써 권한을 위임받은 사람이 어떤 결정이나 선택을 해도 그것이 이사회가 더 포괄적으로 규정한 내용을 합리적으로 해석한 결과라면 받아들일 수 있게 했다. 그 결과 이사회는 이 범주에서 추가로 결정해야 할 사안들에 대한 권한을 안전하게 위임할 수 있다.

의 올바른 깊이나 개수를 나타내려는 목적이 아니며 여러 가능성 중에 한 예를 제시한 것일 뿐이다. 더욱이 이사회 정책의 깊이나 개수, 내용에 상관없이, 이사회는 지혜로운 판단에 따라 언제든 그것을 바꿀 권리가 있다.

다음 장에서는

이사회 업무를 구성할 때 전체 이사회의 공식적인 부분으로 임원과 위원회가 만들어지기도 한다. 전략적 리더십은 인력들이 이사회의 일체성을 훼손하거나 경영진과의 관계를 헷갈리게 만들지 않을 때 가장 잘 발휘된다. 특히 위원회의 원칙과 의장의 역할, 그리고 그 역할을 더 정확하게 나타내는 최고거버넌스책임자라는 타이틀에 주목한다. 8장에서는 이사회 임원과 위원회의 역할과 원칙을 살펴본다.

참고자료

1. Carver, J. "Understanding the Special Board-Ownership Relationship." *Board Leadership*, 1995n, no. 18. Reprinted in J. Carver, *John Carver on Board Leadership*. San Francisco: Jossey-Bass, 2002.
   Carver, J. "Ownership." *Board Leadership*, 1995h, no. 18. Reprinted in J. Carver, *John Carver on Board Leadership*. San Francisco: Jossey-Bass, 2002.
   Carver, J. "Can a Board Establish Ends Policies Without Identifying Its Owners First?" *Board Leadership*, 1999a, no. 41.
   Oliver, C. "He Who Pays the Piper Calls the Tune." *Board Leadership*, 2001b, no. 57.
   Carver, J. "Thoughts on Owners and Other Stakeholders." *Board Leadership*, 2003r, no. 68.
   Carver, J. "Determining Who Your Owners Are." *Board Leadership*, 1995e, no. 18. Reprinted in J. Carver, *John Carver on Board Leadership*. San Francisco: Jossey-Bass, 2002.
   Carver, J. "When Owners and Customers Are the Same People." *Board Leadership*, 2000k, no. 47.
   Carver, J. "Clarifying the Distinction Between Owners and Customers." *Board Leadership*, 2001d, no. 55.
   Carver, J. "When Customers Are Owners: The Confusion of Dual Board Hats." *Nonprofit World*, 1992p, *10*(4), 11-15. Reprinted in J. Carver, *John Carver on Board Leadership*. San Francisco: Jossey-Bass, 2002.
2. Carver, J. "Understanding the Special Board-Ownership Relationship." *Board Leadership*, 1995n, no. 18. Reprinted in J. Carver, *John Carver on Board Leadership*. San Francisco: Jossey-Bass, 2002.
   Carver, J. "When Owners Are Customers: The Confusion of Dual Board Hats." *Nonprofit World*, 1992p, 10(4), 11-15. Reprinted in J. Carver, *John Carver on Board Leadership*. San Francisco: Jossey-Bass, 2002.
3. Mill, J. S. *Considerations on Representative Government*. New York: Harper, 1867.
   Wolfe, J. *An Introduction to Political Philosophy*. Oxford, U.K.: Oxford University Press, 1996.
   Rousseau, J. J. "Discourse on Political Economy." In J. J. Rousseau, *Jean-Jacques Rousseau: The Social Contract* (C. Betts, trans.). Oxford, U.K.: Oxford University Press, 1999. (Originally published 1758.)
   Rousseau, J. J. *Jean-Jacques Rousseau: The Social Contract* (C. Betts, trans.). Oxford, U.K.: Oxford University Press, 1999. (Originally published 1762.)
   Hume, D. *Philosophical Essays on Morals, Literature, and Politics*.

Washington, D.C.: Duffy, 1817.
Carver, J. "A Theory of Governing the Public's Business." *Public Management* (Great Britain), Mar. 2001n, 3(1), 53-71. Reprinted in J. Carver, *John Carver on Board Leadership*. San Francisco: Jossey-Bass, 2002.
4. Carver, J. "Bullies on the Board." *Board Leadership*, 1998d, no. 36.
Oliver, C. "Boards Behaving Badly." *Board Leadership*, 2000a, no. 51.
Oliver, C. "Cultivating Good Board Manners." *Board Leadership*, 2000c, no. 52.
Oliver, C. "Getting Personal." *Board Leadership*, 2001a, no. 55.
Oliver, C. "Developing Group Discipline." *Board Leadership*, 2003b, no. 68.
Oliver, C. "In the Minority." *Board Leadership*, 2003d, no. 65.
Carver, J. "The CEO and the Renegade Board Member." *Nonprofit World*, 1991a, *9*(6), 14-17.
Oliver, C. "Do unto Others: Cultivating Good Board Manners." *Association and Meeting Management Directory*. Winnipeg, Canada: August Communications, 2003c.
Carver, J. "Planning the Board's Conduct." *Board Leadership*, 1993m, no. 10. Reprinted in J. Carver, *John Carver on Board Leadership*. San Francisco: Jossey-Bass, 2002.
Carver, J. "When the Founding Parent Stays on the Board." *Board Leadership*, 1997s, no. 31. Reprinted in J. Carver, *John Carver on Board Leadership*. San Francisco: Jossey-Bass, 2002.
Carver, J. "A Team of Equals." *Board Leadership*, 1995m, no. 19. Reprinted in J. Carver, *John Carver on Board Leadership*. San Francisco: Jossey-Bass, 2002.
Carver, J. "Owning Your Agenda: A Long-Term View Is the Key to Taking Charge." *Board Leadership*, 1993k, no. 7. Reprinted in J. Carver, *John Carver on Board* Leadership. San Francisco: Jossey-Bass, 2002g.
Carver, J. "Policy Governance Is Not a 'Hands Off' Model." *Board Leadership*, 1995j, no. 19. Reprinted in J. Carver, *John Carver on Board Leadership*. San Francisco: Jossey-Bass, 2002.
Leblanc, R., and Gillies, J. *Inside the Boardroom: How Boards Really Work and the Coming Revolution in Corporate Governance*. Mississauga, Ontario, Canada: Wiley, 2005.
5. Carver, J., and Carver, M. "How to Tell Board Means from Staff Means." *Board Leadership*, 2004, no. 73.
Carver, M. "Governance Isn't Ceremonial; It's a Real Job Requiring Real Skills." *Board Leadership*, 1997, no. 31.
Carver, J. "Crafting the Board Job Description." *Board Leadership*, 1993d,

no. 10. Reprinted in J. Carver, *John Carver on Board Leadership.* San Francisco: Jossey-Bass, 2002.

6. Carver, J. "Give, Get, or Get Off?" *Contributions*, Sept.-Oct. 1998g, *12*(5), 8-12.

   Carver, J. "*Board Members as Fundraisers, Advisors, and Lobbyists.*" The CarverGuide Series on Effective Board Governance, no. 11. San Francisco: Jossey-Bass, 1997b.

   Carver, J. "Giving, Getting, and Governing: Finding a Place for Fundraising Among the Responsibilities of Leadership." *Board Leadership*, 1993g, no. 7. Reprinted in J. Carver, *John Carver on Board Leadership.* San Francisco: Jossey-Bass, 2002.

7. Mogensen, S. "The Big Picture: Policy Governance and Democracy." *Board Leadership*, 2003, no. 70.

   Carver, J. "What Can Boards Do to Ensure That They Are Providing Full Representation of an Organization's Ownership?" *Board Leadership*, 1999i, no. 43.

   Oliver, C. "When Owners Don't Agree." *Board Leadership*, 2003g, no. 70.

   Oliver, C. "Understanding and Linking with the Moral Ownership of Your Organization." *Board Leadership*, 1999, no. 44.

   Moore, J. "Linking with Owners: The Dos and Don'ts." *Board Leadership*, 1999, no. 46.

   Kradel, E. "Just How Should Boards Communicate with Owners?" *Board Leadership*, 1999, no. 45.

   Carver, J. "Connecting with the Ownership." *Board Leadership*, 1995d, no. 18. Reprinted in J. Carver, *John Carver on Board Leadership.* San Francisco: Jossey-Bass, 2002.

8. Tremaine, L. "Finding Unity and Strength Through Board Diversity." *Board Leadership*, 1999, no. 43.

   Carver, J. "Achieving Meaningful Diversity in the Boardroom." *Board Leadership*, 1993a, no. 8. Reprinted in *Board Leadership*, 1999, no. 43, and in J. Carver, *John Carver on Board Leadership.* San Francisco: Jossey-Bass, 2002.

   Carver, J., and Carver, M. M. *Making Diversity Meaningful in the Boardroom.* The CarverGuide Series on Effective Board Governance, no. 9. San Francisco: Jossey-Bass, 1997b.

제 8 장

임원과 위원회

최고거버넌스책임자 및 이사회 업무 분담 기구

임원과 위원회는 이사회가 거버넌스 업무를 나눠맡는 장치다. 이렇게 조직을 세분하면 이사회의 동일체성을 훼손할 수 있기 때문에 임원과 위원회를 둘 때는 조심해야 한다. 거버넌스의 한목소리 유지와 최고경영자에 대한 위임 둘 다 위태로워진다.

이 장에서는 최고거버넌스책임자(CGO) 역할을 소개함으로써 임원과 위원회를 정하는 작업에 수반되는 문제와 원칙을 다룬다. 각각의 주제를 미니멀리즘과 최고경영자 역할(최고경영자 개인이 아니라 역할) 보호, 이사회 동일체성이라는 세 가지 요소를 중심으로 살펴본다. 마지막으로 일반적인 위원회에 대해 정책거버넌스 원칙을 고려해 간단히 언급하고 마무리한다.

1. 임원

이사회가 그 조직에서 최고 보수를 받는 경영진을 최고경영자라 부르기로 정했다고 가정하자. 그리고 논의를 단순화하기 위해 최고경영자는 이사회 임원이 아니라고 생각하겠다. 이사회는 보통 의장과 부의장, 총무이사*secretary*, 재무이사*treasurer*를 정한다. 물론 부의장과 차기 의장이 복수인 경우도 적지 않다.

1) 미니멀리즘

과업을 완수하는 데 필요한 구조는 최소한으로 유지하는 것이 가장 좋다. 필요한 숫자보다 더 많은 임원을 정하면 얻는 것도 없이 더 복잡해지기만 한다. 따라서 임원의 수는 법에서 정한 최소 수준에서 시작해 꼭 필요할 때만 늘려야 한다. 의장과 총무이사 이렇게 두 임원만 있으면 법적으로 이사회 구성이 가능한 단체가 많다.

미니멀리즘 관점에서 보면, 그 이상의 임원을 둘 이유를 찾기가 어렵다. 부의장이라는 지위는 보통 의장의 빈자리를 신속하게 채우기 위해 존재한다. 그러나 의장이 공석일 때 나머지 이사들이 임시로 돌아가며 의장의 의무를 대신해도 된다. 최고경영자가 있는 단체라면 재무이사도 굳이 필요 없다. 많은 경우, 법적으로 최고경영자가 총무이사를 겸할 수 있다. 그러나 여기서 나는 어떤 임원을 두어야 된다가 아니라 과업에 필요한 임원 수를 최소한으로 해야 원칙이 명확해지고 절차가 매끄러워진다는 점을 강조하고 싶다.

2) 최고거버넌스책임자와 최고경영자의 구분

최고거버넌스책임자와 최고경영자, 이 두 중요한 역할을 구분하기가 애매할 때가 많다. 이사회 고유의 절차를 대표하는 사람은 보통 회장이나 의장(*chairperson*, *chairman*, *chairwoman*이라고 하거나 간단하게 *chair*, *president*) 혹은 다른 비슷한 표현으로 부른다. 이사회가 운영조직을 위해 선택한 대표자는 흔히 총재, 사무총장, 국장, 총괄관리자, 최고감독관, 시장, 회장(또!), 혹은 다른 비슷한 표현으로 부른다. 각각의 경우, 호칭이 여러 가지라 헷갈리겠지만 그에 걸맞은 역할이 있다. 경영 부문 최고위자는 보통 '최고경영자*chief executive officer*', 줄여서 CEO라고 하며, 이미 앞 장에서 그렇게 지칭했다.

그러나 거버넌스 업무를 이끄는 리더이자 거버넌스 업무의 질서를 세우는 임원, 즉 이사회의 1인자를 통칭하는 이름은 지금까지 없었다. 그래서 '회장*president*'이라고 하면 누구를 가리키는지 헷갈린다. 'Chairman'이라고 하면 성차별 문제가 불거지고, 그렇다고 'chairperson', 'chairwoman'이라고 하는 것도 어색하다. 그냥 'Chair'라고 하는 편이 중립적이지만 왠지 사물 같다. 게다가 정책거버넌스에서는 이 사람의 임무가 단순히 회의를 주관하는 게 아니라서 주어진 업무를 충분히 설명하지 못한다. 더욱이 미국과 캐나다의 주식회사는 대부분 경영과 거버넌스를 이끄는 역할을 한 사람에게 맡긴다. 그 결과, '의장'과 '최고경영자'라는 말을 붙여서 쓰는 경우가 너무 흔해져서 기능적으로나 언어적으로나 구별이 사라졌다. 그래서 오로지 이사회 대표자 역할만을 콕 집어 가리키고, 그 역할을 가장 단순하고 정확하게 설명하는 일반 용어를 갖기 위해 '최고거버넌스책임자*chief governance officer*', 줄여서 CGO라는 표현을 제안한 것이다 [참고자료 1].

따라서 이제부터는 회장이나 의장이 아니라 CGO라고 하겠다. 가능한 한 혼란의 여지를 남겨두지 않기 위해 설명을 덧붙이자면, 이 책에서 사용하는 CGO라는 직함은 미국 기업에서 이따금 경영 간부에게 주어지는 그런 직함이 아니며, 거버넌스 절차의 '실질적인' 최상위자를 가리키는 표현이다. 이 시대에 기업 거버넌스가 어리둥절한 상태인 점을 감안하면, 직함에 담긴 개념을 오해해도 전혀 놀랍지 않다.

CGO는 이사회를 대신해 이사회 운영 절차를 대표하는 사람이다. 그러나 이사회의 상사가 아니며, 최고경영자의 상사도 아니다. CGO는 기본적으로 이사회가 스스로 정한 업무를 반드시 수행하게 만드는 사람이다. 〈그림 3-5〉에 표현된 바와 같이, 이사회가 규율을 정확히 지키게 하는 책임이 CGO에게 있음에도 불구하고, CGO의 결정 권한은 이사회의 결정 권한을 '벗어나지 않는다.' CGO는 그린리프가 주창한 서번트 리더십의 완벽한 예다 [참고자료 2].

3) 최고경영자 역할 보호

위임이 어떻게 이뤄졌는지 확인할 수 있고, 일원화되어 있으며 균형이 유지될 때 책무성은 가장 효과적으로 나타난다. 위임이 어떻게 이뤄졌는지 그 과정을 추적할 수 있으려면, 상급자와 하급자의 각 연결관계가 모든 당사자에게 명확해야 한다. 위임의 일원화를 위해서는 책임 배분과 그 이후의 평가가 여러 통로가 아닌 단일 통로로 이뤄져야 한다. 만약 그 상급자가 이사회라면 일원화 원칙을 위해 이사회 전체가 한목소리를 냄으로써 단일 채널을 유지해야 한다. 책임과 권한의 균형을 위해서 최고경영자는 자신이 부여받은 권한 내 일에 대해 책임을 지고 그 이상의 책임은 부담하지 않아야 한다.

최고경영자가 이사회의 한목소리에만 책임지면 된다면, 개별 이사는 최고경영자나 다른 직원들에 대해 아무런 권한을 갖지 못한다. 조지아주 피치트리 시의회 의원인 돈 오퍼러는 "우리는 여러 목소리를 내며 심사숙고하지만 오로지 한목소리로 단체를 이끌 것이다"라고 말한다. 이 원칙을 가장 많이 위반하는 경우는 CGO나 재무이사다. 그동안 그들에게 사무국의 활동을 통제할 권한이 있다고 알려졌기 때문이다. 이사회 임원이 최고경영자에게 개별적으로 권한이 있다고 간주할 경우 다른 이사가 그러는 것과 마찬가지로 이사회와 최고경영자 관계에 방해가 된다.

만약에 CGO에게 최고경영자에 대한 아무 권한이 없다면, 이사회가 기대하는 바를 최고경영자에게 누가 알려줄까? 이사회가 알려준다. 이사회가 명확한 표현으로 한목소리를 낸다면, CGO가 무엇을 덧붙일 수 있겠는가? CGO가 최고경영자에게 이사회를 대변하려고 한다면, 그 사람은 불필요한 행동을 하는 것이거나(아무것도 덧붙이지 않는다면) 혹은 권한을 남용하는 것이다(뭔가를 덧붙인다면). 또한, CGO가 덧붙이는 것을 묵인해야 하는 최고경영자는 이제 오로지 CGO를 위해 일하고 있는 것이니 더는 최고경영자라고 불릴 수가 없다(왜냐하면 CGO가 최고경영자처럼 행동하고 있으니까). 그게 아니면 이사회와 CGO 양쪽을 위해 일하고 있는 것인데, 그럴 경우 이사회는 하나라는 원칙을 위반한 것이라 그 또한 용납이 안 된다.

위임에 관한 비슷한 잘못이 재무이사에게서도 흔히 발견된다. 이사회는 최고경영자에게 건실한 재정에 대한 책임을 묻는다. 최고경영자에게는 이사회가 받아들일 수 있다고 여기는 수준의 재무 안전성을 유지하는 데 필요한 것은 무엇이든(재무 방식을 정하고, 기록을 유지하며, 예산을 수정하는 등) 할 수 있는 충분한 권한이 주어진다. 그러나 내가 본 운영규약 중 절반 이상이 재무이사에게 회계 장부와 지출, 그 밖에 여러 가지 재무관리 활동에 관한 책임을 맡긴다.

재무이사가 책임을 맡은 경우, 경영에 관한 책무의 중요한 부분이 최고경영자로부터 떨어져 나간 것이다. 그렇게 책임이 분리되면 최고경영자의 역할이 더는 존재하지 않는다고 볼 수 있다. 재무이사에게 최고경영자 임무를 수행할 권한이 있을까? 권한이 없다고 하면, 책임과 권한이 부합하지 않는 것이다. 만약에 권한이 있다고 하면, 재무담당 직원은 물론 어쩌면 최고경영자에 대한 권한까지도 재무이사에게 있다는 의미일까? 그러면 최고경영자는 이사회뿐만 아니라 재무이사를 위해서도 일하는 것일까? 한편, 재무 건전성에 대해 이사회에 책임지는 사람이 최고경영자라면, 어떻게 운영규약으로 그 임무를 재무이사에게 맡길 수 있을까?

그런 조직에서 재무이사라는 지위는 기능을 상실해 흔적만 남은 신체기관과 같다. 단체의 규모가 아주 작아서 재무이사가 진짜 재무 업무를 수행했을 때는 그런 지위가 필요했을 것이다. 아니면 전혀 그렇지 않았는데도 법률고문이 쓸데없이 운영규약에 표준문안을 집어넣었을 수도 있다. 어쨌거나, 많은 이사회와 경영진, 그리고 사무국 재무책임자는 재무이사 역할이 말이 되는 척하느라 매달 말도 안 되는 일을 벌여 시간과 노력을 낭비한다.

나는 다음과 같이 진행되는 모습을 자주 목격한다. 사무국의 재무책임자와 최고경영자가 이사회 회의 전에 재무이사를 만나 논의를 한다.

회의가 시작되면, 막 브리핑을 받은 재무이사가 방금 들은 내용을 간략하게 소개한다. 그러면 재무이사는 그 내용을 잘 아는 것처럼 보이고, 그런 방식이 의례적으로 반복되니 이사회는 안심한다. 이 시나리오에서 재무이사를 재무위원회로 대체해도 저런 위장은 조금도 더 합리적으로 보이지 않는다.

일부 이사회는 재무 업무를 보는 직원들로 재무이사 지원팀을 꾸려 이 문제를 약간 고치기도 한다. 이런 경우, 운영규약을 통해 재무이사에게 보통 부풀려서 표현한 책임을 부여하되 그 책임을 지원팀에 위임할 수 있게 한다. 이제 이사회의 한 임원으로부터 명목상의 최고경영자뿐만 아니라 그 최고경영자의 부하직원들에게까지 위임이 이뤄지는 것이다. 이렇게 대단히 복잡한 상황에서 누가 무엇을 누구에게 책임진단 말인가?

사실 최고경영자가 있으면, 이사회 재무이사 자리는 필요하지도 정당하지도 않다. 불필요한 자리를 억지로 만들면 그 자리를 정당화하기 위해 엄청난 수고를 들여야 한다. 억지로 만든 자리임에도 굳이 역할을 합리화하자면 재무성과를 점검하는 일 정도일 텐데, 재무이사가 이사회 정책에 제시된 것과 다른 기준으로 재무성과를 점검한다면 그 역할도 타당하지 않다. 이사회 기준이 명확하고 평가 정보가 이 기준에 정확하게 부합하는 답을 제공한다면 전문가 해석 같은 건 거의 필요 없다.

4) 이사회 동일체성

동일체성에 입각한 이사회는 조직 내에서 단일 지위를 가지며 공식적으로 하나같이 행동해야 한다. 이사회 임원은 이사회가 제 역할을 다하도록 돕기 위해 존재하는 것이지 내부적으로 권력을 행사하기 위해 존재하는 것이 아니다. 최소한의 두 임원에 대해 나는 다음과 같이 업무 결과물 중심으로 표현한 직무기술을 제안한다.

최고거버넌스책임자: 이사회 운영 절차의 온전함*integrity*을 책임진다.

총무이사: 이사회 문서의 온전함을 책임진다.

이러한 직무 책임은 완전한 거버넌스를 실현하는 데 도움이 된다. 이것은 최고경영자에 대한 일원화한 위임을 방해하지 않는다. CGO는 조직의 기능이나 최고경영자의 자질에 책임지지 않는다. CGO는 이사회의 기능을 책임지며, 보통은 그것으로도 일이 충분하다! CGO는 7장에서 살펴본 이사회 직무기술서를 이용해 이사회가 일을 잘하면 최고경영자의 성과도 따라올 것이라고 믿어도 된다.

CGO의 업무 결과물이 완전한 이사회 운영 절차라면, 그 결과물을 얻는 데 필요한 능력을 바탕으로 CGO를 선정해야 한다. CGO가 하는 일은 집단의 절차를 능숙하게 다루고 한 집단을 공정하면서도 단호하게 이끌어나가는 능력이 필요하다. 다양성을 외면하지 않고, 심지어 다양성을 반기며 이사회가 정한 규정에 따라 이사회 업무를 수행하기 위해서는 말이다. 따라서 이사회는 이사회 내에 잠재하는 리더십을 개발할 수 있는 CGO를 선택하기 위해 무척 신경을 써야 한다. 좋은

CGO는 필요 이상으로 엄격한 규율을 동료 이사들에게 강요하기보다 이사회 스스로 지혜롭게 필요한 규정을 만들도록 유도한다. CGO는 이사회가 정한 방식에 따라 이사회를 대하는 수밖에 없다는 듯 필요할 때마다 이사회가 정한 규율을 꺼내놓을 뿐이다. 카드 디자이너 모니카 시실이 데이비드 M 카드에 적어 넣은 우정에 관한 감성적인 문구는 좋은 CGO를 묘사하는 말이기도 하다. "친구란 당신이 노랫말을 기억하지 못할 때 그 노래를 함께 불러주는 사람이다." 좋은 CGO는 노래하는 이사회를 대할 때 단호한 만큼 애정도 베풀어야 규율과 집단 책무의 환상 조합을 보여주는 것이다 [참고자료 3].

거버넌스의 질은 보통 의장을 맡은 사람의 능력이 좌우한다. 더 좋은 이사회일수록 더 분별력 있게 CGO를 선택한다. 그러나 역설적이게도 이사회가 하나의 집단으로서 많은 책임을 맡을수록 CGO가 단기간에 일으키는 변화는 적다. 이사회가 근무 혹은 활용 가능 시간을 기준으로 CGO를 선택한다면 거버넌스를 과소평가하는 것이다. 한 달에 30시간을 낼 수 있는 무능력한 리더보다 한 달에 세 시간밖에 내지 못해도 능력 있는 리더를 선택하는 편이 낫다. 시간이 많은 CGO 밑에서 속을 끓이는 최고경영자들이 많다.

CGO가 이사회를 위해 일하는 것이지 이사회가 CGO를 위해 일하는 것이 아니라는 사실을 기억해야 한다. 그러니 CGO가 이사회 업무 수행에 방해가 된다면, 이사회는 스스로를 탓해야 한다. 따라서 CGO 임무의 중요성은 조직 내에서 직접 최고 권한을 휘두르는 것이 아니라 이사회가 최고 권한을 행사하도록 돕는 데 있다. 그렇다 하더라도 나는 CGO가 이사회 운영 절차에서 중요한 인물이라고 강조하고 싶다. 정책거버넌스 모델은 이사회가 탁월한 거버넌스를 수행하는 데 필요한 채비를 하게 할 뿐만 아니라, CGO가 자기 임무를 잘 해낼 수 있게 해준다. 북아일랜드 벨파스트에 있는 캐슬레이 칼리지Castlereagh College의 이사회 의장인 브라이언 애치슨은 다음과 같은 말로 이 같은 사실을 뒷받침한다. "정책거버넌스 모델로 내가 해야 할 모든 일을 처리할 방법이 생겼다. 연간 사업계획 수립이며, 높은 도덕 기준과 절차상의 의무 이행, 구성원들이 목적의식을 갖고 조직이 우선하는 사항을 고려하도록 만드는 것, 그리고 예상치 못한 일에 대응하는 것까지. 취임 첫해인데도 마치 숙련된 프로 같은 느낌이다." 정책거버넌스는 CGO에게 단순히 회의를 주관하는 것보다 더 많은 의사결정을 요구하지만, 이렇게 중요한 임무에 필요한 청사진도 함께 제공한다.

워싱턴D. C.의 아메리칸 리서치 인스티튜트American Institutes for Research 이사회는 이사회 의장의 직무를 부가가치와 행동 권한을 중심으로 간략하게 설명한 정책을 갖고 있다(〈자료 8-1〉).

이사회 동일체성에 관한 CGO 책임은 대중과 언론에 대한 직무상의 역할에 대해서까지 확장된다. 언론과 인터뷰를 할 때 CGO는 이사회가 실제로 밝힌 내용이 아닌 것을 언급할 권한이 없다. "이사회를 대표한다"는 의미는 이사회가 특별히 다른 권한을 부여하지 않은 한, 오로지 이사회가 언급한 내용만 말한다는 뜻이다. 이러한 기능을 효과적으로 수행하는 한 가지 방법은 최고경영자에게 적용되는 위임 원칙을 똑같이 적용하는 것이다. 다만 이사회 운영 절차와 경영진에 대한 위임 정책 범주를 다룰 때는 예외다. 이 접근법은 CGO가 위임과 평가 절차에 관한 세부사항은 물론이고 이사회 절차와 방식에 대해 의사결정을 내릴 수 있도록 허용한다. 물론 이 주제에 관한 이사회의 포괄적인 정책에서 벗어나지 않아야 한다. 그러나 CGO는 목적과 경영상의 제약 정책을

〈자료 8-1〉 아메리칸 리서치 인스티튜트 이사회 운영 절차 정책: "의사회 의장 직무기술서"

이사회 의장은 특별한 권한을 갖는 이사, 즉 최고거버넌스책임자로서 완전한 이사회 운영 절차를 보장하고, 이따금 외부 관계자들에게 이사회를 대표하는 것이 임무다.

1. 의장에게 배정된 업무 성과는 이사회가 스스로 정한 규칙과 조직 외부로부터 정당하게 부과된 원칙에 맞게 행동하게 하는 것이다.
   A. 회의에서 논의하는 내용은 이사회 정책에 따라 이사회가 결정하거나 점검해야 하는 사안들로 한정될 것이다.
   B. 성과 평가나 이사회 의사결정과 관련 없는 정보는 피하거나 최소화하며, 언제나 그렇게 주의할 것이다.
   C. 심의는 공정하게 공개적으로 철저하게 하는 한편, 적시에 질서 있게, 핵심을 벗어나지 않고 진행될 것이다.
2. 의장 권한은 이사회 운영 절차와 이사회-최고경영자 관계에 관한 이사회 정책에 포함되는 주제를 결정하는 것이다. 다만 최고경영자 임명과 해임, 이사회가 특별히 다른 사람에게 위임한 부분은 제외다. 의장은 이 정책에 포함된 조항들에 대해 모든 합리적인 해석을 이용할 권한이 있다.
   A. 의장은 결정과 승인 같이 일반적으로 그 지위에 허용되는 모든 권리를 이용해 회의를 주재할 권한이 있다.
   B. 의장은 이사회가 목적과 경영상의 한계 정책 범주에 만들어놓은 정책들에 관해 결정할 권한이 없다. 따라서 최고경영자를 감독하거나 최고경영자에게 지시를 내릴 권한도 없다.
   C. 의장은 외부 관계자들에게 이사회를 대표해 이사회가 정한 입장을 발표하고, 위임받은 영역 안에서 자신이 내린 결정과 해석을 밝힌다.
   D. 의장은 이 권한을 다른 사람에게 위임해도 되지만, 그 권한을 사용한 데 대한 책임은 여전히 의장에게 있다.

해석할 수 없다. 그렇게 하는 것은 사무국에 지시를 내리기 위한 것이고, 결과적으로 이사회가 최고경영자에게 부여한 권한과 충돌을 일으킨다. 이러한 구분은 〈그림 3-5〉에 표현되어 있으며, CGO와 최고경영자는 서로 다른 영역을 맡는다.

CGO가 이사회가 진행 중인 일의 관리자라면 총무이사는 이사회가 완료한 일의 관리자다. 총무이사의 업무 결과물이 "이사회 문서의 온전함"이라면 그 부분에 이바지할 능력을 기준으로 총무이사를 선정해야 한다. 총무이사는 다른 사람이 아닌 자신의 행위에 대해서만 책임이 있으며, 오직 올바름과 정확성, 그리고 드러나는 모습에 집중하면 된다. 총무이사의 업무는 회의록 작성과는 거의 관련이 없겠지만 절차와 조치에 관한 공식적인 기록과 관련해서는 할 일이 많을 것이다. 총무이사는 이사회 정책과 회의록을 포함해 이사회 조치에 관한 증거를 보증한다.

국제정책거버넌스협회의 "이사회 직무기술" 정책(〈자료 7-4〉)은 주인의 가치(1번)를 경영 성과(3번)로 연결하는 업무 결과물을 설명한다. 그사이에 들어가는 이사회 산출물(2번)은 앞서 소개한 4가지 정책 범주 안에서 결정해야 할 사안들을 명확하게 설명하는 것이다.

회의록은 이사회 활동에 관한 가장 기본적인 기록이다. 제아무리 중요한 이사회 정책이라도 회의록의 권위를 빌리지 않고는 그 개정과 개정사실을 알리지 못한다. 모든 이사회 "발언"은 공식 절차를 거쳐 채택한 입장만 포함한다. (이사회 '공식' 발언 이상의) 상세한 대화 기록은 필요하지 않으며, 공식적인 의미가 전혀 없는 내용들로 분량만 늘리고 이사회의 한목소리 원칙을 훼손한다. 회의록이 길면, 작성자가 이사회 대화를 편견 없이 기록한다는 게 거의 불가능하다. 회의록이 사실과 다르면, 누군가는 잘못 표현된 것이다. 회의록이 정확하면 문제가 안 된다. 왜냐하면, 발의를 하더라도 공식적으로 통과되어야 이사회 조치가 되기 때문이다. 이사들이 특별히 기록으로 남기길 원하는 공식적인 발의와 발언만으로도 거의 모든 이사회 상황에서 회의록을 채우기에 충분하다.

2. 위원회

이사회 내 위원회는 이사회가 하는 일을 돕기 위한 것이지 사무국의 업무를 돕기 위한 조직이 아니다. 임원과 마찬가지로 위원회도 최소한으로 구성해야 하며, 최고경영자 역할을 보호하고 이사회 동일체성을 유지하기 위해 충분히 신경을 써야 한다. 절대적으로 필요한 위원회가 아니면 만들지 말아야 한다. 이사회와 최고경영자 사이의 명확한 책무 관계를 양보하면 안 된다. 가능한 한 이사회 동일체성을 훼손하지 말아야 한다.

1) 미니멀리즘

전통적으로 우리는 이사회와 위원회를 거의 동시에 얘기한다. 이사회에는 당연히 위원회가 있어야 한다고 생각하는 것이다. 그렇지 않은가? 심지어 위원회에 몇 명이 필요한지를 토대로 이사회 규모를 결정했다고 말한 이사회도 있었다! 그리고 이들은 모두 거버넌스에 충실하기만 하면 되는 회의체였다. 그들은 부족한 사무국을 대신하려고 위원회를 필요로 하거나 이용하는 게 아니었다. 위원회는 유용한 기능을 제공할 수 있으나 좋은 방법은 위원회 없이 시작하고 꼭 필요할 때만 만드는 것이다.

그렇게 할 때도, 위원회를 만들기로 선택한 이상, 그 선택이 아무리 지혜롭게 이뤄졌다고 해도 이상적인 구조에 관한 결정이 되지는 않는다. 이사회가 가져야 할 올바른 위원회나 이사회 업무 완수를 위해 꼭 필요한 올바른 세부조직 목록 같은 건 없다. 최근 기업 거버넌스 관행이 변화하고 있지만, 없어서는 안 될 위원회는 없다. 회계감사나 보상위원회도 마찬가지다. 이사회 업무 수행을 위해 조직을 세분화하는 것은 그때 이사회를 구성하고 있는 사람들의 개인적인 선호다. 이사회를 구성하는 사람들의 개인적 특성으로 구성원을 조합하는 방법은 더 좋을 수도 있고 나쁠 수도 있다.

2) 최고경영자 역할 보호

이사회 내 위원회는 경영이 아니라 거버넌스 절차를 돕기 위해 만드는 것이다. 이 단순한 원칙이 이사회-최고경영자 책무 관계를 안전하게 보호한다. 이사회 위원회에 경영업무를 감독하고, 경영업무에 관여하거나 조언하는 일을 맡기면, 그 활동에 대한 책임이 누구에게 있는지가 불분명해진다. 인사, 경영, 재무 위원회가 상습범이다. 이런 위원회들이 선한 의도를 갖고 개입하면 최고경영자 역할이 위태로워진다. 그러면 이사회가 최고경영자에게 책임을 물을 수 있는 여지도 급격히 줄어든다.

안타깝게도, 많은 이사회 위원회가 사실 사무국 업무에 관여하기 위해 만들어진다. 이것은 이사회 스스로 적정 수준보다 낮은 업무에 관여할 때 생길 수밖에 없는 일이다. 위원회는 세세한 업무에 관여해야 한다는 통념이 있는 데다 전통적으로 그런 업무가 배정되었기 때문에 전체 이사회보다 각 위원회 내에서 문제가 더 심각한 것 같다.

업무수준 위원회는 전체 이사회보다 업무를 더 세세히 파고들어야 한다는 생각이 널리 퍼져있다. 사무국이 다룰 만한 수준의 업무를 직접 처리하겠다고 고집하는 이사회라면 세세한 것들을 챙기기 위해 세부 조직을 구성하는 일이 아주 타당하다고 여길 것이다. 그러나 이사회가 사무국 업무에서 벗어나 이사회 업무로 옮겨가면 그런 필요성이 사라진다. 이사회가 적절히 활동하도록 돕기 위해 위원회가 있는 것이라면 그보다 낮은 수준에서 일하는 것은 적절하지도 않고 도움이 되지도 않는다.

이사회 위원회는 이사회 수준에서 일해야지 그보다 낮은 수준의 일을 하면 안 된다. 정책 수립과 관련해 위원회가 도움을 줄 수 있는 최고의 방법은 이사회 수준에 맞는 사안들을 준비해 이사회가 심의하도록 하는 것이다. 정책 수립을 제외한 이사회 업무에 관해서는(예컨대 주인과의 연결고리나 모금 등) 위원회가 세세한 부분을 처리할 수 있으나 그 때에도 사무국에 위임된 영역은 관여하지 말아야 한다.

주제 이사회 정책 유형이 경영업무 분담이나 행정상의 분류를 반영할 필요가 없는 것과 마찬가지로 이사회는 행정상의 분류를 토대로 세부 조직을 구성할 이유가 없다. 이사회가 사무국의 기능과 동일한 이름의 위원회를 만들 경우, 그 위원회는 사무국 업무에 관여할 것으로 예상이 된다. 인사위원회는 자동으로 사무국 인사책임자 수준의 업무를 한다. 재무위원회도 보통 비슷한 함정에 빠져든다. 사무국의 특정 프로그램을 다루는 위원회는 그 프로그램과 관련해 사무국이 처리할 수준의 경영업무를 처리하고 있을 가능성이 높다.

이사회 위원회가 사무국 수준에서 일하면, 이사회-최고경영자-사무국으로 이어지는 명쾌한 책무 사슬이 무너진다. 위원회와 그 위원회의 영향을 받는 사무국의 관계를 보자. 그 직원은 누구를 위해 일하는가? 위원회인가 아니면 최고경영자인가? 만약 그 직원이 최고경영자를 위해 일한다면, 위원회로부터 지시를 받을 수 없다(그렇지 않으면, 최고경영자가 그 아웃컴에 책임을 지기 어렵다). 그런데도 직원들은 다소 교묘하게 위원회로부터 지시를 받는다. 만약 그 직원이 위원회를 위해 일한다면, 진정한 의미의 최고경영자는 없는 것과 같다. 이사회가 사무국에 대한 위임을 최고경영자 한 명을 통해서만 하지 않고 여러 채널로 확대했기 때문이다.

일부 이사회는 그런 위원회가 존재하는 이유는 사무국에 조언하기 위해서라고 주장한다. 그렇게 함으로써 이사들의 특별한 능력을 잘 활용해야 한다는 것이다. 그러나 위원회가 — 혹은 전체 이사회 차원에서도 — 사무국에 조언한다는 건 뭔가 수상쩍은 구석이 있다. 조언하는 것이(지시를 내리는 것과 달리) 위원회의 순수한 의도라 하더라도, 직원들은 그렇게 순수하게 받아들이지 못한다. 이사회는 조언과 지시의 차이가 분명하지 않은 점을 대수롭지 않게 여길지 몰라도, 직원들은 좀처럼 그 차이의 모호함이 유발하는 결과를 피하지 못한다. 직원들은 위원회가 하는 말을 순수한 충고, 즉 아무 조건 없는 조언으로 여기려 하지 않는다.

사람들은 보통 상사의 조언을 들으면 어떻게 하는가? 그것이 지시가 아니라 그저 조언일 뿐이라면 반드시 신경을 써야 할 의무는 없다. 그저 조언일 뿐이라면, 누구에게 조언을 들을지에 관한 선택은 조언을 들을 사람의 권리다. 위원회가 제공하는 것이 그저 조언일 뿐이라면, 직원들은 회의에 참석하지 않거나 보고서를 읽지 않는 방법으로 위원회를 효과적으로 무력화할 수 있을 것이다. 그저 조언일 뿐이라면, 이사회는 직원들이 이렇게 조언을 거부해도 그들을 나쁘게 생각하지 않을 것이다. 이사회가 목적과 경영상의 한계를 명확하게 만들었다면, 조언을 받아들이는지를 토대로 직원들을 평가하는 것은 아무리 비공식적인 평가라 할지라도 지나칠 뿐 아니라 치명적이다.

조언 방식은 전적으로 조언을 받는 사람의 통제 안에 있어야 한다. 조언을 원하는 직원들은 그들 스스로 아무리 최고라 여겨도 자기가 선택한 사람의 조언은 받아들이게 마련이다. 그 조언이 지시가 아니라 정보를 제공하는 차원일 뿐임을 모든 이해관계자가 이해한다면 직원들은 이사들에게 조언을 구해도 된다. 그 조언이 교묘한 지시로 잘못 받아들여지지 않는 한 이사들은 자유롭게 조언할 수 있다. 따라서 사무국에 조언하려고 이사회 내에 공식적으로 위원회를 만드는 것은 불필요할 뿐 아니라 해롭기까지 하다. 미시간주 머리디언 타운십의 선출직 시의원인 수잔 맥길리커디는 "우리 직원들은 쓸데없고 중복되는 위원회 회의에 참석할 필요 없이 우리가 성과를 내는 데 중추적 역할을 해왔다"며 흡족해했다.

위원회에 관한 정책거버넌스 원칙은 위원회 구성이 아니라 기원에 따라 달라진다. 그 위원회에 누가 속해 있는지와 상관없이, 이사회가 만든 위원회는 이사회 소속이고, 사무국에서 만든 위원회는 사무국 소속이다. 따라서 이사와 직원이 섞여 있는 이사회 위원회는 이사회 위원회 규정을 따르고 직원들이 처리할 사안에 개입하지 않도록 막는다. 이사회 위원회는 향후 이사회 심의에 활용할 정보를 얻기 위해서 혹은 이사회가 사무국을 지원하라고 권한을 부여한 경우가 아니면, 절대 직원들을 직접 상대하지 않는다 [참고자료 4].

3) 이사회 동일체성

전통적인 관점에서 위원회 활동에 접근하는 방법만큼 이사회 동일체성을 위협하는 관행도 없다. 위원회 활동이 이사회 결속에 끼치는 피해를 최소화하면서 이사회에 도움이 되는 방법을 생각해보자.

전통적으로, 결정해야 할 사안들이 아주 많은 이사회는 업무를 세분화하는 것이 자연스럽다고 여겼다. 여러 위원회가 동시에 움직이면 이사회 전체가 하나로 움직일 때보다 몇 배 더 많은 문제를 처리하고 해결책을 구성할 수 있다고 보는 것이다. 각 위원회는 이사회의 축소판처럼 조사하고 논의하고 해결책을 만들어 이사회가 채택만 하면 되는 일련의 조치와 권고안을 완성한다.

이사회는 여러 위원회가 만든 권고안을 어떻게 할까? 각 위원회가 거친 과정 전체를 검토함으로써 이사회 구성원 전원이 문제해결과정을 이해하고 간접적으로 경험하게 할 수 있다. 그러나 이렇게 하는 것은 위원회 업무를 쓸데없이 반복하는 것이며, 사실상 위원회 업무의 필요성을 없애는 것이다. 그래서 위원회 권고안은 거의 수용된다. 이사회는 무조건 승인한다는 느낌을 피하려고 승인하기 전에 몇 가지 질문을 던져 위원회를 곤혹스럽게 만든다. 이사 대부분은 자신이 속하지 않은 위원회가 처리한 문제에 대해 많이 알지 못한다는 사실을 인정한다. 위원회가 무능력하거나 선입견이 있다고 믿을 만한 이유가 없는 한, 이사회는 위원회 권고안을 받아들인다.

그렇다면 현실적으로 이사회는 다양한 거버넌스 주제를 관통하는 이사회의 가치를 통합하는 게 아니다. 한 번에 한 주제씩 각 위원회의 가치를 종합하는 것밖에 안 된다. 이를테면, 인사에 관해 리자와 에린, 한나의 가치를 종합하고, 재무와 관련해서는 레이첼, 마틴, 리처드의 가치를 합하는 것이다. 그리고 프로그램에 대해서는 테리와 버클리, 타냐, 제니퍼의 가치를 더하는 식이다. 겉만 보면 이사회가 한목소리를 내야 하는 의무를 이행하고 있는 것 같지만 사실상 비교적 형식적인 표결 절차를 제외하면 이사회가 없는 것이나 마찬가지다. 그저 마음이 맞는 여러 미니 이사회*miniboard*가 실무그룹에나 타당할 방법을 어울리지 않게 거버넌스에 적용하고 있을 뿐이다.

이사회의 책임은 조직의 본질을 아우르는 통합된 가치 체계를 만들어내는 것이다. 올바른 거버넌스는 단편적인 시도가 아니다. 이사회 전체가 결정을 내리면 직원이나 이사회 각 구성원이 이상한 안건을 밀어붙여 부당한 권한을 행사할 여지가 있는 어두운 구석까지 환히 밝아지게 된다. '이사회가 통일된 정책을 만들 수 있는 유일한 방법은 전체 이사회가 동일체로서 그렇게 하는 것뿐이다.' 다행히, 이사회가 비교적 큰 정책에 집중하고 구체적인 실행 방식에 대한 지시를 자제하면, 이사회 업무도 충분히 감당할 수준이 되어 이사회 전체가 의사결정을 내릴 수 있다. 그렇게 만들어진 정책의 질은 각 주제를 관통하는 전체 이사회의 가치 경향(색조)*value coloration*을 반영한다.

따라서 이사회 위원회가 이사회 의사결정을 돕는 데 필요한 조직이라면 사전조직으로서 역할을 해야지 하위조직의 업무를 하면 안 된다. 이사회보다 먼저 문제를 대하더라도 이사회와 동등한 수준에서 그렇게 해야 한다는 뜻이다. 이사회보다 낮은 수준에서, 다시 말하면 사무국 수준에서 일하면 안 된다. 하지만 이사회에 권고안을 제시하는 것이 이사회 동일체성에 도움이 안 된다면 효과적인 '사전 작업'은 무엇일까? 정책에 따라 이끌어가는 이사회에서는 위원회 업무가 대부분 정책에 관한 의사결정과 연결된다. 이사회가 말보다 행동으로 하는 일은 얼마 되지 않으며, 이사회는 이 '행동' 업무 중에서 최고경영자 업무와 겹치지 않는 한 목표를 완수하기 위해 위원회를 활용할 수 있다.

이사회 위원회가 할 수 있는 '행동' 업무의 예로는 연례회의 장소 선정이나 이사들을 위한 교육 프로그램 설계 등이 있다. 이런 업무는 이사회 고유의 기능에 국한되기 때문에 최고경영자 역할과 충돌하지 않는다. 하지만 나는 위원회가 이사회의 정책 수립 업무를 도울 방법에 대해서만 살펴보겠다.

이사회가 심의를 거쳐 어떤 한 정책에 대해 입장을 정해야 할 경우, 선택지가 여러 개라면 더 좋을 것이다. 오직 한 가지 선택지밖에 없다는 점이 권고안의 본질적인 폐해다. 그러나 여러 대안이 있어도 이사회가 각각의 영향을 제대로 알지 못한다면 반드시 현명한 선택으로 이어지는 것도 아니다. 달리 말하면, 이사회는 여러 선택지와 그것이 초래할 수 있는 결과를 잘 알아야 한다. 그때야 비로소 현명하게 생각하고 논의하며 투표할 수 있다.

위원회가 사전 작업으로 만들어내는 유용한 결과물이 바로 그런 정책 대안과 그 영향에 대한 설명이다. 이사회를 위해 여러 대안과 그 영향을 설명하기 위해서는 위원회가 여러 단계를 신중하게 거쳐야 한다. 어떤 문제나 기회, 혹은 상황이 생겼다고 가정해보자. 이사회가 그 문제를 위원회에 맡겼을 수도 있고, 위원회가 관련 업무를 보다가 우연히 그 문제를 알게 됐을 수도 있다.

위원회가 첫 번째로 할 일은 이사회 수준에서 처리할 사안이 무엇인지를 명확히 하는 것이다. 이사회 수준에 맞게 올바른 질문을 결정하면 선택할 수 있는 답을 찾는 것이 가능해진다. 위원회는 올바른 수준의 사안을 다루고 있는 게 확실해야 한다. 위원회가 잘못된 수준에서 사안을 살피느라 상당한 시간을 허비하는 일이 비일비재하기 때문이다. 올바르지 않은 사안이란 해당 사안의 소관이 다른 곳인 경우, 또는 사안이 부적절하게 기술된 경우, 예컨대 충분히 포괄적인 수준에서 표현되지 않은 경우를 말한다. 그렇다면 위원회는 그 사안에 답하기 위해 이사회가 사용할 다른 정책 표현을 찾아야 한다. 다음으로는 각 정책의 영향을 비용과 대외 이미지, 생산성, 그 밖에 다른 요인에 비춰 조사해야 한다.

관련 영향에 따라 새로 만들어지는 정책 표현이 달라지기 때문에 사려 깊게 접근해야 한다. 사무국에 도움을 요청할 수 있지만, 일련의 조치를 결정하기 위해서가 아니라 가능한 선택지와 중요한 결과 중에 빠진 것이 없는지 확인하기 위해서다. 외부 도움을 받는 것도 유익할 수 있다. 예를 들어 회계감사 법인은 검토 중인 재무 정책안이 미칠 영향에 대해 유용한 정보를 제공할 수 있을 것이다. 그렇게 해서 위원회는 여러 가지 정책안과 그것이 미칠 영향을 결과물로 마련한다.

이사들은 토론하고 설득하고 표결한다. 이사회는 위원회가 선택한 것을 무조건 승인하지 않으며 위원회가 이미 한 일을 반복하지도 않는다. 권고안도 필요 없다. (위원회는 가장 선호하는 안을 밝힐 수 있지만 그렇게 해봐야 별 소용이 없다.) 이런 방식에서는 위원회 업무와 이사회 업무가 분리되어 순차적으로 일어난다. 모든 이사가 각 정책안의 영향을 알기 때문에 위원회에 속하지 않은 이사도 위원회에 속한 이사 못지않게 내용을 잘 알고 표결에 참여할 수 있다. 그러므로 이사회는 여러 정책안과 각각의 영향을 명확하게 조사해 설명하는 자료를 이용해 하나의 이사회로서 선택을 한다.

정책에 따라 이끌어가는 이사회는 끝없이 이어지는 세세한 업무와 낮은 수준의 사안들을 처리할 필요가 없다는 점을 기억하자. 그들에겐 더 포괄적이긴 하지만 상대적으로 적은 수의 결정을 내릴 시간이 있다. 이사회는 심각한 가치 충돌을 처리하지만, 그렇다고 이것이 이사회가 사무국이 위기에 처할 때마다 일일이 반응하거나 그들이 모르는 일은 아무것도 진행되면 안 된다고 여긴다는 뜻은 아니다. 정책에 따라 이끌어가는 이사회는 충분히 준비하고 전략적 이해관계를 폭넓게 검토할 수 있다.

캐나다 앨버타주 에드먼턴에 있는 비영리단체 비셀 센터Bissell Centre 이사회의 위원회 관련 정책(〈자료 8-2〉)은 최고경영자와 이사회의 관계를 보호한다. 이 정책은 위원회가 조직의 어느 한 부문과 너무 비슷해져, 안타깝게도 일부 이사회가 허용하는 특정 주제 중심의 비공식 "미니 이사회"가 생겨나는 것을 막으려고 한다.

나는 이사회 내 위원회의 정책 역할을 바라볼 때 전체 이사회가 내린 조치에 높은 가치를 둔다. 이사회가 세부조직으로 나뉘어 단체의 각기 다른 부문에 참여하는 것보다 이사회가 통합적으로 포괄적인 사안들을 감독하는 것에 가치를 둔다. 이렇게 접근하면 "실제 작업은 위원회에서 이뤄진다"라는 말이 더는 진실이 아니다. 진짜 조치는 이사회 회의에서 이뤄진다. 이사회 회의는 의례적으로 표결을 하거나 이사회 안건 대부분을 차지하는 쓸데없는 업무를 수행하는 곳이 아니다. 대표자

〈자료 8-2〉 비셀 센터의 이사회 운영 절차 정책: "위원회 원칙"

이사회는 책임을 다하기 위해 필요한 경우 위원회를 조직할 수 있다. 이사회 동일체성을 유지하기 위해, 위원회는 다른 방법이 충분하지 않은 경우에 한하여 이용해야 한다. 이사회 업무의 동일체성이 훼손되는 것을 최소화해야 한다.

1. 이사회 위원회는 구체적이고 한시적인 목적을 띠고 공식적으로 권한을 부여받았을 때가 아니면, 이사회를 대신해 의견을 밝히거나 활동하면 안 된다. 그러한 권한은 최고경영자에게 위임된 권한과 충돌하지 않도록 신중하게 표현되어야 한다.
2. 이사회 위원회는 사무국이 아니라 이사회가 맡은 일을 도와야 한다. 위원회는 주로 이사회가 심의할 정책 대안과 그 영향에 대한 설명 자료를 준비하는 방식으로 이사회를 돕는다. 이사회 위원회는 이사회가 사무국에 조언하기 위해 만드는 조직이 아니다.
3. 만약에 특정 분야에 대한 조직 성과를 평가하기 위해 위원회를 이용한다면, 이 위원회는 그 분야의 정책을 만드는 일에 도움을 준 위원회가 아니어야 한다. 이는 위원회가 단체 전체를 위한 기구가 아니라 일부 조직을 대변하는 기구로 인식되는 것을 막기 위해서다.
4. 이사회 위원회는 사무국에 권한을 행사할 수 없으며, 이사회가 미래에 집중하는 것에 맞춰 현재 진행되고 있는 사무국 업무에 직접 관여하지 않는다. 더 나아가, 이사회는 경영상의 조치에 앞서 이사회 위원회의 승인을 받게 함으로써 최고경영자에 대한 직접 위임을 방해해서는 안 된다.

들이 모여 그에 걸맞은 결정을 내리는 곳이다.

4) 위원회를 두어야 한다면

이사회 위원회가 개념적으로나 물리적으로 사무국의 특정 부서와 연결되지 않아야 한다면 무엇과 연결되어야 할까? 이사회는 어떤 위원회를 이용해도 될까? 정책 수립 업무가 각기 다른 네 개 범주로 나뉜다는 점을 기억해보자. 이 범주에 따라 위원회를 조직하는 것이 한 가지 방법일 수 있다.

한 위원회는 이사회가 목적을 결정할 수 있도록 준비 작업을 하고, 두 번째 위원회는 경영상의 한계, 세 번째 위원회는 이사회 운영 절차에 관한 선택을 준비하고, 네 번째 위원회는 경영진에 대한 위임 정책을 준비하는 것이다. 범주 자체가 모든 것을 빠짐없이 망라하기 때문에 위원회 주제도 그렇게 된다. 만약 상시 위원회보다 임시 위원회를 원한다면, 특별히 필요할 때마다 조직하고 다시 해체하면 된다. 어떤 경우든 이사회 업무를 사전에 준비하는 작업의 본질은 같을 것이다. 위원회 업무의 적절한 원칙이 지켜진다면, 실제 구조는 그리 중요하지 않다. 이사회의 필요에 따라 위원회 구조는 달라질 것이다.

3. 전통적인 위원회에 관한 논의

내가 여기서 소개한 방식의 이사회 위원회는 사회적 통념과 상당히 다르다. 이 모델이 일반적인 거버넌스와 다르다는 점을 강조하기 위해 우리가 자주 보는 몇 가지 위원회를 새로운 개념에 비춰 살펴보자.

인사위원회 인사위원회를 상설 기구로 둘 이유가 없다. 한두 정책에 관해 이사회를 돕고 나면, 인사위원회는 사무국 업무에 개입하는 것 말고는 할 일이 없다. 최고경영자가 있는 단체의 이사회는 인사위원회를 조직해야 하는 경영상의 타당한 이유도 없다. 하지만 최고경영자를 새로 선임하고 불만을 처리하는 일은 어떻게 해야 할까? 만약에 상설 위원회가 필요할 정도로 이런 일이 빈번하다면 그 이사회는 위원회 설립으로 해결이 안 되는 심각한 문제가 있는 것이다.

집행위원회 집행위원회는 대개 다음 회의가 열리기 전에 결정되어야 할 사안에 대해 전체 이사회를 대신해 결정하는 조직으로 다른 어떤 위원회에는 좀처럼 주어지지 않는 권한을 갖는다. 그 결과, 집행위원회가 이사회 내 실질적인 이사회로 자리매김하는 경향이 있으며, 이로 인해 이사회 동일체성을 훼손한다. 이사들 사이에서 내부자와 외부자를 구분하는 일도 흔히 벌어진다. 집행위원회는 "이사회 '내부' 집단이 되고, 그로 인해 나머지 이사들의 흥미와 관심은 사라진다"(Haskins, 1972, 12쪽). 이사회가 감당할 만한 규모라면, 일반적인 의미의 집행위원회는 필요하지 않다. 그러나 주어진 환경의 특성상 이사회 규모가 클 수밖에 없다면 업무를 위해 집행위원회가 필요할 수도 있다. 예를 들면 이사회 구성원들이 지리적으로 널리 퍼져있을 경우 전원을 소집하는 비용 때문에 위원회가 필요할 것이다.

이사회 규모 때문이 아니라면, 집행위원회가 생기는 이유는 보통 이사회가 최고경영자에게 위임한 권한이 명확하지 않아서다. 그 결과, 첫째, 이사회가 갖고 있어야 할 특권을 집행위원회가 차지한다. 둘째, 최고경영자 권한이어야 할 경영상의 결정들을 집행위원회가 직접 결정하거나 승인한다. 셋째, 결정과 승인 둘 다 하기도 한다. 달리 말하면, 행동 권한을 갖는 집행위원회는 이사회나 최고경영자 혹은 양쪽 모두로부터 권한을 가로채야 한다. 핵심 권한 체계를 무너뜨리는 것이다. 이사회 회의가 한 달에 한 번꼴로 자주 열리는데도 그사이에 전체 이사회 결정을 대신하기 위해 집행위원회를 만든다는 것은 허울 좋은 핑계일 뿐이다. 이사회가 사전대책을 강구하고 적절히 위임한다면 이사회가 의사결정을 내릴 일은 그렇게 자주 일어나지 않을 것이다.

프로그램 위원회 프로그램 위원회가 사무국의 실행에 관한 결정에 참여한다면, 당장 해체해도 무방하다. 하지만 이사회가 논의해야 할 수준의 사안들을 준비한다면 제 역할을 하는 것이다. 프로그램 위원회는 앞서 설명한 바와 같이, 목적에 관한 사전 작업을 하는 편이 타당할 수 있다. 그러나 내가 만나본 많은 프로그램 위원회는 프로그램의 목적이 아니라 수단에 관여하며, 그들의 업무는 현재의 단기적인 사무국 운영과 직접적으로 연결된다. 따라서 부적절하다.

재무위원회 재무위원회도 인사위원회와 마찬가지로 꼭 있어야 할 정당한 이유를 찾기 어렵다. 재무위원회는 경영상의 한계 정책 중 재무와 관련된 몇 개 안 되는 조항을 만들 때 도움이 될 수 있다. 그 뒤로는 사무국 업무에 관여하는 것 말고는 할 일이 없다. 간혹 이사회의 정당한 업무인 모금 활동을 재무위원회가 맡기도 하는데, 모금과 재무는 매우 다른 업무다. 그런 경우 부적절한 활동을 요구받지 않도록 위원회 이름을 바꾸는 것이 좋다(이를테면 '기금개발위원회'로). 재무와 관련해 충분한 경영상의 한계 정책이 있고, 6장에서 설명한 날카롭고 체계적인 평가가 이뤄진다면, 최고경영자가 있는 이사회는 재무위원회가 필요 없다.

하지만 이사회가 기부금이나 예비금을 보호하는 기능도 해야 한다면, 경영 거버넌스 위원회를 만들어 그 업무를 수행하게 할 수도 있다, 이런 경우 이사회 직무기술서에 이사회 업무로 인한 네 번째 부가가치가 추가될 것이다. 이를테면 "예비금의 안전한 관리 및 반환" 같이 말이다. 그렇지 않으면 이사회는 그와 관련해 위원회에 위임할 수 있는 직접적인 책임이 없다.

후보자지명위원회 후보자지명위원회가 존재하는 이유는 이사회 정책 수립을 돕기 위해서가 아니라 이사회 공석을 채우거나 임원을 선정할 때 도움을 주기 위해서다. 이 위원회는 거버넌스 위원회로 적합하며 운영규약으로 설명하고 권한을 부여할 필요가 있는 유일한 위원회다. 이사회 구성을 위해 이사 후보자를 선정하는 회원들로 이뤄진(이사회 내 위원회가 아닌) 위원회라면 특히 그렇다.

전통적으로, 위원회와 임원은 주로 사무국의 성과를 점검하는 데 이용된다. 6장에서 조직의 성과를 평가할 때는 오직 이사회 정책에서 밝힌 기준을 바탕으로 해야 한다는 점을 살펴봤다. 그런 기준이 존재하고 그 기준에 따라 평가가 이뤄진다면 성과를 평가할 위원회나 임원이 필요 없다. 세부조직이 필요하다는 건 대개 사전에 기준이 제시되지 않았거나 혹은 명확하게 제시되지 않았다는 신호다. 평가 보고서가 평가 대상인 정책들을 정확하게 겨냥한다면 이사회는 기준을 충족하는지 결정하려고 회의에 시간을 허비하는 쓸데없는 관행을 멈출 수 있다. 그러면 임원들과 위원회도 불필요한 업무를 중단하고 이사회가 전략적 리더십을 발휘하도록 돕는 데 온 힘을 쏟을 수 있다.

다음 장에서는

이사회 리더십이 최대로 발휘되려면 이사회 가치와 절차를 성문화하는 작업이 필수다. 앞서 2장에서 정책에 의한 거버넌스의 타당성을 새로운 접근법으로 설명했다. 그 뒤에 이어지는 장에서는 이사회 정책의 네 범주와 함께, 이사회 전체와 이사회 임원, 이사회 위원회를 새로운 관점에서 바라볼 때의 차이를 살펴보았다. 각기 다른 정책 주제를 설명하기 위해 실제 사용되는 이사회 정책들도 제시했다. 다음 장에서는 총괄 단계에서부터 더 구체적인 단계로 이어지는 정책 개발의 흐름, 즉 여러 점진적 단계를 거쳐 정책이 개발되는 과정을 설명한다.

참고자료

1. Carver, J. "The Case for a 'CGO'." *Board Leadership*, 2001c, no. 56.
   Carver, J., and Oliver, C. "The Case for a CGO" (Appendix B). *Corporate Boards That Create Value.* San Francisco: Jossey-Bass, 2002b.
2. Carver, J. "The Unique Double Servant-Leadership Role of the Board Chairperson." In L. C. Spears and M. Lawrence (eds.), *Practicing Servant Leadership: Succeeding Through Trust, Bravery, and Forgiveness.* San Francisco: Jossey-Bass, 2004i.
3. Carver, J. "Reining in a Runaway Chair." *Board Leadership*, 1998o, no. 38. Reprinted in J. Carver, *John Carver on Board Leadership.* San Francisco: Jossey-Bass, 2002.
   Carver, J. "Who Sets the Board Agenda?" *Board Leadership*, 1999j, no. 41.
   Carver, J. "Separating Chair and CEO Roles with Smoke and Mirrors." *Board Leadership*, 2003p, no. 68.
   Carver, J. *The Unique Double Servant-Leadership Role of the Board Chairperson.* Voices of Servant-Leadership Series, no. 2. Indianapolis, Ind.: Greenleaf Center for Servant-Leadership, Feb. 1999h.
   Oliver, C. "A Debatable Alliance." *Board Leadership*, 2005b, no. 77.
   Carver, J. *The Chairperson's Role as Servant-Leader to the Board.* The CarverGuide Series on Effective Board Governance, no. 3. San Francisco: Jossey-Bass, 1996d.
   Carver, J. "A Few Tips for the Chairperson." *Board Leadership*, 1992c, no. 3, p. 6. Reprinted in J. Carver, *John Carver on Board Leadership.* San Francisco: Jossey-Bass, 2002.
   Carver, J. "Sometimes You Have to Fire Your Chair." *Board Leadership*, 1996s, no. 28. Reprinted in J. Carver, *John Carver on Board Leadership.* San Francisco: Jossey-Bass, 2002.
4. Carver, J. "Committee Mania Among City Councils." *Board Leadership*, 2003c, no. 68.
   Carver, J. "Rethinking the Executive Committee." *Board Leadership*, 2000h, no. 52.
   Carver, J. "Board Committees: Essential and Non-Essential." *Contributions*, July-Aug. 1998b, *12*(4), 20, 35.
   Oliver, C. "The Strange World of Audit Committees." *Ivey Business Journal* (University of Western Ontario), Mar.-Apr. 2003e, *67*(4), 1-4. (Also available as reprint no. 9B03TB09 at www.iveybusinessjournal.com.)
   Carver, J. "The Executive Committee: Turning a Governance Liability into an Asset." *Board Leadership*, 1994c, no. 14. Reprinted in J. Carver, *John*

Carver on Board Leadership. San Francisco: Jossey-Bass, 2002.
Carver, J. "What If the Committee Chair Just Wants to Know?" *Board Leadership*, 1997o, no. 29. Reprinted in J. Carver, *John Carver on Board Leadership*. San Francisco: Jossey-Bass, 2002.

제 9 장

단계별 정책 개발

세부 사항 추가는 신중하게

정책거버넌스에서 정책은 구분이 어려운 문서 덩어리도 아니고 미사여구가 가득한 명문들도 아니다. 그것은 한 단계 한 단계 신중하게 살을 붙여나간 이사회 공식 입장이다. 정책 단계 개념은 앞서 가장 포괄적이고 총체적인 표현에서부터 특정 사안에 초점을 맞춘 가장 구체적인 설명으로 이어지는 하나의 스펙트럼이라고 소개한 바 있다. 이런 식으로 만들어진 정책은 독특한 구조를 갖는다. 가장 포괄적인 의미가 담긴 전문前文이 있고, 그 아래로 점점 범위를 좁혀 설명하는 내용이 이어지는 개요 형태다. 정책 목적을 실현하는 데 필요하다면 세부 내용이 추가로 풍성하게 매달릴 수도 있다.

1. 단계와 목록의 중요한 차이

정책 단계 개념을 올바르게 사용하기 위해 이사회는 단계와 목록이 어떻게 다른지 알아야 한다. 거버넌스 관련 출판물은 대개 이사회가 내려야 할 의사결정과 경영진이 내려야 할 의사결정을 나란히 나열하는 방식이 매우 일반적이다. 업무를 이렇게 구분하면 아주 간편해서 의문을 제기하는 사람이 별로 없다. 간혹 그 목록이 체크 표시가 달린 표 형태로 발전하기도 한다. 특정 문서나 안건을 이사회가 결정하는지, 아니면 최고경영자가 권고안을 준비하고 이사회가 승인만 하는지, 혹은 이사회와 최고경영자가 함께 결정하는지, 아니면 최고경영자가 결정하는지를 표시하는 것이다. 당연히 정책거버넌스에서 이사회와 경영진의 권한 구분은 전혀 다른 방식으로 이뤄진다.

정책거버넌스는 이사회가 모든 일에 책임이 있으며, 따라서 위임이 명확하게 이뤄지지 않으면 이사회가 모든 것을 결정해야 한다고 본다. 그러나 위임은 누구에게 어떤 짐을 짊어지게 할 것인지를 선택하는 문제가 아니다. 동등한 관계라면 그 방법으로 충분할 것이다. 예컨대, 동등한 사람들끼리는 전체 업무 중에 당신이 이 부분을 맡고 내가 나머지 부분을 맡기로 서로 합의하면 된다.

하지만 위계 관계일 때는 더 높은 지위에 있는 당신이 상대적으로 낮은 지위에 있는 내게 업무를 맡겨도 그 업무에 대한 책임이 여전히 당신에게 있다. 달리 말하면, 내게 위임하기 전에 당신 책임이었던 업무는 당신이 그 업무 권한을 내게 맡긴 다음에도 여전히 당신 책임이다. 그리고 처음부터 직접 책임이 있는 일이 아니면 다른 사람에게 위임할 수 없다. 따라서 업무를 구분할 때 이사회가 최고경영자에게 위임하는 것이지 이사회와 최고경영자가 각자 할 일을 "선택하는" 게 아니다.

정책거버넌스에서 이 문제를 처리하는 방식은 위임을 '아래로 내려 갈수록 폭이 좁아지는 일련의 층위*layer*'로 보는 것이다. 이사회는 모든 권한과 직접적인 책임을 가진 상태로 시작한다. 이사회는 이런 사실에서 비롯되는 모든 책무 중에 어느 것에서도 벗어날 수 없다. 그러나 가장 포괄적인 책무에 대한 의사결정을 하고, 그보다 낮은 단계의 의사결정은 경영진에게 맡겨도 된다. 이사회는 책무를 다하기 위해 경영진에게 '위임받은 권한을 사용하여 내리는 모든 의사결정이 이사회의 보다 포괄적인 결정 범위 안에서 이뤄져야 한다'고 (요청이나 희망이 아니라) 강력히 요구해야 한다. 달리 말하면, 이사회 결정은 그 결정을 내릴 때는 물론이고 단체 활동이 진행되는 동안에도 모든 사안을 포괄하는 것이어야 한다.

이 개념은 이사회가 아주 신중하게 모든 것을 담아내는 의사결정 (정책거버넌스에서 가장 포괄적인 정책이라고 표현하는) 만 내리고 그보다 폭이 좁은 의사결정은 '한 번에 한 단계씩'만 범위를 좁혀나갈 때 효과가 있다. 이사회가 아무리 여러 단계에 걸쳐 결정을 내려도 물샐틈없는 장막처럼 사무국이 이사회의 권한을 위임받아 내리는 다른 결정을 모두 수납하게 될 것이다. 이 장막은 조직에 있을 수 있는 모든 행동이나 의사결정, 상황, 혹은 성과를 에워싼다. 이것이 3장에서 논의한 "논리적 수납"이라는 정책거버넌스의 특징이다.

구조상 이러한 이사회의 의사결정은 앞서 여러 예시에서 본 것과 같은 개요서 형식을 취한다. 각각의 정책 안에는 목록이 있을 수도 있고 없을 수도 있지만, 그 목록은 '언제나' 정책 수립의 한 단계를 벗어나지 않는다. 더욱이 "이사회가 예산 승인"과 같은 체크리스트 형태는 사용될 수 없다. 왜냐하면 예산은 의사결정을 여러 단계 거치기 때문이다. 수입과 지출 관계처럼 아주 포괄적인 사안에서부터 청소 담당 직원을 채용하는 편이 청소전문업체에 용역을 주는 방법보다 나을지에 관한 구체적인 사안에 이르기까지 여러 단계의 의사결정을 거쳐야 한다. 예산처럼 항목을 나열하는 형태에서는 이사회가 가장 포괄적인 단계의 결정을 처리할 수 없을 뿐만 아니라 그 단계가 명확히 구분되지도 않는다. 예산의 어떤 측면을 이사회가 결정하고 어떤 부분은 경영진이 결정해도 되는지 알기가 어렵다. 그러나 예산 승인은 전통적인 의사결정 체계에서 결정의 주체가 애매한 부분이 얼마나 많은지 보여주는 하나의 예일 뿐이다.

이렇듯 거버넌스와 경영의 의사결정을 뚜렷하게 구분하는 정책거버넌스 모델의 독특하고 명쾌한 접근법은 1995년에 영국 석유회사 브리티시 퍼트롤리엄British Petroleum의 총무부문과 2000년에 오스트리아 국방부를 비롯해 여러 단체가 정책거버넌스 모델에 처음 관심을 가진 이유였다. 네덜란드 초등교육총액지원제 도입을 위한 전국 프로젝트National Project Implementing Lump Sum Financing in Dutch Primary Education 총괄책임자인 모니카 판데르 호프-이스라엘에 따르면, 정책거버넌스 모델의 이런 특징은 "누가 무엇을 처리하는지 조직 내 모든 이해관계자가 아주 명확히 알게" 한다.

이사회가 가장 포괄적인 결정에서 시작해 점차 범위를 좁혀나간다는 사실은 이사회 안건으로 적합한 사안이 무엇인지 파악하는 데도 도움이 된다. 〈그림 9-1〉이 보여주는 바와 같이 이미 이사회 정책으로 다뤄진 내용보다 약간 폭이 좁은 사안들이 적합하다. 이사회는 언제나 더 세부적으로 다룰 권리가 있기 때문이다. 그러나 그보다 더 좁은 사

〈그림 9-1〉 이사회가 결정할 사안의 적절성

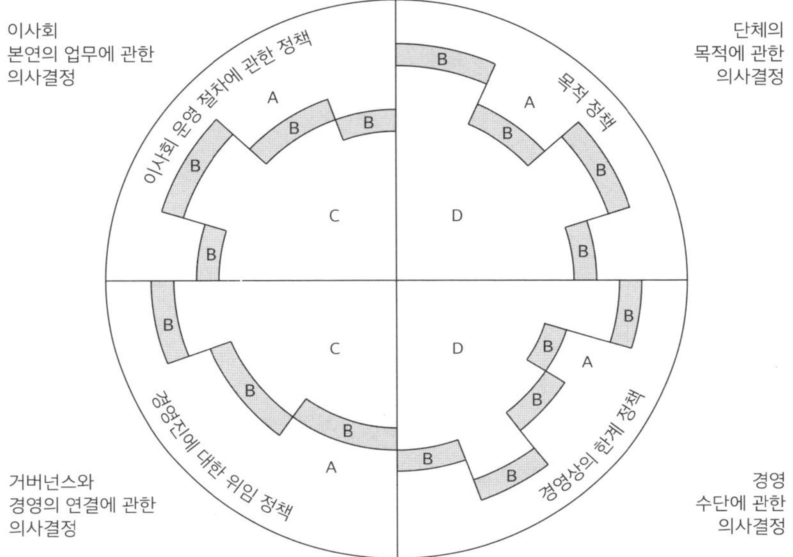

이 정책원은 이사회가 이미 결정을 내려 정책 언어로 표현한 내용(A)과 현재 CGO나 최고경영자의 권한이지만 이사회가 그 권한에 대한 해석의 범위를 좁히고 싶다면 그렇게 해도 되는 단계의 결정(B), 그리고 CGO(C)나 최고경영자(D)에게 위임되어 이사회가 관여하는 것이 적절치 않은 결정을 보여준다.

안들은 이사회가 결정하기에 적절치 않다. 그렇게 작은 사안들을 결정하려면 그 중간의 더 큰 사안들을 뛰어넘어야 하기 때문이다. 그렇게 뛰어넘으면, CGO나 최고경영자에게 위임된 권한의 완전성이 깨질 뿐만 아니라 이사회가 쓸데없이 이런저런 사소한 문제들까지 개입하지 못하게 막는 자연스러운 보호막이 사라진다. 이렇게 되면 이사회는 어쩌다 관심을 끄는 문제까지도 전부 직접 결정한다.

물론 현실에서 어떤 사안이 발생할지는 미리 알 수 없으며, 정책거버넌스 모델의 범주에 따른 유형과 단계로 정리되고 분류되지 않는다. 이사회는 구성원들이 갑자기 관심을 갖게 된 보다 구체적인 사안에 대해 이를 아우르거나 수납할 더 포괄적인 사안으로 "끌어올리는*abstract up*" 방법을 반드시 익혀야 한다.

예컨대, 밤늦게까지 일하고 어두운 주차장으로 차를 타러 가는 직원들이 염려된다면, 이사회는 이 문제를 어떤 식으로든 직원 안전에 관한 가치문제로 끌어올릴 수 있을 것이다. 그보다 한 단계 더 올라가면 직원 전체의 분별력과 윤리의식에 관한 이사회 가치와 연결되겠지만, 이렇게 포괄적인 사안은 이사회가 이미 다루었을 것이다. 그 정도로 다소 지나치게 끌어올렸다면, 이사회는 이제 조금 내려서 아직 다루지 못한 사안(위험 일반)의 가장 포괄적인 형태를 다루는 정책을 논의하면 된다. 이사회는 그런 정책을 추가할 수도 있고 안 할 수도 있다. 이렇게 접근하면 이사회가 결정할 것이 최소한으로 줄고 구체적인 사안에서 비롯된 의사결정이라도 다른 역할과의 관계가 절대 훼손되지 않는다 [참고자료 1].

2. 형태와 기능

실제 이사회가 개발한 일련의 정책들을 참고해 정책 단계가 만들어지는 순서를 살펴보자.

1) 기본원칙

말로 하는 이사회 업무 성격상 거버넌스에서는 단어 사용은 물론 배치까지도 중요한 요소다. 이사회 표현을 개발하고 배치하는 몇 가지 기본원칙을 소개한다.

참여와 투표 이사회는 정책을 만드는 작업에 누구나 참여하게 할 수 있다. 직원이나 외부 전문가, 다른 이사회 구성원 등 이사회가 느끼기에 더 지혜로운 선택에 도움을 줄 수 있을 것 같은 사람이면 누구나 자유롭게 논의에 참여해도 된다. 이 단계에서는 이사회가 개방적인 태도를 보이는 것이 중요하지만, 이사회 고유의 결정권을 보호하는 것도 그 못지않게 중요하다. 논의에는 누구나 참여할 수 있지만, 투표는 이사회만 한다.

의사결정 정보 6장에서 의사결정에 필요한 정보와 평가에 필요한 정보, 그리고 다른 부수적인 목적을 갖는 정보의 차이를 설명했다. 이사회가 정책을 만들려고 준비할 때는 오로지 의사결정 정보에만 집중해야 한다. 의사결정 정보는 어떤 것이라도 상관없으며, 이사회가 적절하다고 판단하면 그 출처가 어디라도 상관없다. 예를 들어 목적을 결정할 때는 인구 통계와 요구분석자료, 주인의 입장, 운영 능력과 비용에 관한 사무국 의견, 다른 유사 단체에서 가능했던 것들에 관한 정보 등이 필요할 수 있다.

경영상의 제약 정책을 개발할 때는 재무 전문가나 위기관리 전문가, 혹은 다른 전문가들로부터 정보를 받아야 할 것이다. 이런 전문가들은 무엇이 잘못될 수 있는지를 이해하는 위치에 있어서 정책으로 금지해야 할 것이 무엇인지도 안다. 그런 외부 전문가들은 전통적인 거버넌스에 익숙할 수 있으니 정책거버넌스의 중요한 측면들을 먼저 알아야 효과적으로 도움을 줄 수 있을 것이다. 한 가지 간단한 방법은 전문가에게 단도직입적으로 묻는 것이다. "당신이 이 문제를 담당하는 사무국 직원이 아니라 이사회 일원이라면 '어떤 일'이 생길까봐 걱정할까요?"

경영진에 대한 위임과 이사회 운영 절차 정책 개발은 이사회 고유의 수단과 직접적으로 연결된다. 이사회 업무를 개념적으로 충분히 정리한 모델을 활용하면 이 부분에서 제기되는 많은 질문에 답하는 데 유용할 것이다. 그 모델을 활용하는 다른 단체들은 어떻게 운영되는지에 관한 정보를 수집하는 것도 도움이 되는 활동일 수 있다.

모든 정책은 자기 자리가 하나씩 있다 이사회는 정책을 만들 때, 이사회 정책의 네 범주, 즉 목적, 경영상의 한계, 경영진에 대한 위임, 이사회 운영 절차 중 하나를 선택해 그 안에 들어가는 정책을 만들어야 한다. 이 범주 어디에도 포함되지 않거나, 여러 범주에 걸치는 정책을 만들면 안 된다. 둘 다 이사회가 고유의 업무를 정확하게 규정하지 못하고 있다는 증거다. 이사회 운영 절차 정책으로 타당한 사안은 여러 범주가 아니라 오직 한 범주에만 속할 수 있다. 또한, 이사들은 다루고 싶은 조직 내 사안이 있으면 직접 처리하기 전에 더 높은 단계의 문제로 바꿔서 표현해야("끌어올려야") 할 것이다. 보통, 정책 사안은 조직 내 벌어진 사건이 아니라 리더십에 관한 이사회의 진지한 고민에서 비롯된다. 따라서 이사회는 대개 사전에 대비하는 정책을 만든다. 하지만 간혹 어떤 사건으로 알게 되기 전까지 간과했던 사안에 대한 반응으로 정책을 만들 수도 있다.

하향식으로 진행 이사회는 정책을 다룰 때 가장 포괄적인 단계에서 시작해 그 단계가 완성된 다음에야 비로소 좀더 구체적인 단계로 나아간다. 명문화된 정책은 이 과정을 반영한다. 따라서 하나의 정책이 단 한 문장으로 이뤄질 수도 있다. 아니면 서문을 이루는 한 문장 뒤에 하나 이상의 문구(이런 경우 나는 번호를 매겼다)가 따라오는 형태일 수도 있다. 각각의 문구는 그것으로 끝날 수도 있고, 내어쓰기 형태로 추가 설명이 따라붙기도 한다(이런 경우엔 알파벳을 부여했다). 이론적으로는 이 과정을 계속하는 데 한계가 없다. 그러나 현실적으로는 금세 한계에 다다른다. 이사회가 더 세세하게 파고들수록, 수반되는 업무량이 — 모든 선택지에 대한 꼼꼼한 정보 수집과 단계별 논의와 표결 등 — 기하급수적으로 증가하기 때문이다.

세심한 주의 이사회 정책은 파급효과가 크기 때문에 신중하고 정확하게 만들어야 한다. 이사회 정책 수립 과정은 민간항공사 기장이 비행 도중에 기분 내키는 대로 경로를 정하는 것이 아니라 사전에 철저한 비행 계획을 제출하는 것과 비슷해야 한다. 설계가 잘된 정책은 이사회의 노력을 몇 배로 확대해 엄청난 효력을 갖게 하는 지렛대와 같다. 고

대 물리학자 아르키메데스는 충분히 긴 지렛대와 그것을 놓을 장소만 있으면 지구도 들어 올릴 수 있다고 말했다. 그 강력한 힘 때문에, 정책 수립을 잘 설계하는 일에는 대체로 이사회가 익숙한 것보다 훨씬 더 섬세한 정교함이 요구된다.

2) 형식

이 장에서 제시하는 정책들은 위계구조로 이뤄져 있어 가장 포괄적인 원칙이 가장 먼저 언급되고 더 세세한 내용을 다루는 단계는 그다음에 나온다. 범위가 가장 넓은 것에서부터 가장 좁은 것 순으로 배치된다. 이사회 정책을 이런 식으로 배열하는 것은 이사회의 가치를 큰 것부터 순서대로 표현하는 규칙에 따른 것이다. 이런 형식은 이사회가 더 명확하고 적절한 정책을 만드는 데 도움이 된다. 조직의 관심사를 위에서부터 아래로, 큰 사안에서부터 점점 작은 사안 순으로 생각하고 나머지 결정은 자유재량에 맡기는 방식을 권한다. 자유재량에 맡기는 영역에서는 최고경영자가 목적과 수단을 선택하고, CGO는 이사회 운영방식 및 이사회와 경영진의 관계를 결정할 수 있다. 이제 이사회가 의도한 만큼의 모호함만 남기고 정책을 표현하는 방법을 살펴보자.

3. 정책 확장 사례

지금부터 하나의 총괄 정책이 좀더 세세한 여러 정책으로 확장되는 일련의 과정을 살펴보려 한다. 먼저 목적 정책을 다루고 경영상의 한계 정책으로 넘어간다. 정책을 구조화하기 위해 이사회가 일련번호를 사용하기로 정했다고 가정하겠다. 일련번호를 사용하는 것은 정책을 좀더 쉽게 지칭하려고 택한 전통 방식이다. 이 책에서는 맨 앞에 붙는 숫자가 정책 범주를 가리킨다. 완전히 임의로, 1은 목적, 2는 경영상의 한계를 가리킨다(이번 예시에는 없지만, 3은 경영진에 대한 위임, 4는 이사회 운영 절차를 나타낸다). 따라서 가장 포괄적인 목적 정책은 1.0이라는 숫자가 매겨지고, 가장 포괄적인 경영상의 한계 정책은 2.0으로 표시된다. 이런 숫자 체계는 정책거버넌스 원칙과는 관계가 없고 이사회의 편의를 위한 것이다.

각 범주에 속하는 정책에 설명을 덧붙일 때는 각 소수점 뒤에 숫자를 덧붙인다. 가장 포괄적인 목적 정책보다 아주 조금 폭을 좁힌 정책은 1.1이 될 것이고, 1.1보다 폭을 더 좁힌 건 아니지만 세부주제가 다른 정책이라면 1.2가 될 것이다. 정책의 유지관리를 위해, 정책을 수정하는 경우엔 예전 문구와 같은 숫자 뒤에 글자를 덧붙이는 방식을 제안한다. 이사들이 가진 이사회 정책집을 간단히 살펴보기만 해도 그들이 가장 최신 정책을 가졌는지 알 수 있다.

1) 목적 정책 개발

정책 확장 과정의 구체적인 예로, 〈자료 9-1〉은 인디애나주 요크타운에 있는 고령자와 장애인을 위한 비영리단체 라이프스트림 서비스 LifeStream Services 이사회의 목적 정책이 어디서부터 확장되기 시작했는지 보여준다. 다른 이사회에서는, 아니면 사실은 같은 이사회라도 10년 뒤에는 단체의 목적을 전혀 다른 것으로 정할 수도 있다. 원칙적으

〈자료 9-1〉 라이프스트림 서비스: 총괄적 목적 정책 1.0

라이프스트림 서비스 지역의 고령자와 장애인은 다른 유사 단체와 비슷한 수준의 비용으로 라이프스트림에서 안전하고 생산적이며 독립적인 생활을 할 수 있을 것이다.

로 최고경영자에게는 이사회가 표현한 정책에 대해 모든 합리적인 해석을 이용할 권한이 있다는 점을 기억하자.

라이프스트림 서비스는 각 정책에 이름을 붙이지 않았다. 다른 이사회는 각 정책에 이름을 정해서 이용하는 방법을 택할 수도 있다. 정책 이름 자체는 정책 방향에 아무런 영향을 미치지 않는 형식적인 문제에 불과하다. 총괄 목적 정책은 보통 "설립 목적", "사명", "기본 목적", "거시적 목적"이라고도 하며, 이사회가 선택한 다른 이름으로 부르기도 한다. 중요한 건 오직 정책의 본질이다.

만약에 이사회가 〈자료 9-1〉과 같이 정책 번호 1. 0이라고 되어 있는 총괄 목적 단계에서 멈췄다면, 최고경영자에게 폭넓은 권한이 주어졌을 것이다. 사실상 성과를 얻는 데 필요한 비용은 물론이고 그 성과의 성격까지도 최고경영자가 직접 결정할 수 있다! 이사회는 이사회가 표현한 정책을 합리적으로 해석한 결과라고 볼 수 있는 성과에 대해서는 모두 성공적인 것으로 받아들일 의무가 있다.

정책 번호 1. 1(〈자료 9-2〉)은 이사회가 포괄적인 표현에 설명을 덧붙이기로 정한 것을 보여준다. 이사회는 그렇게 하지 않으면 최고경영자의 선택 범위가 지나치게 넓어진다고 느꼈을 것이다. 번호가 매겨진 부분은 서로 대등한 관계이며, 바로 앞에 서문처럼 언급된 총괄 정

〈자료 9-2〉 라이프스트림 서비스: 2단계까지 확장한 총괄 목적 정책 1.1

라이프스트림 서비스 지역의 고령자와 장애인은 다른 유사 단체와 비슷한 수준의 비용으로 라이프스트림에서 안전하고 생산적이며 독립적인 생활을 할 수 있을 것이다.

1. 라이프스트림 커뮤니티는 나이 드는 것을 가치 있게 여긴다는 사실을 증명해 보일 것이다.
2. 커뮤니티 회원들은 안전하고 건강한 노후에 대비하는 지식과 능력을 얻을 것이다.
3. 늙고 약해진 사람들이 삶의 질을 극대화할 수 있는 자원을 확보할 것이다.

책 설명보다 한 단계 더 구체적이다. 이 이사회는 두 번째 단계의 목적 설명에 우선순위를 따로 부여하지 않았다. 그래서 최고경영자가 바라는 대로 우선순위를 합리적으로 해석해 이용하면 충분히 받아들여질 수 있다. 그러나 라이프스트림 이사회는 두 번째 단계에서 멈추지 않고 더 구체적으로 나아가기로 정했다.

형식에 있어서, 이사회는 〈자료 9-2〉와 같이 두 번째 단계에 속하는 세 항목에 각각 내용을 추가함으로써 같은 페이지 안에서 개요 형태를 유지할 수도 있다. 그것도 분명 가능한 방법이지만, 정책 문서 관리를 쉽게 하려고 보통은 페이지를 분리해 정리하는 방식을 선호한다. 라이프스트림 이사회도 이런 형식을 선택해 별도 페이지에 각 정책의 세 번째 단계를 정리했다. 추가된 각 페이지에서는 직전까지 가장 낮은 단계였던 설명이 한 가지 소주제만 다루는 정책의 서문 역할을 한다. 라이프스트림의 개별 페이지 방식은 〈자료 9-3〉과 〈자료 9-4〉,

〈자료 9-5〉에서 볼 수 있다.

라이프스트림 이사회는 이보다 더 자세히 파고들 수 있었으나 그러지 않기로 정했다. 왜냐하면 〈자료 9-3〉과 〈자료 9-4〉, 〈자료 9-5〉에서 도달한 정도의 세세한 단계면 최고경영자가 어떤 합리적인 해석을 이용해도 받아들일 만하다고 느꼈기 때문이다. 그런 정책을 만들

〈자료 9-3〉 라이프스트림 서비스: 2단계에서 3단계로 확장한 목적 정책 1.2

라이프스트림 커뮤니티는 나이 드는 것을 가치 있게 여긴다는 사실을 증명해 보일 것이다.

1. 커뮤니티 환경은 고령자에게 이로울 것이다.
2. 커뮤니티 자원은 고령자의 요구에 맞게 적절히 분배될 것이다.
3. 커뮤니티는 고령자들의 공헌을 인정할 것이다.
4. 커뮤니티는 의사결정에 고령자들을 참여시킬 것이다.

〈자료 9-4〉 라이프스트림 서비스: 2단계에서 3단계로 확장한 목적 정책 1.3

커뮤니티 회원들은 안전하고 건강한 노후를 대비하는 데 필요한 지식과 능력을 얻을 것이다.

1. 위기의 고령자와 장애인은 자신이 선택한 주거지에 안전하게 머무는 데 필요한 지식과 능력, 자원을 얻을 것이다.
2. 가정에서 사랑하는 사람을 돌봐야 하는 이들은 그 일을 훌륭하게 해내는 데 필요한 지식과 능력, 힘, 자원을 얻을 것이다.
3. 고령자들은 법률과 사법제도를 효과적으로 이용하는 데 필요한 지식과 능력을 얻을 것이다.

〈자료 9-5〉 라이프스트림 서비스: 2단계에서 3단계로 확장한 목적 정책 1.4

늙고 약해진 사람들이 삶의 질을 극대화할 수 있는 자원을 확보할 것이다.

1. 고령자와 장애가 있는 노인의 영양 상태가 개선될 것이다.
2. 고령자와 장애인들은 각자의 사회적, 정서적, 정신적 건강과 행복에 만족할 것이다.

때 그 깊이와 내용은 이사회마다 다를 것이다. 그러나 거버넌스 원칙만은 단계마다 따라야 하는데, 여기에는 어떤 합리적인 해석도 받아들일 수 있는 지점에 이르면 멈춰야 한다는 것도 포함된다.

2) 경영상의 한계 정책 개발

경영상의 한계 정책은 이사회가 수용 불가하다고 판단할 모든 상황과 활동을 아우를 만큼 충분히 포괄적인 금지 규정으로 시작된다. 그다음부터는 경영상의 한계 정책도 목적 정책에서 보았던 것과 똑같은 절차를 따른다. 먼저 총괄 정책을 신중하게 밝히는 것으로 시작한다. 익명의 연금기금 이사회의 경영상의 한계 정책 2.0(〈자료 9-6〉)과 같은 형태일 것이다(나에겐 이 정책을 도입한 이사회의 익명성을 보장해야 할 의무가 있다). 만약에 이 정도로 표현된 정책에 대해 최고경영자가 내린 모든 합리적인 해석을 기꺼이 받아들일 의향이 있다면, 그 이사회는 이 단계에서 멈춰도 된다. 그러나 그런 이사회는 매우 드물다.

〈자료 9-7〉은 총괄 정책을 두 번째 단계로 확장한 정책 번호 2.1을 보여준다. 자산보호와 관련해 이사회가 받아들일 수 있는 한계에 초점

〈자료 9-6〉 익명의 연금기금: 경영상의 한계 정책 2.0 "총괄 경영상의 한계"

최고경영자는 조직 내 혹은 조직에 관해 신중하지 못하거나, 불법의 소지가 있거나, 일반적으로 통용되는 사업 및 직업윤리에 어긋나는 거래나 활동, 환경, 혹은 결정을 유도하거나 허용하면 안 된다.

〈자료 9-7〉 익명의 연금기금: 경영상의 한계 정책 2.1 "자본 보전"

최고경영자는 장기적으로 연금제도 가입자에게 지급해야 할 법적 연금과 보조 혜택을 확보할 수 있을 만큼 충분한 자산 투자와 투자수익을 유지하는 데 실패하면 안 된다.

〈자료 9-8〉 익명의 연금기금: 경영상의 한계 정책 2.1a "자본 보전"

최고경영자는 장기적으로 연금제도 가입자에게 지급해야 할 법적 연금과 보조 혜택을 확보할 수 있을 만큼 충분한 자산 투자와 투자수익을 유지하는 데 실패하면 안 된다. 또한, 최고경영자는 다음과 같은 행위를 해서는 안 되며, 이는 앞의 조항에 영향을 미치지 아니한다.

1. 목적 정책에서 밝힌 장래에 제공할 편익에 소요되는 충분한 자금을 준비하는 수준에서 상당히 벗어난 자산 배분을 허용하는 행위.
2. 자산별 투자수익을 극대화하지 않는 행위.

〈자료 9-9〉 익명의 연금기금: 경영상의 한계 정책 2.1b "자본 보전"

최고경영자는 장기적으로 연금제도 가입자에게 지급해야 할 법적 연금과 보조 혜택을 확보할 수 있을 만큼 충분한 자산 투자와 투자수익을 유지하는 데 실패하면 안 된다. 또한 최고경영자는 다음과 같은 행위를 해서는 안 되며, 이는 앞의 조항에 영향을 미치지 아니한다.

1. 목적 정책에서 밝힌 장래에 제공할 편익에 소요되는 충분한 자금을 준비하는 수준에서 상당히 벗어난 자산 배분을 허용하는 행위. 여기서 상당히 벗어난다 함은 다음 중 어느 하나에 해당하는 경우다.
   A. 미국 주식 비중이 목표치 40%의 상 · 하방 2%p 범위를 벗어나는 경우
   B. 해외 주식 비중이 목표치 15%의 상 · 하방 2%p 범위를 벗어나는 경우
   C. 미국 채권 비중이 목표치 30%의 상 · 하방 4%p 범위를 벗어나는 경우
   D. 부동산 비중이 목표치 14%의 상 · 하방 2%p 범위를 벗어나는 경우.
   E. 현금 비중이 목표치 1%의 상방 2%p 및 하방 -1%p 범위를 벗어나는 경우
   F. 벤처기업에 투자하는 벤처 캐피털이나 이 규정에 명시되지 않은 다른 종류의 투자 비중이 목표치 0%의 상 · 하방 1%p 범위를 벗어나는 경우
2. 자산별 투자수익을 극대화하지 못하는 행위. 여기서 수익을 극대화하지 못한다 함은 다음 중 어느 하나에 해당하는 경우다.
   A. 미국 주식의 경우, S&P500지수 수익률을 0.5%p 이상 하회
   B. 해외 주식의 경우 MSCI 세계지수 수익률을 1%p 이상 하회
   C. 미국 채권의 경우 살로몬스미스바니 투자등급 채권지수 수익률을 0.5%p 이상 하회
   D. 부동산의 경우, PERS 부동산지수 수익률을 1%p 이상 하회

〈자료 9-9〉 계속

E. 현금의 경우, 미국 재무부가 발행한 3개월 만기 국채 수익률을 0.1%p 이상 하회

을 맞추고 있다. 정책 번호 2. 1은 하나의 주제를 구체적으로 다룬 세부 정책으로서 정책 번호 2. 0의 바로 아래 단계다. 이사회는 이 정책을 〈자료 9-6〉에서 제시한 전반적 정책의 일부분으로 보여주지 않고 실무에 맞게 별도의 정책으로 구분했다. 언제나 그렇듯 좀더 좁아진 이 정책에 대해 최고경영자가 어떤 합리적인 해석을 이용해도 이사회가 기꺼이 받아들일 의향이 있었다면, 이 정도 단계에서 멈췄을 것이다.

익명의 연금기금 이사회는 정책을 두 번째 단계에서 더 발전시켜 세 번째 단계에서 두 가지 지침을 밝히기로 정했다. 이로써 원래 정책 번호 2. 1이었던 것이 같은 주제로 한 단계가 더 추가됐다. 〈자료 9-8〉은 그렇게 됐을 때 정책 모습이다. 그러나 이사회는 이 지점에서 멈추지 않고 같은 주제를 더 자세히 파고들어(네 번째 단계) 〈자료 9-9〉와 같은 정책을 만들었다. (이 이사회는 정책 번호 2. 1을 수정하고 있었던 터라 수정된 정책들은 각각 2. 1a와 2. 1b가 됐다.)

정책의 최종 깊이와 내용까지 나아가는 동안, 단계의 깊이와 단계별 내용을 놓고 이사들 사이에 이견이 있었다. 그러나 정책은 이사회가 공식적으로 채택한 것을 나타내기 때문에 최고경영자는 이사 개개인의 의견에 대해서는 신경 쓰지 않아도 된다. 최고경영자는 이사회가 공식적으로 채택한 기준에 따라서만 평가를 받을 것이다. 이견을 가진 이사의 생각은 최고경영자가 아니라 이사회 동료들이 경청했으니 된

것이다.

목적 정책과 마찬가지로, 이사회는 경영상의 한계 정책도 확장할 수 있다. 다만 총괄 정책(2.0)에서 출발해 한 번에 한 단계씩만 구체적으로 발전시켜야 한다. 같은 원칙이 경영진에 대한 위임과 이사회 운영 정책 범주에도 적용된다. 모두 똑같은 방식으로 확장되기 때문에 각각의 예는 생략하고 설명만 하겠다.

3) 경영진에 대한 위임 정책 개발

마찬가지로, 이사회와 경영진의 관계를 구축하는 이사회 정책도 총괄 규정으로 시작된다. 총괄 정책(3.0이라고 부르자)은 아마도 이사회와 운영진을 연결하는 공식적인 연결고리는 최고경영자 한 사람이라고 정할 것이다. 최고경영자의 직함은 이사회가 정하기 나름이다. (최고경영자의 타이틀은 중요하지 않으며 최고경영자의 업무 성격이 중요하다.) 정책이 여기서 더 발전하면 위임 방식과 성과 평가 방식에 대한 규정이 추가될 것이다. 몇 가지 예가 6장에 있다. 이 정책 범주에 담긴 이사회의 표현들을 해석하고 보완할 권한과 책임은 CGO에게 있다는 점을 기억하자.

4) 이사회 운영 절차 관련 정책 개발

이사회 고유의 업무를 다루는 이 정책 범주는 이사회 목적과 역할에 관한 총괄적인 서술로 시작된다(이것을 정책 번호 4.0이라고 부르자). 지휘체계(도덕상 권한 체계) 안에서 주인과 운영진 사이를 잇는 연결고리가 되어야 하는 이사회의 핵심 역할에 초점이 맞춰질 것이다.

이사회 운영 절차에 관한 정책이 이보다 더 확장되면, 이사회 운영에 필요한 규율과 책임, 이사회 활동에 따른 정확한 부가가치, 행동강령 등을 다룰 가능성이 크다. 몇 가지 예가 7장과 8장에 있다. 이 정책 범주에 담긴 이사회 표현들 또한 해석하고 보완할 권한과 책임이 CGO에게 있다.

4. 형식의 중요성

정책 구조는 겉치레에 불과한 것이 아니다. "계단식" 정책 구조는 이사회가 다양한 주제에 관해 얼마나 포괄적으로, 그리고 얼마나 구체적으로 입장을 표명했는지 명확하게 보여주는 중요한 장치다. 게다가 이런 식의 정책 개발 방식은 그 자체로 이사회가 리더십을 발휘하는 중요한 기술이다. 예를 들어, 여러 단계로 이뤄진 하나의 정책은 이사회 가치를 넓은 것에서부터 좁혀나가는 이론적 매핑*mapping*을 구체적으로 실현하는 것이므로 이사회는 각 단계를 뛰어넘지 않는 법을 알아야 한다. 단계마다 내용이 있어야 한다. 단순히 다음 단계를 소개하는 것은 하나의 정책 단계라고 볼 수 없다. 만약에 그렇게 한다면, 이사회는 사실상 한 단계를 건너뛰었으며, 더 낮은 단계의 정책들이 전혀 필요치 않다고 판단할 능력을 상실했음을 은폐함으로써 스스로를 기만하는 것이다. 정책 작성에 관한 더 발전된 주제에 대해서는 《이사회 재창조》에 있는 설명을 참고하면 좋겠다. 이사회가 단계별로 원하는 형태의 정책을 완성할 수 있도록 이끌어주는 책이다.

5. 정책 원에 표현된 정책들의 연속 상태

앞서 여러 장에서 나는 정책 원을 사용해 네 범주로 분류된 정책의 관계와 각 정책의 여러 단계를 보여주었다. 이사회가 각각의 범주에 대해 어떤 합리적인 해석도 받아들일 의향이 있는 단계까지 정책을 다루면, 그 범주와 관련 있는 이사회의 모든 정책을 표현한 작은 정책 부문이 만들어진다. 그 결과로 생긴 정책 부문은 〈그림 3-4〉와 같이 다른 모든 결정과 상황, 활동, 목적, 목표, 계획 등을 아우른다. 물론, 〈그림 3-4〉에서 보는 정책의 깊이는 올바른 깊이를 나타내기 위한 것이 아니며 여러 가지 가능성 중에 한 예를 제시한 것뿐이다.

다음 장에서는

거버넌스라는 임무에 잘 대처하기 위해 기술적인 체계를 설계하고 나면 이사회는 어려운 부분을 마주해야 한다. 그 틀을 실제 상황에서 실제 사람들에게 적용하는 일이다. 아주 많은 경우 두서가 없고 복잡하며 급하기만 한 안건이 이사회의 꿈을 빚어내기도, 깎기도, 뭉개기도 한다. 불행히도, 안건이 이사회의 꿈을 결정하지는 않더라도 꿈을 통제하는 일이 너무 흔하다. 10장에서는 이사회가 어떻게 하면 안건과 토론을 통해 그들의 꿈을 실현할 수 있는지 살펴보겠다.

참고자료

1. Carver, J. "Abstracting Up: Discovering the Big Issues Among the Trivia." *Board Leadership*, 1994a, no. 15. Reprinted in J. Carver, *John Carver on Board Leadership*. San Francisco: Jossey-Bass, 2002.

제 10 장

회의를 의미 있게

과거를 돌아보기보다 미래 창조를

탁월함을 얻기 위해 노력하고 시간을 아끼려면, 이사회는 에너지와 재능을 더 정확하게 사용해야 한다. 거버넌스의 핵심 자원은 이사회 회의에 참석하는 이사들의 지혜다. 이 지혜를 올바른 사안에 제때 올바른 형식으로 끌어내기는 쉽지 않다. 복잡한 안건과 산만한 논의, 그 밖에 우리에게 친숙한 집단행동의 문제점들 때문에 이사회 에너지를 효율적으로 사용하기 어렵게 된다.

이사회는 마치 두 돌배기의 부모처럼 자신들에게 권한이 있다는 것을 알지만 그 권한이 정말로 자기들 책임이라는 사실을 크게 실감하지 못한다. 정보가 불충분하고, 외부 행정기관의 규칙이 계속해서 바뀌며, 단체 활동에 대해서는 사무국이 이사회보다 더 잘 알고, 시간은 부족하기 때문에, 이사회는 이론상으로만 조직의 권한을 지닌 자리로 여겨질 수도 있다. 전통적인 회의 방식은 이사들이 모든 상황을 훤히 알고, 더 많이 관여하고 있다는 느낌을 주기 때문에 이사회를 훨씬 더 엉뚱한 곳으로 몰아갈 수 있다.

이 장에서는 짧은 시간에 그것도 거의 말에 의지해서 어떻게 커다란 임무를 완수할 수 있는지 살펴본다. 그런 다음 이사회가 주제를 선택할 때, 특히 외부 기대 때문에 이사회 시간을 불합리하게 사용해야 하는 경우 반드시 주의해야 할 점을 논의하려고 한다. 다음으로는 안건에 명시된 형식과 계획에 따라 이사회 시간을 활용하는 것에 대해 살펴보겠다. 경제적인 시간 활용법을 다룬 뒤에는 이사회 논의의 중요한 목적인 다양한 목소리를 한목소리로 만드는 방법을 설명하겠다. 마지막으로 정책거버넌스 모델에 따라 진행되는 이사회 회의를 간단히 언급하는 것으로 이 장을 마무리하려고 한다.

1. 말하는 업무 관리하기

거버넌스가 거의 말로 이뤄지고 행동은 다른 사람들 몫으로 남겨두는데도 불구하고 이사회는 업무를 처리할 시간이 부족하다. 아주 후하게 월평균 6시간을 활동한다고 해도 풀타임 직원이 1년에 2주간 근무하는 것보다도 적은 시간이다. 이렇게 얼마 안 되는 시간에 1년의 거버넌스가 이뤄지려면 부적절하거나 쓸데없는 활동을 할 여유가 없다. 규모가 작은 단체에서도, 이사회가 배우고 논의하고 결정해야 할 사안은 이사회가 제시간에 처리할 수 있는 양보다 훨씬 많다. 단지 어떤 주제가 중요하다는 것만으로는 그것을 처리할 충분한 이유가 되지 못한다. 중요한 주제가 너무 많다 [참고자료 1].

시간 활용이 더 복잡해지는 이유는 이사회 구성원마다 선호하는 탐구 주제나 주장하고 싶은 점이 있기 때문이다. 규모가 큰 이사회에서 모든 이사에게 발언권을 주면 의사 진행이 지체될 수 있다. 많은 이사회가 이사들에게 발언권을 주지 않는 무언의 전략을 택하는 이유는 그들을 억압하려는 것이 아니라 이사들에게 그런 자유를 주면 너무 많은 시간이 소모되기 때문이다. 기존 이사회 안건은 사무국의 수단과 관련한 주제들을 폭넓게 수용하기 때문에, 이사회 조치라는 것이 운영에 관한 이사 개개인의 관심사를 나열한 목록이 되기 쉽다.

이사회는 개인과 마찬가지로 '책상이나 닦자' 증후군의 먹이가 된다. 우열을 가리기 힘든 엄청난 가치들 사이에서 중요한 선택을 해야 할 때, 차라리 뒤로 물러나 하찮은 일을 하고 싶어지는 것이다. 개인일 때는 그런 마음이 들더라도 자기 책상을 청소하며 기분 전환을 하는 정도니 큰 피해가 없겠지만, 이사회의 경우 세세한 업무에 참견하기 쉽다. 위임이 제대로 안 되는 것은 둘째 치고, 이사회의 귀한 시간을 쓸데없는 일에 빼앗긴다. 이사회가 이러한 주의 분산을 참여로 오인할 수 있어서 더 문제다.

이사회가 열리는 시간을 이용해 뭔가 보여주고 설명하고 싶어 하는 직원들이 늘 있다. 이럴 때는 특히 그 주제가 타당해 보여서 이사회는 기꺼이 관심을 기울이고 싶어 한다. 직원들은 자기들의 업무에 자부심을 느끼고 그에 대해 이야기를 하고 싶어 한다. 이사회로부터 칭찬을 받거나 아니면 단지 주목만 받아도 아주 보람될 수 있다. 그동안의 관례에 익숙한 이사회는 사무국의 보고를 충실히 듣는 것이 거버넌스와는 전혀 무관하다는 사실을 깨닫지 못한다.

외부 행정기관도 이사회에 시간 할애를 요구한다. 간혹 타당한 이유로 그럴 때도 있지만 대개는 거버넌스 구조가 잘못됐기 때문이다. 예컨대 많은 부적절한 활동 때문에 의회는 지역 교육위원회를 만들도록 했으며, 사회복지시설 인증기관에서는 민간 사회복지단체에 이사회를 요구했다. 대중의 돈을 받는 공공 및 비영리 이사회가 법적 요건 때문에 시간을 낭비할 경우 이사회의 재능이라는 자원의 낭비일 뿐만 아니라 전략적 사고에 대한 막연한 심리마저 위태로워진다 [참고자료 2].

그렇게 여기저기 신경 쓰고 남은 얼마 안 되는 시간 안에 이사회가 비전을 담은 리더십을 표현하기는 대단히 어렵다. 전통과 시간, 그리고 주의를 분산시키는 것들이 진정한 리더십을 가로막고 있다. 진 로이어는 교육위원회에 대해 이야기하며 "확실히 우리 앞사람들은 … 우리가 이 모든 일을 떠맡아 한 달에 한두 번 하는 두 시간짜리 회의에 전부 쏟셔 넣을 거라고는 상상하지 않았을 것이다"라고 말했다(Royer, 1996b, 61쪽). 이 예산도 승인해야 하고, 이 보조금도 서명해서 당장 보내야 하며, 재무보고서도 검토해야 한다. 지붕은 보수공사가 필요하고, 단체 보험의 일부 내용을 변경해야 한다. 직원 생활비 인상 및 성과급도 승인해야 한다. 시간이 없다. 전략적 리더십엔 내년에나 시간을 낼 수 있겠다. 끊임없이 밀려드는 요구들이 이렇게 많으니 장기적 관점에 대한 이사회의 열망은 비웃음거리가 된다.

1) 사안 선택

이사회 업무는 말로 하는 일이다. 교육위원회는 농구팀을 지도하지 않는다. 시군구 위원회는 다리를 건설하지 않는다. 병원 이사회는 환자를 치료하지 않는다. 오케스트라 이사회는 음악을 지휘하지 않는다. 이사회가 하는 일은 지도나 건설, 치료, 혹은 지휘가 아니다. 이사회는 말을 한다. 가치를 논의하고, 명확히 하여, 뚜렷하게 발표하는 것은 모두 이사회가 말로 하는 일이다.

언어는 이사회의 도구다. 말로 하는 일이라면 그 말하기에는 분명 규율이 있어야 한다. 무엇을 어떻게 언제 말해야 하는지가 규율에 포함된다. 생각나는 대로 아무 사안이나 말하는 것은 용납되지 않는다. 특정 사안에 대해 원하는 방식으로 아무렇게나 말하는 것도 용납되지 않는다. 특정 사안을 부적절한 시기에 말하는 것도 용납되지 않는다. 절단기를 다루는 사람이 마음 내키는 대로 아무 금속 조각이나 자르면 안 되는 것처럼 이사회는 다른 사람의 이익을 대변하는 수탁자로서 아무 말이나 하면 안 된다. 이사회가 방향을 잃고 헤맨다면, 프로 유격수가 '오늘은 우익수 자리를 맡는 게 더 낫겠다'고 말하는 것만큼이나 자기 할 일을 등한시하는 것이다. 이사회는 아무 주제나 골라 그 순간에 원하는 방식으로 다루고서 탁월하기를 바랄 수 없다.

2) 내용보다 형식 먼저 검토

이사회 논의에 앞서 사안들을 검토해 선별하면 회의를 진행하는 기준이 생긴다. 이사회는 구체적인 사안이 제기되고, 그 사안을 열정적으로 지지하는 사람들이 먼저 규율을 흐리기 전에 "우리는 무엇을 말해야 할 것인가?" 하는 문제를 해결할 수 있다. 사우스캐롤라이나주 보퍼트 카운티 교육위원회 위원을 지낸 마이클 브랜다우는 이사회 구성원들이 "정책거버넌스 모델이 제공하는 강력한 도구와 그 모델이 요구하는 책임과 규율을 이해하는" 것이 중요하다고 말한다. 이사회는 이사회 운영 절차 정책 안에서 규율 문제를 다룰 필요가 있다. 그런 정책을 도입하면 어떤 사안을 안건에 포함하기 전에 그 정책을 기준으로 적절성을 판단할 수 있다. 사안의 형식을 다루기 전에는 아무도 그 내용에 대해 말하지 않는 것이 중요하다.

사안을 검토할 때 첫 질문은 "이 사안은 어떤 정책 범주에 해당하는가?"가 된다. 세상에 의도하는 영향에 관한 문제인가? 경영 수단과 관련이 있는가? 거버넌스 업무 자체에 관한 문제인가? 아니면 이사회와 경영진의 관계에 관한 것인가? 이 같은 질문에 답하다 보면 해당 사안은 목적이나 경영상의 한계, 혹은 이사회 운영 절차, 아니면 경영진에 대한 위임 정책 중 하나로 분류된다.

두 번째 질문은 "그것이 누구의 사안인가?"이다. 만약에 그 사안이 단체 전체에 관한 문제라면 당연히 이사회나 최고경영자가 맡아야 한다. 만약에 최고경영자가 아닌 다른 한 직원이 담당하는 문제라면, 이사회가 볼 때 그 사안은 최고경영자 소관이다. 따라서 이사회가 물어야 할 질문은 간단하다. "이 사안의 소관이 최고경영자인가, 이사회인가?" 어떤 사안에 대해 "최고경영자 소관이자 이사회 소관"이라는 답을 하게 된다면, 그것은 기준이 불분명하다는 뜻이거나 사안을 더 명확하게 정의해야 한다는 뜻이다. "공동 책임"을 조심하라. '공동'은 '회피'를 의미할 개연성이 높고, '대충'이라는 의미가 거의 확실하다. 체계가 잘 갖춰지면 홀로 방치되는 사안 같은 것은 없게 된다. 모두 어딘가에 속한다.

세 번째 질문은 "이 범주 안에서 이사회가 이미 밝힌 내용은 무엇이며, 당면한 이 문제와 어떻게 연결되는가?"이다. 이 질문은 기존 이사회 정책의 내용뿐 아니라 그 정책의 폭이나 단계까지도 살펴본다. 내용을 들여다보는 것은 첫째, 이사회가 이미 그 문제를 다룬 적이 있는지, 있다면 어떤 방식으로 다루었는지를 확인하고, 둘째, 당면한 문제가 현 이사회 정책보다 여러 단계 아래에 해당하는지 아니면 바로 한 단계 아래인지를 판단하기 위해서이다. 만약에 이사회가 이미 정책으로 다룬 적이 있는 문제라면, 이사회는 기존 정책을 바꾸고 싶은지를 판단하기만 하면 된다. 만약에 다루려는 사안이 지금의 이사회 정책보다 여러 단계 아래인 구체적인 문제라면, 그 문제를 기존 정책에 인접한 개념으로 다시 구성하는 작업을 하면 된다(다시 강조하지만 "끌어올리기" 기술이 유용하다).

한 가지 방법은 이렇게 질문하는 것이다. "이 사안이 현재 가진 이사회 정책보다 낮은 단계라는 사실을 전제하면서, 이 사안을 가장 포괄적으로 다루는 방법은 무엇일까?" 이 질문에 답한 다음엔 다시 이렇게 질문해야 한다. "저것으로 우리의 우려사항을 충분히 해결할 수 있을까?" 만약 그렇지 않다면, 이사회는 똑같은 절차를 반복해야 한다. 예컨대, 최고경영자가 직원들에게 "시장 임금보다 현저히 높은" 보상을 지급하지 못하게 하는 정책을 이사회가 만든다고 치자. 이 정책은 "비윤리적이거나 무분별한 행동 및 환경은 허용하지 않는다"는 경영상의 한계 범주의 총괄 정책보다 한 단계 아래에 속하거나 "개념상 가까울" 것이다.

이사회 구성원 한 명이 "시장"이라고 하면 지역 내 노동시장에 국한되는지, 전국 단위 노동시장을 가리키는지, 아니면 전문가 등 특정 분야의 노동시장인지 분명하지 않다는 우려를 표명했다고 가정해보자. 아마도 종업원 급여에 관하여 지방정부가 정한 기준선을 넘어섰을 때 발생할지도 모를 정치적인 문제를 염려하는 것이다. 그 이사는 최고경영자가 필요한 인재를 지역 내에서만 찾기를 바라는 것은 아니지만, 이런 정치적인 문제 때문에 '시장'이라는 표현이 받아들일 수 없을 만큼 포괄적이라고 생각한다. 이사회 다수는 이미 정해진 수준이 괜찮다고 느낀다. 투표 결과 다수가 만족한다면 아무런 문제가 없다. 하지만 다수가 그 한 이사의 우려에 동의한다면, 그 보상 정책은 다음과 같이 수정되어야 할 것이다. “어떤 보상도 해당 노동시장에서 관습적으로 지급해온 임금 수준을 현저히 초과하면 안 된다. 지방정부가 고용하는 업무 유형에 대해서는 지방정부가 노동시장이 된다.” 이사회는 여전히 두 문장밖에 안 되는 정책이지만 효과적으로 더 상세하게 단계를 확장할 수 있다.

이렇게 사안을 선별하는 과정은 의외로 시간이 많이 걸리지 않는다. 앞서 설명한 범주와 단계 배치를 활용한다면 말이다. 이사회 정책을 모두 하나로 모으면 가치 지도*value map*가 만들어지는데, 이사회는 가치 지도를 이용하여 기존 및 잠재 정책 사안들을 혼란 없이 해결할 수 있다. 조직 내 어떤 사안이든 다른 사안들과의 상대적 위치를 판단해 이사회 영역인지 최고경영자 영역인지 구분하는 것은 그렇게 어렵지 않다.

형식이 정해지기도 전에 내용에 대해 먼저 이야기하는 것은 순서에 어긋난다. 그렇게 하면 이사회가 결정해서는 안 될 사안에 대해 열변을 토하느라 시간을 낭비할 것이 뻔하기 때문이다. 그리고 이사회가 다른 대안과 영향에 대해 좀더 알아보고 토의하기로 결정했다면, 위원회를 비롯한 다른 집단이 해당 자료를 만들기도 전에 문제해결을 시도하는 것도 순서에 어긋난다.

3) 논의 준비

정책을 만들기 전에 충분한 자료를 확보해야 한다는 점은 절차가 지연되는 타당한 이유일 수 있다. 그러나 기다림에는 위험이 따른다. 개인과 마찬가지로 이사회도 어떤 일을 할 때 수용 가능한 수준에서 일을 처리하기보다 완벽해질 때까지 계속 기다리는 경향이 있다. 완전한 정보를 얻는다는 것은 거의 불가능하다. 따라서 모든 관리자와 마찬가지로 이사회도 불완전한 자료를 갖고 행동에 나서는 법을 배워야 한다. 이 경우에 상황이 특이한 것은 정책 결정을 미룬다는 선택이 허상에 불과하다는 점에 있다. 이사회는 나중까지 기다렸다가 정책을 세울 수가 없다. 이사회가 기다린다고 해도 기존 정책이 — 비록 무언의 정책일지라도 — 효력을 발휘하기 때문이다. 이사회는 정책 변경을 미룰 수는 있지만, 해당 단체가 정책을 갖는 것 자체를 미루지는 못한다.

경영 활동의 기반이 되는 가치들이 표명되든 안 되든 경영 활동은 계속된다. 그 활동들이 기존에 발표된 이사회 정책과 일치하는 경우, 이사회가 정책을 바꾸기 전까지는 그 활동을 그대로 유지해도 된다. 이사회가 그것을 개의치 않는다면 정책 변경이 미뤄져도 해로울 게 없다. 하지만 어떤 활동이 기존 정책과 일치하는 것이라도 이사회가 그 활동에 불만이 있다면, 정책 변경을 미루는 것은 그 활동이 용인되는 기간을 연장할 뿐이다. 그런 경우, 이사회는 이사회의 "최종" 입장에 가까운 임시 정책을 도입해도 된다. 이 정책은 곧 바뀌겠지만 그때까지 완전하게 공식적인 효력을 갖는다.

충분히 유능한 전문가의 도움을 받는다면 신속한 정책 개발도 가능하지만, 미리엄 카버와 내가 공동으로 집필한 책 《이사회 재창조》에 자체적으로 할 수 있는 방법이 단계적으로 설명되어 있다. 이렇게 개발한 정책은 대개 더 오랜 시간을 들여 개발한 정책만큼이나 추가 수정이 필요 없다. 사실 어떤 면에서, 몇 개월간 작업해서 만든 정책들이 더 안 좋다. 그렇게 오래 걸려 만든 정책은 이사회가 변경하기를 주저한다! 따라서 더 신속하게 개발된 정책이 좋기도 하고, 알고 보면 더 유연하다. 이사회 구성원들이 정책은 가치를 가리킨다는 점을 명심할 때, 우려하는 바와 의도하는 바를 거버넌스 문서로 바꾸는 일은 별 어려움 없이 해낼 수 있다.

4) 책임 있는 무검토 승인

무검토 승인*rubber-stamping* 관행을 지지하는 사람은 찾아보기 힘들다. 무검토 승인은 그렇게 말로는 비난을 받지만 실제로는 빈번하게 일어난다. 무검토 승인이란 다른 누군가의 계획이나 실행에 대해 거의 자동으로 승인하는 것을 말한다. 그러나 그것이 정확히 무엇을 의미하는지는 첫인상만큼 명쾌하지가 않다.

예컨대, 이사회가 부문장의 비서로 누구를 채용할지는 사무국 소관으로 여긴다면, 그 이사회는 채용에 관여하지 않는 것이 당연하다. 사람들은 대부분 이러한 위임을 무검토 승인이라고 생각하지 않을 것이다. 만약에 어떤 외부 요인 때문에 — 이를테면, 법에서 그것을 요구한다고 치자 — 비서 채용에 대해 이사회의 재가를 받아야 한다면, 그 이사회는 채용 결정을 승인해달라는 요청을 받을 것이다. 이사회가 예전으로 돌아간 것 같은 생각이 들면 어떻게 되는가? 토론도 없이, 사실 이름도 읽어보지 않고 채용을 승인한다면 그 이사회는 무검토 승인을 하는 것일까? 사람들은 대부분 이를 무검토 승인이라고 부를 것이다. 그러나 어느 경우든 거버넌스 책임이 발휘된 정도는 똑같다.

위임한 활동이 이사회 안건에 포함되면 위임을 잘한 것인데도 무검토 승인을 하는 것처럼 보인다. 교육위원회가 합리적으로 권한을 위임한다면 안건도 줄어들 것이다. 하지만 고루하고 잘못된 법과 전통은 그런 불필요한 항목을 안건으로 올리라고 요구한다. 교육위원회는 그런 항목들이 안건에 올라와 있으니 엄청나게 많은 사소한 문제를 일일이 살피고 공개적으로 의견을 표명해야 한다고 느낀다. 그렇게 하는 것이 감당이 안 되는 일임에도 불구하고 말이다. 하지만 그러지 않으면 또 잘 모르는 사람들로부터 거수기 노릇이나 했다는 비난을 받을 수 있다.

거수기 노릇을 하고 있다는 불편한 감정이 느껴지면, 이사회 구성원들은 그 거슬리는 사안을 파고들어 연구하고 질문하며 토론을 유도한다. 그런 행동은 양심적이고 대개는 현명한 반응이지만 언제나 그런 것은 아니다. 때로는 그 사안이 왜 이사회 안건에 들어있는지 의문을 제기하는 편이 더 효과적이고, 제도 개선에 도움이 되는 반응일 수 있다. 안건에 포함된 일부 항목이 무조건 승인되어야 하는 이유는 그것을 결정할 권한이 원래 최고경영자에게 있어야 하기 때문이다. 이럴 때 의미 있는 질문은 최고경영자가 결정하면 될 사안이 어떻게 이사회 안건으로 올라왔는지 묻는 것이다.

5) 전통과 법

대부분 단체에서는 전통적으로 인사관리 절차와 예산, 그리고 프로그램 설계에 대해 이사회 승인을 요청한다. 일부 단체에서는 채용과 직무기술, 조직 설계, 그리고 더 일상적인 문제까지도 이사회 승인을 받는다. 이런 관행은 이런 단체를 인가하는 상위 기관에서 요구할 때가 많은데, 그 기관들도 그저 전통을 따르기 때문이다. 미국 일부 주는 주로부터 자금을 지원받는 기관에 대해 이사회가 모든 출금 전표를 승인할 것을 요구한다. 시의회, 군·구의회, 교육위원회 같은 지역 정부 이사회는 사무국 업무를 폭넓게 살펴야 한다. 전통과 법은 모두 책무에 대해 과격한 접근법을 쓴다. 질서를 유지하기 위해 사실상 모든 사무국 활동이 이사회에 넘겨져 장황하게 논의되고 승인을 받아야 한다. 이미 활동이 시작됐어도 그래야 한다! 이런 근시안적인 책무는 프로그램 결과물을 희생하더라도 재무와 법적 위험에 과도하게 신경 쓰는 것을 정당화한다. 그런 방침은 세상에 가치를 더하는 몽상가와 창작자, 리더보다 위험을 회피하는 회계사와 변호사에게 훨씬 이롭다. 관행과 법률에 의해 부여되는 이런 책무 때문에 이사회는 수평선 너머 멀리까지 내다보는 시간보다 자기 어깨 너머밖에 못 보는 시간이 더 많아진다.

진정으로 이사회의 배타적 권한에 해당하는 사안을 검토 없이 승인하는 것은 직무 유기다. 그러나 경영진의 배타적 권한에 해당하는 사안을 검토 없이 승인하는 것은 직무 유기가 아니다. 경영진의 배타적 권한이란 이사회가 명시한 목적을 합리적으로 해석한 바를 달성하기 위하여 이사회가 정한 경영상의 한계를 합리적으로 해석한 범위 안에서는 어떤 수단이든 선택할 수 있는 최고경영자의 권한을 말한다. 최고경영자가 경영상의 한계를 넘지 않는다면 이사회가 이를 승인하지 않을 이유가 무엇인가? 승인하지 않는다면 이는 이사회가 애초에 경영상의 한계를 정할 때 진정성이 없었다는 의미가 된다. 반면에 진지하게 기각을 고려하지 않는다면, 승인하느라 이사회 시간을 허비할 이유가 무엇인가?

외부 요인 때문에 이사회 승인이 필요한 경우엔 이사회가 의도적으로 무검토 승인을 하는 것이 타당하다. 다시 말하면, 승인이 필요한 경우 승인을 하고(무검토 승인), 다음으로 넘어가면 된다. 이사회가 맡은 과제를 제대로 했고, 책임을 충실히 이행했다고 확신한다면, 승인을 심각하게 받아들일 필요가 없다. 그것은 무의미한 형식상의 절차에 불과하기 때문이다 [참고자료 3].

이 방법은 많은 공공기관 이사회가 일상적인 안건을 신속하게 처리하려고 사용하는 동의 안건*consent agenda*과 비슷하다. 다른 점은 두 가지다. 하나는 만드는 목적, 다른 하나는 안건을 빼는 방식과 그 의미다. 기존 동의 안건은 일상적이고 논란의 여지가 없는 조치를 따로 빼서 이사회 시간을 아끼는 게 목적이다. 그러나 여기서 말하는 동의 안건은 논란의 여지나 일상적인 면과 무관하다. 오로지 사전에 위임됐는지와 관련이 있다. 따라서 '자동 승인 안건*automatic approval agenda*'이라는 표현이 더 정확할 수도 있다.

최고경영자의 자동 승인 안건에 올라가는 사안들은 이사회가 이미 최고경영자 영역이라고 판단한 여러 가지 결정들이 포함된다. 그 사안들은 일상적이지 않고 논란의 여지도 있을 테지만 이사회가 결정할 사안은 아니다. 정책을 결정하는 일이나 평가 자료의 수용 여부를 결정하는 일처럼 이사회가 판단해야 하는 사안은 솔직한 말로 서류상에 불과한 안건에 포함되지 않는다. 종래의 동의 안건에 해당하는 사안들과 달리 자동 승인 안건에 해당하는 사안들은 이사 한 명이 요청한다고 해서 특별안건에서 일반안건으로 옮겨지지 않는다. 그 사안들이 자동 승인 안건에 있는 이유는 시간을 절약하기 위해서가 아니라, 이사회가 이 안건들은 이사회에 올라오면 안 되는 것이라고 의도적으로 판단했기 때문이다. 그 안건들이 이사회 업무처럼 보였던 건 이사회를 지켜보는 당국에서 그래야 한다고 지시했을 때뿐이다. 따라서 어느 이사도 이미 사무국에 위임한 권한을 회수할 권리, 다시 말하면 특별안건에 있는 안건을 일반안건으로 옮길 권리가 없다. 물론 이사회 전체가 결정하면 그럴 수 있다.

마지막으로, 경영진의 우유부단함을 받아주는 자동 승인에 대해 한마디 덧붙이겠다. 의사결정 책임을 원하지 않는 최고경영자들도 있다. 그런 최고경영자에게는 그들의 책임을 이사회로 넘기는 전통이 아주 편안하다. 그들은 "하지만 그건 이사회가 결정한 사안인데요"라고 말하고 뒤에 숨으면 그만이다. 이사회는 이런 최고경영자들이 "곤란한" 결정에 대한 책임을 지지 않게 해주는 것이 관용이라고 생각한다. 최고경영자 성향을 토대로 이사회와 최고경영자의 결정을 구분하는 것은 엉성한 관리 방식이다. 이런 관행은 역할 구분을 명확히 하는 게 아니라 오히려 흐린다. 만약에 최고경영자가 결정을 안 내리거나 못 내린다면, 이사회는 그가 최고경영자로 적합한 인물인지 의문을 제기해야 한다. 원칙적으로 이사회는 단지 최고경영자가 결정하길 원치 않는다는 이유로 어떤 결정을 내리면 안 된다. 최고경영자가 스스로 결정해야 할 사안을 결정할 역량도 의지도 없다면, 이사회의 강력한 도구이어야 할 최고경영자 자리에 허수아비가 앉아서 이사회의 소중한 시간을 갉아먹고 있는 셈이다.

2. 안건 기획

이사회는 끊임없이 안건에 들어갈 내용을 고민해야 한다. "이번 회의에서는 무엇을 해야 할까?" 이 질문엔 수동적인 요소가 있다. 그들이 속한 세계가 그들 앞에 떨어뜨리는 급한 볼일이 생기면 무엇이든 다 안건에 올릴 기미가 엿보인다. 그런 긴급한 상황을 대변하는 사람은 대개 최고경영자다. 딱하게도 일부 이사회가 너무 늦게 알아챈 사실이지만, 최고경영자는 마치 신의 계시를 받은 사제처럼 악의 없이 이사회에 명령하는 위치를 자처하기도 한다.

이사회는 보통 안건의 순서와 내용을 최고경영자의 의견에 따른다. 이사회가 쓸데없이 사무국 활동에 관여할수록, 사무국의 현안과 일정을 자세히 아는 사람들로부터 영향을 받을 수밖에 없다. 이사회는 안건을 채울 때 사무국에 너무 의존하게 되는 나머지 그들의 도움이 없으면 이리저리 방황할 것이다. 이사회는 "당연히 우리 최고경영자가 안건에 들어갈 내용을 대부분 제공한다"며 "그 사람이 돌아가는 상황을 잘 알기 때문"이라고 말한다. 악순환이 이어진다. 이사회가 사무국이 해결해야 할 사안들에 얽매이니 그게 어떤 사안인지를 알려면 사무국의 의견을 들어야 한다. 그래서 이사회 안건을 만들 때 직원들의 도움을 받게 되고, 결과적으로 이사회 안건이 주로 사무국 수준의 내용으로 채워진다. 이런 활동을 통해 이사회 업무는 이사회 고유의 자료를 만드는 것이 아니라 사무국에서 만든 자료를 검토하는 것으로 규정된다. 사실 전통적인 의미에서 "이사회 자료"는 거의 직원들이 만들고 이사회는 검토만 하는 자료다. 이런 여건에서는 이사회와 사무국 모두 이사회 사안이 어떻게 생겼는지도 모른다 [참고자료 4].

1) 안건을 장기 관점에 연결하기

이사회는 보통 안건 내용을 정할 때 갈팡질팡하기 쉽다. 사무국의 도움이 없으면 문제는 더 심각하다. 인정하고 싶지 않겠지만, 의례적인 업무나 당장 눈앞에 보이는 스트레스 요인, 혹은 외부 지출에 대한 최종 승인 같은 것들로 안건이 채워지는 경우가 훨씬 많다. 어떤 이사회가 직접 하지 않아도 될 업무를 아주 신중하게 배제했다고 가정해보자. 사무국의 결정에 관여하지 않으려고 무의미한 활동을 없애고, 최고경영자에게 충분한 권한을 주었다. 그런데도 여전히 다음 회의 안건을 놓고 구체적이고 실질적인 문제에 부딪힌다. 이사회는 뒤로 물러나서 이사회를 바쁘게 만들어줄 안건들을 사무국이 충분히 제공하기만 기다려서는 안 된다. 리더가 자신을 따르는 사람들에게 자신이 할 일을 물을 수는 없다.

그렇다고 이사회가 끼익 소리를 내며 갑자기 멈춰서야 하는 건 아니다. 애매하거나 당혹스러운 일에 직면하면, 그보다 한 단계 위로 생각을 끌어올려 방향을 정하면 된다. 나무가 우거진 길에서 방향을 잃어버리면, 잠시 숲 위를 맴돌며 자신감을 회복하면 된다. 우리가 물리적으로 할 수 없는 것을 정신적으로는 할 수가 있다. 이사회가 고유 업무에 집중하고 싶다면, 잠시 공중에서 내려다보며 당장 급한 안건으로 채워진 안건에서 연간 계획으로 채워진 안건으로 관심을 돌려야 한다.

그것으로 부족하다면 영구 안건*perpetual agenda*에 주의를 기울여야 한다.

영구 안건은 이사회 기본 업무와 이사회가 추가한 다른 선택적 업무로 이뤄진다. 이런 업무는 이사회 고유의 몫이며, 사무국의 업무를 모아놓은 것이 아니다. 이런 영구 안건은 7장에서 살펴본 이사회 직무기술서와 같다. 이사회의 고유 안건을 통제하려면(그럼으로써 사무국 안건이 아니라 진정한 이사회 안건을 도출하려면), 이사회는 거버넌스 자체의 본질에서부터 시작해야 한다. 이 이사회는 무엇에 이바지하려고 존재하는가?

이사회만이 할 수 있는 지속적인 기여, 즉 이사회의 영구 안건은 첫째, 주인과의 연결, 둘째, 이사회 정책 표명, 셋째, 단체 성과의 보장임을 기억하자. 이 중에서 먼저 할 것을 찾는다면, 두 번째 기여, 즉 4대 범주(목적, 경영상의 제약, 경영진에 대한 위임, 이사회 운영 절차)의 정책 개발부터 시작할 것을 권한다. 주인과의 연결고리는 이사회가 이사회 운영 절차 정책에 누가 주인이며 그 주인과의 관계는 어떻게 형성할 것인지를 정하고 표현한 뒤에 착수해야 한다. 경영 성과도 경영진에 대한 위임, 경영상의 한계, 그리고 목적 정책이 만들어지기 전에는 보장할 수가 없다. 이 정책들에 위임과 평가, 성과 기준이 들어가기 때문이다.

요컨대 이사회는 다른 업무에 착수하기 전에 정책 대부분을 수립해야 한다. 영구 안건은 이사회가 가까운 미래에 주로 해야 할 일을 계획할 수 있는 출발점을 제공한다. 이렇게 해서 영구 안건이 더 구체적이고, 장기적이지도 단기적이지도 않은 안건으로 발전한다. 이사회 회의 안건을 계획하기에 가장 유용한 기간 단위는 대개 약 1년이다.

이사회는 각 책임 영역에 대해 다음 1년 목표를 정한다. 다른 이사회들과 대화를 해나가거나 공개 혹은 비공개 방식으로 주인과의 소통을 강화하기로 할 것이다. 재무 전문가나 프로그램에 대해 다른 의견을 가진 사람들의 관점을 더 체계적으로 포용해 정책의 무결성을 높일 것이다. 평가 체계를 더 철저하게 만들거나 비용이 적게 들도록 해서 조직 성과에 대한 보장을 강화할 수 있다. 이사회가 자선기금 확보 같은 추가 공헌 분야를 선택했다면 그 책임에 대한 목표도 세울 수 있다. 일관성을 유지하기 위해, 이런 목표는 이사회 직무기술 정책을 확장하는 형태로 추가되며 간혹 별도 정책으로 만들기도 한다(〈자료 7-3〉과 같이). 어떤 경우든 이사회 운영 절차 범주를 벗어나지 않는다. 즉, 이사회의 모든 목표는 이사회의 다른 결정과 마찬가지로 정책에 담겨야 한다.

그렇게 중기적인 목표를 세우면, 이제 일련의 회의 안건과 각 회의 사이에 처리할 업무들이 정해진다. 주간, 월간, 혹은 분기별 회의가 더 포괄적인 절차와 긴밀하게 연결되는 것이다. 임원이나 위원회의 기대사항도 같은 일정을 따른다. 이사회의 연간 안건 수립은 사무국의 의견을 받더라도 사무국에 의해 좌우되는 것이 아님을 기억하자. 이로 인해 이사회는 책임과 관련해 두 단계 앞으로 나아갈 수 있다. 경영진의 소리 없는 지시에 기대지 않고 스스로 답을 만들어낼 뿐만 아니라 질문도 만들어낸다. 그 결과 상당히 수준 높은 리더십을 보여주게 된다.

안건을 정할 때 이와 같이 접근하면 이사회 절차의 합리적 운영에 세 가지 큰 도움을 얻는다. 첫째, 회의 때마다 안건이 오락가락하지 않는다. 둘째, 이사회가 안건을 더 강력하게 통제해 매번 무엇을 해야 하는지 최고경영자에게 묻지 않아도 된다. 셋째, 당연히 목적을 향해야 할 이사회의 주된 관심이 비교적 덜 중요한 이슈가 가득한 바다로 사라질 가능성이 낮아진다.

2) 목적: 회의를 하는 이유

내가 보기에 목적을 제외한 모든 범주의 정책들은 비교적 안정적이다. 총괄 목적 정책은 상대적으로 변함이 없지만, 수혜자와 혜택, 비용이나 더 낮은 단계에서의 우선순위는 지속적인 관심이 필요할 정도로 자주 바뀌어야 하는 것 같다.

이사회는 한쪽 눈으로는 고객이나 그와 대등한 사람들을 주시하고 다른 한쪽 눈으로는 주인을 지켜봐야 한다. 달리 말하면, 좋은 거버넌스 체계의 한 가지 아웃컴은 이사회가 마음 편히 목적에 집중하고, 그 목적을 결정하고 추구함에 있어서 이사회가 대리하는 주인에게 집중할 수 있다는 점이다. (시의회와 전문가협회 혹은 동업자협회의 경우 그 목적의 수혜자와 주인은 같은 사람일 것이다.) 다른 정책 영역은 그 가치가 비교적 안정적이며, 전략적인 면에서 목적이 중요하기 때문에 이사회는 매년 두 개의 강력한 고민에 집중하게 된다. 첫째, "어떻게 하면 지금보다 더 완전하게 우리가 대표하는 사람들과 연결될 수 있을까?". 둘째, "새로운 정보나 새로운 지혜, 혹은 새로운 가능성을 고려할 때 앞으로는 누구를 위해 어떤 편익을 어느 정도 비용에 제공하려고 노력해야 할까?". 다시 말하면, 이사회는 고유 업무 중 첫 번째 요소(주인과의 연결)와 두 번째 요소의 첫 번째 범주(목적 정책)에 에너지 대부분을 쏟게 된다.

주인과의 연결 강화는 구체적인 시간 제약을 받을 필요가 없지만, 목적을 구체화하는 작업은 대개 예산안 작성과 프로그램 기획처럼 시간을 다투는 사무국 활동과 관련이 있다. 따라서 목적에 관한 작업은 시간의 흐름에 따라 구분될 가능성이 크다. 이사회의 목적에 관한 작업은 행정 업무 일정과 매우 긴밀하게 연결되기 때문에, 이사회는 대부분 일 년 내내 목적 정책을 탐구하고 다시 표현하는 사이클을 중심으로 연간 안건을 수립하는 것이 최선이다.

이사회는 그 단체가 관심을 기울여야 할 외부 일정을 선택한다. 어떤 단체에는 이것이 주요 기관에 기금 지원을 요청하는 예산안 제출기한일 것이다. 다른 단체의 경우, 회원 연례 총회나 회계연도 시작일, 혹은 선거 주기 종료일일 수도 있다. 어느 경우든 이사회가 선택한 일정에 맞춰 경영 계획이 효력을 발휘하거나 공개적으로 발표가 되어야 한다.

최고경영자에게 그 일정에 대비할 수 있는 충분한 시간을 주기 위해, 이사회는 두세 달 앞서 모든 목적 정책에 대한 연례 개정을 완료한다. 최신 형태로 개정하기 위해 이사회는 새로운 정보와 어쩌면 새로운 꿈까지도 고려해 목적 정책의 총괄 규정과 부수적인 규정들까지 다시 연구한다. 그런 다음, 예정일로부터 역산해서 그 시점에 완수할 수 있게 연간 안건을 수립한다. 위원회 활용이 꼭 필요한 경우, 위원회 과업 종료일을 정할 때도 같은 방법을 쓴다. 이사회의 다른 요구도 고려할 수 있고 고려하기도 하지만, 이사회를 운영하는 데 가장 중요한 요소는 끊임없이 목적 정책에 집중하는 태도다.

이사회는 같은 주인을 대변하는 다른 대리인들과(다른 이사회나 의회, 위원회 등) 소통을 계획하고, 환경 요인에 관한 전제들을 점검하며, 이런 활동의 의미를 최고경영자 및 다른 직원들과 논의할 자리를 마련한다. 이사회는 서로 대립하는 관점이나 그 지역 여러 단체 사이의 사회적 분업에 대한 의견을 폭넓게 수용할 것이다. 이사회가 비전을 다듬으면서 스스로를 일깨우기 위해 다른 이사회와의 대화 등을 추진하려면 가진 것보다 더 많은 시간이 필요할 수도 있다. 다른 이사회와 협력하려면 아주 강한 리더십 영향력이 필요할 것이다. 어쨌거나, 그 일만으로도 충분한 양이라 이사회는 첫해에 모든 단계를 완수하기는 어려울 것이다. 이사회가 비전 있는 리더십의 잠재력에 접근하려면 이런 과정이 여러 해 반복되어야 할 것이다.

이사들이 이 과정을 흔들림 없이 해내기는 어렵고, 처음 시작할 때는 특히 그렇다. 그러나 이사회가 작은 사안이 아니라 큰 사안들을 처리하느라 비틀거리는 것은 훨씬 납득할 만하다. 그들이 수혜자에게 미치고자 하는 영향에 대해 진지하게 논의하도록 여러 이사회를 설득한다는 사실 자체가 리더십에 있어서 놀라운 발전이다. 아무리 작은 성공이라도 예산 항목을 자세히 들여다보거나 병가 절차를 조사하는 것에 비하면 엄청난 도약이다.

목적 정책에 대한 연례 개정이나 재확인을 하고 나면, 최고경영자는 계획을 세우기 시작한다. 이사회의 장기 비전 중 첫해 부분을 프로그램 기획과 예산으로 구체화하는 것이다. 그렇게 할 때도 적용 가능한 모든 이사회 정책을 충실히 지켜야 한다. 이런 균형 잡힌 행동은 이사회 책임이 아니라 최고경영자 책임이다. 정기 평가를 제외하면, 이사회의 연간 업무는 목적 정책을 재확인함으로써 완료된다.

요컨대, 이사회는 안건에 관한 모든 책임을 받아들일 때 비로소 안건에 대한 통제력을 얻기 시작한다. 개별 회의 안건은 이사회의 중기적 목표라는 비교적 큰 그림에서 나온다. 그리고 이 중기적 목표는 이사회의 영구 안건에서 비롯되며, 이 영구 안건은 이사회 직무기술서 내용과 같다고 한 것을 독자 여러분은 기억할 것이다. 이사회는 성급하게 반응하지 않고 계획에 따라 거버넌스를 실행함으로써, 이리저리

허둥대다 최고경영자에게 도움 받을 수밖에 없는 상황을 피한다. 이사회는 대부분의 활동을 장기적 관점에서 단체를 이끌어야 하는 과제와 연결함으로써 단기적 사고방식에서 멀어진다. 이사회 시간은 대부분 미래를 창조하는 데 쓰인다. 정례 안건은 전략적 비전을 개발하려는 목적으로 설계하는데, 이것은 전략 기획에 아무도 밀지 않거나 심지어 철회한 안건을 넣는다고 되는 것이 아니라 장기적 사고방식에 따라 안건이 만들어지고 채워질 때 가능해진다.

3. 시작하기

첫해 안건에는 착수 활동이 아주 많이 포함된다. 예컨대 아무리 오래된 단체라도 이사회가 보기엔 진정한 정책이라고 할 만한 게 거의 없다고 판단할 수 있다. 기존 정책은 사무국 문서가 거버넌스 단계까지 잘못 올라온 것이거나, 실제 정책의 형태를 띠더라도 이사회 가치가 아니라 사무국의 가치를 반영한 것이 대부분이다. 더군다나 이사회는 자신들의 업무가 무엇을 직접 생산하는 것이 아니라 전통적인 활동을 종합하는 것이라고 생각했을 가능성이 크다. 이사회가 정책거버넌스로 향하는 길에 들어서기 위해서는 개념과 태도에 엄청난 변화가 필요하다는 사실을 아는 것이 중요하다.

1) 약속 얻기

첫 번째 단계는 이사들로부터 새 모델을 실행하기 위해 노력하겠다는 약속을 받는 것이다. 여기에는 그 모델 자체와 그것이 예고하는 변화에 대한 논의가 포함된다. 그 과정에 최고경영자를 참여시키고 향후 이사회의 성공에 영향을 미칠 모든 변수를 가능한 최대로 활용하는 것이 중요하다. 정책거버넌스 모델을 추구하기로 결정되면, 7장에서 보았던 "거버넌스 스타일"과 "이사회 직무기술" 정책(각각 〈자료 7-1〉과 〈자료 7-4〉)과 비슷한 이사회 운영 절차 정책에 그 내용이 담겨야 한다.

역할과 규칙의 이런 엄청난 변화가 공고한 중심축이 될 것이기 때문에 이에 관한 최대한의 합의를 얻어내야 한다. 이사회는 새로운 질서에 따라 이끌어나갈 것이며 거기에는 마키아벨리가 경고했던• 모든 장애물과 비판이 따를 것이다. 이 결정은 다른 모든 정책 결정과 마찬가지로 만장일치가 될 때까지 미뤄지면 안 된다. 과거의 관행들이 결정적인 표를 행사하게 할 필요가 없다. 더욱이 이사회 논의는 만장일치가 된 듯 확고한 선택으로 이어져야 할 뿐만 아니라 그로 인한 변화를 성공적으로 완수해야 할 책임이 모든 구성원에게 있음을 명확하게 이해하는 것이 중요하다.

• 마키아벨리는 그의 대표작 《군주론》에서 새로운 통치 방법을 도입하는 데 따른 어려움을 다음과 같이 경고했다. 즉, 새로운 통치 방법은 이의 도입으로 이득을 볼 사람들의 의구심 어린 소극적인 지지를 등에 업고 이의 도입으로 손해를 볼 사람들의 적극적인 반대에 맞서야 하므로, 자칫하면 소극적인 지지자들과 함께 위험에 빠질 수 있다.

2) 순서 따르기

대개 이사회는 주인과 관계를 맺거나 최고경영자의 성과를 보장하기에 앞서 정책을 먼저 수립해야 한다. 정책이 정해져야 주인과의 관계나 최고경영자의 성과 보장 업무도 더 명확하게 규정되기 때문이다. 만약 이것이 나중에 여러 정책을 수정해야 한다는 뜻이라 해도 어쩔 수 없다.

이사회는 이전의 정책을 모두 검토해 새로운 형식으로 바꿀 수 있는 것이 있는지 찾아보고 싶어 할 수도 있다. 그러나 이런 방식은 아예 새로 만드는 것보다 시간이 훨씬 더 많이 걸리고 결과물도 더 형편없다. 이사회는 바로 이 단계에서 전통적인 정책 수립이 아무리 잘 됐어도 얼마나 엉성한지 깨닫는다. 수단에 관한 규정과 활동, 성과, 높은 차원과 낮은 차원의 가치, 단일 사건(정책이 아닌)에 관한 의사결정, 그리고 위임 원칙 위반 등의 사례가 뒤섞인 기존 문서는 도저히 풀리지 않는 고르디아스 매듭• 같을 때가 많다. 그 매듭을 풀어서 실처럼 엮인 각각의 정책을 살리려고 하는 대신에 과감히 매듭을 끊고 정책거버넌스 모형에 따른 정책을 새로이 만드는 편이 언제나 최선이다.

정책거버넌스 원칙에 따라 이사회 정책을 새로 만들면 기존 이사회 문서(운영규약을 제외하고)는 필요 없게 된다는 사실을 짚고 넘어가야겠다. 이사회가 새로운 정책을 만들고 옛 이사회 문서도 그대로 유지한다면 문제가 생길 수 있다. 정책거버넌스를 도입하는 이사회에는 예외 없이 예산과 인사 "정책"이 있었고, 전략적 계획과 다른 문서들도 있

• 복잡해서 풀기 어려운 듯하나 발상을 바꾸면 쉽게 풀 수 있는 문제를 비유해서 말함.

었다. 그 문서들은 경영에는 도움이 되지만 거버넌스 문서로는 적합하지 않다. 하지만 보통 그런 서류는 사라지지 않고 경영진 소관이 된다. 그것은 마치 이사회가 최고경영자에게 이전의 문서를 선물로 주면서 사용하거나 사용하지 않아도 되고, 원하는 대로 바꿔도 된다고 하는 것과 같다 [참고자료 5].

처음부터 정책을 새로 만들 때는 3장에서 제시하고 9장에서 설명한 원칙에 따라 진행해야 한다. 처음엔 모든 범주에서 "얇게" 시작해 더 구체적인 단계를 포함하는 방향으로 신중하게 정책을 확장해 나가야 한다. 정책거버넌스에 관한 고등 훈련을 받은 컨설턴트의 도움을 받는 것이 가장 좋다.

3) 과도기 관리

이사회 정책을 새로 만드는 과정은 필요한 변화를 이루려는 이사회의 헌신과 민첩성, 두려움, 주저하는 태도에 따라 수개월이 걸리기도 하고 1년, 혹은 그 이상 걸리기도 한다. 만약에 정책거버넌스 모델을 완벽하게 훈련받은 컨설턴트의 도움을 받는다면 목적 정책을 제외하고 앞서 말한 정책 전부 혹은 대부분을 이틀 안에 만들 수 있다. 오히려 이사회와 최고경영자의 기존 행동 패턴을 조정하는 것이 더 오래 걸린다.

과도기에 중요한 것은 추진력을 유지해야 할 필요성과 이사회 전체가 참여하고 이해해야 할 필요성이 균형을 이루게 하는 것이다. 과도기가 오래 이어질수록 이전 방식을 극복하려는 힘이 약해져 완전한 전환이 이뤄지기 어렵다. 이사회가 자체적으로 재교육을 하는 동안 사무국이 중요한 역할을 할 수 있다. 최고경영자는 이사회의 새 역할에 적합하지 않은 자료를 이사회에 올리지 않도록 주의해야 한다. 더 나아가, 이사회가 위임한 권한을 실제 사용해야 한다. 새 정책이 자리를 잡으면 새로운 체제에 따른 평가를 바로 시작해야 하는데, 이는 이사회의 우려를 잠재우고 이사회가 새 원칙을 지지한다는 확신을 이사회 및 최고경영자에게 심어주기 위해 필요하다 [참고자료 6].

이 지점에서 이사회는 그동안 익숙했던 규격화된 보고서가 아니라 기준을 토대로 작성한 보고서에 집중하려고 애를 써야 한다. 숨김없는 데이터가 필요한 새 기준보다 과거의 익숙한 보고서들(대차대조표, 연체 계좌 목록)을 생각하기가 더 쉽다. 과도기에는 이사회가 대체로 예전의 전통적인 역할을 포기하는 데서 오는 금단증상 같은 것을 경험한다. 직감에 의존하는 방식에 다소 익숙했던 이사회는 이런 변화 초기에는 일단 더 복잡한 시스템을 편하게 받아들이는 법을 배워야 한다. 농약살포기 조종기술로는 점보제트기를 띄우지 못한다.

4. 다양성을 모아 하나로

안건 내용에 상관없이 이사회가 사람들과의 관계에서 맞닥뜨리는 핵심 문제는 서로 다른 시각을 하나의 공식적인 입장으로 전환하는 것이다. 이사회는 한목소리를 내는 것만큼이나 생각을 다양화하는 것이 중요하다. 관점의 다양성이 약해지면 이사회는 지혜의 풍성함을 잃게 된다. 한목소리 원칙이 약해지면 이사회의 결정이 효과를 발휘할 기회가 사라진다. 어떤 사안에 관해서든, 이사회는 가능한 한 다양한 의견들을 많이 유도한 다음 그것을 하나의 입장으로 의결해내야 한다.

1) 다양성 추구

이사회에서는 대부분 일부러 유도하지 않아도 의견 차가 발생한다. 하지만 어떤 이사회에선 의견이 달라도 된다고 확실히 허락해야 하며 어쩌면 노골적으로 유도해야 한다. 정책거버넌스 모델을 따르는 이사회는 집단적 책임과 완결에 너무 집중한 나머지 이사회 구성원 한 사람 한 사람을 선별하고 교육시키는 일의 중요성을 간과하기 쉽다. 사람들로 구성되는 이 집단은 적절한 특성뿐 아니라 적절한 준비도 필요하다. 특히 예비 이사와 신임 이사는 각자에게 요구되는 바를 속속들이 알면 큰 도움이 된다 [참고자료 7].

인종, 민족, 철학, 성별의 다양성을 지지하는 정책거버넌스의 입장은 피상적인 정치적 올바름이 아니라 그 이사회가 대변하는 인구집단의 다양성을 토대로 한다. 이사회는 주인 집단의 축소판이기 때문에 온전한 대의 실현에 다양성이 요구된다. 각 이사회는 주인의 구성을 따져보고, 다양성의 모습이 어떠해야 적절할지 판단해야 한다. 그리고 이런 생각을 이사회가 스스로를 구성하는 데 미칠 수 있는 영향 범위 안에서 향후 이사회 구성원 선발에 반영해야 한다.

현재 이사들이 모든 것에 완벽하게 동의할지라도 그 이사회는 다양성을 강화하고 유지하는 정책을 더 논의하고 도입해야 한다. 그렇게 할 경우 이사회 문화가 반드시 다양성을 지지하도록 도움이 될 것이다. 반대의견을 내는 사람은 의심의 눈길을 받을까? 반대해도 사람들과의 관계가 안전할까? 최고거버넌스책임자는 단호하게 관점의 다양화를 추구해야 한다. 이견은 단지 허용되기만 하는 것이 아니라 건강한 절차를 위해 꼭 필요하다는 것을 행동으로 보여줘야 한다. 더 나아가, 이사회는 밖으로 손을 뻗어 반대의견을 구해야 한다. 절차에 활력을 불어넣기 위해 반대편까지 끌어들일 정도로 아주 열렬히 시야를 넓혀야 한다!

그렇게 할 때, 이사회는 격렬한 토론이 벌어지고 다양한 견해가 표출되는 광장이자 활기찬 장소라는 인식이 생긴다. 이 토론과 표출은 당연히 사소한 것들이 아니라 커다란 질문에 관한 것이며, 방법이 아니라 성과에 관한 것이어야 한다. 이것은 절대 사무국의 업무가 아니다. 직원들에게는 틀림없이 도움이 될 아이디어들이 있겠지만 말이다. 사실, 여기에 이사회와 사무국을 모두 참여시켜도 문제가 되지는 않는다. 역할 구분이 확실히 되어 있는 한 이사회는 직원들을 흥미로운 경험에 초대할 수 있다. 이사회가 사무국 수준의 관심사로 끌려 내려가는 것이 아니며, 오히려 사무국 직원들이 이사회 수준의 관심사로 끌어올려지는 것이다. 비록 그 절차에서 주인이 아니라 손님으로 초대된 것이더라도 생각하고 배려할 줄 아는 사람으로서 그 대화에 이바지할 것이 많으니 직원들을 초대하면 모두에게 이익이 돌아간다.

다양성 추구는 최고경영자가 권고안을 만드는 관행에도 영향을 미친다. 앞서 말했듯이 대부분의 비영리단체와 다수의 공공기관 이사회는 아무 의심 없이 최고경영자 권고안을 행동의 출발점으로 삼는다. 사실 이사회는 대개 이 출발점에서 크게 벗어나지 않는다. 이 책에서 소개하는 접근법에서는 최고경영자가 이사회 절차에 참여하며 사무국을 참여시키는 것도 무리가 아니다. 그러나 최고경영자가 이사회 절차에 참여하는 이유는 다양한 관점을 제공하기 위해서지 미리 준비한 최고경영자 권고안을 옹호하기 위해서가 아니다. 직원들이 거버넌스 절차에 참여해 제공한 의견이 이사회 이슈로 적합하다면 최고경영자가 균이 그것을 하나로 통일하지 않아도 된다. 이사회가 본연의 역할을 하고, 최고경영자에게도 본연의 역할을 하도록 요구할 때, 보다 큰 하나를 향한 신나는 기회의 문이 활짝 열린다.

2) 궁극적으로 하나에 이르기

이 풍부한 다양성을 안고 우리는 어디로 향해야 하는가? 풍부한 다양성은 주로 각성을 늘리고 지엽적인 관심을 줄이며(가구를 선택하는 일이 예전만큼 이사회 구성원들의 관심을 끌지 않을 것이다), 세상을 바라보는 새로운 방식을 드러내며, 문제를 더 날카롭게 하는 데 이용된다. 이 풍성함은 이사회가 새롭고 더 날카로운 질문들을 제기하도록 돕는다. 그것은 이제부터 이사회가 사무국 뒤에 기대서지 않고 한 발 앞에서 움직이게 한다. 이사회는 최종 권한이 되기를 그만두고 대신 최초의 권한이 된다.

이렇게 건강하게 도발하는 이견도 하나의 공식 입장으로 정리되어야 한다. 이견은 포괄적인 개념에서부터 세세한 개념으로 접근하는 하향식으로 해결하는 것이 최선이다. 다시 말하면, 먼저 이사회가 가장 포괄적인 입장에 대해 합의를 끌어내야 한다. 예컨대, "경제의 효율이 높아지면 전반적인 삶의 질도 높이기 때문에 사업의 도산이 허용돼야 한다"라는 의견보다 "인간은 질 좋은 삶을 누릴 자격이 있다"라는 의견이 다수의 지지를 얻기가 훨씬 쉬울 것이다. 질문이 포괄적일수록 견해 차이가 해소될 가능성이 크다. 이 책에서 권하는 정책 수립 절차가 가장 포괄적인 것에서부터 시작하는 이유도 이 때문이다. 그렇다고 가장 포괄적인 단계에 아무 논란이 없다는 뜻은 아니며, 어떤 경우든 이사회가 부차적인 사안들을 다루기 전에 가장 포괄적인 단계부터 해결되어야 한다는 뜻이다. 그래야 이사회 가치가 크게 흔들려 영향을 받는 일이 줄어들 것이다.

이러한 접근법은 3장에서 논의하고 9장에서 더 자세히 살펴본 정책 단계들을 잘 나타내야 한다는 점을 기억하자. 즉, 이사회는 한 페이지에 뒤죽박죽 써놓은 우선 사항들을 놓고 논쟁을 벌이면 안 된다. 이사회는 먼저 아주 짧은 총괄 목적 문구를 토론한 후 그다음 단계의 사안으로 넘어가야 한다. 그리고 또 그다음 단계로 차근차근 나아가야 한다. 모든 사안을 한꺼번에 다루면 다양한 의견을 현명하게 해석해 옮기는 것이 거의 불가능하다. 간단한 정책 설명 하나도 최소 두세 단계를 가질 수 있다. 첫 번째 단계는 전문의 형태로 제시되고, 나머지는 정책 본문에 들어간다. 다양성이 요구된다면, 전문을 먼저 해결하고, 한 번에 한 부분씩 작업하면 된다. 이런 방식은 약간 더 느려서 그렇지, 이사회 가치를 완성된 원고로 바꾸는 훨씬 더 정확한 방법이다. 더 나아가, 이렇게 아주 긴밀하게 연결된 개요 형태로 만들어진 정책은 나중에 원하는 곳만 콕 집어 바꿀 수 있어서 수정하기도 더 쉽다.

모든 것을 고려해 최종적으로 정책을 결정한다는 의미는 표결에 부쳐 공식 입장을 밝힌다는 뜻이다. 순수하게 그럴 수 있다면 의견일치를 보는 것도 도움이 되지만, 사전에 의견일치를 요구하는 것은 평범해지거나 부정행위를 유도하는 방안이다. 쿤츠Koontz (1967) 는 만장일치 전통은 목소리 큰 사람들이 "다수에게 횡포를 부릴"(54쪽) 수 있다는 점에서 이사회 효과성에 막대한 위험을 초래한다고 보았다. 표결 후에는 마치 이견이 전혀 없었던 것처럼 단호하게 공식 입장을 밝혀야 한다. 건강한 거버넌스라면 공정한 절차를 거쳐 정해진 입장은 모두 이사회 공식 입장이며 당연히 그래야 한다는 사실을 누가 봐도 알게끔 이사회 구성원들이 동의해야 한다.

절차에 관한 이런 합의는 이사회 운영 절차 범주에 하나의 정책으로 구체화하여야 한다. 그러나 개인적으로 의견을 표명할 자유가 희생될 필요는 없다. 결정된 입장에 반대했던 이사들이 표결 후에 자신들도 동의한 것처럼 행동해야 할 이유는 없다. 다만 절차상 문제가 없었다는 사실에 동의하고 지지해야 한다. 표결에서 이길 때만 그 절차를 지지하는 태도는 진심으로 그 절차를 지지하는 것이 아니다.

사실, 만장일치가 반복되는 투표는 의심스럽다. 이사회에 참석한 모든 이사가 주어진 사안에 뜻을 같이할 수도 있다. 그러나 이사회 투표 결과가 꾸준히 혹은 대부분 만장일치를 기록한다면, 이견이 있어도 표현을 못 하는 것인지 물어보거나 아니면 단순히 반대의견을 제시해야 할 정도로 중요한 사안들이 아니어서 그런 것인지 의심해봐야 한다. 어느 경우든 이사회 절차에 대한 면밀한 검토가 필요하다. 비영리 단체 협회인 인디펜던트 섹터Independent Sector 대표를 지낸 브라이언 오코넬은 이사회들이 화합과 타협을 위해 너무 애쓴다고 주장한다. 그는 이따금 의견이 갈리는 것을 환영한다. 모든 것에 물을 타서 누구도 탈이 나지는 않지만, 그렇다고 맛있어 하는 사람도 없는 곤죽을 만드느니 표가 갈리고 심지어 열띤 논쟁을 벌이는 편이 더 낫다는 것을 경험했기 때문이다.

5. 이사회 지혜 모으기

비영리 및 공공 이사회는 대체로 한 조직 내 집단 기억의 좋은 표본은 아니다. 일부 이사들은 단체의 전통과 발전을 오래 기억한다. 일부 장기근속 직원들도 비슷한 기억이 있다. 그러나 하나의 집단으로서 이사회는 불과 몇 년 전에 심의했던 사안들을 기억하기도 힘들 것이다. 직원들은 대개 이사회가 가장 덧없는 형태가 아닌 하나의 실체로 정말 존재하는지조차 의심한다.

이것은 이사진이 자주 바뀌는 것과 관련이 깊지만 그게 다는 아니다. 나는 예전 이사회가 밝힌 입장에 대해 아무 책임이 없는 것처럼 행동하는 이사회들을 보았다. 개별 이사 교체와 상관없이 하나의 조직으로서 이사회 지위는 계속된다. 한 개인은 이사로 취임하는 동시에 이미 얼마간 존재해온 한 집단의 일부가 되는 것이다. 그 집단의 책임과 헌신은 단지 새로운 인물이 들어왔다는 이유로 바뀌지 않는다. 신임 이사는 이미 달리고 있던 기차에 올라탄 것이지, 역에서 출발하기 직전인 기차에 마지막 승객으로 올라탄 것이 아니다.

구성원이 자주 바뀌고 기억력이 좋지 않다는 것은 이사회가 명확하고 간결한 정책 수립 방식을 사용해야 하는 합리적인 이유다. 정책이 간결하면, 이사회 가치를 이해하기 쉬워서 신임 이사들도 더 빠르게 따라잡을 수 있다. 그들이 속한 이사회가 무엇을 지지하며, 이사회의 여러 입장 중에 자신과 의견이 다른 것이 무엇인지도 알게 된다. 2년 동안 상황 파악도 못 한 채 정신없이 지내지 않아도 되니 이사회 활동에 더 빠르게 동참한다. 집단 기억은 여전히 흐릿할 수 있지만, 그동안 축적된 가치에 관한 이사회 입장은 전혀 흐릿하지 않다. 이사회 가치가 현재 어느 정도 단계까지 발전했는지를 단 몇 쪽으로 확인할 수 있다. 더 나은 집단 기억을 위한 수단이 마련된 것이다.

장기간에 걸쳐 명확한 정책이 만들어지면, 그동안 정책이 변경된 과정을 돌아봄으로써 단체의 "가치 역사"를 확인할 수 있다. 사건과 사람들로 이뤄진 일련의 순서("이야기 역사")와 달리, 가치 역사는 시간의 흐름에 따라 조직의 가치가 어떻게 변화했는지를 추적한다. 이런 식의 기록을 남기면 누구나 전통에 얽매이지 않고 역사의식을 갖게 해준다.

가치를 모으는 일상적인 상황을 생각해보자. 이사회 회의를 진행할 때, 많은 이야기가 오고 가지만 실제로 잡히는 것은 별로 없다. 그렇다고 시시콜콜한 발언까지 모두 기록하는 규격화된 형태의 회의록은 별로 추천하지 않는다. 그러나 논의 중에 명백한 합의나 다수의 느낌, 혹은 해결되지 않은 갈등이 뜻하지 않게 드러날 때 그것을 정확히 기록으로 남기는 활동은 매우 강력하게 추천한다. 많은 지혜가 자주 표출되어도 기록되지 않으면 어디에도 남지 않는다. 그 발언이 그 순간 논의의 대상인 정책과 직접적으로 연결되지 않는 한, 즉흥적으로 나온 이사회 의견은 사라져버린다.

나는 예전에 어느 선출직 공공 이사회 자문에 응한 적이 있는데, 그들은 유휴 부동산 처분에 관한 정책 대부분을 휴식 시간에 농담을 주고받으며 만들었다. 그들은 내가 그들이 형식에 구애받지 않고 아무렇지 않게 주고받은 이야기를 받아 적은 노트를 보여주기 전까지는 자신들이 이미 유용한 정책의 요소들을 다 언급했다는 사실을 알지 못했다. 그런 보석을 모으는 일은 당장 해결해야 하는 주제로부터 주의를 분산시키지 않고 간단한 방법으로 할 수 있다. 총무이사가 몇몇 이사에게 그런 발언을 신경 써서 들으라고 권유하는 것이다. 그런 의견은 나중에 더 집중해서 검토할 수 있게, 그리고 어쩌면 정책으로 만들거나 기존 정책 변경을 고려하려고 기록으로 남길 수도 있다.

만약에 여러 이사가 다른 단체의 안타까운 소식을 듣고 겁이 나 회의에서 두려움을 나타낸다면 어떻게 해야 하는가? 이사회는 정책집을 살펴본다. 그런 우려사항을 다루는 정책이 있는가? 없다면 어떻게 그런 정책을 만들면 되는가? 그런 우려사항을 다루는 정책이 있다면, 평가 체계가 작동하고 있는가? 평가 체계가 작동하고 있다면, 이사회가 안심해도 될 만큼 충분히 면밀하게 혹은 충분히 자주 성과를 평가하는가? 이렇게 단계적으로 접근하면 이사회 불안이 줄어들 뿐만 아니라 정책이 더 강력해진다. 캘리포니아주 팔로알토의 재클린 잭슨은 이것을 "속쓰림 전략 *heartburn strategy*"이라고 부른다. "나는 나를 괴롭히는 것이 무엇인지 판단하고, 그것을 다루는 정책이 있는지 확인하며, 이 내용들을 기록한다." 문제를 해결할 때 이사회는 계속해서 정책에 집중해야 한다.

설계가 잘된 시스템을 갖추고 정책을 소중히 여기는 이사회는 그 정책들이 이사회를 보호한다는 사실을 알게 된다. 아닌 게 아니라 정책 시스템이 제대로 작동하도록 만들어야 이사회도 작동할 수 있다. 우려사항에 대해 솔직하게 자가 교정하는 방식으로 대처하지 않으면, 그 우려사항이 시스템을 망가뜨리고, 이사회와 사무국의 업무를 지연시키며, 그렇지 않아도 부족하기만 한 목적 개발 시간을 잡아먹는다. 반대로 현명하게 대처하면, 그 우려사항은 시스템이 잘 돌아가고 있으며 두려움을 나타내는 것이 그 시스템의 건강한 일면임을 재확인하는 기회가 된다.

6. 회의 특성

이런 방식이 어떻게 보이고 어떻게 느껴질지 생각해보자. 이 방식에서 가장 눈에 띄는 특징은 간결한 안건이다(안건의 개수 면에서). 이사회는 너무 많은 안건을 한꺼번에 마주하지 않고, 더 심오한 내용일 수는 있으나 훨씬 적은 안건을 접하게 된다. 이사회는 이제 안건이 길게 늘어지면 뭔가 잘못됐다는 신호로 받아들이게 된다.

출석률도 높다. 이사들은 회의를 선택으로 여기지 않는다. 회의가 흥미롭고 그들 스스로 뭔가를 성취할 수 있다고 느끼기에 회의에 참석한다. 다양성을 수용하여 보다 큰 하나로 향하는 기류가 감지된다. 이사회는 다양성을 통일하는 것이 아니라 포용하기 위한 장이다. 한편으로 이사회는 토론 모임이 아니라 의결기구라는 영리적 사고방식과 유사한 인식도 있다. 회의는 이사들이 기꺼이 시간을 투자할 가치가 있다. 이사들은 사무국의 흥미로운 업무를 접하는 시간이 줄어들지만, 그 줄어든 시간은 주인과 접촉하고 주인과 관련된 사안을 해결하는 활발한 활동으로 충분히 채우고도 남는다.

이사회 사고방식에서 가장 중요한 것은 그 꿈이 충분히 크고, 충분히 집중을 받고 있으며, 충분한 비전이 담겨 있는가다. 이사회를 여러 이사회로 구성된 큰 집단의 일원으로 보는 참신한 구상이 있다. 이렇게 보면 변화를 향한 열망을 고취하는 지도자들이 가계도처럼 층을 형성한다. 이사회 안건과 논의는 갈수록 그 단체의 목적이 더 넓은 맥락과 긴밀히 연결되어 있다는 인식을 반영하게 된다. 요컨대 이사회는 전략적 리더십을 '생활화하게 된다.' 내가 설명했던 의미 있는 상호작용을 모범적으로 실천하는 이사회들로부터 진정으로 고무된 느낌을 받고 있지만, 웹 기반 정책거버넌스 포럼에 참여해 정책거버넌스를 실천하면 "이사회 회의가 천국을 미리 경험하는 것처럼 된다"고 발언한 "렙러브조이" 목사의 격한 감정에는 미치지 못할 것이다 [참고자료 8].

다음 장에서는

지금까지는 정책거버넌스의 필수 요소들을 다루었다. 11장은 이사회가 전략적 리더십을 성공적으로 이뤄내고 유지하는 데 따르는 어려움을 살펴보고 조언한다. 많은 전략이 소개된다. 처음 몇 가지는 우리 모두 잘 아는 것들이지만 새로운 거버넌스 원칙으로 표현된다.

참고자료

1. Carver, J. "Just How Long Should Board Meetings Be?" *Board Leadership*, 1992j, no. 1, p. 6.
   Carver, J. "One Board Learns How Polling Moves Meetings Along." *Board Leadership*, 1994h, no. 13.
   Carver, J. *Planning Better Board Meetings*. The CarverGuide Series on Effective Board Governance, no. 5. San Francisco: Jossey-Bass, 1996n.
   Carver, J. "The Secret to Productive Board Meetings." *Contributions*, Mar. - Apr. 1998p, *12* (2), 20, 22.
   Oliver, C. "The Mighty Meeting." *Board Leadership*, 2004, no. 75.
   Carver, J. "Is Your Board in a Rut? Shake Up Your Routine." *Board Leadership*, 1992i, no. 4. Reprinted in J. Carver, *John Carver on Board Leadership*. San Francisco: Jossey-Bass, 2002.
2. Carver, J. "Protecting Governance from Law, Funders, and Accreditors." *Board Leadership*, 1994j, no. 11, pp. 1 - 5. Reprinted in *John Carver on Board Leadership*. San Francisco: Jossey-Bass, 2002.
   Hyatt, J., and Charney, B. "Sarbanes-Oxley: Reconciling Legal Compliance with Good Governance." *Board Leadership*, 2005c, no. 79.
3. Carver, J. "The Consent Agenda and Responsible Rubber Stamping."

Board Leadership, 1998e, no. 38. Reprinted in J. Carver, *John Carver on Board Leadership*. San Francisco: Jossey-Bass, 2002.

4. Carver, J. "Owning Your Agenda: A Long-Term View Is the Key to Taking Charge." *Board Leadership*, 1993k, no. 7. Reprinted in J. Carver, *John Carver on Board Leadership*. San Francisco: Jossey-Bass, 2002.
   Carver, J. "Who Sets the Board Agenda?" *Board Leadership*, 1999j, no. 41.
   Carver, J. "The Consent Agenda and Responsible Rubber Stamping." *Board Leadership*, 1998e, no. 38. Reprinted in J. Carver, *John Carver on Board Leadership*. San Francisco: Jossey-Bass, 2002.
5. Carver, J. "What Happens to Conventional Documents Under Policy Governance?" *Board Leadership*, 1995o, no. 21. Reprinted in J. Carver, *John Carver on Board Leadership*. San Francisco: Jossey-Bass, 2002.
6. Carver, J. "Nine Steps to Implementing Policy Governance." Board Leadership, 1999d, no. 41. Reprinted in J. Carver, *John Carver on Board Leadership*. San Francisco: Jossey-Bass, 2002.
   Carver, J., and Carver, M. M. *Reinventing Your Board: A Step-by-Step Guide to Implementing Policy Governance*. San Francisco: Jossey-Bass, 1997c.
   Loucks, R. "Surviving the Transition: Igniting the Passion." *Board Leadership*, 2002, no. 59.
   Lemieux, R. "Making the Commitment to Policy Governance." *Board Leadership*, 1999, no. 41.
7. Carver, J., and Carver, M. M. *Your Roles and Responsibilities as a Board Member*. The CarverGuide Series on Effective Board Governance, no. 2. San Francisco: Jossey-Bass, 1996b.
8. Carver, J. "The Secret to Productive Board Meetings." *Contributions*, Mar.-Apr. 1998p, *12*(2), 20, 22.
   Carver, J. "Just How Long Should Board Meetings Be?" *Board Leadership*, 1992j, no. 1, p. 6.
   Carver, J. *Planning Better Board Meetings*. The CarverGuide Series on Effective Board Governance, no. 5. San Francisco: Jossey-Bass, 1996n.
   Carver, J. "One Board Learns How Polling Moves Meetings Along." *Board Leadership*, 1994h, no. 13.
   Carver, J. "Is Your Board in a Rut? Shake Up Your Routine." *Board Leadership*, 1992i, no. 4. Reprinted in J. Carver, *John Carver on Board Leadership*. San Francisco: Jossey-Bass, 2002.

제 11 장

이사회 리더십 유지

궤도 유지 및 탁월함의 제도적 안착

이 장은 지금까지 다룬 내용을 종합적으로 다룬다. 아래 전략은 정책 거버넌스 모델의 다양한 측면을 가로지르면서 이사회 구성원이 이 모델을 실행하도록 촉구한다.

1. 사람들에게 미치는 영향에 몰두하라

이사회의 주된 관심이 사람들에게 주는 편익이어야 한다는 점은 명백해 보인다. 그러나 통상적으로 각종 프로그램과 프로젝트, 활동, 기법들에 대한 관심이 많이 요구되기 때문에, 이사회는 그 단체가 존재하는 가장 중요한 이유인 사람들에게 주는 편익을 사실상 도외시한다. 캔자스주 교육위원회 소속이었던 리처드 페캠에 따르면, 끊임없이 단체의 목적을 고심하느라 "딴 데 신경 쓸 여력이 없어야 한다". 그 목표는 텍사스주 오스틴의 교육자치구 교육위원인 존 피츠패트릭의 말에서 알 수 있다. "교육위원회는 학업 성취도와 학생들의 성공에 100퍼센트 집중한다."

1) 고민만 하지 말고 목적을 공략할 것

"우리가 하는 일에 대한 열정과 헌신, 그리고 활력이 이 테이블에서 시작되어야 한다." 일리노이주 네이퍼빌 공원위원회의 선출직 위원인 도나 차베즈의 주장이다. 목적에 미치려면 이사회는 어떤 사람들에게 어떤 편익을 어느 정도 비용에 제공할 것인가 하는 문제를 해결하는 데 시간과 방식, 관심을 집중해야 한다. 이사회는 단 한 번의 회의에서도 이 문제를 잊으면 안 된다.

목적 정책에 비하면 나머지 정책 범주는 비교적 쉽다. 더 빨리 해결되고 더 오랫동안 안정적으로 유지된다. 반면에 목적은 충분히 개발하기까지 오랜 노력이 필요하다. 이사회는 영원히 목적 사안에 몰두해야 할 것이다. 목적과의 씨름은 절대 끝나지 않는다.

이 과정에 철저히 집중하면 올바른 목적은 어떠해야 하는지 새로운 통찰이 열린다. 지역사회에서 활동하는 단체의 빈곤에 관한 목적 정책을 만들려면, 이사회는 가난의 본질과 영속성을 새롭게 이해해야 한다. 공립학교를 위한 목적 정책을 만들려면, 교육위원회는 앞으로 다가올 세상에서 개인적으로나 사회적으로 성공하려면 어떤 능력이 필요한지 더 잘 알아야 한다. 제 3세계 개발 기구를 위한 목적 정책을 만들려면, 이사회는 개발과 저개발의 미묘한 차이를 배워야 한다. 토론 방식이 질문에 대한 답뿐만 아니라 새로운 질문도 고민하게 만들어야 한다. 시간이 지나면 새로운 질문들이 생겨나 지혜의 양과 내용까지도 완전히 바꿔놓을 것이다.

거대한 산을 1인치 옮기는 일은 두더지가 쌓아놓은 흙무더기를 1마일 옮기는 것보다 덜 적극적으로 보인다. 전략적 리더를 지향하는 이사회라면 사무국보다 진중하게 움직이되 다루는 사안은 훨씬 더 중대한 것이어야 한다. 이사회 구성원이 예산과 회계감사처럼 늘 똑같은 업무를 살필 때도 항상 그들이 달성하려고 하는 전체적인 영향의 큰 맥락에서 문제를 바라볼 수 있으려면, 이사회 리더십이 언제나 꿈을 앞에 내세워야 한다. 이런 사고방식은 이사회가 회의 때마다 반드시 목적 개발의 어떤 측면을 논의하거나 발표할 때 가장 효과적으로 얻어진다. 결국 이사회가 회의를 하는 가장 중요한 이유는 그 단체가 세상에 어떤 변화를 일으켜야 하는지 정하기 위해서이다.

2) 목적에 관한 토의에 활력을 불어넣을 것

목적보다 더 신나는 주제는 없다. 목적에 관한 대화가 지루하다면 목적을 만드는 작업이 잘못 설계됐다는 징후로 받아들여야 한다. 무관심은 쉽게 피할 수 있다. 멀리 가지 않고 사무국만 봐도 해결책이 나오기 때문이다. 규모가 작은 사무국이라도 아웃컴의 우선순위에 대해 각자 열정적으로 품어온 서로 다른 생각들이 있을 것이다. 직원들이 서로 대립하는 관점에 대한 논리를 개발할 수 있도록 격려해야 한다. 냉철한 분석력과 함께 뜨거운 열정을 갖도록 해야 한다.

다양한 생각의 원천은 사무국 너머에 훨씬 많다. 일부 주민은 당신이 속한 단체가 꼭 존재해야 한다고 생각하지 않는다. 그들의 얘기를 들어봐야 한다. 만약에 대중이 지켜보는 단체라면, 그 이사회가 정한 우선순위가 전부 엉터리라고 생각하는 사람들이 틀림없이 있을 것이다. 이들은 자기들끼리도 의견이 달라서 그들의 논쟁에 귀를 기울이면 많은 것을 얻을 수 있다. 논쟁을 피하기보다 논쟁을 유도해야 한다. 이사회는 특정 영역에 대해 공개적으로 토론하는 장이 되어야 한다. 로드아일랜드 교육위원회가 인정한 바와 같이 이사회는 어떤 논쟁이든 진행 중인 "끓는 가마솥"이다.

물론 이사회가 내부적으로 다양성을 수용하려는 노력을 게을리하면 이런 고무적인 방안은 전혀 이용할 수 없다. 외부의 적극적인 반대의견을 편안하게 받아들이길 기대하는 이사회라면 이사회 내부의 의견 충돌을 가치 있게 여기고, 더 나아가 간절히 요구해야 한다. 공식 입장에 힘을 싣기 위해서 만장일치로 통과시켜야 한다고 믿는 이사회는 그들의 한목소리가 언제나 다양성으로부터, 그리고 다양성에도 불구하고 자라난다는 신호를 보내지 못한다. 전략적 리더십은 다양성을 끌어안을 만큼 거대하고 다양성으로 더 풍성해질 만큼 지혜롭다.

다양한 의견이 목적에 관한 대화를 풍요롭게 만드는 유일한 원천은 아니다. 많은 리더가 꿈을 꿀 수 있을 때 많은 활력이 생겨난다. 단기적으로는, 진지한 사람과 공상적인 사람 사이에서 선택해야 하니 꿈을 꿀 여유가 없다. 그러나 장기적으로 보면 리더는 꿈이 주는 지혜를 간과할 여유가 없다. 장난기 가득한 꿈이라도 꿔야 한다. 우리를 가두는 장벽들을 뛰어넘는 비전은 대개 순수한 장난기에서 비롯된다.

3) 주인의 목적에 관한 대화를 회의실 밖으로 이어나갈 것

이사회의 정체성과 정당성은 주인에게서 나온다. 일부 주인은 (일반 대중처럼) 여러 이사회에 수탁 임무를 맡길 정도로 광범위하다. 이사회가 주인을 위해 봉사할 때 그 범위를 그 단체 내부로 한정하지 않아도 된다. 이사회는 주인이 같은 다른 기관, 즉 다른 이사회로 손을 뻗어도 된다. 이렇게 활동 범위가 확장될 때, 전략적 리더십이 중대한 영향을 미칠 수 있다. 여러 이사회가 모인 자리에서 목적에 관한 대화를 나누면 그 모임 전체에 리더십이 생길 뿐만 아니라 그 단체에도 리더십이 스며든다. 흥미롭고 현명한 전체에 속하는 것이 더 흥미롭고 현명해지는 길이다.

다른 이사회와 대화할 때는 같은 주인의 이익을 위해 각 이사회가 추구하는 성과에 집중해야 한다. 각 단체를 대표해서 만나면 보통 운영에 관한 사안들을 논의하는데, 그 일은 이사회가 아니라 사무국에 적합한 업무다. 이사회가 모여서 각각의 목적과 그 목적을 결정하는 과정에서 알게 된 지역사회 현안에 대해 논의하면 이로울 수 있다. 각 이사회의 목적을 종합하면 이 이사회들이 공통으로 원하는 아웃컴으로 이어질까? 그렇지 않더라도 이런 교류에 참여하는 리더는 자기 이사회에서만 회의할 때는 잘 이해가 안 되던 추상적인 주인에게 친근감을 느낀다. 그들의 생각이 비로소 익숙한 이사회 회의실 너머로 확장되는 것이다 [참고자료 1].

4) 비용 통제의 유혹에 빠지지 말 것

조직 성과의 질은 더 엄격하게 비용을 통제하기보다 오로지 효과성을 더 높이는 데 관심을 집중할 때 가장 잘 나온다. 스키너Skinner (1986) 는 "비용 절감에 대한 강박이 있으면 시야가 좁아진다"며 "그것은 이로운 만큼 해롭기도 하다"고 주장한다. 크로스비Crosby (1979, 1984) 와 데밍Deming (1986) 은 비용 절감에 집중할 경우 질을 높이지 못하지만, 질이 좋아지면 비용은 저절로 줄어들 것이라고 힘주어 말한다. 이들이 사용하는 질 개념은 많은 비영리단체와 공공기관에서 일반적으로 사용하는 순전히 공급자 중심의 '품질'이 아니라, 낭비를 최소화하며 고객의 요구를 완수하는 것과 관련이 있다. 그렇다고 비용 절감 자체가 나쁘다는 뜻이 아니다. 진짜 중요한 건 '수익', 즉 단위원가당 얻을 수 있는 성과라는 뜻이다 [참고자료 2].

2. 대담하게 지금보다 커져라

대담함이 필요하다. 활기찬 논쟁의 그 거대함을 이사회 회의실로 끌어와야 한다. 이사회 관심사가 다시 작아지면 안 된다. 사소한 것에 신경 쓸 시간도 관용도 남아있지 않을 것이다. 무한하고 멀기만 한 목표보다 눈앞에 닥친 일을 알아차리기가 더 쉬우니 의식적인 전략이 필요하다. 이사도 사람이기에 그날의 온갖 문제를 안고 회의실에 도착할 것이다. 그러나 일단 회의실에 둘러앉으면 모두 미래를 건설하는 사람들로 변신해야 한다.

1) 수탁 임무를 앞에 내세울 것

세상 사람들이 지켜보는 가운데 운영되는 공공기관 이사회는 수탁 임무에 강력한 책임이 따른다는 것을 분명히 안다. 그러나 그렇게 대중적이지 않은 이사회는 대중의 수탁자인 것처럼 운영되더라도 그 사실을 그 대중이 늘 아는 것은 아니다. 대중의 감시를 받는 교육위원회나 시의회는 다르게 생각할지 몰라도, 대중은 살아가기가 바빠서 대중의 이름으로 운영되는 그런 단체를 일일이 감독하고 다니지 않는다. 비영리 민간업체로 운영되는 사회봉사단체와 병원 이사회도 대중이 주인이라고 여긴다. 그러나 대중은 대개 자신들이 주인이라는 사실을 망각한다. 그런 이사회는 도덕적 난관이 더 많지만, 대중의 압박은 덜 받는다.

그렇다면 이사회는 어떻게 수탁 관계를 의식하지 못하는 본인들의 대리인 역할을 할까? 리더십을 발휘하려는 이사회라면 이 문제를 피할 수 없다. 이 문제를 대하는 것이 학문적 연구 수준을 넘어서려면, 수탁 임무의 본질이 자주 이사회 주제로 다뤄져야 한다. 내가 봤을 때 그 주제를 가장 예리하게 표현한 것은 그린리프의 서번트 리더십이다 [참고자료 3].

2) 리더를 리드할 것

사무국과 관련해 이사회는 그저 선도하는 것이 아니라, 리더들을 선도하는 것이 중요하다. 대담함이 아래로 전달되어야 한다. 리더를 선도하려면 다른 사람들에게 의사결정을 허용하는 사고방식이 필요하다. 이사회는 실수가 일어날 수 있는 모든 상황에 개입하려고 함으로써 실수는 절대 용납이 안 된다는 메시지를 주면 안 된다. 돌파구를 만드는 것보다 실수를 피하는 것이 중요하다고 강조하는 메시지는 리더가 아니라 추종자가 되라고 외치는 것이다. 그런 메시지는 의사결정자가 아니라 관료주의자가 되라고 부추긴다. 리더를 선도하려면 위험을 감수해야 한다. 리더는 안전하게 틀에 박힌 생활에 머무르지 않기 때문이다. 그들은 시도해보고 이따금 실패도 한다.

한 가지 방법은 거버넌스를 위임으로 보는 것이다. 이사회는 다른 사람들에게 권한을 넘기고 그들이 그 권한을 용감하고 단호하게 창의적으로 사용하기를 기대하는 것이다. 미시간주 이스트랜싱의 카파 오미크론 누 아너 소사이어티Kappa Omicron Nu Honor Society 대표인 도로시 미츠티퍼는 이를 가리켜 "최고경영자로서 내가 가진 창의력을 풀어놓는 것"이라고 말한다. 이사회는 그 단체가 정해진 범위(수단의 한계) 안에서 어떤 구체적인 목표(목적을 추진하는 기준)를 향해 나아가도록 위임하는 데 필요한 세심한 주의력과 방법을 모두 갖추게 될 것이다. 따라서 위험한 정도를 통제할 수 있다. 위임은 전권을 위임하는 것이 아니다. 위임한다고 해서 모든 권한을 포기할 필요는 없기 때문이다.

더욱이 경영진이 큰 것을 보는 관점을 갖추면 이사회는 시선을 먼 곳에 두지 않을 수 없게 된다. 리더가 이사회를 위해 일하는 것은 정말 소중한 선물이다. 왜냐하면 리더들이 이사회 안에 있는 큰 생각을 지지하고, 이사회가 부수적인 사안에 관심을 빼앗기지 않게 도와주며, 이사회로 하여금 더 위대한 리더십을 향해 나아가라고 재촉하기 때문이다.

3. 스스로 한 말을 존중하라

의미하는 바를 말하기와 말하는 바를 의미하기가 개인에게도 어려운데, 하물며 집단에게는 훨씬 더 힘든 일이다. 이사회는 금세 자신들과 동떨어진 것이 되어버릴 말을 기록으로 남기는 경향이 있다. 그 말들은 마치 말한 사람과 아무 관련이 없는 것처럼 돼버린다. 일부 신임 이사들이 상황을 파악하는 데 시간이 오래 걸리는 이유도 유의미한 발언들을 어디에서 찾아야 하는지 알아야 하고, 그것을 찾아낸 다음에는 어떤 단어가 의미 있고 어떤 단어는 의미가 없는지를 또 알아야 하기 때문이다.

한 가지 해결책은 되도록 말을 적게 하는 것이다. 이사회에서 발언을 많이 하면 이사들이 그것을 다 수용할 길이 없다. 교육위원회 정책은 보통 두께가 몇 센티미터나 된다. 한 이사회에 그렇게 많은 정책이 있다는 건 실용적인 거버넌스 측면에서 보면 정책이 전혀 없는 것이나 마찬가지다. 이사회는 생각을 많이 하고 최소한의 단어로 표현하는 편이 생각을 적게 하고 말을 많이 하는 것보다 훨씬 낫다. 당연히 일부 문제는 이사회가 사무국의 모든 문서를 승인 혹은 채택해야 하는 것처럼 행동할 때 생긴다. 대부분의 비영리단체 이사회는 공식 서류가 50쪽을 넘어가면 긴장해야 한다. 50쪽이 절대적인 숫자는 아니고, 모든 이사회에 적용되는 숫자도 아니지만, 서류 분량을 최소화해야 한다는 자각만은 언제나 유지해야 한다.

분량을 늘리는 두 번째로 큰 이유는 반복이다. 똑같은 이사회 가치나 관점을 여러 곳에서 언급하면 분량이 늘어난다. 자료가 반복되면 유심히 읽을 필요가 없어진다. 눈앞에 있는 표현의 중요성이 사라지는 것이다. 이사회의 발언을 기존 행정 주제 형태로 표현하면, 동일한 가치를 반복해서 언급하거나 내비치게 된다. 사실 몇 개 안 되는 가치가 모든 주제를 아우르기 때문이다. 심술궂게도 가치를 명확하게 언급하지 않고 넌지시 내비치기만 한다면, 반복을 통해 그 의미가 강화되기보다 오히려 약해질 것이다. 이사회 가치를 문서로 정리할 때 말이 너무 많거나 추론을 해야 하거나 일관성이 없는 등 명확성을 떨어뜨리는 요인은 한목소리를 내는 데 방해가 된다. 이사회 발언이 길수록 이사회 가치는 명확성이 떨어진다 [참고자료 4].

이사회 정책이 명료하고 간결하며 전혀 반복적이지 않다면, 그 정책을 꼼꼼히 살펴볼 필요가 있다. 이사회 문서의 무결성•, 즉 이사회 발언의 무결성을 유지하기 위해서는 이사회가 그 정책을 위반하거나 기존 정책과 대립하는 정책을 새로 만드는 일이 없어야 한다. 이러한 지침은 너무나 당연해서 굳이 언급할 필요도 없을 것 같지만 자주 잊힌다. 마치 정책을 한번 만들면 잊히는 게 당연하다는 듯, 이사회가 정책을 만들고 팽개쳐두면 그렇게 된다.

기존 이사회 가치를 언제라도 하나의 정책보고서에서 찾아볼 수 있다면, 정책의 무결성을 유념하는 이사회는 새로운 조치를 고려할 때 반드시 기존 정책과 연결해서 볼 것이다. 정책과 밀접하게 생활하면 평소 업무에 발생할 수 있는 어떤 정책 간의 갈등도 말끔히 해결된다. 그러면 정책들이 이사회 가치를 일목요연하게 표현한 형태로 발전한다. 평가를 통해 더 정교한 핵심이나 새로운 정보를 발견해 표현을 더 다듬을 수 있다는 점에서 일목요연하기만 한 것이 아니라 질도 좋아진다.

• 어떤 신념이나 이론 체계의 구성요소들이 모순 · 갈등 · 충돌이 없는 상태.

이런 이유로, 모든 심사숙고한 이사회 조치는 이사회가 앞서 밝힌 정책 기록을 토대로 추진된다. 정책개요서는 이 작업이 수월하게 진행될 수 있게 짧고 명료해야 한다. 따라서 이사회는 사서와 변호사들의 집합이 아니어도 된다. 이런 정책이 오랫동안 충실함과 유용성을 유지하려면 이사회는 꾸준히 정책을 활용해야 한다. 그렇지 않으면 정책을 잃어버리게 된다.

마지막으로 이사회는 겉으로 보이는 형식에 신경을 씀으로써 정책 언어를 더 소중히 여길 수 있다. 정책거버넌스 모델에서 이사회 정책은 중요하면서도 간결한 문서다. 몇 개 안 되는 이 정책들을 그 결정적 중요성이 드러나게 표현하면 이사회가 그것을 중요하게 바라보는 데 도움이 된다. 따라서 핵심 거버넌스 선언문은 평범한 종이에 출력하거나 복사하면 안 된다. 가능하면 단체 로고가 박힌 특별한 컬러용지를 이용해 중요한 핵심 선언서로 보이게 만들어야 한다.

4. 이사 선발과 교육훈련에 투자하라

사람이든 기계든 가진 역량 안에서만 성과를 낼 수 있다. 그 역량은 줄어들거나 향상될 수 있어서 돌볼 가치가 있는 자재다. 투자 개념은 중요하다. 왜냐하면 이사회가 선택하기에 따라 교육훈련을 골치 아픈 비용으로 볼 수도, 이익을 거둘 기회로 볼 수도 있기 때문이다. 만약에 수준 높고 경험이 많은 이사들이 교육훈련이란 표현에 거부감을 느끼면 다른 단어를 찾아보자. 그러나 어떤 이사회도 자신들이 영원히 녹슬지 않는 기술을 가졌다고 생각하면 안 된다. 아무리 완벽한 이사들이라도 팀워크와 집단 권한 행사에 대해 배울 것도, 다시 배울 것도 많기 때문이다 [참고자료 5].

1) 거버넌스 능력과 의지가 있는 사람을 영입할 것

원료가 차이를 만든다. 만약에 이사회가 직접 그 구성원을 선택할 수 있다면 이사회는 먼저 자격요건을 신중하게 정하는 일부터 시작해야 한다. 이사를 선정하는 이들이 따로 있는 경우, 이사회는 가능하면 그 선정 권한을 가진 이들에게 이사회가 바라는 자격요건을 활용하라고 요청해야 한다. 전도유망한 인물을 이사로 받아들이게 하는 것뿐만 아니라 요건을 충족하지 못하는 사람을 배제하는 것도 적극적인 인재 영입 방식이다 [참고자료 6].

후보자지명위원회에 인재 영입을 맡기는 것은 편리할 수 있지만, 이사회가 어떤 유형의 인재를 원하는지 입장을 정해야만 무결성이 유지된다. 그러나 아주 많은 경우, 순전히 후보자지명위원회의 판단에 맡긴다. 후보자지명위원회는 암묵적인 기준을 만들 수밖에 없으며, 영입을 위한 소통 과정에 개인 성향이 개입되기 전에 명시적 기준을 만드는 경우는 거의 없다. 설령 후보자지명위원회가 명시적 기준 설정과 인재에 대한 판단을 절차상 분리하는 2단계를 거친다 해도(이사회가 제 역할을 포기한다면 좋은 아이디어), 이사회는 향후 이사회 성과에 중요한 그 문제에 관여하고 있지 않을 것이다.

이사회가 밝힌 자격요건(이사회 운영 절차 정책에 기록된)을 후보자지명위원회가 갖고 있다면 더 나은 서비스를 제공할 수 있다. 이사회는 후보자지명위원회의 책임을 (이 또한 이사회 운영 절차 정책에) 명시함으로써 공석을 메우는 것보다 올바른 사람을 찾는 데 무게를 두게 해야 한다.

이사회는 "앞으로 이사가 될 사람들을 아주 잘 평가하는 건 아니다"라고 미국박물관협회 대표인 에드워드 에이블은 말한다. 많은 이사회가 적절치 못한 사람을 포함하고 있다. 사실, 공석을 성급하게 채우느니 몇 사람 부족한 편이 나을 수도 있다. 이 이사회 일원이 되는 것이 명예라고 알려지면 영입 작업에 더 공을 들일 것이다. 어쨌거나 이사회는 수탁 임무의 특권과 부담을 감당할 사람을 고르는 것이기 때문이다. 이사회 업무를 더 합리적으로 규정한 캘리포니아 공원·휴양협회 최고경영자인 애덤스는 "이사회가 '중요한 일'을 하는 것으로 보이니까 이사회 일원으로 활동하고 싶어 하는 사람이 늘어나는 것"을 보았다고 한다.

어떤 자격요건이 중요할까? 당연히 여러 가지가 있겠지만, 이 책에서 설명한 거버넌스에는 필연적으로 몇 가지 보편적인 특징이 따른다. 당연히, 우리는 모두 르네상스인을 원한다. 하지만 좀더 현실적이고 구체적이려면 우리가 완수해야 할 일에서부터 출발해야 한다. 따라서 이사회 직무기술과 거버넌스 양식에 관한 이사회 운영 절차 정책을 찾아보는 것부터 시작해야 한다. 이사들은 이사회가 아주 신중하게 정해놓은 거버넌스 업무에 도움이 되는 이해력과 기술, 그리고 자발적 의지를 갖춰야 한다. 지금까지 강조한 전략적 리더십을 강화하기 위해서는 무엇보다 다섯 가지 자격요건이 필요하다.

1. **단체의 목적과 주인에 대한 헌신** 단체 주인을 대신하는 대리인으로서 이사회 구성원은 그 신탁 의무에 헌신해야 한다. 현재 표현된 대로의 목

적에 전념하는 것이 중요하다. 다만 목적은 이사회가 끊임없이 만들어 나가는 것이라서 여기에 전념하기가 생각만큼 쉽지 않기는 하다. 그러므로 현재의 목적 문구 자체보다 이사회가 대신해서 만든 그 목적의 주인에게 충실한 태도가 더 중요하다.

2. **제도와 맥락의 관점에서 접근하는 통합적 사고** 곧장 지엽적인 부분에 관심을 집중하는 사람들이 있다. 전체와 부분의 관계가 어떤 것이든 이런 사람들은 조사와 논의, 결정을 위해 부분에 더 주안점을 두는 경향이 있다. 아무리 선한 의도라 해도 그런 사람들은 전략적 리더십으로 향하는 길에 육중한 방호벽 정도는 아니더라도 걸림돌이 된다. 부분에 집중하는 것을 더 편하게 여기는 후보자는 가치 있는 재능을 가졌지만, 그 재능은 이사회 일원이 되기보다는 사무국에 조언하는 봉사자일 때 더 유용하게 쓰일 수 있다. 이사회는 전체의 조화에 자연스럽게 이끌리며 인간과 제도를 통합적으로 의식하는 사람이 필요하다.

3. **가치와 비전, 그리고 장기적 관점을 다루는 능력과 열의** 이사회에 가장 큰 도움을 주는 이사는 끊임없이 이어지는 단순 사건뿐 아니라 제도 그 너머를 바라봄으로써 이사회의 기반이 되는 가치에 주목하는 성향을 지닌 경우다. 그들이 지금처럼 오늘의 가치를 예측하는 것과 앞으로 그들이 바라는 내일의 가치를 계획하는 것은 겨우 한 걸음 차이다. 사업에 가장 큰 도움이 되는 이사의 재능은 가치를 끌어내고, 가치에 무게를 두며, 가치를 위해 도전하고 자주 싸우는 능력이라고 하는 것보다 더 강력한 주장이 있을까?

4. **적극적으로 심의에 참여하는 능력** 이사회의 생산적인 심의를 위해서는 앞서 소개한 성향을 지닌 사람들이 거버넌스에 참여해야 한다. 이사회는 심의의 질을 높이는 데 능력을 보태지 않는 구성원에게 과도한 관용

을 베푼다. 좋은 이사가 될 잠재력을 가진 것만으로는 부족하다. 그 잠재력이 참여를 통해 여실히 드러나야 한다.

5. 기꺼이 위임하여 다른 이들이 결정을 내리게 하려는 의지 이사들은 단체로 절차를 진행할 때 서로 권한을 공유할 수 있어야 하며 사무국에 대해서는 권한을 위임할 수 있어야 한다. 위임을 꺼리는 이사는 계속해서 작은 사안들을 토의에 부침으로써 이사회 리더십을 훼손할 것이다. 그들은 직원들이 성장할 기회를 거부함으로써 직원들에게도 피해를 줄 것이다.

일부 예비 이사는 정식 임명을 받기 전에 이사회 회의에 참석할 것을 요구받기도 한다. 나머지는 이사회 운영방식을 익히 아는 사람 중에서 뽑는다. 둘 다 유용한 방식이다. 이사회는 최소한 예비 이사가 이사회 거버넌스 모델과 운영규약, 정책, 현재 상황, 해결되지 않은 사안들에 대해 이해하는지 판단해야 한다. 솔직히 그런 것을 질문하지 않는다면 좋은 후보자가 아니다. 최고의 자격을 갖춘 이사를 선택하는 일은 신중한 생각과 설계가 필요하다. 앞서 제시한 특징으로 분명하게 드러났듯이 여기서 '자격'은 학업과 관련된 증명서나 높은 지위를 의미하지 않는다. 성별이나 피부색, 혹은 소득과도 관계가 없다. 자격은 이해력과 사고방식, 유대감, 그리고 헌신과 더 관련이 깊을 것이다. 과거의 선택을 평가하는 의미로 다음의 기준을 생각해보자. 전체 이사 중 훌륭한 최고거버넌스책임자가 될 만한 사람이 절반이 안 된다면 이사 선정 방식을 개선해야 한다.

2) 신임 이사와 기존 이사를 준비시킬 것

신임 이사를 위한 오리엔테이션은 이사회 운영 절차를 제도화하고 새로운 구성원들이 즉시 참여할 수 있게 준비시키는 데 도움이 된다. 정책거버넌스로 이행하는 과정을 겪으며 고뇌해본 경험이 없는 새로운 구성원들이 들어오는 것만으로도 거버넌스의 탁월성이 사라질 수 있다. 그들이 거버넌스에 대해 저마다 다른 배경에서 비롯된 기대를 들여오면, 종전 규범으로 돌아가는 일이 일어날 것이다. 어렵게 얻은 절차를 제도화하려면 신임 이사가 동료들이 이미 도입한 거버넌스 제도를 이해하도록 도와줘야 한다.

신임 이사가 정책거버넌스 원칙을 가능한 한 빨리 배우는 것이 가장 중요하다. 그렇게 되면, "신임 이사는 거의 곧바로 의미 있는 공헌을 할 수 있다"라고 웨이크로스에 있는 사우스이스트 조지아 지역 개발 센터Southeast Georgia Regional Development Conter 대표인 내쉬 윌리엄스는 말한다. 오리엔테이션은 선택이 아니라 의무과정이 되어야 할 만큼 중요하다. 운영규약을 통해 신임 이사는 어떤 사안에 대한 의결권 행사 전까지 반드시 오리엔테이션을 완료해야 한다고 정할 수도 있다. 조직에 대해 잘 알지 못하는 사람에게 이사회 의사결정과 관련한 발언권을 꾸준히 준다는 것은 오직 기존 관행으로만 설명될 수 있는 부조리다.

지속적인 교육은 모든 이사에게 필요하기에, 오리엔테이션은 거버넌스에 필요한 능력과 통찰력을 갖추기 위한 더 포괄적인 노력의 한 부분일 뿐이다. 훌륭한 거버넌스가 보증하는 만큼의 경쟁력을 갖추기 위해 투자하는 이사회는 매우 드물다. 켄터키주 오언즈버러에 있는 이주민 쉼터 및 지원센터Migrant/Immigration Shelter and Support 이사회는 신·구

이사 모두 톰 그레이Tom Gregory(2003)가 "부식 방지"라고 부르는 차원에서, 적절한 "지식과 이해, 기술"을 갖추도록 노력해야 한다는 내용의 이사회 운영 절차 정책을 공식화했다(〈자료 11-1〉 참조).

'오리엔테이션'이라는 단어에도 일부 문제가 있을 수 있다. 오리엔테이션이라고 하면 왠지 화장실과 커피포트, 사무용품 위치를 알려주는 것처럼 느껴지기 때문이다. 전략적 리더십의 부담을 짊어지기 위해

〈자료 11-1〉 오언즈버러 이주민 쉼터 및 지원센터
이사회 운영 절차 정책: "리더십을 위한 준비 완료"

이사회는 이사회 전체와 이사 개개인이 이사회가 효과적으로 기능하고 의도한 아웃컴에 이르는 데 필요한 지식과 이해, 기술을 갖추게 할 것이다. 따라서,

1. 이사회는 이사들이 기회와 상황, 문제, 그리고 각자의 지위에 맞는 책임을 효과적으로 처리하는 데 필요한 능력을 갖추도록 훈련과 교육 활동을 계획하고 참여할 것이다.
2. 이사회에 새로운 이사가 한 명 이상 부임하면 현실적으로 가장 신속하게, 신임 이사들이 각자 이사회에서 제 역할을 잘 할 수 있을 정도로 정책거버넌스에 대한 교육이 실시될 것이다. 이 교육은 다른 이사도 받을 수 있어야 하며, 지역사회에 개방해도 된다. 이상적으로는 여러 이사회가 협력하여 신임 이사 교육을 공동으로 시행할 것이다.
3. 만약에 어떤 이사가 생산적인 이사회 구성원으로서 기능하는 데 필요한 수준의 지식과 이해력, 기술을 습득하고 유지하지 못한다면, 그리고 그 이사가 제 몫을 다하지 못한다면, 나머지 이사들이 그 이사를 도와 가능한 한 신속하게 상황을 개선해야 한다. 만약에 개선을 위한 합리적인 시도가 실패한다면, 이사회는 그 의무와 책임을 유념하며 적절한 조치를 통해 그 이사를 대신하거나, 다른 인물로 교체할 것이다.

충분한 준비를 하려면 좀더 실질적인 뭔가가 필요하다. 그것은 바로 '직무 교육'인데, 신임 이사가 직업적으로 숙련되고, 다른 이사회에서 임무를 완수한 경우 불쾌하게 느낄 수도 있다. 용어와 관계없이, 신임 이사에게 적합한 준비는 그들이 새로 합류한 이사회 방식과 현재 가치를 철저하게 파악하는 것이다.

현직 이사들이야말로 이 교육을 해줄 최고의 적임자다. 운영에 관한 사안은 확실히 사무국이 잘 이해시킬 것이다. 신임 이사에게 주로 필요한 것이 운영에 관한 정보가 아니라는 점에서 '이해시킨다'가 적절한 용어이다. 그런 정보는 이사들이 전체적인 인상을 파악하고 이사회와 관련된 좋은 질문도 하게 도와주지만, 운영에 관한 정보는 어디까지나 경영의 영역이지 거버넌스 영역이 아니다. 이 정보는 아무리 잘 제공받아 배우더라도 신임 이사에게 이사회 운영 절차에 건설적으로 참여하는 데 필요한 도구를 준비해주지는 못한다. 신임 이사 교육은 기본적으로 전략적 리더십에 관한 준비를 중심에 놓고 이뤄져야 한다.

3) 정보와 지식을 주의하여 다룰 것

모든 직무는 그 일을 수행하는 사람에게 최신 직무 기술을 꾸준히 익히고 직무에 대한 이해를 일신하기를 요구한다. 비록 일정 부류의 사람들 중에서 언제나 후임자를 찾는 것이 가능하다 해도, 사람은 계속 바뀌기 때문에 직무능력 유지보수에 대한 요구는 영원히 계속된다. 더 좋은 기술과 이해력은 대개 돈을 들이지 않고도 얻을 수 있다. 돈이 든다 해도 비용이 아니라 투자라는 관점에서 접근하는 것이 가장 좋다. 교육훈련을 성가신 지출로 여기기보다는 기대수익을 얻기 위한 투자로 보는 것이다.

따라서 투자 대비 수익ROI 기준이 적용된다. 보다 효과적인 거버넌스라는 관점에서의 수익은 정량화가 어렵기 때문에 주관적일 수밖에 없지만, 기본적인 개념은 같다. 이사회는 교육 자체가 중요한 게 아니라 올바른 것을 교육하는 게 중요한 문제임을 배운다. 또한, 단지 정보가 중요한 게 아니라 올바른 정보가 중요하다는 것도 알게 된다. 더욱이 이사회의 기술 개발과 적절한 정보 제공에 관한 결정으로 교육의 비용만이 아니라 무지의 비용까지도 적절히 생각해보게 될 것이다 [참고자료 7].

정책거버넌스는 사안들을 아주 신중하게 체계적으로 구분하기 때문에, 의사 진행과 기록 유지, 그리고 특정 시점에서의 사안들의 현황 조회에 현대 기술을 가져다 쓰기에 안성맞춤이다. 이런 기능의 등장—사실상 인터넷 기반 거버넌스 "비서" — 은 이 책을 쓰는 2005년 현재에도 진행 중이다. 레이 툴리Ray Tooley (2004) 는 "각 정책의 흐름에 대한 평가 보고서"와 함께 바로바로 업데이트되고, "총괄 정책부터 가장 세세한 정책까지 모든 조문이 쉽게 검색되는" 시스템이 필요하다고 주장했다(7쪽).

이렇게 시스템을 전산화하면, 업무 일정을 계획하고, 이사회 서류를 시간 순으로 찾아보는 것이 가능해진다. 또한, 회의가 없을 때 이사회 업무를 관리하고, 비슷한 유형의 이사회들끼리 서로 정책을 공유할 수도 있다. 전국 단위, 광역 단위, 지역 단위 등 여러 층으로 이뤄진 단체를 통합하는 것도 가능해진다. 인터넷을 통해 온라인투표와 화상회의도 할 수 있다. 그런 시스템의 매력은 정책거버넌스 이용이 더 쉬워져 성공 가능성이 커질 뿐만 아니라 그 구조상 정책거버넌스 모델에 대한 평생교육을 제공할 수 있다는 점이다. 게다가, 툴리가 표현한 대로 "완전한 정책거버넌스에 이르는 시간이 크게 줄어든다" 그리고 "지속가능성에 대한 염려도 훨씬 줄어든다"(8쪽) [참고자료 8].

4) 체계적인 실행에 전념할 것

지켜본 결과 "이사회는 팀으로 활동하는 경우가 드물며, 거버넌스 업무를 위해 만날 뿐 연습을 위해서는 만나지 않는다"(Chait, Holland, & Taylor, 1996, 5쪽). 군대나 록밴드, 축구팀은 실전보다 더 많은 연습을 하는 데 반해 이사회는 연습이 필요 없는 것처럼 행동한다. 그러나 정책거버넌스 모델을 철저히 따르려는 이사회에 연습은 유용하기만 한 것이 아니라 기술을 유지하는 데 필수적이다. 자칫하면 문제가 될 수도 있는 상황들이 발생할 때, 이사회는 거버넌스 모델(아니면, 좀더 직접적으로, 그 모델을 이용해 새로 만든 정책) 을 활용해 해결책을 찾아야 한다. 이사회가 기술을 연습하면 단련된 팀워크를 유지해 몇몇 흥분한 이사들이 이사회를 즉흥적인 반응으로 이끄는 것을 막을 수 있을 것이다.

미리엄 카버는 체계적인 연습 방법을 개발해, 빌 차니와 함께 워크북으로 펴냈다. 일련의 연습 방법을 단계별로 제시하는 책이다. 이 방법을 자주 이용하면 이사회가 거버넌스 기술을 유지할 뿐만 아니라 기술을 향상하는 데도 도움이 될 것이다. 한가할 때 자주 연습을 해두면 문제가 발생했을 때도 이사회가 꾸준히 하던 일을 계속할 가능성이 높다. 미국 페인팅·실내장식업자협회 최고경영자인 이안 호렌은 "한 단체 안에서 정책거버넌스 개념을 지키려면 상당히 부지런해야 한다"며 어려운 "기미가 처음 보이기만 해도 대표단으로 선발된 이들은 이미 폐기한 체계와 행동으로 되돌아가려는 강력한 유혹을 느낀다"라고 정확히 경고한다 [참고자료 9].

이런 이유로 카버와 차니(2004)는 "연습의 핵심은 이사회가 기술을 쌓는 데 있으니 정기적으로 꾸준히 연습하는 것이 합리적이다"라며 다음과 같이 강조한다. "이사회는 구성원이 자주 교체되기 때문에 특히 그렇다. 따라서 우리는 이사회가 회의 때마다 따로 시간을 할애해서 이 책이나 다른 이사, 혹은 직원, 아니면 또 다른 이해관계자가 제시한 시나리오를 해결하는 방법을 권한다"(9~10쪽). 하지만 그들은 "이사회의 기대와 요건이 명확해야만 거버넌스 연습이 의미가 있을 것이다"라며 "다시 말하면, 이사회는 유능해지기 위해 연습해야 하지만 확립된 규칙과 기대가 없으면 연습할 것도 없다"라고 경고한다(5쪽, 고딕체는 원문의 강조 반영). 내가 생각하기엔 이미 시간에 쫓기는 이사회가 그런 연습까지 지속하기는 어려워할 것 같다. 그러나 효과적인 기술을 유지하기 위해 비교적 적은 시간이라도 쏟는다면 몇 배 이상의 보상을 얻을 것이다.

5. 통념을 극복하라

거버넌스에 대한 일반적인 이해가 바뀌기 전까지 리더들은 통념이 미치는 해로운 영향을 주의해야 한다. 현재 통용되는 기준은 더 높은 수준을 원하는 이사회를 끌어내린다. 이사회는 사람들이 이사회에 일반적으로 기대하는 것과 기금을 지원하는 기관과 당국이 강제하는 요건, 그리고 심지어 선의를 가진 전문가들의 조언을 근거로 다시 예전 방식으로 되돌리려는 압력을 끊임없이 이겨내야 한다.

1) 기대하는 사람들이 미치는 영향

이사회가 통념과 다르게 움직이는 것을 지켜보는 사람들은 놀라고 당혹스러워한다. 그들의 당혹감은 종전 방식에서 벗어난 그 모습이 생산적인지 여부와는 별로 관계가 없다. 전국 협회 회원들이 이사회 모습을 보거나 대중의 일부가 선출직 이사회를 세심히 지켜볼 때, 이사회가 그들이 기대하는 방식으로 운영되지 않으면 혼란스러워 하고 수상쩍어 하며 심지어 화를 낸다.

공공 영역에서는 더 좋은 체계를 갖추려는 주인의 헌신이 대체로 과장되어 있다. 우리는 공공 이사회에 더 효과적인 체계를 새로 만들라고 청원하지 않는다. 오히려 우리를 불쾌하게 만드는 작은 실행만 해도 이사회를 괴롭힌다. 따라서 이사회가 더 나은 체계를 만들고자 한다면, 지켜보는 사람 중에서는 헌신적인 지지자를 찾기 어려울 것이다. 로비스트들이 무엇을 위해 로비하는지 조사해보면 한 체계의 어떤 면이 실제 우리 관심을 끄는지 알 수 있다. 우리는 관심 있는 부분만 고치려고 하지 그 방식 전체의 무결성을 추구하지 않는다.

책임 있는 이사회의 의례적인 행동과 상징적인 행동은 수년에 걸쳐 발전했다. (이사회 구성원들은 말할 것도 없고) 지켜보는 사람들은 책임 있는 이사회라면 어떤 모습일지 기대하는 바가 있다. 그것은 이사회가 예산과 월별 재무제표, 그리고 인사 "정책"을 승인하는 모습이다. 장기계획을 승인할 수도 있지만, 사무국이 권고안을 만들고 거기에 이사회가 의견을 내고 수정하는 형태일 것으로 예상된다. 지켜보는 사람들은 이 과정을 건너뛰는 이사회는 사무국이 바라는 대로 검토 없이 승인해 주는 것이라고 여긴다. 그들은 이따금 도가 지나치고, 나아가 일을 그르치는 이사회를 본 적이 있다. 그런 까닭에 정해진 절차를 따르는 이사회가 책임을 다하는 것이고, 그 절차를 따르지 않으면 무책임하다고 믿는다. 어떤 이사회가 새로운 상징을 구축한다면 위험을 감수한 것이다. 기존의 상징적인 행동들이 무의미하다는 점을 밝혀내도 그 상징적인 행동을 아예 안 하는 것보다 관심을 못 받는다.

이런 장애물을 극복하려면 배짱과 포용력이 가장 중요하다. 배짱은 관습을 따르라는 압박을 이기고 새로운 것을 시도하는 데 필요하다. 포용력은 관련 당사자들을 모두 그 모험에 끌어들여 반대를 누그러뜨리는 데 도움이 된다. 달리 말하면, 이사회는 거버넌스 원칙을 논의하고 새 모델을 도입하는 과정에 이사회를 지켜보는 이들을 참여시킬 수 있다. 여기에 포함할 만한 사람들로는 언론인, 시민단체, 노조, 국회의원, 여타 적절한 이해관계자들이 있을 것이다.

2) 요구하는 사람들이 미치는 영향

이사회에 영향력을 갖는 사람은 지켜보는 이들 중에서도 특별한 부류에 속한다. 기금 지원 기관과 규제 당국, 그리고 국회의원들의 요구사항에는 통념이 반영되어 있다. 어쨌든 연방 또는 주 정부의 규제와 법정 용어, 협회 인증, 승인 기준이 만들어질 때 지침이 된 것은 기존의 거버넌스 개념이 전부였다고 해도 과언이 아닐 테니 말이다. 따라서 대대적으로 개선된 거버넌스라도 승인요건이나 법과 충돌할 수 있다. 바로 그 개선 때문에 충돌하는 것이다. 평범하면 통과하는 기준을 탁월하면 통과하지 못 한다. 이사회는 당연히 적법해야 할 의무가 있다. 하지만 합법적이면서도 훌륭한 거버넌스 체제를 유지하려면 보통 창의력이 필요하다. 대개 법뿐만 아니라 정책거버넌스 교육도 받은 전문가로부터 법적 조언을 받아야 한다 [참고자료 10].

표준을 정하는 단체는 보통 좋은 거버넌스를 구성하는 요건에 대해 매우 권위적이다. 전국 단위 협회는 지역 이사회에 특정한 위원회나 특정한 임원, 혹은 월례회의가 필요하다고 규정할 것이다. 연방 법과 규정은 보조금을 받는 단체들에 비슷한 요건을 충족하도록 요구할 것이다. 병원 허가를 받으려면 이사회가 정해진 승인 절차를 통과해야 할 것이다. 주 법은 교육위원회가 인사 및 지출에 관한 많은 사안을 직접 처리할 것을 요구한다.

대개, 10장에서 제안한 동의(자동 승인) 안건을 실행하는 것 외에 달리 할 수 있는 게 별로 없다. 이사회는 가능하면, 기금 제공기관과 규제 당국, 인가 단체와 소통해 그들이 권위를 위협받는다고 인식하는 것에 충분히 공감한다는 뜻을 전달하는 게 좋다. 이따금 이사회를 통제하는 이들이 원하는 것, 즉 그들이 통제를 잘 하고 있으며, 평가자가 봐도 태만해 보이지 않을 것이라는 근거를 제공하면서도 좋은 거버넌스를 유지할 수가 있다. 거버넌스 혁신이라는 이사회의 모험에 그들을 참여시키는 것이 한 가지 방법이다. 또 다른 방법은 그들이 기대하는 의례적인 행동을 그대로 진행하되 심각하게 받아들이지 않는 것이다 [참고자료 11].

3) 도와주는 사람들이 미치는 영향

방대한 경험과 전문지식은 문헌 자료와 교육자, 컨설턴트를 통해 얻을 수 있다. 전략적 계획과 재무 감시, 모금 활동, 기금조성, 행정상의 통제, 감사, 운영규약, 구조조정 등에 관해 만족할 만한 도움을 받을 수 있다. 구체적으로 문제가 발생할 때만이 아니라 지속적인 교육의 한 부분으로 이사회는 이런 지식을 활용하되 매우 신중해야 한다.

많은 전문지식과 여러 가지 유익한 방식이 기존 거버넌스 틀 안에서 개발됐기 때문에 이사회는 그것을 지혜롭게 활용해야 한다. 문헌 자료와 교육과정, 그리고 컨설턴트가 제공하는 조언은 모두 특정 주제에 국한된 것일 가능성이 크다. 이사회는 예산이나 인사, 활동 계획을 구분하는 특수한 개념과 관련해 도움이 필요한 것이지 예산이나 인사, 혹은 활동 계획 전체에 도움이 필요한 것은 아니다. 이사회가 경영이나 프로그램 관련 주제를 전부 더 잘 알게 되는 것은 이사회 역할에 도움이 되기보다 더 많은 혼란을 줄 수 있다. 엉뚱한 일을 더 잘하는 법을 배우느라 아주 많은 에너지를 소비할 수 있기 때문이다.

이사회가 직면한 도전은 축적된 지식을 활용하되, 제 기능을 못 하는 모델 안에서 정보만 늘리는 것이 아니라 유용한 개념 모델 안에서 더 나은 거버넌스를 실현하는 데 기여하도록 지식을 재구성하는 방법을 찾는 것이다. 도움을 주는 사람 중에 일부는 이런 일에 아주 잘 적응하지만, 그 적응이 저절로 혹은 임의로 되는 것이라고 기대하면 안 된다. 약간의 자존심 싸움은 말할 것도 없고, 개념상의 투쟁이 수반될 수 있다. 예컨대, 사무국 직원들은 제 역할을 잘 하고 있는 이사회에 교육이 필요하다고 조언해봐야 별로 도움이 안 될 거라고 느낄 수도 있다.

사무국 직원들이 여러 분야에 전문지식을 가졌더라도 대개 그 분야에 거버넌스는 포함되지 않는다. 이사회가 배워야 하는 것에 그들의 전문지식을 맞추려면 직원들은 먼저 발전된 형태의 거버넌스를 이해해야 한다. 그것을 이해하는 사람들이 그리 많지 않다. 유능한 교육자와 컨설턴트도 마찬가지이다.

도움을 주는 이들이 정말로 도움이 되게 하려면 그들에게 논의 중인 분야에서 서로 가치가 충돌하는 사안들에 대해 문의해야 한다. 어떤 가치를 선택할지에 대해 그들의 추천을 받으려 하기보다는 선택할 수 있는 가치의 범위와, 그 범위 안에서 선택할 수 있는 각 대안의 시사점은 무엇이라고 생각하는지에 관한 그들의 의견을 구해야 한다. 여기에서 시사점이란 특정 선택을 했을 때 예상되는 결과만이 아니라 해당 분야에서 다른 사람들이 경험한 평균적 결과도 포함한다.

특히 경영상의 한계 정책 개발과 관련해, 이사회가 사무국 직원들에게 허용되는 활동 범위를 정할 때 조력자들에게서 많은 것을 얻을 수 있다. 말하자면 이사회가 재무상태나 인사관리에서 벌어질 수 있는 위험한 상황을 발견하고 논의하며 결정하는 데 도움을 줄 수 있다. 이 두 가지 주제를 이해하는 데 회계사와 노무사의 조언이 엄청난 도움이 될 수 있다. 그들의 조언을 듣고 그런 문제에 이사회가 어떻게 대처하는 것이 올바른 역할인지와 연결한다면 말이다. 그러나 회계사나 노무사가 이사회의 올바른 역할을 알 것이라 기대하면 안 된다. 그들 역시 전통적인 관점에서 움직이고 있을 것이기 때문이다. 사실, 회계사나 법률가의 조언을 있는 그대로 받아들이면 형편없는 거버넌스가 될 수 있다. 전문가를 활용하는 것은 언제나 중요한 기술이다. 그리고 좋은 의뢰인은 태어나는 게 아니라 만들어진다.

6. 자체 평가를 정기 업무로

정기적으로 엄격하게 자체 평가를 하지 않고 이사회가 거버넌스를 탁월하게 할 가능성은 전혀 없다. 조직의 성과를 평가할 때와 마찬가지

〈자료 11-2〉 애덤스 12 파이브 스타 학군
이사회 운영 절차 정책: "이사회 운영 절차 정책 평가"

이사회가 이사회 운영 절차 정책을 준수하는지에 관한 체계적인 평가는 바로 그 이사회 운영 절차 정책을 기준으로 이뤄질 것이다. 따라서,

1. 평가는 오직 이사회가 이사회 운영 절차 정책을 어느 정도 따르고 있는지를 판단하기 위한 것이다.
2. 평가 자료는 다음의 세 가지 방법으로 확보될 것이다. 첫째, 이사회의 직접 조사. 한 명 혹은 여러 이사를 지정해 이사회가 적절한 정책 기준을 따르고 있는지 평가하는 방법이다. 둘째, 학군교육개선위원회(District School Improvement Team) 평가. 위원회 위원 한 명 혹은 여러 명을 지정해 이사회가 적절한 정책 기준을 따르고 있는지 평가한다. 셋째, 외부보고서. 이사회가 선택한 외부의 제3자가 이사회의 이사회 운영 절차 정책 준수를 평가한다.
3. 각각의 경우, 정책 준수의 기준은 평가 대상인 정책에 대한 위원장의 합리적인 해석과 일치해야 한다. 그 합리성을 최종적으로 결정하는 권한은 이사회에 있지만, 이사회 구성원이나 이사회 전체가 선호하는 해석을 따르는 것이 아니라 언제나 "합리적인 사람"의 기준에 따라 판단할 것이다.
4. 모든 정책은 일정한 주기에 맞춰 이사회가 선택한 한 가지 방법으로 평가될 것이다. 이사회는 어떤 정책에 대해서도 언제 어느 방법으로든 점검할 수 있지만, 보통은 첨부된 평가 보고 일정을 따를 것이다.

로 이사회 자체 평가도 미리 정해놓은 기준을 근거로 해야 한다. 정책 거버넌스에서는 그 기준이 이사회 운영 절차와 이사회-경영진 관계 정책에 들어간다. 이 정책들이 이사회가 어떻게 기능하며 어떤 규율을 따르고 어떤 결과물을 생산해낼 것인지를 제시하기 때문이다. 따라서 조직 성과 평가가 조직 행동과 성취를 확인한다면, 이사회 자체 평가는 이사회 행동과 성취를 확인한다 [참고자료 12].

〈자료 11-2〉는 콜로라도주 손턴의 애덤스 12 파이브 스타 학군의 선출직 교육위원회가 도입한 "이사회 운영 절차 정책 평가" 정책을 보여준다. 애덤스 12 위원회 정책은 이사회 운영 절차 정책과 이사회의 정기적인 자체 평가가 긴밀하게 연결되어 있음을 명확하게 보여준다. 주목할 것은 이 이사회가 최고거버넌스책임자(여기서는 위원장)에게 모든 이사회 운영 절차 정책을 합리적으로 해석해서 결정할 권한을 부여한다는 점이다. 이 정책은 이사회 자체 평가가 경영 성과에 대한 이사회 평가와 매우 비슷하다는 것을 분명히 보여준다. 둘 다 의무적이며, 어쩌다 가끔 산발적으로 하는 것이 아니라 꾸준히 하는 활동이라는 점, 둘 다 미리 정해놓은 기준을 활용한다는 점이 그렇다.

자체 평가가 실질적인 효력을 갖기 위해서는 자주 해야 한다. 실제로도 정확한 평가를 가끔 하는 것보다 대강의 평가를 자주 하는 편이 훨씬 더 효과적이다. 이런 이유로, 이사회는 회의 때마다 짧게나마 시간을 할애해 자신들이 정책을 잘 따르고 있는지 평가해야 한다. 연간으로 더 꼼꼼하게 평가하는 것도 필요하겠지만, 그것은 이사회의 지속적인 성과에 큰 영향을 미치지 못할 것이다. 어쨌거나 이사회 자체 평가가 인터넷에서 일반적인 평가양식을 내려받는 것으로 끝나면 안 된다.

7. 훌륭함을 거듭 정의하라

이사회가 목적 정책을 만드는 일이 끝없이 계속되는 작업인 것처럼 이사회 운영 절차 자체에서 탁월성을 추구하는 것도 끝이 없는 작업이다. 훌륭함의 정의는 계속해서 변한다. 우리가 성장하는 만큼 훌륭한 거버넌스를 이루는 요소도 달라지는데 제대로 파악하지 못할 뿐이다. 끊임없는 변화는 불안의 요인일 수 있다. 퍼거슨Ferguson (1980) 은 변화 자체보다 "더 두려운 건 그 사이에 끼어 있는 어정쩡한 위치"라며 "마치 양쪽 공중그네 사이에 있는 것 같다. 담요를 세탁소에 맡긴 라이너스• 꼴이다. 붙잡고 있을 것이 없어서 불안하다"라고 말했다.

첫 번째 해소 방법은 쫓아가기를 포기하고 현실에 안주하는 것이다. 두 번째 방법은 뭔가 부족하다는 느낌을 없애려고 계속 쫓아가는 것이다. 첫 번째 방법은 사람이 하는 모든 일에 언제나 놓여 있는 함정이다. 공공기관이나 비영리단체에는 일반적인 수준에 만족해도 된다는 유혹이 강하다. 왜냐하면, 단위비용당 얼마만큼의 성과를 냈는지 보여주지 않아도 되기 때문이다. 두 번째 방법은 빠르게 부단히 배우는 사람들에게 익숙한 함정이다. 늘 새로운 것을 배우는 그들은 자기가 가장 최근에 한 일을 살짝 돌아보기만 해도 그것이 지금 보면 현명하지 못한 결정이라고 느낀다. 그들이 생각하는 현명함과 훌륭함의 기준은 계속 앞으로 나아가며, 그렇게 앞으로 나아간 기준은 과거에 대한 무언의 비판이 될 수 있다. 이로 인해, 끊임없는 개선에는 더 높은 이상

• 만화영화 〈스누피〉에 등장하는 찰리 브라운의 친구 라이너스는 어딜 가나 애착담요를 안고 다닌다.

을 향해 노력하는 직접적인 비용 외에도 심리적 불편함이 수반된다.

1) 과거를 장애물이 아니라 영감의 원천으로 볼 것

끊임없는 개선은 전통을 가혹하게 대하는 것처럼 보일 수 있다. 그러나 오랜 역사를 가진 단체는 전통에 억눌려 무기력해지지 않고 과거를 소중히 여길 수 있다. 단체의 역사, 특히 이야기의 역사가 아닌 가치의 역사는 구성원들에게 그 단체가 무엇을 대변하는지 상기시킴으로써 개선해나가는 동시에 헌신하게 만드는 목적을 수행할 수 있다. 전통은 과거에 얽매이게 하는 족쇄가 아니라 과거가 준 선물이다. 전통은 버려야 할 것이 아니라 기반으로 삼아야 할 토대다. 미국 YWCA 회장인 글렌도라 퍼트넘은 자신이 속한 이사회에 대해 "유구하고 자랑스러운 전통에 맞서 나아간다"라고 말했다. 전통이 우리를 상자에 가두고 아무 생각 없이 우리가 어떤 존재인지 결정한다면, 그 전통을 자랑스럽게 여길 것이 아니라 거기서 벗어나야 한다. 어쨌거나 이사회는 오늘 취하는 조치로 내일의 전통을 창조하는 것이다. 리더십은 우리가 어제보다 내일에 더 적합하게 만든다.

2) 문제해결보다 탁월함을 추구할 것

탁월함을 위해 노력하면 수동적인 변화가 아니라 보다 창의적인 변화가 생긴다. 끊임없이 발전하는 탁월함의 기준에 점점 더 가까워지도록 변화를 제도화해야 한다. 그런 변화는 문제에서 출발하지 않는 것이 특징이다. 그것은 문제해결이 아니라 이상을 창조하는 일이다. 단순히 지금까지의 모습에서 벗어나는 것이 아니라 현재의 모습과 우리가 될 수 있는 모습의 간극을 메우는 것이 목표다. 과거가 아니라 미래를 위한 해법이다.

"고장이 난 게 아니면 고치지 마라"라는 말은 꼭 필요할 때까지 개선을 미루라는 뜻이니 지침으로서 매력이 없다. 이마이Imai(1986)는 "고장이 난 게 아니라서" 고치지 않으면, 다른 누군가가 먼저 고칠 것이고, 시장에서 유리한 고지를 선점할 것이라고 지적한다. 피터스Peters(1988, 3쪽)는 그 옛말을 이렇게 바꿨다. "그게 고장이 안 났다면 당신이 제대로 안 본 것이다." "고장"이라는 것은 그 대상 자체의 속성이라기보다 계속해서 변화하는 세상에 적합한지를 나타내는 속성이기 때문이다. 과거엔 고장이 아니었던 것이 새로운 기대와 가능성에 비춰 보면 고장이 난 것으로 보일 수 있다.

3) 좋은 것은 더 좋은 것을 낳고 투명성은 신뢰를 낳는다는 사실을 깨달을 것

개선하기가 가장 쉽고 좋은 때는 일이 잘 돌아가고 있을 때다. 더 나은 시스템을 도입하는 것은 그 행위가 잘못한 직원을 징계하거나 권력 다툼을 시작하는 것으로 인식되지 않을 때 더 원만하게 진행된다. 문제가 많을 때는 어떤 지적을 해도 대부분 불쾌하게 받아들일 것이다. 따라서 경영 성과에 대한 체계적인 점검은 이사회와 최고경영자가 서로를 신뢰하고 존중하는 관계일 때 도입하는 것이 최선이다. 그렇게 하지 않으면 징벌로 받아들여질 것이다.

역설적이게도 적절한 시스템을 갖춰, 역할과 기대가 분명해지면 신뢰가 생긴다. 그것은 마치 튼튼한 울타리가 좋은 이웃을 만드는 것과 같은 원리다. 이사회와 경영진 사이에 신뢰가 약한 상황이라면, 가장 먼저 개선해야 할 부분은 그 신뢰 자체가 아니라 명확성과 투명성이다. 무작정 신뢰를 높이려고 하는 것은 호스를 잡아당겨야 할 상황에 억지로 미는 것과 같다. 이사회가 명확성과 투명성을 추구한다면 더 나은 거버넌스를 통해 신뢰가 쌓인다 [참고자료 13].

4) 정책을 끊임없이 사용할 것

정책거버넌스 모델에 따라 구축된 정책은 거버넌스와 관련된 모든 문제에 답하거나 답을 찾는 길을 가리키는 데 목적이 있다. 이 말은 예상치 못한 어려움이 발생할 때 이사회는 가장 먼저 정책을 들여다봐야 한다는 의미다. 다시 말하면 이사회와 사무국 간에 문제가 생기면, 이사회가 가장 먼저 확인할 것이 정책이라는 이야기다. 당연히 성급하게 반응할 수 있지만, 그것은 쓸데없이 문제만 일으킨다. 나는 여러 이사회가 행동하는 모습을 보며 마치 비행기 조종사가 날씨가 좋을 때는 계기 장치를 이용하고 날씨가 나빠져 정말로 그것을 이용해야 할 때는 정작 계기 장치를 무시하는 것 같다고 생각했다. 《이사들을 위한 연습서》(Carver & Charney, 2004) 에 나오는 활동이나 이사회가 선택한 다른 비슷한 활동을 활용해, 아무 문제가 없을 때 규칙적으로 연습을 한다면 위기의 순간에도 지혜롭게 행동할 수 있도록 이사회를 대비시키는 데 도움이 될 것이다 [참고자료 14].

5) 거버넌스는 수단임을 잊지 말 것

이 책, 그리고 사실상 정책거버넌스 모델은 거버넌스에 전문성을 부여하는 데 목적이 있다. 다시 말하면, 거버넌스 활동과 원칙이 탄탄한 이론에 바탕을 두게 하는 것이다. 정책거버넌스 모델의 기반이 되는 이런 개념적 일관성 때문에 이 모델은 주의해서 사용하지 않으면 절대 의도한 효과를 내지 못한다. 그것은 마치 전문적인 도구를 '거의' 정확하게 사용해 값비싼 쓰레기를 만드는 것과 같다. 이사회는 도구가 중요하다는 것만큼이나 도구는 도구일 뿐이라는 사실도 알아야 한다.

단체는 이끌기 위해 존재하는 것이 아니다. 따라서 이사회는 거버넌스를 마치 자동차를 대하듯 다루는 법을 배워야 한다. 자동차는 올바르게 사용하고 신경 써서 관리할 때 잘 작동하도록 만들어진다. 그러나 올바르게 사용하고 신경 써서 관리하는 데 집착하느라 원하는 목적지에 가지 못하면 안 된다.

내가 본 이사회들은 이 정책거버넌스 원칙을 따라야 할지 아니면 저 정책거버넌스 원칙을 따라야 할지 끝없이 고민하느라 정작 그 원칙을 만든 목적을 달성하는 데 쓰는 시간이 부족했다. 내 경험에 비춰보면 그렇게 쓸데없는 데 몰두하는 이유는 이사회 구성원들이 모델을 서로 다르게 이해하고 있거나 그들 사이에 '어떤' 일관된 시스템을 따르는 것에 대한 저항이 있어서다. 전자와 같이 이사회 구성원들이 저마다 다르게 이해하는 것은 따로 설명이 필요 없다. 후자와 같이 일관된 시스템을 거부하는 태도는 한결같이 원칙을 지켜야 하느냐를 놓고 계속해서 논쟁을 일으킨다. 그것은 마치 이사회가 PC를 사기로 정했는데, 이사 몇 명이 좋아하는 매킨토시 프로그램을 살지에 대해 계속 논쟁을 하는 것과 같다 [참고자료 15].

6) 탁월함은 이사회 회의실에서 시작됨을 기억할 것

이사회가 집단책임의식을 키운다면 전략적 리더로 성공할 수 있다. 그 책임의식은 임원만이 아니라 모든 이사가 받아들여야 한다. 모든 이사가 집단의 규율과 생산성에 동참해야 한다. 모두가 담대한 꿈과 선명한 가치, 그리고 수탁자로서의 책무에 대한 신의를 위해 기꺼이 도전하고 서로 독려해야 한다. 모두가 확실하게 하나로 통일된 이사회 입장뿐 아니라 그것의 바탕이 된 다양성도 소중히 여겨야 한다. 모든 이사가 이사회 업무에 대한 책임을 다하려고 노력하며, 이사회가 탁월함을 발휘하면 단체의 다른 모든 구성원도 이사회를 존중할 것이라고 확신해야 한다. 장기적으로 보면 거버넌스에서 시작된 탁월함은 반드시 고객이나 환자, 학생, 혹은 다른 이용자들도 경험하게 된다 [참고자료 16].

거버넌스를 잘하기는 어렵다. 그러나 가장 어려운 점은 패러다임 전환이다. 일레인 스턴버그Elaine Sternberg (1994) 는 "기술적인 전문지식과 경영능력이 서로 다르듯이 이사에게 필요한 자질과 경영능력은 차이가 있다"(228쪽) 라고 적절히 비유했다. 전략적 리더십이 성공하려면 수탁자 책무에 매우 충실해야 하고, 성과에 몹시 집중하며, 사람들에게 권한을 적극적으로 위임해야 한다. 또한, 멀리 내다보는 관점을 담대하게 포용하며, 미래를 살아갈 인간의 조건*human condition*에 관한 여러 가지 꿈을 지지하기 위해 성심을 다해야 한다. 거버넌스를 재창조하는 것은 확실히 이사회 내부에 열의로 가득한 새로운 유형의 전략적 리더십을 만들어내지만, 그 효과는 더 멀리 나아간다. 더글라스 스미스 Douglas K. Smith(1996)는 본보기가 되는 것이 리더십을 발휘하는 아주 강력한 기회임을 강조한다. "리더들이 배우고 성장할 때, 그들에 관한 모든 점이 다른 사람들에게 똑같은 기회가 있다고 말하는 것과 같다. 사람들은 신이 나서 전과 다르게 일한다. 사람들이 일하며 겪을 수 있는 가장 심오한—그리고 흔치 않은—경험은 그들의 리더가 성장하는 모습을 지켜보는 것이다"(27쪽).

다음 장에서는

정책거버넌스의 강점은 이런저런 경험들을 모아놓은 것이 아니라 이론에 기반을 두고 있다는 점이다. 여기서 '이론'은 외부 현실과 연결된 일련의 개념과 원칙을 통합한 것이다. 그러나 견고한 개념이라도 실제 성과로 그 효력을 증명해야 한다. 그래서 자연스럽게 생기는 질문이 "효과가 있을까?"다. 정책거버넌스 모델이 1970년대 중반에 개발되었으니, 수많은 이사와 경영진이 그 효과에 대해 긍정적으로 답할 수 있지만, 그들의 증언은 일화를 기반으로 한 것이라 입증이 안 되고, 정량화가 어려우며, 활용할 수가 없다. "효과가 있을까?"라는 질문에 답하기 위해서는 연구가 절실히 필요하다. 다음 장에서는 거버넌스 자체가 그렇듯 아직 초기 단계에 머물고 있는 거버넌스 효과성 연구의 문제점을 검토한다.

참고자료

1. Carver, J. "The Invisible Republic." *Board Leadership*, 2004e, no. 74.
Carver, J. "Economic Development and Inter-Board Leadership." *Economic Development Review*, 1990b, *8*(3), 24 - 28.
Carver, J. "Policy Governance as a Social Contract." *Board Leadership*, 2000f, no. 50.
Carver, J. "Leading, Following, and the Wisdom to Know the Difference." *Board Leadership*, 1998k, no. 36. Reprinted in J. Carver, *John Carver on Board Leadership*. San Francisco: Jossey-Bass, 2002.
Carver, J. "Organizational Ends Are Always Meant to Create Shareholder Value." *Board Leadership*, 2002h, no. 63.
2. Carver, J. "Beware the Quality Fetish." *Board Leadership*, 1998a, no. 37. Reprinted in J. Carver, *John Carver on Board Leadership*. San Francisco: Jossey-Bass, 2002.
Crosby, P. B. *Quality Is Free*. New York: McGraw-Hill, 1979.
Crosby, P. B. *Quality Without Tears*. New York: McGraw-Hill, 1984.
Deming, W. E. *Out of Crisis*. Cambridge: Center for Advanced Engineering Study, Massachusetts Institute of Technology, 1986.
3. Carver, J. *The Unique Double Servant-Leadership Role of the Board Chairperson*. Voices of Servant-Leadership Series, no. 2. Indianapolis, Ind.: Greenleaf Center for Servant-Leadership, Feb. 1999h.
Greenleaf, R. K. *Servant Leadership: A Journey into the Nature of Legitimate Power and Greatness*. New York: Paulist Press, 1977.
Greenleaf, R. K. *The Power of Servant Leadership*. (L. C. Spears, ed.). San Francisco: Berrett-Koehler, 1998a.
Spears, L. C. (ed.) *Reflections on Leadership: How Robert K. Greenleaf's Theory of Servant Leadership Influenced Today's Top Management Thinkers*. New York: Wiley, 1995.
Spears, L. C., and Lawrence, M. (eds.). *Practicing Servant Leadership: Succeeding through Trust, Bravery, and Forgiveness*. San Francisco: Jossey-Bass, 2004.
Carver, J. "The Servant-Leadership Imperative in the Invisible Republic." Keynote address, Greenleaf Center for Servant-Leadership 14th Annual International Conference, Indianapolis, Ind., June 11, 2004g.
Carver, J. *The Unique Double Servant-Leadership Role of the Board Chairperson*. Voices of Servant-Leadership Series, no. 2. Indianapolis, Ind.: Greenleaf Center for Servant-Leadership, Feb. 1999h.
4. Oliver, C. "Uncovering the Value of the Right Word." *Board Leadership*, 2001c, no. 59.
Davis, G. "Policy Governance Demands That We Choose Our Words Carefully." *Board Leadership*, 2000, no. 49.

Carver, M. "Speaking with One Voice: Words to Use and Not to Use." *Nonprofit World*, July - Aug. 2000, *18*(4), 14 - 18.
Carver, M. "Governance Isn't Ceremonial: It's a Real Job Requiring Real Skills." *Board Leadership*, 1997, no. 31.
5. Carver, J. "If Your Board Isn't Worth the Cost of Competence, It Isn't Worth Much." *Board Leadership*, 1998i, no. 35.
Mogensen, S. "Sticking to the Process Without Getting Stuck." *Board Leadership*, 2004, no. 74.
6. Carver, J. "Filling Board Vacancies." *Board Leadership*, 2002c, no. 63.
Moore, J. "Policy Governance as a Value Investment: Succession Planning." *Board Leadership*, 2002b, no. 60.
Carver, J. "Does Your Board Drive Away Its Most Promising Members?" *Board Leadership*, 1998f, no. 35. Reprinted in J. Carver, *John Carver on Board Leadership*. San Francisco: Jossey-Bass, 2002.
Carver, J. "Recruiting Leaders: What to Look for in New Board Members." *Board Leadership*, 1996q, no. 23. Reprinted in J. Carver, *John Carver on Board Leadership*. San Francisco: Jossey-Bass, 2002.
Carver, M. "Governance Isn't Ceremonial; It's a Real Job Requiring Real Skills." *Board Leadership*, 1997, no. 31.
Carver, J., and Carver, M. "A Board Member's Approach to the Job." *Board Leadership*, 1999a, no. 46.
7. Moore, J. "A Governance Information System." *Board Leadership*, 2002a, no. 60.
Tooley, R. "Using Information Technology to Sustain Policy Governance." *Board Leadership*, 2004, no. 76.
8. Tooley, R. "Using Information Technology to Sustain Policy Governance." *Board Leadership*, 2004, no. 76.
9. Carver, M., and Charney, B. *The Board Member's Playbook: Using Policy Governance to Solve Problems, Make Decisions, and Build a Stronger Board*. San Francisco: Jossey-Bass, 2004.
Carver, M. "Governance Rehearsal: A New Tool." *Board Leadership*, 2003a, no. 68.
Charney, B., and Hyatt, J. "When Legal Counsel Is Uninformed." *Board Leadership*, 2005, no. 79.
10. Carver, J. "When Bad Laws Require Bad Governance." *Board Leadership*, 2000j, no. 50.
Hyatt, J., and Charney, B. "The Legal and Fiduciary Duties of Directors." *Board Leadership*, 2005a, no. 78.
Carver, J. "Policy Governance and the Law." *Board Leadership*, 2005c, no. 78.
Hyatt, J., and Charney, B. "Legal Concerns with Policy Governance."

Board Leadership, 2005b, no. 78.
Carver, J. "The Contrast Between Accountability and Liability." *Board Leadership*, 2005a, no. 78.
Kelly, H. M. "Carver Policy Governance in Canada: A Lawyer's Defense." *Miller-Thompson Charities and Not-for-Profit Newsletter*, July 2003, pp. 7-8. Reprinted in *Board Leadership*, 2004, no. 71.
Hyatt, J., and Charney, B. "Sarbanes-Oxley: Reconciling Legal Compliance with Good Governance." *Board Leadership*, 2005c, no. 79.
Charney, B., and Hyatt, J. "When Legal Counsel Is Uninformed." *Board Leadership*, 2005, no. 79.
Carver, M. "Independent? From Whom?" *Board Leadership*, 2005, no. 79.
Carver, J. "Our Second Legal Issue." *Board Leadership*, 2005b, no. 79.

11. Carver. J. "What Should Government Funders Require of Nonprofit Governance?" *Board Leadership*, 2002m, no. 59.
Carver, J. "Recommendations to the West Virginia Legislative Oversight Commission on Education Accountability." Unpublished paper written for the West Virginia legislature, 1991b. Reprinted in J. Carver, *John Carver on Board Leadership*. San Francisco: Jossey-Bass, 2002.
Carver, J. "Protecting Governance from Law, Funders, and Accreditors." *Board Leadership*, 1994j, no. 11, pp. 1-5. Reprinted in J. Carver, *John Carver on Board Leadership*. San Francisco: Jossey-Bass, 2002.
Carver, J. "When Bad Governance Is Required." *Board Leadership*, 1996u, no. 24.
Oliver, C. "Policy Governance in the Regulatory Environment." Information sheet. Toronto: Canadian Society of Association Executives, 1998.
Carver, J. "Toward Coherent Governance." *The School Administrator*, Mar. 2000i, *57*(3), 6-10. Reprinted in J. Carver, *John Carver on Board Leadership*. San Francisco: Jossey-Bass, 2002.
Carver, J. "Partnership for Public Service: Accountability in the Social Service Delivery System." Unpublished paper written for the Ontario Ministry of Community and Social Services, 1992k. Reprinted in J. Carver, *John Carver on Board Leadership*. San Francisco: Jossey-Bass, 2002.

12. Carver, J. "Living Up to Your Own Expectations." *Board Leadership*, 1999c, no. 42.
Carver, J. "Living Up to Your Own Expectations: Implementing Self-Evaluation to Make a Difference in Your Organization." *Board Leadership*, 1993i, no. 10. Reprinted in J. Carver, *John Carver on Board Leadership*. San Francisco: Jossey-Bass, 2002.
Carver, J. "Redefining Board Self-Evaluation: The Key to Keeping on Track." *Board Leadership*, 1993n, no. 10. Reprinted in J. Carver, *John*

Carver on Board Leadership. San Francisco: Jossey-Bass, 2002.
Carver, J. "Performance Reviews for Board Members." *Contributions*, Jan.-Feb. 1999e, *13*(1), 16, 19.
Oliver, C. "Creating Your Policy Governance Tool Kit." *Board Leadership*, 2000b, no. 50.
Conduff, M. "Sustaining Policy Governance." *Board Leadership*, 2000, no. 51.
Gregory, T. "Board Erosion Prevention." *Governing Excellence* (International Policy Governance Association), Winter 2003.

13. Carver, J. "The Importance of Trust in the Board-CEO Relationship." *Board Leadership*, 1992h, no. 3. Reprinted in J. Carver, *John Carver on Board Leadership*. San Francisco: Jossey-Bass, 2002.
14. Carver, J. "Handling Complaints: Using Negative Feedback to Strengthen Board Policy." *Board Leadership*, 1993h, no. 8.
Carver, J. "What to Do When Staff Take Complaints Directly to Board Members." *Board Leadership*, 1997q, no. 31. Reprinted in J. Carver, *John Carver on Board Leadership*. San Francisco: Jossey-Bass, 2002.
Carver, M., and Charney, B. *The Board Member's Playbook: Using Policy Governance to Solve Problems, Make Decisions, and Build a Stronger Board*. San Francisco: Jossey-Bass, 2004.
15. Carver, J. "The Governance Obsession Syndrome" *Board Leadership*, 2002d, no. 60.
16. Carver, J. "Group Responsibility—Requisite for Good Governance." *Board Leadership*, 1998h, no. 38.
Carver, J. "Protecting Board Integrity from the Renegade Board Member." *Board Leadership*, 1994i, no. 13. Reprinted in J. Carver, *John Carver on Board Leadership*. San Francisco: Jossey-Bass, 2002.

제 12 장

그런데 그게 될까?

비판, 효과성 연구, 그리고 모델 일관성

정책거버넌스 효과에 관한 연구결과는 무엇을 보여주는가? 한마디로 말하면, 없다. 보여주는 게 아무것도 없다. 그동안 정책거버넌스 체계를 이용하는 이사회가 그렇지 않은 이사회보다 더 효과적이라는 것을 보여주는 연구는 없었다. 사실, '어떤' 방식의 거버넌스든 그 효과성을 말할 때 연구결과는 별로 도움이 안 된다.

경영과 기술을 주제로 한 연구와 비교하면, 거버넌스 연구는 지난 20여 년간 많이 증가했음에도 불구하고 초기 단계에 머물러 있다. 정책거버넌스의 효과성에 대해 답하는 것과 관련해서는 연구자들이 극복해야 할 세 가지 주요 걸림돌이 있다.

- 첫째, 정책거버넌스 활용에 관한 연구가 신빙성을 가지려면, 연구자들은 이사회가 그 모델을 사용할 때와 사용하지 않을 때를 구분할 수 있어야 한다. 그것은 간단한 문제 같지만, 연구결과와 해설 자료에는 정책거버넌스를 봐도 그것이 정책거버넌스인지 모르는 사람들

의 의견과 발견들로 넘쳐난다. 예를 들어, 어느 최고경영자가 자기네 이사회는 정책거버넌스를 채택하고 있다고 주장하면 연구자들은 그 말을 그 이사회가 정말로 정책거버넌스 모델의 원칙을 따르고 있다는 의미로 잘못 받아들인다.

- 둘째, 사실 더 큰 문제는 거버넌스가 무엇을 위해 존재하는지를 헷갈리는 사람들이 많다는 점이다. 거버넌스 목적에 대한 합의가 없다면, 어떤 접근법이 더 효과적이라고 주장하는 것이 무의미하다. 예컨대, 이 책에서 설명한 모금 활동이나 자원봉사 노동력 제공, 혹은 주인의 대리인으로서의 임무 완수는 그 목적에 따라 효과성을 전혀 다르게 정의한다.
- 셋째, 거버넌스 목적이라는 더 큰 문제가 해결되지 않으면 거버넌스를 구성하는 요소에 관한 연구결과는 그 유용성이 줄어든다. 예컨대, 어떤 유형의 성격을 가진 사람들이 더 유연하게 의사결정을 하는지 혹은 어떤 위원회를 만들어야 이사들의 만족도가 더 높아지는지에 관한 연구가 과연 엉뚱한 사안을 결정하는 이사회나, 온갖 엉뚱한 이유로 이사회에서 활동하는 이사들에게 도움이 될지 미지수다.

거버넌스 효과성에 관한 믿을 만한 연구의 도움을 전혀 못 받는데도 불구하고, 정책거버넌스 모델은 다른 어떤 조직화된 거버넌스 체계보다 널리 — 전 세계적으로, 다양한 분야와 조직 유형에서 폭넓게 — 인정을 받았다. 정책거버넌스 모델은 어디서나 눈에 띄고, 전통적인 기준에서 크게 벗어나며, 본질적인 주장을 하다 보니, 비판을 받을 수밖에 없었다. 그러나 정책거버넌스 모델의 명성과 양보 없는 원칙에 비춰보면 놀라울 정도로 비판이 적은 편이다. 하지만 몇 가지 자주 제기되는 비판에 대해서는 답할 필요가 있다.

1. 정책거버넌스에 대한 비판

가장 자주 받는 비판은 정책거버넌스 모델 자체를 잘못 받아들인 데서 비롯되므로 거론하지 않겠다. 정책거버넌스를 오해한 다른 말들로는 '위원회를 금지한다', '이사가 개별적으로 사무국과 소통하는 것을 금한다', '이사회는 목적과 관련된 사안에 대해서만 의사결정을 해서 사무국의 수단을 다루지 못한다' 등이 있다. 또한, '이사회가 수탁자 책임을 다하지 못하게 막는다', '단체의 정보 영역을 차단한다', '대중의 의견 수렴을 금한다'(공공단체의 경우) 등이 있다. 당연히 이 중에 옳은 얘기는 하나도 없다. 그것은 이 책을 대충 읽어봐도 알 수 있는 사실이다. 왜 이런 오해가 생기는지 그 이유는 알 수 없지만, 그것들이 정책거버넌스 모델에 관한 설명이 아니라는 것은 확실하다. 이제부터는 해명할 가치가 있는 비판을 살펴보겠다 [참고자료 1].

1) 모든 상황에 맞는 모델은 없다?

정책거버넌스에 대한 주요 비판 중 하나는 그것이 모든 이사회 업무에 일률적으로 접근한다는 것이다. 당연히 이사회는 저마다 차이가 있다. 그들이 속한 단체도 모두 다르다. 이사회가 활동하는 시기도 바뀐다. 원숙함도 다르고, 담당 영역도 다르다. 이는 모두 사실이다. 그러나 이 사실은 거버넌스에 관한 보편적 이론의 존재를 반박하는 게 아니라 오히려 옹호한다. 이론의 역할은 거버넌스 업무의 기본적인 진실을 하나로 엮는 것이다. 그 업무가 어디서 나타나고, 표면적으로 어떤 특징을 보이든 상관없다. 거버넌스에 관한 기초 연구의 질문은 "어떤 상황, 어떤 거버넌스 역할에 대해서도 말할 수 있는 속성은 무엇인가?"이다. 만약에 아무것도 말할 수 없다면, 즉 보편적 진실이 전혀 없다면, 비판하는 이들이 제기한 의혹이 옳다 [참고자료 2].

하지만 그렇게 비판하는 이들조차도 그 비판이 옳다고 믿지 않는다. 예컨대 그들은 모든 이사회가 저마다 해야 할 일을 당연히 알아야 한다고 믿는다. 그들은 이사회가 갖고 있던 권한을 일부 위임하더라도 그 권한이 사용되는 방식에 책임을 요구할 의무가 있다고 주장할 것이다. 그런 식으로 목록이 계속 추가된다. 그러나 그렇게 목록이 추가되는 것이 곧 일련의 보편적인 원칙을 구축하는 것이라는 점에 주목하자. 그것들을 일관성 있게 하나로 엮을 수 있다면, 하나의 모델, 즉 그 모델을 구성하는 요소만큼이나 보편적인 모델이 생기는 것이다. 물론 어떤 구조를 갖춘 모델은 아니고 원칙과 개념으로 이뤄진 모델이다. 정책거버넌스 모델도 딱 그런 식이다. 정책거버넌스가 일률적 접근법이라는 비판에 대한 내 대답은 이렇다. "고맙습니다. 이제야 아셨군요."

병원에서 보는 해부학 차트는 일률적인 모델이다. 화학도 일률적인 모델이다(우리가 경험하기엔 차이점이 있는 것 같지만). 사실 모든 과학 이론이 그렇다. 보편적 원칙을 찾으면 보편적 원칙을 얻게 된다는 것은 놀랄 일이 아니라 감사해야 할 일이다! 이런 비판에 대한 최고의 응수는 그냥 이렇게 묻는 것이다. "그 모델의 어떤 부분이 불합리하거나 실행이 안 되나요?" 이에 대한 대답을 들어보면 대부분 거버넌스 모델이 어떤 것인지 잘못 알고 있다는 게 드러난다.

2) 정책거버넌스 원칙은 지나치게 엄격하다?

정책거버넌스에는 이사회 구성원들 다수의 본업에서보다 규칙이 적지만, 그 모델을 특징짓는 규칙들이 융통성이 없는 것은 사실이다. 그런 특성은 모델의 주요 특색을 최소한으로 줄여 가능한 간결하고 짧은 규칙 체계를 만들려고 한 내 의도에 따른 것이다. 보편적으로 적용되는 몇 개 안 되는 원칙들로 줄였으니 그 최소한의 원칙들은 반드시 지켜져야 한다. 엄격한 원칙을 단점으로 보는 이들은 바둑에서 축구에 이르기까지 각종 경기가 양보 없는 원칙들로 이뤄진다는 사실을 간과하고 있다. 다시 말하면, 수술할 때의 소독 절차에서부터 우리가 재미로 하는 것들에 이르기까지 한결같은 엄격함을 고수하는 방침은 나쁜 것이 아니다.

하지만 대개 이 비판은 전혀 다른 비판을 가려버리는데, 바로 이 모델을 적용하려면 특별한 훈련이 필요하다는 비판으로, 이사회가 성향과 습성으로 인해 정책거버넌스를 내팽개치려는 유혹을 받을 때조차도 규칙을 고수할 수 있을 정도로 훈련되어야 한다는 것이다. 정책거버넌스의 규칙들을 따르려면 전형적인 이사회 운영방식에 비해 더 많은 훈련이 필요한 것은 사실이지만, 이사들이 각자 선택한 직업 분야에서 하는 훈련보다는 훨씬 적다. 예컨대 전기기술자, 농업기술자, 항공기 조종사, 의사, 건축가, 기수騎手는 정책거버넌스 모델이 요구하는 것보다 훨씬 많은 규칙을 따르는 훈련이 필요하다.

3) 정책거버넌스만이 유일한 진리는 아니다?

이 비판은 절대적으로 옳다. 내가 아는 한, 어떤 권위 있는 정책거버넌스 자료도 그 모델이 유일하게 가능한 방법이거나 유일하게 정확한 방법이라고 주장한 적이 없다. 정책거버넌스처럼 보편적으로 적용될 수 있는 다른 거버넌스 패러다임이 틀림없이 있을 것이다. 다만 아직 출현하지 않았을 뿐이고, 미래에는 이 또한 변할 것이다 [참고자료 3].

4) 정책거버넌스 모델은 측정을 폄하한다?

정책거버넌스 모델에서 이사회는 측정을 고려하지 않고 의미를 대단히 중시하며 포괄적인 기대사항들을 적절하게 설정해야 한다. 그러니 이사회는 "측정 가능한 목표를 세워라"라는 경영 공식에 신경 쓸 필요가 없는 것이 사실이다. 그러나 그것이 측정의 가치를 과소평가해서 그런 것은 아니다. 사실 정책거버넌스 모델은 측정에 관해 18~19세기 독일의 약제사인 프란츠 카를 아샤르Franz Karl Achard만큼이나 단호하다. 그는 "측정하지 않고 장난만 하는 철학자는 놀이의 성격만 다를 뿐 어린아이나 마찬가지다"라고 말했다(Columbia Electronic Encyclopedia, 2003). 경영진에게 최적의 자율권을 부여해 창의성과 기민함을 활용하게 하려면, 기대하는 바를 목적과 경영상의 한계 정책 안에 명시하되 경영진의 모든 합리적인 해석을 기꺼이 받아들이는 가장 포괄적인 형태여야 한다 [참고자료 4].

정책거버넌스 이사회가 정책 수립 단계에서는 측정을 고려하지 않더라도 평가 단계에서는 측정에 대해 단호하다. 평가 자료는 그저 말로만 하는 장담이 아니라, 말 그대로 데이터여야 한다. 그리고 그 데이터는 이사회가 만든 정책 언어 원문의 조작적 정의•를 보여주는 믿을 만한 자료임을 이사회가 만족할 만큼 입증하는 것이어야 한다. 그렇다면, 정책거버넌스에서 측정은 엄청나게 중요하다. 다만 이사회가 정책을 만들 때는 측정으로 부담을 주지 않는다.

5) 정책거버넌스는 이사회 모금 활동을 폄하 또는 만류한다?

간단히 말하면, 그렇지 않다. 정책거버넌스 모델은 단체를 올바르게 이끌기 위한 것이지 모금이나 로비, 그 밖에 다른 선택적인 활동에 관한 것이 아니다. 이런 활동이 중요할 수 있다. 특정 상황에서는 아주 중요한 이사회 업무일 수도 있다. 그러나 모든 이사회에 두루 적용되는 것은 아니라서 보편적인 거버넌스 이론에는 포함되지 않는다. 많은 유형의 단체에서 모금은 이사회 업무와 아주 간접적으로도 연결이 안 된다. 특정 이사회에 이런 보편적이지 않은 업무 요소가 생길 경우, 정책거버넌스는 해당 이사회가 그런 활동의 부가가치(업무 결과물)가 무엇이어야 하는지를 신중하게 결정해 이사회의 직무기술(〈자료 7-4〉 참조)에 담을 것을 요구한다. 따라서 정책거버넌스 모델은 모금이나 로비, 그 밖에 다른 봉사 활동을 만류하지 않는다. 그런 활동이 이사회 활동으로 적합하다면, 적절한 규정을 마련하면 되는 것이다 [참고자료 5].

• 추상적인 개념이나 용어를 관찰 혹은 측정 가능하도록 의미를 나타내는 것.

6) 정책거버넌스 모델은 부분 사용이 안 된다?

시스템 사고*system thinking*를 거의 하지 않는 분야에서는 당연히 이런 비판이 거듭 제기된다. 예컨대, 암스트롱Armstrong(1998, 14쪽)은 "그 모델은 전체를 도입해야만 가장 효과적일 것"이라는 점을 단점으로 보았다. 그런데 그것은 '당연한' 이야기이다. 손목시계는 애초에 설계된 대로 모든 부품이 케이스 안에 들어가 있어야만 제대로 작동한다. 포드 부품은 포드 자동차에 다 들어가 있어야 문제가 없고 쉐보레 부품은 쉐보레 자동차에 다 들어가 있어야 사용하는 데 문제가 없다. 또한 누구도 PC가 맥Mac 프로그램으로 운영되기를 기대하지 않는다. 그런데도 우리는 역사적으로 종래의 이사회가 보여주었던 평범함을 기꺼이 받아들이며, 거기서 발생하는 무질서와 엇박자에 엉뚱하게도 '절충주의*eclecticism*'라는 영예로운 표현을 쓴다! [참고자료 6].

7) 정책거버넌스 모델은 우리 단체와 맞지 않다?

진지하게 미래를 위한 설계를 시도한다면 과거의 제약에 도전해야 한다. 엔지니어에게 공기와 연료를 혼합하는 기화기를 전부 카뷰레터처럼 만들라고 했다면, 어떻게 연료분사기가 개발되었겠는가?• 그런데도 "우리가 일하는 방식"과 맞지 않아서 그 단체에는 정책거버넌스가

• 카뷰레터(기화기)는 가솔린 엔진에서 연소실(실린더)로 보낼 연료와 산소를 혼합하는 장치이다. 연료분사(퓨얼 인젝션)는 카뷰레터 대신 연소실 전에 있는 흡기관 또는 연소실 내에 연료를 직접 분사하는 방식을 말한다. 여기에서는 카뷰레터가 없어도 되는 방식을 생각했기 때문에 연료분사기를 개발할 수 있었다는 의미다.

효과가 없을 것이라는 이야기를 자주 듣는다. 학계에서조차 같은 함정에 빠져 이렇게 말한다. "(거버넌스) 모델은 그 유형이 단체의 성격과 맞아야 한다"(Armstrong, 1998b, 13쪽).

누군가는 도대체 왜 그 단체의 현재 성격이 기준이 되어야 하느냐고 물을지도 모른다. 관리자들이 직원에게 포악하게 군다면, 그것을 기준으로 인간적인 인사 관행은 거부되어야 할까? 조직의 현재 관행과 일치하는지를 바탕으로 거버넌스 방식을 판단하는 것은 불합리하다. 운영조직을 하나의 독립변수로 보고, 주인의 의견 표명을 종속변수로 보는 비평가들은 그들이 거버넌스, 그리고 더 나아가 주인의 특권을 어떻게 보는지 공개적으로 알려준다.

이런 비판은 경영진이 중심인(주인이 중심이 아니라) 일반적인 거버넌스 방식을 보여준다. "우리가 일하는 방식"은 언제나 경영진이 일하는 방식이나 예전 이사회가 해온 방식을 가리킨다. 정책거버넌스 모델은 그 단체가 주인에게 갖는 책임과 그 책임을 중재하는 이사회의 역할에 관한 것임을 기억하자. 거버넌스 방식이 그 단체에 꼭 맞아야 하는 것이 아니라 '그 단체가 거버넌스 방식에 맞춰야 한다'라고 말하는 것은 주제넘은 게 아니라 상식이다. 그렇다면, 과거의 경영이나 거버넌스 관행을 거스르는 것이더라도 가장 발전된 형태의 거버넌스 방식을 실행하는 것이 의무이며, 그러려면 하나의 모델이 필요하다. 왜냐하면 이사회의 현재 방식이나 과거 방식, 혹은 행정적 특권에 이끌리면 안 되기 때문이다.

8) 정책거버넌스 모델은 전통적이고 기계적인 하향식 관점으로 단체를 바라본다?

정책거버넌스는 확실한 위계구조를 갖는 것이 사실이다. 그 단체의 주인인 사람들이 가장 권위 있는 지위를 차지한다. 이사회는 그들을 대신해 활동하니까 그보다 바로 한 단계 아래다. 이사회는 최고경영자에게 권한을 부여할 수 있지만, 최고경영자는 이사회에 권한을 줄 수 없다. 최고경영자는 이사회를 대신해 활동하기 때문에 이사회보다 또 한 단계 아래다. 다른 직원들은 최고경영자로부터 권한을 부여받을 수 있지만, 그들이 최고경영자에게 권한을 부여할 수는 없다.

지휘체계 내의 이런 상대적인 위치는 어떤 지혜나 가치를 의미하지 않으며 오직 권위의 수준과 그에 부합하는 책임을 나타낸다. 사무국 직원 대부분이 이런 위계구조가 불가피할 뿐만 아니라 정당하다는 점을 이해한다. 소수의 직원들은 이사회와 동등한 파트너십을 원하는데 이는 자신의 책무를 넘어서는 권리를 추구하는 것이다. 위계구조로 인한 갈등은 위계구조를 무시한다고 해서 해결되지 않는다. 가능한 한 인간적인 관계로 만들고 자율권을 부여하며, 책무와 대리 원칙에 어긋나지 않게 할 때 해결된다 [참고자료 7].

9) 정책과 경영은 칼로 자르듯 분리될 수 없다?

20년 전까지만 해도 거버넌스를 주제로 글을 쓰거나 거버넌스를 실행하는 사람들은 여전히 정책과 경영 사이에 명확한 선이 있는 것처럼 둘의 차이를 언급했다. 물론, 그러한 용어에 사용된 정의가 모호하다는 점을 고려하면, 그런 지적은 지나친 단순화다. 어느 정도 깨우침을 통해 그 잘못이 밝혀지자, 애초에 그런 주장을 했던 사람들은 정책거버넌스가 오랜 잘못을 답습했다고 비판함으로써 자신들의 똑똑함을 자랑했다.

그러나 정책거버넌스는 이사회가 경영진의 선택에 개입하는 것을 멈추게 할 보편적인 지점이 있다고 주장하지 않는다. 다시 말하면, 정책거버넌스는 이사회와 경영진의 의사결정을 구분하는 선이 어디에 그어져야 한다고 요구하지 않는다. 의사결정은 규모에 따라 가장 큰 것에서부터 가장 작은 것 순으로 연속선상에서 이뤄지며 거버넌스가 마법처럼 경영으로 바뀌는 지점은 없다고 본다. 정책거버넌스가 각 이사회에 요구하는 것은 해당 단체에서 이를 구분하는 선을 명확히 하라는 것뿐이다.

모든 조직에 대해 그 경계가 어디에 있어야 한다고 단정적으로 말하는 것은 불가능하지만, 각 이사회와 경영진에게 그 경계가 모호할 이유는 전혀 없다. 만약에 한 최고경영자가 이사회에 "저와 제 직원들은 한 팀으로 움직여요"라고 말하면 이사회는 이해한다. 하지만 최고경영자가 "제가 하는 일과 직원들이 하는 일의 차이를 모르겠어요"라고 말한다면 이사회는 당연히 걱정해야 한다 [참고자료 8].

10) 정책거버넌스는 이사회의 관여를 줄인다?

정책거버넌스 모델은 이사회의 관여를 허용할 뿐만 아니라 요구한다. 그렇다고 이사들이 참여하고 싶어 하는 모든 일에 참여해도 된다는 뜻은 아니다. 거버넌스는 권위를 갖는 일이라 이사회는 최소한 그들이 사무국에 요구하는 만큼의 규율이 있어야 한다. 여기서 규율은 어떤 일에 관여하는 것은 기분이나 개인적인 동기와 무관하며 신중하고 세심한 설계가 필요하다는 뜻이다. 정책거버넌스 모델은 이사들을 기분 좋게 만들거나 그들의 시간을 채우려고 만들어진 것이 아니다. 그것은 주인을 적절히, 현명하게, 장기적인 관점에서 대변하기 위해 만들어진 것이다. 그러려면 이사회는 단순하게 관여할 것이 아니라 올바른 것에 올바르게 관여할 필요가 있다.

11) 이사와 직원의 대화를 막는다?

도대체 이런 비판이 어디서 나오는지 모르겠다. 사실 이사와 직원의 교류는 종래의 거버넌스 방식보다 정책거버넌스 모델에서 더 안전하게 이뤄진다. 정책거버넌스 모델은 이사가 직원에게 하는 말은 어떤 것도 명령의 권한을 갖지 않는다는 점을 아주 명확한 원칙으로 정하기 때문이다. 이사회는 하나로 통합된 권위 있는 목소리를 내야 한다. 더 나아가, 만약에 최고경영자가 있다면, 이사회는 오직 최고경영자에게만 권위를 갖고 말해야 한다. 이렇게 원칙과 역할을 명확히 하면 누구나 다른사람과 조직에 해를 끼치지 않고 무엇에 대해서든 이야기할 수 있다는 장점이 있다 [참고자료 9].

더욱이 정책거버넌스를 실행하면 이사회는 최고경영자에게 다른 직원들도 참여시키라고 독려함으로써 이사회가 검토 중인 사안들에 대해 그들의 의견을 듣고 지혜를 얻을 수 있다. 이사회는 비록 하나의 채널을 통해 신중히 명령을 내리지만, 다방면으로 열어놓고 지혜를 구한다.. 이렇게 하면 직원들이 이사회의 폭넓은 의견 수렴 체계에 참여할 수 있다.

12) 정책거버넌스는 전문 최고경영자와 갈등 없는 이사회를 요한다?

사실, 이사와 경영진이 더 유능하고 더 헌신적이며 갈등이 전혀 없을수록 정책거버넌스 — 혹은 다른 접근법 — 는 더 좋은 효과를 낼 것이다. 그러나 능력이 부족한 최고경영자를 가진 이사회가 정책거버넌스로 바꾼다고 해서, 그 최고경영자가 전보다 더 무능해지지는 않을 것이다. 그런 경우, 이사회는 애초에 최고경영자가 있었던 것이 아니라 가장 높은 지위의 직원이 있었을 뿐인데 그를 최고경영자라고 잘못 불렀다는 사실을 깨닫는다. 그러나 대개 그렇듯, 최고경영자 역할을 실제로 수행할 기회를 주면, 많은 최고경영자가 이사회의 간섭에서 벗어나 상황에 맞게 잘 대처한다. 어떤 경우든, 정책거버넌스의 가장 좋은 효과는 최고경영자의 무능함 혹은 유능함이 너무나 명백하게 드러나 무시할 수 없게 된다는 점이다.

이사들 간의 갈등에 대해서는, 정책거버넌스 모델이 효과를 내지 못하는 게 아니다. 오히려 이사회가 결정을 중단한 지점에서 최고경영자의 권한이 시작된다는 것을 명확하게 규정하기 때문에 이사회가 갈등하느라 결정을 못 해서 경영진이 쩔쩔매며 기다리는 일이 없다. 게다가, 이사회가 공식적으로 말하기 전까지 최고경영자는 이사회를 신경 쓸 의무가 없으니, 이사회 내부 갈등은 전통적인 거버넌스 방식처럼 경영에 위협을 가하지 않는다. 정책거버넌스 아래에서 이사회 내부에 갈등이 있으면 불편할 수는 있겠지만, 최고경영자의 업무 처리를 지연시키지는 않는다.

13) 정책거버넌스는 이론에 불과하다?

정책거버넌스 모델은 이론의 순수성으로 만들어지기에 "이론일 뿐"이라는 비판을 받을 수 있다. 그러나 지금껏 근거가 되는 이론이 없다는 점이 기업이나 비영리단체 거버넌스의 가장 큰 약점이었다. 시간이 지남에 따라 거버넌스 관행도 변한다. 그러나 보통은 토마스 쿤이 말하는 "누적에 의한 발전"(1996, 2쪽)을 통해서다. 이론의 유용성은 어떤 일의 모든 면이 가장 생산적인 방식으로 정렬될 수 있다는 점이다. 거버넌스 기술이 생기면 이사회가 현재 구성원의 개인 성향에 휘둘리지 않고 과거의 몇몇 요행에서 벗어날 수 있게 된다. 정책거버넌스는 이사회 리더십을 위한 이론이자 정교한 운영 체계이다 [참고자료 10].

14) 정책거버넌스 모델의 효과는 아직 연구로 입증되지 않았다?

이것은 좋은 비판이고 전적으로 옳다. 한편으로 거버넌스에 대한 어떤 접근법도 연구를 통해 효과성이 증명되지 않았기 때문에 별로 유용하지 않은 비판이기도 하다. 연구가 필요를 충족시킬 수 있을 때까지 유일한 방법은 첫째, 연구결과로 효과성이 입증되지 않았으나 개념이 일관적이고 이론에 기반을 둔 방식과 둘째, 마찬가지로 효과성이 입증되지 않았으나 전통을 기반으로 여러 관행을 짜깁기해 놓은 방식, 이 둘 중에서 고르는 것이다. 거버넌스 연구의 어려움에 대해서는 조금 뒤에 더 자세히 살펴보겠다.

2. 정책거버넌스는 얼마나 정책거버넌스다워야 하는가?

정책거버넌스 모델은 오래된 거버넌스 지식에서 가져온 개념과 원칙들로 이뤄진다. 이사회는 다른 사람들을 대신해 목소리를 내고, 정책 단계에서 가장 효과를 발휘한다. 조직에서 최고 권한을 가지며, 그 권한은 개인이 아니라 이사회 전체에 주어진다는 점 등이 그렇다. 이렇게 보편적으로 받아들여지는 원칙을 나열한 목록이 — 비록 주식회사 이사회를 위한 것이긴 하지만 — 〈자료 12-1〉에 있다. 이런 것을 비롯해 여러 가지 오래된 관점을 정책거버넌스 모델에서도 인정하며 보통은 더 명료하게 다듬어 표현한다. 하지만 기존 지식을 기반 삼아 체계화하고 이를 개념적으로 일관성 있고 효과적인 거버넌스 도구로 만들려는 목적으로, 정책거버넌스에만 있는 여러 가지 독특한 개념과 원칙들(이를테면, 목적과 수단의 차이를 구분하고, 의사결정 규모를 단계별로 나누는 등)을 새로 만들었다는 점에 주목해야 한다 [참고자료 11].

그렇다면 다른 데서 빌린 개념에 아주 새로운 개념을 더해 만든 정책거버넌스 모델은 '하나의 체계로 사용될' 목적을 가진 독특한 제도다. 그렇더라도 이 모델에서 따로 떼어 사용할 수 있는 부분들이 있다. 예를 들면, 어떤 이사회는 최고경영자 평가는 오로지 미리 정한 기준을 근거로 이뤄져야 한다는 원칙만 가져다가 이용할 수 있다. 수많은 이사회에서 이 원칙의 도입만으로도 개선이 이뤄질 것이다. 어떤 이사회가 정책거버넌스 원칙 중에서 이사회가 사무국에 지시를 내릴 때는 개별 이사 또는 위원회가 아니라 이사회 전체가 지시해야 한다는 원칙만 가져온다면 그것만으로도 개선이 이뤄질 것이다. 정책거버넌스 모델

〈자료 12-1〉 책임 있는 거버넌스에 대해 보편적으로 받아들여지는 원칙

- 이사회는 모든 주인을 대신해 회사를 이끈다.
- 이사회는 회사에서 최고 권한을 가지며, 그 위에는 주인밖에 없다.
- 이사회는 회사 내 첫 번째 권한이다.
- 이사회는 회사에 관한 모든 것에 책무가 있다.
- 모든 권한과 책무는 개별 이사가 아니라 집단으로서의 이사회 전체에 주어진다.
- 거버넌스와 경영진의 역할은 그 목적이 다르다.
- 이사회의 책무 완수를 위협하지 않는 범위에서, 위임을 극대화해야 한다.
- 이사회 성과를 평가할 때는 거버넌스와 경영 둘 다 평가해야 한다.

출처: Carver & Oliver, 2002c, 8쪽 내용 각색

전체를 도입하지 않고, 그 모델을 구성하는 많은 요소 중 어느 한 가지만 적용해도 평범한 이사회에 반가운 변화가 일어날 수 있다.

하지만 이런 발전은 — 그것이 바람직하고 추구해야 할 변화라 해도 — 거버넌스의 본질을 바꾸지는 못한다. 그것은 마치 낡은 자동차의 팬벨트와 브레이크를 수리하거나 찌그러진 부분을 복원하는 것과 비슷하다. 이렇게 고치면 확실히 개선은 되지만 그 방법으로 새 차를 만들지는 못한다. 타자기를 아무리 고쳐도 워드프로세서가 될 수는 없는 것과 마찬가지다.

정책거버넌스의 목적은 단순히 이사회를 몇 군데 개선하는 것이 아니다. 그 정도 개선은 훨씬 덜 급진적이고 덜 훈련된 방식으로도 할 수 있다. 정책거버넌스의 목적은 낡고, 지치고, 부적절한 역할 대신에 권한을 위임하고 자율권을 부여하며 완벽하게 책무를 다하는 비전 있는

리더십의 성향과 역량을 갖춘 이사회 역할을 새로 만드는 것이다. '변화를 이끄는 이사회'라는 이 책 제목은 그 목표를 부드럽게 표현한 것이다.

따라서 정책거버넌스의 유용성을 연구할 때, 정책거버넌스의 부분이나 단편을 도입한 것이 아니라 정책거버넌스를 온전히 실천하는 사례를 조사하는 것이 중요하다. 그 차이를 구분할 능력이 없으면 개인적인 의견과 형식적인 연구결과는 비교적 의미 없는 결론에 도달한다. 정책거버넌스 모델을 피상적으로만 이해하거나 이 모델을 적용하고 있다는 당사자들의 일방적인 주장에 의존하는 태도는 지금껏 거버넌스 효과성에 관한 의문에 전혀 답하지 못한 채 쓸데없는 결론을 도출했고, 정책거버넌스를 잘 알고 있어야 할 학계에서도 이러한 결론이 널리 인용됨에 따라 유익한 논의와 연구를 가로막고 있다.

그렇다면, 정책거버넌스 모델의 일부 요소를 차용하지 않는다고 할 때, 이 모델의 필수 요소는 무엇인가? 어쨌거나 '모델'이라는 단어를 사용하는 것은 우연이 아니다. 구조적인 의미에서가 아니라 과학적인 의미로 쓰여, 여러 부분을 긴밀히 연결하는 하나의 통합 체계를 뜻한다. 시계와 마찬가지로, 톱니바퀴를 하나 빼면 시계의 겉모습이 망가지지는 않겠지만 시간을 나타내는 기능은 심각하게 손상된다. 시계가 아니라 장식품이 되는 것이다. 그러니 장식품이 아니라 정확한 "시계"를 가지려면 정책거버넌스에는 어떤 톱니바퀴가 꼭 있어야 할까? 앞서 출간한 책들을 참고해 최소한의 요건들만 간추려보았다.

원칙 1. 이사회는 이사회 권한과 책무를 도덕적으로(법적으로는 아니더라도) 그 단체의 주인인 사람들 — 이사회 외에 그런 계층이 존재한다면 — 과 연결해 그들을 위한, 그들의 서번트 리더가 되는 것이 이사회 역할이라고 본다. 정책거버넌스 모델에서 사용하는 '주인'이라는 표현은 모든 이해관계자가 아니라 주식회사의 주주와 같은 위치에 있는 사람들만 가리킨다. 따라서 직원과 고객은 별도로 그런 자격을 갖추지 않는 한 주인이 아니다.

원칙 2. 위로는 주인이 있고 아래로는 운영에 관한 문제들이 있다는 점에서 이사회는 지휘체계나 도덕상의 권한 체계에서 확실한 연결고리를 형성한다. 이사회 역할은 조언자가 아니라 지휘관이다. 이사회는 그 권한을 행사하고 다른 사람들에게 적절히 자율권을 주기 위해 존재하는 것이지, 경영진의 조언자나 장식품, 도구, 혹은 반대 세력이 되려고 있는 것이 아니다. 이사회 — 사무국이 아니라 — 는 이사회 운영 절차와 그 결과물에 대해 전적으로 직접적인 책임이 있으며, 다른 이들에게 위임한 권한과 성과 기대에 대해서도 책무가 있다.

원칙 3. 이사회의 권한에 따른 결정으로 경영진과 이사회 자신(각 이사 및 위원회)에게 지시를 내릴 때는 전체 집단으로서 한다. 이 말은 이사회의 권한이 이사 한 사람 한 사람의 권한을 합친 것이 아니라 하나의 집단으로서 갖는 권한이라는 뜻이다.

원칙 4. 이사회는 문서 형태로 첫째, 반드시 이뤄내야 할 성과나 변화, 혹은 편익을 규정하고, 둘째, 수익자, 수혜자 등 대상 집단을 지정하고, 셋째, 어느 정도 비용에 혹은 다른 여러 편익이나 수혜자와 비교해 상대적으로 무엇을 우선순위에 둘 것인지 밝혀야 한다. 이것은 발생할 수 있는 모든 편익이 아니라 단체의 목적을 이루는 것으로, 조직의 성공을 의미하는 성취다. 오직 이런 결정만을 담은 정책 문서를 정책거버넌스 모델 용어로는 '목적'이라고 분류하지만, 그 개념이 철저하게 유지되는 한 이사회가 원하는 어떤 이름으로 불러도 상관없다.

원칙 5. 이사회는 문서 형태로 이사회 자체의 품행과 부가가치, 활동, 규율, 행동 및 이사회 내 세부조직과 경영진에 대한 위임과 책무 관계를 규정해야 한다. 이런 것은 목적에 해당하지 않는 결정들이라 '이사회 수단'으로 분류해 목적 및 사무국의 수단과 구분한다. 이사회의 모든 행동과 결정, 서류는 이 규정을 따라야 한다. 정책거버넌스 모델의 용어로는 이런 결정만 다룬 문서를 '이사회 운영 절차'와 '경영진에 대한 위임'으로 분류하지만, 그 개념이 철저하게 유지되는 한 이사회가 원하는 어떤 이름으로 불러도 상관없다.

원칙 6. 사무국의 수단에 관한 선택과 조치에 대해 이사회는 그들이 하면 안 되는 것만 결정한다. 이는 첫째, 수단을 미리 규정하는 방식을 피하는 동시에, 둘째, '아무리 효과가 있어도' 받아들일 수 없는 수단은 확실히 금지하기 위해서다. 이런 결정만 담은 정책 문서는 정책거버넌스 모델 용어로는 '경영상의 한계'로 분류하지만, 그 개념이 철저하게 유지되는 한 이사회가 원하는 어떤 이름으로 불러도 상관없다.

원칙 7. 목적, 이사회 운영 절차, 경영진에 대한 위임, 경영상의 한계에 관한 이사회 결정은 가장 넓고, 가장 포괄적인 단계에서 시작해, 필요하다면 점점 더 구체적으로 해석의 범위를 좁히는 방향으로 계속 이어가되 한 번에 한 단계씩만 나아간다. 이렇게 만들어진 문서는 이사회의 사명과 비전, 철학, 가치, 전략, 목표, 예산 등에 관한 표현을 대체하거나 그런 것들이 필요 없어질 정도로 철저하다. 정책거버넌스 모델의 용어로는 이것을 '정책'이라고 부르지만, 그 개념이 철저하게 유지되는 한 이사회가 원하는 어떤 이름으로 불러도 상관없다.

원칙 8. 만약에 이사회가 최고경영자를 통해 경영진에 위임하기로 정하면, 이사회는 거버넌스와 경영 사이의 유일한 연결고리인 최고경영자의 배타적인 권한과 책무를 존중한다. 어떤 경우라도 이사회는 하나의 권한을 복수의 사람에게 위임하지 않는다.

원칙 9. 이사회 정책에 기록되지 않은 결정 권한을 위임할 때는 그 정책에 대한 어떤 합리적인 해석도 이용할 수 있는 권리를 부여한다. 목적과 경영상의 한계의 경우, 최고경영자가 존재한다면, 그 권한을 위임받는 대상은 최고경영자다. 이사회 운영 절차와 경영진에 대한 위임의 경우, 이사회가 명시적으로 다른 이사나 위원회를 지명하지 않는 한, 그 권한을 위임받는 대상은 최고거버넌스책임자다.

원칙 10. 이사회는 공정하면서도 체계적인 평가를 통해서만 조직의 성과를 점검한다. 목적 정책에 관한 합리적인 해석이 경영상의 한계 정책을 합리적으로 해석한 범위 안에서 실현되고 있는지를 판단하는 것이다. 만약에 최고경영자가 있다면, 이 평가는 최고경영자에 대한 평가가 된다.

정책거버넌스 모델의 목적은 이사회가 여러 관행을 모아놓은 형태가 아니라 하나의 통합된 체계를 이용하도록 하는 것이기 때문에, 원칙 5에 특히 주목해야 한다. 원칙 5는 사실상 이 원칙들에 표현되지 않은 행동들도 모두 이 원칙들을 따라야 한다고 말한다. 만약에 외부 행정기관이 이사회에 정책거버넌스에 어긋나는 조치를 요구한다면, 이사회는 동의(자동 승인) 안건이나 다른 장치를 창의적으로 활용해 거버넌스 원칙을 굽히지 않으면서도 합법성을 유지하면 된다. 이 10가지는 최소한으로 압축한 것이지만 거버넌스 행동의 모든 범위를 아우르기 때문에, 몇 가지 구체적인 사례가 도움이 될 것이다.

예컨대, 이사회가 다른 이해관계자를 주인으로 착각해 주인이 아닌 사람들의 의견을 주인의 의견으로 받아들인다면 원칙 1 위반이다. 만약에 이사회가 안건 결정을 최고경영자에게 의존한다면 그것은 원칙 2 위반이다. 이사회가 해당 단체에 특정 서비스나 프로그램을 운영하라고 지시한다면, 원칙 6 위반이다. 이사회가 만든 경영상의 한계 정책이 최고경영자가 "모든 직원에 대한 직무기술서를 서면으로 준비하지 못하는 것"을 금지한다면, 그것도 원칙 6을 위반하는 것이다. 만약에 제대로 만들어진 정책에 담긴 내용과 다른 별도의 비전이나 가치, 목표를 언급한다면, 원칙 7 위반이다. 재무위원회나 재무 분야에 전문성을 갖춘 이사에게 재무관리에 관한 규칙을 만들게 한다면, 원칙 3과 원칙 8 위반이다. 만약에 최고경영자 직속 부하들을 대상으로 이사회가 평가나 지시를 한다면, 그것은 원칙 2와 원칙 8 위반이다. 이사회가 최고경영자의 성과를 판단할 때, 이사회 정책을 최고경영자가 합리적으로 해석했는지가 아니라 이사회가 의도한 바를 기준으로 평가한다면, 그것은 원칙 9 위반이다. 이사회가 관련 정책이 아닌 다른 기준으로 최고경영자를 평가한다면 그것은 원칙 10 위반이다. 만약에 최고경영자의 해석이 합리적인지를 이사회가 신중하게 판단하지 못하면, 그것도 원칙 10 위반이다. 물론 이런 것은 전부 예일 뿐이다. 중요한 건 정책거버넌스가 정확히 사용될 때만 정확한 거버넌스를 약속하는 정확한 제도라는 사실이다.

따라서 정책거버넌스의 실행과 여타 거버넌스 방식을 비교하는 연구에서, 최근까지 진행된 많은 여러 연구와 달리 연구자들이 정책거버넌스가 실행되고 있는지를 사실대로 판별할 줄 안다고 가정하자. 하지만 그런 수준의 안목이 생긴 다음에 연구자들은 거버넌스 효과성에 관한 정말 큰 연구 과제에 맞닥뜨리게 된다. 대체 "이사회 효과성"이 무엇인가?

3. 거버넌스 효과성에 관한 연구

거버넌스는 '사회적 구조물'이다. 자연적으로 발생하지 않는다. 인간의 목적을 위해 인간이 창조해낸 기능이라서 그 목적은 우리가 정하기 나름이다. 보통은 현실정치의 역학관계나 역사의 우연, 혹은 고려했던 철학적 입장에 따라 구조물의 목적이 정해진다. 첫 번째의 경우, 당시 서로 대립하는 세력들이 힘이나 이익을 차지하려고 그 구조물을 무기로 사용한다. 예컨대 어떤 최고경영자는 이사회가 모금을 하고, 사무국을 대변하기를 원할 수 있다. 주제넘은 이사회 의장이라면 의장의 패권을 기반으로 한 거버넌스를 원할지도 모른다. 두 번째는 오랫동안 특정 방식으로 거버넌스가 행해졌다는 사실이 그 방식을 지속하는 정당한 근거가 되는 경우다. 그 결과, "다른 사람들이 어떻게 하고 있는지" 혹은 "우리가 늘 해왔던 방식"에 의해 거버넌스가 제한된다.

정책거버넌스를 설계할 때, 나는 세 번째 길을 택했다. 거버넌스의 본질이 철학적 입장에 기반을 두게 하고, 나머지 모든 부분과 활동을 그 본질에 맞게 정렬하는 것이다. 이 접근법의 장점은 개념적으로 완전하다는 데 있다. 전체에 비춰보면 모든 부분이 이해된다. 그리고 그 전체는 인간이 겪는 더 폭넓은 상황에서 타당한 역할을 한다. 또 다른 장점은 이사들이 전부 자기만의 안건을 갖고 모이더라도, 이사회 절차에 맞게 절충안을 만들어낼 만큼 충분히 강력한 합리성이라는 공통의 기반이 있다는 것이다. 정책거버넌스의 약점은 기존 통념에서 벗어나고 유능한 이사들이 경험한 바와도 다르다 보니 특별한 단련이 필요하고, 자기 결정권을 가진 이사회를 두려워하는 경영진에게는 위협적일 수 있다는 점이다.

정책거버넌스는 이사회가 존재 이유를 밝히는 것으로 시작한다. 이사회는 단체의 주인에 해당하는 사람들의 의견을 권위 있는 목소리로 제공하기 위해 존재한다. 이사회는 다른 기능도 선택해서 할 수 있지만, 이것이 그들의 존재 이유다. 다시 말하면, 이사회는 상황을 잘 아는 주인들의 바람을 조직의 성과로 바꾸기 위해 존재한다. 여기서 "잘 아는"이라는 표현을 사용한 이유는 주인이 가능한 일과 불가능한 일을 구분하고 여러 주인의 관점을 간추리고 종합하려면 전적으로 그들의 대리인에게 의존해야 하기 때문이다.

나는 더 나은 말이 없어서 '주인'이라고 지칭하는 이들이 바로 이사회에 도덕상 권한을 부여하고 가장 중요한 책무를 맡기는 정당성 기반이라고 주장해왔다. 여기서 말하는 주인은 단순히 주인이라는 지위에 대한 법적 정의에 머물지 않고 '도덕상의' 주인이라고 하는 편이 가장 좋은 설명이다. 앤티크 자동차 클럽 이사회에게 주인은 클럽 회원들이다. 시의회의 주인은 그 관할구역 주민이다. 주식회사의 주인은 주주다. 반면에 이렇게 주인의 정체를 규정하기가 쉽지 않은 단체 유형도 있다. 그러나 주인을 규정하기 어려울 때조차도 그 개념이 유용하다는 사실은 변함이 없다. 비행기가 착륙할 때 안개에 가려 잘 보이지 않는다고 해서 활주로를 확인하는 일이 덜 중요해지는 건 아닌 것과 같은 이치다.

평범한 일상에서는 주인이 쉬운 개념이다. 내가 새 자동차를 사려 한다고 가정해보자. 나는 당신에게 다음과 같이 물으며 도움을 청한다. "재규어나 랜드로버 중에 어느 차가 더 효과적인가요?" 내가 자동차를 사는 목적이 무엇인지 모른다면, 이 질문에 답하기가 어려울 것이다. 나의 이웃과 채권자, 혹은 나의 친구들(모든 중요한 이해관계자)이 무엇을 원하는지 아는 것으로는 부족하다. 나는 이 이해관계자들에게 윤리적으로 행동해야 하고, 나아가 도움이 되어야 하지만, 그런 의무로 인해 내 자동차의 주인이 나라는 사실 자체가 흐려지는 것은 아니다. 예컨대 법으로 자동차 사용을 제한할 수는 있지만, 제한속도를 위반하면 안 된다는 이유로 내 차의 소유권을 부정할 사람은 아무도 없다.

희한하게도, 일부 거버넌스 연구는 이사회의 승인에 관해 거버넌스 효과성을 측정함으로써 모든 이해관계자를 동등한 위치에 두기도 한다. 그것은 주인 개념이 아예 존재하지 않거나 중요하지 않다는 의미다. 이해관계자와 주인의 차이는 7장에서 다루었으니, 여기서는 이런 연구자들도 자기 집의 차에 관한 한 주인의 의미를 절대 흐리지 않을 것이라는 말만 해두고 싶다. 주인이 무엇을 원하는지 직접적으로—혹은 대리 절차를 통해 — 알지 못한다면, 거시적 효과성*macro effectiveness* 연구는 심각한 어려움이 있으며, 최악의 경우 연구 가치가 없다.

여기서 '거시적 효과성'은 조직 전체가 본질적인 목적을 완수하는 데 있어서의 효과성을 의미한다. 거시적 효과성 연구는 그런 어려움에 직면하지 않고 수행될 수 있다. 예를 들어, 복식 부기를 하면 단식 기장법보다 기록을 추적하기가 더 쉬울까? 철자의 발음을 가르치는 방법으로 독해 점수가 오를까? 어떤 방법을 써야 수익 증대로 연결될까? 이사회의 어떤 행동이 최고경영자 직무만족도와 관련이 있을까? 이사들의 어떤 성격 유형이 훌륭한 의사결정 능력이라고 여겨지는 것들과 연결될까? 그런 연구 — 예컨대, 어떤 성격이 이사회에 가장 효과적인가에 관한 연구 — 는 이사회에 무엇이 필요하며 어떤 일을 해야 하는지에 대해 사람들이 가진 모든 생각으로 인해 오염된다는 사실을 감안해야 한다. 마찬가지로, 훈련 — 어떤 훈련이든 — 을 거친 이사회가 그렇지 않은 이사회보다 성과에 더 만족하는지에 관한 연구는 이사회가 무엇을 그들의 임무 완수라고 생각하는지에 따라 달라진다.

이런 것들은 하찮은 질문이 아니며, 그에 관한 연구 또한 무의미하지 않지만, 어떤 거버넌스 활동이 그 단체가 주인의 이익을 가장 중시하며 그것을 달성하도록 보장하는 사회적 구조물을 실현하느냐 하는 중대한 문제를 외면한다. 따라서 거시적 효과성 연구는 분명 타당하지만, 기존 연구는 그런 부차적인 질문들이 지배적이라 아직 중요한 문제가 해결되지 않았다는 사실이 가려진다.

더욱 염려스러운 것은 그런 연구 상당수가 거버넌스 효과성은 이사들이 성취감이나 도전 의식을 더 느끼는지, 혹은 더 적극적으로 관여하는지를 보고 판단해야 한다고 주장한다는 점이다. 최고경영자 만족도가 더 높은지 아니면 이사회가 참견을 덜 하는지도 중요하게 본다. 이사회가 모금을 더 많이 하는지, 보조금 수입이 증가하는지, 위원회가 적극적으로 활동하는지, 이사회 의장이 최고경영자에 대해 목표를 달성할 것이라고 보는지 등을 거버넌스 효과성의 기준으로 본다. 믿을 만한 학계의 연구가 — 악의 없이 — 주인의 대리인 역할을 그토록 과소평가하는 것은 비극이다 [참고자료 12].

지금까지 내가 아는 거버넌스 효과성에 관한 학계 연구 중 가장 나은 것 — 패트리샤 노비Patricia Nobbie (2001)의 논문 — 도 정책거버넌스를 정말로 활용하고 있는지 파악하지 못하는 일반적인 함정을 피하려고 주의하지만, 경영진에게서 보이는 몇 가지 특성을 독립변인으로 보고 거버넌스 방법론을 종속변인으로 취급하는 또 다른 함정에 빠진다. 정책거버넌스 모델은 비교를 위해 선택한 내부 경영지표를 달성하기 위해 만들어진 게 아니다. (이 모델이 경영진에게 그런 성과를 요구하게 만드는 틀을 제공하는 것은 사실이지만, 연구를 위해 선택한 이사회가 그런 의도를 가졌는지는 알 수 없다.) 거듭 말하지만, 정책거버넌스 모델은 — 국제정책거버넌스협회의 표현을 빌리면 — '주인에 대한 책무를 다하는 조직적 성과'를 보장하기 위해 만들어졌다 [참고자료 13].

거버넌스 효과성에 관한 연구라고 주장하면서 거버넌스를 종속변인으로 보고 경영을 독립변인으로 보는 일이 드물지 않다. 다시 말하면, 연구자들은 '좋은 경영이 어떤 것인지 우리가 이미 아니까 무엇이 좋은 거버넌스인지만 밝혀내면 된다'고 가정한다. 그 결과, 경영은 일정하게 유지하면서 어떤 거버넌스 방식이 그것과 잘 맞는지를 보려고 한다. 그러나 이 방법은 완전히 거꾸로 가는 것이며, 거버넌스에 관한 전통적인 사고의 문제점이 무엇인지를 전형적으로 보여준다. 거버넌스 역할이 주인의 바람을 조직적 성과로 바꾸는 것이라면, 진짜 물어야 할 질문은 '어떤 경영방식을 선택해야 거버넌스가 요구하는 바를 가장 잘 실현할 수 있을까'이다. 달리 말하면, 연구자의 가정에도 불구하고, 개인적으로는 무엇이 좋은 경영인지 알 길이 없다. 위에서 요구한 결과물을 얼마나 잘 생산해내는지 알기 전까지는 말이다.

정책거버넌스는 단지 다른 형태의 이사회 운영 원칙을 요구하는 것이 아니다. 그보다 더 심오한 것 — 조직의 효과성은 주인이 그 단체에 원하는 것이 무엇인가에 따라 달라진다는 단순한 철학적 입장 — 을 요구한다. 기왕에 이사회가 있어야 한다면, 주인과 단체 사이에서 거버넌스가 작동하게 된다. 주인이 원하는 것이 무엇인지를 알아내거나 간추리고, 그와 관련된 모든 적절한 지식으로 그 정보를 다듬어, 운영조직에 그것을 생산하라고 요구하는 임무를 수행하는 것이다. 이 점을 염두에 두면, 거버넌스의 '목적'이 무엇인지에 대한 보다 타당한 개념을 정립하는 연구를 선행해야만 이사회가 해야 할 최선의 '일'을 연구할 수 있다는 점이 분명해진다 [참고자료 14].

따라서 가장 중요하고 심지어 근본적이기까지 한 연구주제는 주인의 의견을 지혜롭게 간추려 조직의 성과로 가장 잘 바꿀 수 있는 거버넌스 방식이 무엇인지 찾아내는 것이다. 질문은 간단하지만, 그것을 연구하는 것은 그리 간단하지가 않다. 이 책의 인쇄를 앞둔 2005년까지도, 내가 아는 한 이 중요한 질문에 관한 믿을 만한 연구는 아직 진행된 게 없다.

4. 정책거버넌스와 이사회 리더십의 탁월함

정책거버넌스 모델은 루소의 사회계약론 철학에 자세히 나오는 주인의 대리인 역할에 기반을 두고 있다. 정책거버넌스에 포함된 태도와 헌신은 그린리프의 서번트 리더십 개념과 일치한다. 나는 거버넌스에 적용 가능한 조언이 담긴 사례들을 경영서에서 풍부하게 가져왔다. 정책거버넌스 구조는 거버넌스 이론을 탁월한 거버넌스 성과로 바꾸기 — 이론적인 디자인을 하나의 운영 체계로 전환하기 — 위한 설계다.

하지만 그 모델을 한 치의 흔들림 없이 정확하게 이용하면 이사회 리더십의 탁월함이 보장될 거라고는 말할 수 없다. 현명하지 못한 이사회는 정책거버넌스를 이용해도 여전히 현명하지 못할 것이다. 신중하지 못한 이사회는 정책거버넌스를 이용해도 여전히 신중하지 못할 것이다. 악의를 가진 이사회는 정책거버넌스를 이용해도 여전히 악의적일 것이다. 지혜롭지 못한 이사회는 정책거버넌스를 이용해도 마찬가지일 것이다 [참고자료 15].

정책거버넌스 모델은 다른 사람들을 대신해 사업을 이끌어갈 수 있도록 가장 공들여 만든 체계를 제공하지만, 현명하게, 멀리 내다보고, 인간적으로 결정하는 것까지 보장하지는 않는다. 모든 성능과 안전장치를 갖춘 자동차를 탄다고 저절로 양식 있는 운전자가 되는 게 아니듯이, 정책거버넌스는 이사들이 어려운 선택과 씨름해야 하는 부담을 덜어주지 못하며 나쁜 선택을 못 하게 막아주지도 못한다. 자동차 비유를 한 번 더 사용하면, 이사회는 여전히 경로를 정하고 기민하게 운전해야 하는 어려움이 있겠지만, 적어도 주행하기에 안전한 자동차를 몰고 있다는 사실은 염려하지 않아도 된다. 정책거버넌스는 이사회 리더십을 위한 수단이지 리더십의 전형이 아니다 [참고자료 16].

정책거버넌스 모델은 현명하고 지혜로운 사람들이 뛰어난 거버넌스를 '할 수 있게' 해준다. 정책거버넌스 자체가 탁월함을 만들어내는 것은 아니다. 오직 이사회 구성원만이 그렇게 할 수 있다.

참고자료

1. Biery, R. M., and Kelly, H. M. "Industry Canada's Unjustified Criticism of Carver Policy Governance." CCCC *Bulletin*, 2003, no. 2, pp. 3-5.
Charney, B. "'Messy Democracies': Should They Be Protected or Cleaned Up?" *Board Leadership*, 2003, no. 65.

Oliver, C. "Questions and Answers About Good Governance." *Board Leadership*, 2002f, no. 63.
Carver, J. "Policy Governance Won't Work Because …." *Board Leadership*, 1998n, no. 36. Reprinted in J. Carver, *John Carver on Board Leadership*. San Francisco: Jossey-Bass, 2002.
Hough, A. *The Policy Governance Model: A Critical Examination*. Working paper no. CPNS6. Brisbane, Australia: Centre of Philanthropy and Nonprofit Studies, Queensland University of Technology, July 2002.

2. Carver, J. "'One Size Fits All': The Lingering Uninformed Complaint." *Board Leadership*, 2003n, no. 65.
Murray, V. "Is Carver's Model Really the One Best Way?" *Front and Centre*, Sept. 1994, p. 11.
Armstrong, R., and Shay, P. "Does the Carver Policy Governance Model Really Work?" *Front and Centre*, May 1998, pp. 13-14.
Armstrong, R. "A Study in Paradoxes." *Association*, 1998, *15*(4), 13-14.
3. Murray, V. "Is Carver's Model Really the One Best Way?" *Front and Centre*, Sept. 1994, p. 11.
4. Carver, J. "Giving Measurement Its Due in Policy Governance." *Board Leadership*, 1997h, no. 30. Reprinted in J. Carver, *John Carver on Board Leadership*. San Francisco: Jossey-Bass, 2002.
5. Carver, J. *Board Members as Fundraisers, Advisors, and Lobbyists*. The CarverGuide Series on Effective Board Governance, no. 11. San Francisco: Jossey-Bass, 1997b.
Carver, J. "Giving, Getting, and Governing: Finding a Place for Fundraising Among the Responsibilities of Leadership." *Board Leadership*, 1993g, no. 7. Reprinted in J. Carver, *John Carver on Board Leadership*. San Francisco: Jossey-Bass, 2002.
6. Armstrong, R., and Shay, P. "Does the Carver Policy Governance Model Really Work?" *Front and Centre*, May 1998, pp. 13-14.
Carver, J. "Why Is Conceptual Wholeness So Difficult for Boards?" *Board Leadership*, 1998r, no. 39. Reprinted in J. Carver, *John Carver on Board Leadership*. San Francisco: Jossey-Bass, 2002.
7. Carver, J. "FAQ: Isn't the Hierarchical Nature of Policy Governance Out of Step with Modern Participative Organizational Styles?" *Board Leadership*, 2002b, no. 60.
Carver, J. "Making Hierarchy Work: Exercising Appropriate Board Authority in the Service of Mission." *Board Leadership*, 1994e, no. 12. Reprinted in J. Carver, *John Carver on Board Leadership*. San Francisco: Jossey-Bass, 2002.
8. Carver, J. "Is There a Fundamental Difference Between Governance and Management?" *Boardroom*, Mar.-Apr. 2003i, *11*(2), 1, 7.

Carver, J. "Is There a Fundamental Difference Between Governance and Management?" *Board Leadership*, 2002f, no. 60.
Carver, J. "Boards Should Have Their Own Voice." *Board Leadership*, 1997d, no. 33. Reprinted in J. Carver, *John Carver on Board Leadership*. San Francisco: Jossey-Bass, 2002.

9. Carver, J. "FAQ: Does Policy Governance Prohibit Staff from Talking with Board Members?" *Board Leadership*, 2002a, no. 63.
10. Carver, J. "Why Is Conceptual Wholeness So Difficult for Boards?" *Board Leadership*, 1998r, no. 39. Reprinted in J. Carver, *John Carver on Board Leadership*. San Francisco: Jossey-Bass, 2002.
11. Carver, J. "How You Can Tell When Your Board Is Not Using Policy Governance." *Board Leadership*, 1996k, no. 25. Reprinted in J. Carver, *John Carver on Board Leadership*. San Francisco: Jossey-Bass, 2002.
Rogers, S. "Policy Governance Top Ten." *Board Leadership*, 2005, no. 77.
Mogensen, S. "What Are the Other Models?" *Board Leadership*, 2002, no. 64.
Oliver, C. "Policy Governance and Other Governance Models Compared." *Board Leadership*, 2002e, no. 64.
12. Brudney, J. L., and Murray, V. "The Nature and Impact of Changes in Boards of Directors of Canadian Not-for-Profit Organizations." Unpublished paper, 1996.
Murray, V., and Brudney, J. "Improving Nonprofit Boards: What Works and What Doesn't?" *Nonprofit World*, 1997, *15*(3), 11 - 16.
Murray, V., and Brudney, J. "Do Intentional Efforts to Improve Boards Really Work?" *Nonprofit Management and Leadership*, 1998a, *8*(4), 333 - 348.
Murray, V., and Brudney, J. L. "Letters to the Editor." *Nonprofit World*, 1998b, *16*(1), 4 - 5.
Armstrong, R., and Shay, P. "Does the Carver Policy Governance Model Really Work?" *Front and Centre*, May 1998, pp. 13 - 14.
Armstrong, R. "A Study in Paradoxes." *Association*, 1998, *15*(4), 13 - 14.
13. Nobbie, P. D. "Testing the Implementation, Board Performance, and Organizational Effectiveness of the Policy Governance Model in Nonprofit Boards of Directors." Unpublished doctoral dissertation, Department of Public Administration, University of Georgia, 2001.
Nobbie, P. D., and Brudney, J. L. "Testing the Implementation, Board Performance, and Organizational Effectiveness of the Policy Governance Model in Nonprofit Boards of Directors." *Nonprofit and Voluntary Sector Quarterly*, 2003, *32*(4), 571 - 595.
Hough, A., McGregor-Lowndes, M., and Ryan, C. "Policy Governance: 'Yes, But Does It Work?'" *Corporate Governance Quarterly*, Summer 2005,

pp. 25 - 29.

14. Carver, J. "Rethinking Governance Research: Do Good Boards Produce Effective Organizations?" Unpublished paper for the University of Georgia Institute for Nonprofit Organizations, Apr. 10, 2001k. Reprinted in J. Carver, *John Carver on Board Leadership*. San Francisco: Jossey-Bass, 2002.
    Carver, J. "A New Basis for Governance Effectiveness Research." *Board Leadership*, 2003k, no. 67.
    Carver, J. "Watch Out for Misleading Interpretations of Governance Research." *Board Leadership*, 1998q, no. 40. Reprinted in J. Carver, *John Carver on Board Leadership*. San Francisco: Jossey-Bass, 2002.
    Smith, C. J. "Eight Colleges Implement Policy Governance." *Trustee Quarterly*, 1996, no. 1, pp. 8 - 10.
15. Carver, J. "The Unique Double Servant-Leadership Role of the Board Chairperson." In L. C. Spears and M. Lawrence (eds.), *Practicing Servant Leadership: Succeeding Through Trust, Bravery, and Forgiveness*. San Francisco: Jossey-Bass, 2004i.
    Carver, J. "The Servant-Leadership Imperative in the Invisible Republic." Keynote address, Greenleaf Center for Servant-Leadership 14th Annual International Conference, Indianapolis, Ind., June 11, 2004g.
    Greenleaf, R. K. *Servant Leadership: A Journey into the Nature of Legitimate Power and Greatness*. New York: Paulist Press, 1977.
    Greenleaf, R. K. "Servant: Retrospect and Prospect." In R. K. Greenleaf, *The Power of Servant Leadership*. (L. C. Spears, ed.). San Francisco: Berrett-Koehler, 1998b.
    Spears, L. C. (ed.). *Reflections on Leadership: How Robert K. Greenleaf's Theory of Servant Leadership Influenced Today's Top Management Thinkers*. New York: Wiley, 1995.
    Spears, L. C., and Lawrence, M. (eds.). *Practicing Servant Leadership: Succeeding Through Trust, Bravery, and Forgiveness*. San Francisco: Jossey-Bass, 2004.
    Rousseau, J. J. "Discourse on Political Economy." In J. J. Rousseau, *Jean-Jacques Rousseau: The Social Contract* (C. Betts, trans.). Oxford, U.K.: Oxford University Press, 1999. (Originally published 1758.)
    Rousseau, J. J. *Jean-Jacques Rousseau: The Social Contract* (C. Betts, trans.). Oxford, U.K.: Oxford University Press, 1999. (Originally published 1762.)
    Carver, J. "Policy Governance as a Social Contract." *Board Leadership*, 2000f, no. 50.
16. Carver, J. "Can Things Go Horribly Wrong for Boards That Use Policy Governance?" *Board Leadership*, 2001b, no. 56. Reprinted in J. Carver,

John Carver on Board Leadership. San Francisco: Jossey-Bass, 2002.
Carver, J. "How Executive Limitations Policies Can Go Awry." *Board Leadership*, 2001h, no. 57.
Carver, J. "What to Do When All Your Policies Are in Place." *Board Leadership*, 1997p, no. 32. Reprinted in J. Carver, *John Carver on Board Leadership*. San Francisco: Jossey-Bass, 2002.

이 책의 발간에 기여해주신 분들

〔나눔북스〕는 한국사회의 기부문화 발전과 확산을 위하여 아름다운재단에서 출간하고 있는 기부문화총서입니다. 제 15권 《변화를 이끄는 이사회: 비영리 및 공공기관의 리더십 설계 혁신》(존 카버 지음, 구미화 옮김)은 대가를 바라지 않고 이루어진 재능나눔 1%로 완성되었습니다. 함께해 주신 모든 분들께 감사의 뜻을 전합니다. 도움을 주신 분들은 다음과 같습니다.

먼저, 이 책의 번역 원고를 미리 읽고 검토하는 〈독자선봉대〉 프로그램에 참여해 주신 곽미영, 배영미, 이경미, 전선영 선생님(이상 이화여대 사회적경제 석·박사과정), 김기현 선생님(한양대 경영학 박사과정), 정현탁 선생님(연세대 사회복지대학원 석사과정), 그리고 김진아, 박정옥, 신문용 간사님(이상 아름다운재단)께 감사드립니다. 〈독자선봉대〉가 열정적으로 1,800여 건에 달하는 검토 의견을 내주신 덕분에 보다 읽기 좋은 번역서를 만들 수 있었습니다.
기부문화연구소 2020년 하계 실습생으로서 이 책의 핵심 용어들을 조사하여 해설을 제공해 준 박수빈, 안세영, 최서연, 허차정 선생님(연세대 사회복지대학원 석사과정)께 감사드립니다.
〈독자선봉대〉의 검토 의견 중 몇 가지에 대해 귀중한 도움 말씀을 주신 아름다운재단 기부문화연구소 연구위원 김성주 교수님(미국 노스캐롤라이나 주립대)께도 감사드립니다.
마지막으로 이 책의 출간을 후원해 주신 (재)아름다운가게에 감사 말씀을 드립니다.

참고문헌

Ackoff, R. *Creating the Corporate Future.* New York: Wiley, 1981.

Albee, E. *Who's Afraid of Virginia Woolf?* New York: Atheneum, 1962.

Argenti, J. Your Organization: *What Is It for? Challenging Traditional Organizational Aims.* London: McGraw-Hill Europe, 1993.

Armstrong, R. "A Study in Paradoxes." *Association*, 1998, 15(4), 13-14.

Armstrong, R., and Shay, P. "Does the Carver Policy Governance Model Really Work?" *Front and Centre*, May 1998, pp. 13-14.

Baker, H. H., Jr. "Replace Congress with a 'Citizen Legislature.'" *Chicago Tribune*, June 16, 1989, sec. 1, p. 27.

Barth, N. "Clear Policy Statements Can Free You to Act Creatively." *Board Leadership*, 1992, no. 1, p. 8.

Biery, R. M. "The Problem with Boards." *Christian Management Report*, Feb. 2003, pp. 15-18.

Biery, R. M., and Kelly, H. M. "Industry Canada's Unjustified Criticism of Carver Policy Governance." CCCC *Bulletin*, 2003, no. 2, pp. 3-5.

Blumenthal, L. "Nonprofits Awakening to Need for Effective Boards." *Nonprofit Times*, 1988, 2, 5-20.

Booker, J. "Applying Policy Governance Principles in the Business World." Paper presented to the International Policy Governance Association Conference, Indian Lakes, Illinois, June 12, 2004.

Brudney, J. L., and Murray, V. "The Nature and Impact of Changes in Boards of Directors of Canadian Not-for-Profit Organizations." Unpublished paper, 1996.

Buzan, T., and Buzan, B. *The Mind Map Book: How to Use Radiant Thinking to Maximize Your Brain's Untapped Potential.* New York: NAL/Dutton, 1994.

Cadbury, A. *The Company Chairman.* Hemel Hempstead, Hertsfordshire, U.K.: Director Books, 1995.

Cadbury, A. "The Corporate Governance Agenda." *Corporate Governance: An International Review*, 2000, *8*(1), 10.

Cadbury, A. *Corporate Governance and Chairmanship: A Personal View.* Oxford: Oxford University Press, 2002a.

Cadbury, A. "Foreword." In J. Carver and C. Oliver, *Corporate Boards That Create Value: Governing Company Performance from the Boardroom.* San Francisco: Jossey-Bass, 2002b.

Cadbury, A. "Foreword." In J. Carver, *John Carver on Board Leadership: Selected Writings from the Creator of the World's Most Provocative and*

Systematic Governance Model. San Francisco: Jossey-Bass, 2002c.

Carver, J. "The Director's Employment Contract as a Tool for Improved Governance." *Journal of Mental Health Administration*, 1979a, *6*, 14-25.

Carver, J. "Profitability: Useful Fiction for Nonprofit Enterprise." *Administration in Mental Health*, 1979b, *7*(1), 3-20.

Carver, J. *Business Leadership on Nonprofit Boards*. Board Monograph Series, no. 12. Washington, D.C.: National Association of Corporate Directors, 1980a.

Carver, J. "Toward a Technology of Governance." Unpublished paper, 1980b.

Carver, J. "Is America Ready for Self-Governance? The Third Sector." In D. Nachmias and A. Greer (eds.), *The Crisis of Authority: Citizen Boards and the Governance of Public and Private Agencies*. Milwaukee: Urban Research Center, University of Wisconsin, 1981a.

Carver, J. "The Market Surrogate Obligation of Public Sector Boards." *Journal of Mental Health Administration*, 1981b, *8*, 42-45.

Carver, J. "Toward More Effective Library Boards." *Focus on Indiana Libraries*, 1981c, *35*(7-8), 8-11.

Carver, J. "Leadership Through Boards, Councils, and Commissions: Creating the Future Through Better Governance." Paper presented at the annual meeting of the National Association of Community Leadership Organizations, Cleveland, Ohio, Sept. 19, 1983.

Carver, J. "Consulting with Boards of Human Service Agencies: Leverage for Organizational Effectiveness." *Consultation*, 1984a, *3*(3), 27-39.

Carver, J. "Professional Challenges for an Emerging Community: The Challenge to Nonprofit Governance." Paper presented at the annual meeting of the Nonprofit Management Association, San Francisco, June 6-10, 1984b.

Carver, J. "Redesigning Governance in the Cities." *Florida Municipal Record*, 1984c, *58*, 2-4.

Carver, J. *Strategic Leadership: New Principles for Boards, Councils, and Commissions*. San Francisco: Public Management Institute, 1985a. Audiotape.

Carver, J. *A Tested, Fresh Approach to Designing the Board's Job*. Milwaukee, Wis.: Family Service America, 1985b. Audiotape.

Carver, J. "Women on Governing Boards." Unpublished paper, 1985c.

Carver, J. "Boards as Cost Centers." Unpublished paper, 1986a.

Carver, J. *Eighteen Principles for Effective Leadership by the Board of Directors: An Introduction to the Technology of Governance for Nonprofit Organizations*. Monograph in an untitled series. Berkeley, Calif.: Center for Community Futures, 1986b.

Carver, J. *Nonprofit and Governmental Boards: New Design for Leadership*. Atlanta: Georgia Power Company, 1986c. Videotape.

Carver, J. *Governing Parks and Recreation: Board Strategic Leadership in a New Light*. Alexandria, Va.: National Recreation and Park Association, 1987. Videotape.

Carver, J. "Re-Inventing the Governing Board." *Access*, 1988a, *1*(1), 4-8.

Carver, J. "Vision, Values, and the Trivia Trap." *Florida Focus*, 1988b, *1*(2), 1-5.
Carver, J. "A Model for Strategic Leadership." *Hospital Trustee*, 1989a, *13*(4), 10-12.
Carver, J. "Re-Inventing the Board: Strategic Leadership for Public and Nonprofit Governance." Nationally broadcast video teleconference presentation. Athens: University of Georgia, 1989b.
Carver, J. "Building an Infrastructure of Governance in Eastern Europe." Paper for the governments of Czechoslovakia and Hungary, 1990a. Reprinted
in J. Carver, *John Carver on Board Leadership*. San Francisco: Jossey-Bass, 2002.
Carver, J. "Economic Development and Inter-Board Leadership." *Economic Development Review*, 1990b, *8*(3), 24-28.
Carver, J. "Governing Parks and Recreation." *Parks and Recreation*, 1990c, *8*(3), 24-28. Reprinted in J. Carver, *John Carver on Board Leadership*. San Francisco: Jossey-Bass, 2002.
Carver, J. "The CEO and the Renegade Board Member." *Nonprofit World*, 1991a, *9*(6), 14-17.
Carver, J. "Recommendations to the West Virginia Legislative Oversight Commission on Education Accountability." Unpublished paper written for the West Virginia legislature, 1991b. Reprinted in J. Carver, *John Carver on Board Leadership*. San Francisco: Jossey-Bass, 2002.
Carver, J. "Redefining the Board's Role in Fiscal Planning." *Nonprofit Management and Leadership*, 1991c, *2*(2), 177-192. Reprinted in J. Carver, *John Carver on Board Leadership*. San Francisco: Jossey-Bass, 2002.
Carver, J. "Creating a Single Voice: The Prerequisite to Board Leadership." *Board Leadership*, 1992a, no. 2, pp. 1-5. Reprinted in J. Carver, *John Carver on Board Leadership*. San Francisco: Jossey-Bass, 2002.
Carver, J. *Empowering Boards for Leadership: Redefining Excellence in Governance*. San Francisco: Jossey-Bass, 1992b. Audiotape.
Carver, J. "A Few Tips for the Chairperson." *Board Leadership*, 1992c, no. 3, p. 6. Reprinted in J. Carver, *John Carver on Board Leadership*. San Francisco: Jossey-Bass, 2002.
Carver, J. "The Founding Parent Syndrome: Governing in the CEO's Shadow." *Nonprofit World*, 1992e, *10*(5), 14-16.
Carver, J. "Free Your Board and Staff Through Executive Limitations." *Board Leadership*, 1992f, no. 4. Reprinted in J. Carver, *John Carver on Board Leadership*. San Francisco: Jossey-Bass, 2002.
Carver, J. "Girl Scout Council Learns What Kind of Help Counts the Most." *Board Leadership*, 1992g, no. 1. Reprinted in J. Carver, *John Carver on Board Leadership*. San Francisco: Jossey-Bass, 2002.
Carver, J. "The Importance of Trust in the Board-CEO Relationship." *Board Leadership*, 1992h, no. 3. Reprinted in J. Carver, *John Carver on Board Leadership*. San Francisco: Jossey-Bass, 2002.

Carver, J. "Is Your Board in a Rut? Shake Up Your Routine." *Board Leadership*, 1992i, no. 4. Reprinted in J. Carver, *John Carver on Board Leadership*. San Francisco: Jossey-Bass, 2002.
Carver, J. "Just How Long Should Board Meetings Be?" *Board Leadership*, 1992j, no. 1, p. 6.
Carver, J. "Partnership for Public Service: Accountability in the Social Service Delivery System." Unpublished paper written for the Ontario Ministry of Community and Social Services, 1992k. Reprinted in J. Carver, *John Carver on Board Leadership*. San Francisco: Jossey-Bass, 2002.
Carver, J. "Seizing the Governance Opportunity for Central European NGOs." Paper presented at the National Forum of Bulgarian Foundations, Sophia, Bulgaria, Feb. 1992m. Reprinted in J. Carver, *John Carver on Board Leadership*. San Francisco: Jossey-Bass, 2002.
Carver, J. "When Board Members Act as Staff Advisors." *Board Leadership*, 1992o, no. 9. Reprinted in J. Carver, *John Carver on Board Leadership*. San Francisco: Jossey-Bass, 2002.
Carver, J. "When Owners Are Customers: The Confusion of Dual Board Hats." *Nonprofit World*, 1992p, *10*(4), 11-15. Reprinted in J. Carver, *John Carver on Board Leadership*. San Francisco: Jossey-Bass, 2002.
Carver, J. "Achieving Meaningful Diversity in the Boardroom." *Board Leadership*, 1993a, no. 8. Reprinted in *Board Leadership*, 1999, no. 43, and in J. Carver, *John Carver on Board Leadership*. San Francisco: Jossey-Bass, 2002.
Carver, J. "Crafting Policy to Guide Your Organization's Budget." *Board Leadership*, 1993b, no. 6. Reprinted in J. Carver, *John Carver on Board Leadership*. San Francisco: Jossey-Bass, 2002.
Carver, J. "Crafting Policy to Safeguard Your Organization's Actual Fiscal Condition." *Board Leadership*, 1993c, no. 6. Reprinted in J. Carver, *John Carver on Board Leadership*. San Francisco: Jossey-Bass, 2002.
Carver, J. "Crafting the Board Job Description." *Board Leadership*, 1993d, no. 10. Reprinted in J. Carver, *John Carver on Board Leadership*. San Francisco: Jossey-Bass, 2002.
Carver, J. "Evaluating the Mission Statement." *Board Leadership*, 1993e, no. 5. Reprinted in J. Carver, *John Carver on Board Leadership*. San Francisco: Jossey-Bass, 2002.
Carver, J. "Fiduciary Responsibility." *Board Leadership*, 1993f, no. 6. Reprinted in J. Carver, *John Carver on Board Leadership*. San Francisco: Jossey-Bass, 2002.
Carver, J. "Giving, Getting, and Governing: Finding a Place for Fundraising Among the Responsibilities of Leadership." *Board Leadership*, 1993g, no. 7. Reprinted in J. Carver, *John Carver on Board Leadership*. San Francisco: Jossey-Bass, 2002.
Carver, J. "Handling Complaints: Using Negative Feedback to Strengthen Board Policy." *Board Leadership*, 1993h, no. 8.
Carver, J. "Living Up to Your Own Expectations: Implementing Self-Evalua-

tion to Make a Difference in Your Organization." *Board Leadership*, 1993i, no. 10. Reprinted in J. Carver, *John Carver on Board Leadership*. San Francisco: Jossey-Bass, 2002.

Carver, J. "Making Informed Fiscal Policy." *Board Leadership*, 1993j, no. 6. Reprinted in J. Carver, *John Carver on Board Leadership*. San Francisco: Jossey-Bass, 2002.

Carver, J. "Owning Your Agenda: A Long-Term View Is the Key to Taking Charge." *Board Leadership*, 1993k, no. 7. Reprinted in J. Carver, *John Carver on Board Leadership*. San Francisco: Jossey-Bass, 2002.

Carver, J. "Planning the Board's Conduct." *Board Leadership*, 1993m, no. 10. Reprinted in J. Carver, *John Carver on Board Leadership*. San Francisco: Jossey-Bass, 2002.

Carver, J. "Redefining Board Self-Evaluation: The Key to Keeping on Track." *Board Leadership*, 1993n, no. 10. Reprinted in J. Carver, *John Carver on Board Leadership*. San Francisco: Jossey-Bass, 2002.

Carver, J. *Reinventing Governance: Enabling a Revolution in Leadership for Community College Boards*. Washington, D.C.: Association of Community College Trustees, 1993o. Videotape.

Carver, J. "Running Afoul of Governance." *Board Leadership*, 1993p, no. 7. Reprinted in J. Carver, *John Carver on Board Leadership*. San Francisco: Jossey-Bass, 2002.

Carver, J. "A Simple Matter of Comparison: Monitoring Fiscal Management in Your Organization." *Board Leadership*, 1993q, no. 6. Reprinted in J. Carver, *John Carver on Board Leadership*. San Francisco: Jossey-Bass, 2002.

Carver, J. "When Board Members Are the Only Staff in Sight." *Board Leadership*, 1993r, no. 9, pp. 6-7. Reprinted in J. Carver, *John Carver on Board Leadership*. San Francisco: Jossey-Bass, 2002.

Carver, J. "Abstracting Up: Discovering the Big Issues Among the Trivia." *Board Leadership*, 1994a, no. 15. Reprinted in J. Carver, *John Carver on Board Leadership*. San Francisco: Jossey-Bass, 2002.

Carver, J. "Elected Boards: Meeting Their Special Challenge." *Board Leadership*, 1994b, no. 15. Reprinted in J. Carver, *John Carver on Board Leadership*. San Francisco: Jossey-Bass, 2002.

Carver, J. "The Executive Committee: Turning a Governance Liability into an Asset." *Board Leadership*, 1994c, no. 14. Reprinted in J. Carver, *John Carver on Board Leadership*. San Francisco: Jossey-Bass, 2002.

Carver, J. "Is Your Board Having Difficulty Reaching a Quorum?" *Board Leadership*, 1994d, no. 11.

Carver, J. "Making Hierarchy Work: Exercising Appropriate Board Authority in the Service of Mission." *Board Leadership*, 1994e, no. 12. Reprinted in J. Carver, *John Carver on Board Leadership*. San Francisco: Jossey-Bass, 2002.

Carver, J. "New Means to an End." *Times Educational Supplement* (Great Britain), July 1, 1994f, p. 6. Reprinted in J. Carver, *John Carver on Board*

Leadership. San Francisco: Jossey-Bass, 2002.
Carver, J. "One Board Fails to Follow Its Own Monitoring Policy and Courts Fiscal Disaster." *Board Leadership*, 1994g, no. 14. Reprinted in J. Carver, *John Carver on Board Leadership*. San Francisco: Jossey-Bass, 2002.
Carver, J. "One Board Learns How Polling Moves Meetings Along." *Board Leadership*, 1994h, no. 13.
Carver, J. "Protecting Board Integrity from the Renegade Board Member." *Board Leadership*, 1994i, no. 13. Reprinted in J. Carver, *John Carver on Board Leadership*. San Francisco: Jossey-Bass, 2002.
Carver, J. "Protecting Governance from Law, Funders, and Accreditors." *Board Leadership*, 1994j, no. 11, pp. 1-5. Reprinted in J. Carver, *John Carver on Board Leadership*. San Francisco: Jossey-Bass, 2002.
Carver, J. "Tips for Creating Advisory Boards and Committees." *Board Leadership*, 1994k, no. 11. Reprinted in J. Carver, *John Carver on Board Leadership*. San Francisco: Jossey-Bass, 2002.
Carver, J. "To Focus on Shaping the Future, Many Hospital Boards Might Require a Radical Overhaul." *Health Management Quarterly*, Apr. 1994m, *16*(1), 7-10. Reprinted in J. Carver, *John Carver on Board Leadership*. San Francisco: Jossey-Bass, 2002.
Carver, J. "Board Accountability in the Modern Charity." *Solicitors' Journal* (Great Britain), Spring 1995a.
Carver, J. "Boards Lead Best When Services, Programs, and Curricula Are Transparent." *Board Leadership*, 1995b, no. 19. Reprinted in J. Carver, *John Carver on Board Leadership*. San Francisco: Jossey-Bass, 2002.
Carver, J. "The CEO's Objectives Are Not Proper Board Business." *Board Leadership*, 1995c, no. 20. Reprinted in J. Carver, *John Carver on Board Leadership*. San Francisco: Jossey-Bass, 2002.
Carver, J. "Connecting with the Ownership." *Board Leadership*, 1995d, no. 18. Reprinted in J. Carver, *John Carver on Board Leadership*. San Francisco: Jossey-Bass, 2002.
Carver, J. "Determining Who Your Owners Are." *Board Leadership*, 1995e, no. 18. Reprinted in J. Carver, *John Carver on Board Leadership*. San Francisco: Jossey-Bass, 2002.
Carver, J. "Ends and Means: Nurturing the Relationship Between a Congregation and Its Governing Body." *Practice of Ministry in Canada*, Feb. 1995f, *12*(1), 17-19.
Carver, J. "Governing in the Shadow of a Founder-CEO." *Board Leadership*, 1995g, no. 22. Reprinted in J. Carver, *John Carver on Board Leadership*. San Francisco: Jossey-Bass, 2002.
Carver, J. "Ownership." *Board Leadership*, 1995h, no. 18. Reprinted in J. Carver, *John Carver on Board Leadership*. San Francisco: Jossey-Bass, 2002.
Carver, J. "Policies 'R' Us." *Board Leadership*, 1995i, no. 20. Reprinted in J. Carver, *John Carver on Board Leadership*. San Francisco: Jossey-Bass, 2002.

Carver, J. "Policy Governance Is Not a 'Hands Off' Model." *Board Leadership*, 1995j, no. 19. Reprinted in J. Carver, *John Carver on Board Leadership*. San Francisco: Jossey-Bass, 2002.

Carver, J. "Shaping up Your Bylaws." *Board Leadership*, 1995k, no. 20. Reprinted in J. Carver, *John Carver on Board Leadership*. San Francisco: Jossey-Bass, 2002.

Carver, J. "A Team of Equals." *Board Leadership*, 1995m, no. 19. Reprinted in J. Carver, *John Carver on Board Leadership*. San Francisco: Jossey-Bass, 2002.

Carver, J. "Understanding the Special Board-Ownership Relationship." *Board Leadership*, 1995n, no. 18. Reprinted in J. Carver, *John Carver on Board Leadership*. San Francisco: Jossey-Bass, 2002.

Carver, J. "What Happens to Conventional Documents Under Policy Governance?" *Board Leadership*, 1995o, no. 21. Reprinted in J. Carver, *John Carver on Board Leadership*. San Francisco: Jossey-Bass, 2002.

Carver, J. "Who Is in Charge? Is Your Organization Too Staff-Driven? Too Volunteer-Driven?" *Board Leadership*, 1995p, no. 22. Reprinted in J. Carver, *John Carver on Board Leadership*. San Francisco: Jossey-Bass, 2002.

Carver, J. "Lighting Candles or Cursing the Darkness." *Association*, Dec. 1995 - Jan. 1996, pp. 14 - 15.

Carver, J. "The 'Any Reasonable Interpretation' Rule: Leap of Faith or Sine Qua Non of Delegation?" *Board Leadership*, 1996a, no. 28. Reprinted in J. Carver, *John Carver on Board Leadership*. San Francisco: Jossey-Bass, 2002.

Carver, J. "Board Approval and Monitoring Are Very Different Actions." *Board Leadership*, 1996b, no. 24. Reprinted in J. Carver, *John Carver on Board Leadership*. San Francisco: Jossey-Bass, 2002.

Carver, J. "Boards Should Not Be the Final Authority but the Initial Authority." *Board Leadership*, 1996c, no. 23. Reprinted in J. Carver, *John Carver on Board Leadership*. San Francisco: Jossey-Bass, 2002.

Carver, J. *The Chairperson's Role as Servant-Leader to the Board*. The CarverGuide Series on Effective Board Governance, no. 3. San Francisco: Jossey-Bass, 1996d.

Carver, J. "A Community Board Struggles with the Cost of Its Results." *Board Leadership*, 1996e, no. 23. Reprinted in J. Carver, *John Carver on Board Leadership*. San Francisco: Jossey-Bass, 2002.

Carver, J. *Creating a Mission That Makes a Difference*. The CarverGuide Series on Effective Board Governance, no. 6. San Francisco: Jossey-Bass, 1996f.

Carver, J. "Do You Really Have a CEO?" *Board Leadership*, 1996g, no. 26. Reprinted in J. Carver, *John Carver on Board Leadership*. San Francisco: Jossey-Bass, 2002.

Carver, J. "Families of Boards I: Federations." *Board Leadership*, 1996h, no. 25. Reprinted in J. Carver, *John Carver on Board Leadership*. San

Francisco: Jossey-Bass, 2002.
Carver, J. "Families of Boards II: Holding Companies." *Board Leadership*, 1996i, no. 27. Reprinted in J. Carver, *John Carver on Board Leadership*. San Francisco: Jossey-Bass, 2002.
Carver, J. "Getting It Right from the Start: The CEO's Job Description." *Board Leadership*, 1996j, no. 26. Reprinted in J. Carver, *John Carver on Board Leadership*. San Francisco: Jossey-Bass, 2002.
Carver, J. "How You Can Tell When Your Board Is *Not* Using Policy Governance." *Board Leadership*, 1996k, no. 25. Reprinted in J. Carver, *John Carver on Board Leadership*. San Francisco: Jossey-Bass, 2002.
Carver, J. "Off Limits: What Not to Do in Your CEO Evaluations." *Board Leadership*, 1996m, no. 26. Reprinted in J. Carver, *John Carver on Board Leadership*. San Francisco: Jossey-Bass, 2002.
Carver, J. *Planning Better Board Meetings*. The CarverGuide Series on Effective Board Governance, no. 5. San Francisco: Jossey-Bass, 1996n.
Carver, J. "Policy Governance Views Citizens as Owners." *Nation's Cities Weekly*, Jan. 29, 1996o, p. 5.
Carver, J. "Putting CEO Evaluation in Perspective." *Board Leadership*, 1996p, no. 26. Reprinted in J. Carver, *John Carver on Board Leadership*. San Francisco: Jossey-Bass, 2002.
Carver, J. "Recruiting Leaders: What to Look for in New Board Members." *Board Leadership*, 1996q, no. 23. Reprinted in J. Carver, *John Carver on Board Leadership*. San Francisco: Jossey-Bass, 2002.
Carver, J. "Should Your CEO Be a Board Member?" *Board Leadership*, 1996r, no. 26. Reprinted in J. Carver, *John Carver on Board Leadership*. San Francisco: Jossey-Bass, 2002.
Carver, J. "Sometimes You Have to Fire Your Chair." *Board Leadership*, 1996s, no. 28. Reprinted in J. Carver, *John Carver on Board Leadership*. San Francisco: Jossey-Bass, 2002.
Carver, J. *Three Steps to Fiduciary Responsibility*. The CarverGuide Series on Effective Board Governance, no. 3. San Francisco: Jossey-Bass, 1996t.
Carver, J. "When Bad Governance Is Required." *Board Leadership*, 1996u, no. 24.
Carver, J. "All Volunteers Can Be Good Board Members—Not!" *Board Leadership*, 1997a, no. 32.
Carver, J. *Board Members as Fundraisers, Advisors, and Lobbyists*. The CarverGuide Series on Effective Board Governance, no. 11. San Francisco: Jossey-Bass, 1997b.
Carver, J. "The Board of a Trade Association Establishes Its Ends Policies." *Board Leadership*, 1997c, no. 31. Reprinted in J. Carver, *John Carver on Board Leadership*. San Francisco: Jossey-Bass, 2002.
Carver, J. "Boards Should Have Their Own Voice." *Board Leadership*, 1997d, no. 33. Reprinted in J. Carver, *John Carver on Board Leadership*. San Francisco: Jossey-Bass, 2002.
Carver, J. "CEOs! Guiding Your Board Toward Better Governance." *Board*

Leadership, 1997e, no. 29. Reprinted in J. Carver, *John Carver on Board Leadership*. San Francisco: Jossey-Bass, 2002.
Carver, J. "A City Council Creates Ends Policies." *Board Leadership*, 1997f, no. 33. Reprinted in J. Carver, *John Carver on Board Leadership*. San Francisco: Jossey-Bass, 2002.
Carver, J. "Corporate Governance Model from an Unexpected Source–Nonprofits." *The Corporate Board*, Mar. - Apr. 1997g, pp. 18 - 22. Reprinted in J. Carver, *John Carver on Board Leadership*. San Francisco: Jossey-Bass, 2002.
Carver, J. "Giving Measurement Its Due in Policy Governance." *Board Leadership*, 1997h, no. 30. Reprinted in J. Carver, *John Carver on Board Leadership*. San Francisco: Jossey-Bass, 2002.
Carver, J. "A Hospital Board Creates Ends Policies." *Board Leadership*, 1997i, no. 34. Reprinted in J. Carver, *John Carver on Board Leadership*. San Francisco: Jossey-Bass, 2002.
Carver, J. "If You Want It Done Right, Delegate It!" *Board Leadership*, 1997j, no. 29. Reprinted in J. Carver, *John Carver on Board Leadership*. San Francisco: Jossey-Bass, 2002.
Carver, J. "Is Policy Governance an All-or-Nothing Choice?" *Board Leadership*, 1997k, no. 34.
Carver, J. "A Public School Board Establishes Ends Policies." *Board Leadership*, 1997m, no. 32. Reprinted in J. Carver, *John Carver on Board Leadership*. San Francisco: Jossey-Bass, 2002.
Carver, J. "Reinventing the Governance in City Government: The Next Frontier for City Councils." *Nation's Cities Weekly*, Jan. 27, 1997n, p. 10.
Carver, J. "What If the Committee Chair Just Wants to Know?" *Board Leadership*, 1997o, no. 29. Reprinted in J. Carver, *John Carver on Board Leadership*. San Francisco: Jossey-Bass, 2002.
Carver, J. "What to Do When All Your Policies Are in Place." *Board Leadership*, 1997p, no. 32. Reprinted in J. Carver, *John Carver on Board Leadership*. San Francisco: Jossey-Bass, 2002.
Carver, J. "What to Do When Staff Take Complaints Directly to Board Members." *Board Leadership*, 1997q, no. 31. Reprinted in J. Carver, *John Carver on Board Leadership*. San Francisco: Jossey-Bass, 2002.
Carver, J. "What to Do with Your Board's Philosophy, Values, and Beliefs." *Board Leadership*, 1997r, no. 34. Reprinted in J. Carver, *John Carver on Board Leadership*. San Francisco: Jossey-Bass, 2002.
Carver, J. "When the Founding Parent Stays on the Board." *Board Leadership*, 1997s, no. 31. Reprinted in J. Carver, *John Carver on Board Leadership*. San Francisco: Jossey-Bass, 2002.
Carver, J. "Your Board's Market Surrogate Obligation." *Board Leadership*, 1997t, no. 30. Reprinted in J. Carver, *John Carver on Board Leadership*. San Francisco: Jossey-Bass, 2002.
Carver, J. "Beware the Quality Fetish." *Board Leadership*, 1998a, no. 37. Reprinted in J. Carver, *John Carver on Board Leadership*. San Francisco:

Jossey-Bass, 2002.
Carver, J. "Board Committees: Essential and Non-Essential." *Contributions*, July - Aug. 1998b, *12*(4), 20, 35.
Carver, J. "A Board Learns That Proper Policy Categories Aren't Just a Nicety." *Board Leadership*, 1998c, no. 36.
Carver, J. "Bullies on the Board." *Board Leadership*, 1998d, no. 36.
Carver, J. "The Consent Agenda and Responsible Rubber Stamping." *Board Leadership*, 1998e, no. 38. Reprinted in J. Carver, *John Carver on Board Leadership*. San Francisco: Jossey-Bass, 2002.
Carver, J. "Does Your Board Drive Away Its Most Promising Members?" *Board Leadership*, 1998f, no. 35. Reprinted in J. Carver, *John Carver on Board Leadership*. San Francisco: Jossey-Bass, 2002.
Carver, J. "Give, Get, or Get Off?" *Contributions*, Sept. - Oct. 1998g, *12*(5), 8 - 12.
Carver, J. "Group Responsibility—Requisite for Good Governance." *Board Leadership*, 1998h, no. 38.
Carver, J. "If Your Board Isn't Worth the Cost of Competence, It Isn't Worth Much." *Board Leadership*, 1998i, no. 35.
Carver, J. "Is Policy Governance the One Best Way?" *Board Leadership*, 1998j, no. 37. Reprinted in J. Carver, *John Carver on Board Leadership*. San Francisco: Jossey-Bass, 2002.
Carver, J. "Leading, Following, and the Wisdom to Know the Difference." *Board Leadership*, 1998k, no. 36. Reprinted in J. Carver, *John Carver on Board Leadership*. San Francisco: Jossey-Bass, 2002.
Carver, J. "The Mechanics of Direct Inspection Monitoring." *Board Leadership*, 1998m, no. 39. Reprinted in J. Carver, *John Carver on Board Leadership*. San Francisco: Jossey-Bass, 2002.
Carver, J. "Policy Governance Won't Work Because ..." *Board Leadership*, 1998n, no. 36. Reprinted in J. Carver, *John Carver on Board Leadership*. San Francisco: Jossey-Bass, 2002.
Carver, J. "Reining in a Runaway Chair." *Board Leadership*, 1998o, no. 38. Reprinted in J. Carver, *John Carver on Board Leadership*. San Francisco: Jossey-Bass, 2002.
Carver, J. "The Secret to Productive Board Meetings." *Contributions*, Mar. - Apr. 1998p, *12*(2), 20, 22.
Carver, J. "Watch Out for Misleading Interpretations of Governance Research." *Board Leadership*, 1998q, no. 40. Reprinted in J. Carver, *John Carver on Board Leadership*. San Francisco: Jossey-Bass, 2002.
Carver, J. "Why Is Conceptual Wholeness So Difficult for Boards?" *Board Leadership*, 1998r, no. 39. Reprinted in J. Carver, *John Carver on Board Leadership*. San Francisco: Jossey-Bass, 2002.
Carver, J. "Why Not Set Your Quorum Requirement at 100 Percent?" *Board Leadership*, 1998s, no. 37. Reprinted in J. Carver, *John Carver on Board Leadership*. San Francisco: Jossey-Bass, 2002.
Carver, J. "Are Boards Searching for the Holy Grail?" *Association*, Dec. 1998

- Jan. 1999, *16*(1), 27-29. Reprinted in J. Carver, *John Carver on Board Leadership*. San Francisco: Jossey-Bass, 2002.
Carver, J. "Can a Board Establish Ends Policies Without Identifying Its Owners First?" *Board Leadership*, 1999a, no. 41.
Carver, J. "Governing the Community Organisation." *Community Management* (Australia), Mar. 1999b, *1*(1), 22-23.
Carver, J. "Living Up to Your Own Expectations." *Board Leadership*, 1999c, no. 42.
Carver, J. "Nine Steps to Implementing Policy Governance." *Board Leadership*, 1999d, no. 41. Reprinted in J. Carver, *John Carver on Board Leadership*. San Francisco: Jossey-Bass, 2002.
Carver, J. "Performance Reviews for Board Members." *Contributions*, Jan.-Feb. 1999e, *13*(1), 16, 19.
Carver, J. "Reinventing Corporate Governance—An Opportunity." *Boardroom*, July 1999f, *7*(4), 1, 7.
Carver, J. "Reinventing Governance." *Association Management*, Aug. 1999g, *51*(8), 70-77. Reprinted in J. Carver, *John Carver on Board Leadership*. San Francisco: Jossey-Bass, 2002.
Carver, J. *The Unique Double Servant-Leadership Role of the Board Chairperson*. Voices of Servant-Leadership Series, no. 2. Indianapolis, Ind.: Greenleaf Center for Servant-Leadership, Feb. 1999h.
Carver, J. "What Can Boards Do to Ensure That They Are Providing Full Representation of an Organization's Ownership?" *Board Leadership*, 1999i, no. 43.
Carver, J. "Who Sets the Board Agenda?" *Board Leadership*, 1999j, no. 41.
Carver, J. "Why Only the CEO Can Interpret the Board's Ends and Executive Limitations Policies." *Board Leadership*, 1999k, no. 46. Reprinted in J. Carver, *John Carver on Board Leadership*. San Francisco: Jossey-Bass, 2002.
Carver, J. "Does Your Board Need Its Own Dedicated Support Staff?" *Nonprofit World*, Mar.-Apr. 2000a, *18*(2), 6-7.
Carver, J. "Good Governance Is Not About Control—It's About Remote Control." *Board Leadership*, 2000b, no. 49.
Carver, J. "It's Not the Board's Role to Act as Management Consultant to the CEO." *Board Leadership*, 2000c, no. 49.
Carver, J. "Leadership du conseil: 'The Policy Governance Model'" [Board leadership: The Policy Governance model]. *Gouvernance Revue Internationale* (Canada), Spring 2000d, *1*(1), 100-108. Reprinted under the title "A Theory of Corporate Governance: Finding a New Balance for Boards and Their CEOs" in J. Carver, *John Carver on Board Leadership*. San Francisco: Jossey-Bass, 2002.
Carver, J. "The Opportunity for Re-Inventing Corporate Governance in Joint Venture Companies." *Corporate Governance—An International Review* (Great Britain), Jan. 2000e, *8*(1), 75-80.
Carver, J. "Policy Governance as a Social Contract." *Board Leadership*, 2000f,

no. 50.
Carver, J. "Remaking Governance: The Creator of 'Policy Governance' Challenges School Boards to Change." *American School Board Journal*, Mar. 2000g, *187*(3), 26-30. Reprinted in J. Carver, *John Carver on Board Leadership*. San Francisco: Jossey-Bass, 2002.
Carver, J. "Rethinking the Executive Committee." *Board Leadership*, 2000h, no. 52.
Carver, J. "Toward Coherent Governance." *The School Administrator*, Mar. 2000i, *57*(3), 6-10. Reprinted in J. Carver, *John Carver on Board Leadership*. San Francisco: Jossey-Bass, 2002.
Carver, J. "When Bad Laws Require Bad Governance." *Board Leadership*, 2000j, no. 50.
Carver, J. "When Owners and Customers Are the Same People." *Board Leadership*, 2000k, no. 47.
Carver, J. "Board Members as Amateur CEOs." *Board Leadership*, 2001a, no. 53. Reprinted in J. Carver, *John Carver on Board Leadership*. San Francisco: Jossey-Bass, 2002.
Carver, J. "Can Things Go Horribly Wrong for Boards That Use Policy Governance?" *Board Leadership*, 2001b, no. 56. Reprinted in J. Carver, *John Carver on Board Leadership*. San Francisco: Jossey-Bass, 2002.
Carver, J. "The Case for a 'CGO.'" *Board Leadership*, 2001c, no. 56.
Carver, J. "Clarifying the Distinction Between Owners and Customers." *Board Leadership*, 2001d, no. 55.
Carver, J. "Does Policy Governance Give Too Much Authority to the CEO?" *Board Leadership*, 2001e, no. 55. Reprinted in J. Carver, *John Carver on Board Leadership*. San Francisco: Jossey-Bass, 2002.
Carver, J. "Does the Balanced Scorecard Have Governance Value?" *Board Leadership*, 2001f, no. 58.
Carver, J. "How Can Staff Know That Board Advice Is Not Actually Veiled Instruction?" *Board Leadership*, 2001g, no. 59.
Carver, J. "How Executive Limitations Policies Can Go Awry." *Board Leadership*, 2001h, no. 57.
Carver, J. "A New Game Plan for Co-op Boards." *Cooperative Business Journal*, Apr. 2001i, *15*(3), 4.
Carver, J. "A New Job Design for Board Leadership." *Cooperative Business Journal*, May 2001j, *15*(4), 5, 9.
Carver, J. "Rethinking Governance Research: Do Good Boards Produce Effective Organizations?" Unpublished paper for the University of Georgia Institute for Nonprofit Organizations, Apr. 10, 2001k. Reprinted in J. Carver, *John Carver on Board Leadership*. San Francisco: Jossey-Bass, 2002.
Carver, J. *Una Teoria de Gobierno Corporativo* [A theory of corporate governance]. Mexico City: Oficina de la Presidencia para la Innovación Gubernamental, 2001m.
Carver, J. "A Theory of Governing the Public's Business." *Public Management*

(Great Britain), Mar. 2001n, 3(1), 53 - 71. Reprinted in J. Carver, *John Carver on Board Leadership.* San Francisco: Jossey-Bass, 2002.
Carver, J. "The Unique Double Servant-Leadership Role of the Board Chair." In L. C. Spears and M. Lawrence (eds.), *Focus on Leadership: Servant-Leadership for the Twenty-First Century.* New York: Wiley, 2001o.
Carver, J. "What Use Is Business Experience on a Nonprofit or Governmental Board?" *Board Leadership*, 2001p, no. 58. Reprinted in J. Carver, *John Carver on Board Leadership.* San Francisco: Jossey-Bass, 2002.
Carver, J. "FAQ: Does Policy Governance Prohibit Staff from Talking with Board Members?" *Board Leadership*, 2002a, no. 63.
Carver, J. "FAQ: Isn't the Hierarchical Nature of Policy Governance Out of Step with Modern Participative Organizational Styles?" *Board Leadership*, 2002b, no. 60.
Carver, J. "Filling Board Vacancies." *Board Leadership*, 2002c, no. 63.
Carver, J. "The Governance Obsession Syndrome." *Board Leadership*, 2002d, no. 60.
Carver, J. "How Can an Organization's Statements of Vision, Beliefs, Values, and Philosophy Be Integrated into Policy Governance Policy?" *Board Leadership*, 2002e, no. 64.
Carver, J. "Is There a Fundamental Difference Between Governance and Management?" *Board Leadership*, 2002f, no. 60.
Carver, J. *John Carver on Board Leadership: Selected Writings from the Creator of the World's Most Provocative and Systematic Governance Model.* San Francisco: Jossey-Bass, 2002g.
Carver, J. "Organizational Ends Are Always Meant to Create Shareholder Value." *Board Leadership*, 2002h, no. 63.
Carver, J. "Rules Versus Principles: Comments on the Canadian Debate." *Institute of Corporate Directors Newsletter*, Nov. 2002i, no. 105, pp. 14 - 15.
Carver, J. "Teoriya Corporativnogo Upravleniya: Poisk Novogo Balansa Mezhdu Sovetom Directorov i Generalnym Directorom" [Corporate governance theory: New balance between the board of directors and the chief executive officer]. A summary. In E. Sapir (ed.), *Russian Enterprises in the Transitive Economy: Materials of the International Conference.* Vol. 1. Yaroslavl, Russia: Yaroslavl State University, 2002j.
Carver, J. "Title Versus Function: The Policy Governance Definition of a CEO." *Board Leadership*, 2002k, no. 59.
Carver, J. "What Should Government Funders Require of Nonprofit Governance?" *Board Leadership*, 2002m, no. 59.
Carver, J. "Why Should the Board Use Negative Wording About the Staff's Means?" *Board Leadership*, 2002n, no. 61.
Carver, J. "Board Access to the Internal Auditor." *Board Leadership*, 2003a, no. 68.
Carver, J. "Boards Should Add Value: But Which Value and to Whom?" *Institute of Corporate Directors Newsletter*, Jan. 2003b, no. 106, pp. 1, 2, 14.

Carver, J. "Committee Mania Among City Councils." *Board Leadership*, 2003c, no. 68.
Carver, J. "Compliance Versus Excellence." *Board Leadership*, 2003d, no. 67.
Carver, J. "Controlling Without Meddling—The Role of Boards." *Business Strategies*, Oct. 2003e, pp. 10-11.
Carver, J. "Dealing with the Board's First-Order and Second-Order Worries: Borrowing Trouble Effectively." *Board Leadership*, 2003f, no. 66.
Carver, J. "FAQ: Doesn't Policy Governance Require Too Much Confidence in the CEO?" *Board Leadership*, 2003g, no. 68.
Carver, J. "Is Governance a Fad?" *Board Leadership*, 2003h, no. 70.
Carver, J. "Is There a Fundamental Difference Between Governance and Management?" *Boardroom*, Mar.-Apr. 2003i, *11*(2), 1, 7.
Carver, J. "Model corporativnogo upravleniya: novyi balance mezhdu sovetom directorov i managementom companii" [The model of corporate governance: New balance between the board of directors and company's management]. *Economicheski Vestnic* (Yaroslavl, Russia: Yaroslavl State University), 2003j, no. 9, pp. 101-110.
Carver, J. "A New Basis for Governance Effectiveness Research." *Board Leadership*, 2003k, no. 67.
Carver, J. "The New Chairman: A Chief Governance Officer (CGO) for Tomorrow's Board." *Institute of Corporate Directors Newsletter*, Aug. 2003m, no. 109, pp. 1-2.
Carver, J. "'One Size Fits All': The Lingering Uninformed Complaint." *Board Leadership*, 2003n, no. 65.
Carver, J. "The Orphan Topic: Making Sense of the Governors' Dilemma." *FEnow* (Association of Colleges, London), Spring 2003o, pp. 26-27.
Carver, J. "Separating Chair and CEO Roles with Smoke and Mirrors." *Board Leadership*, 2003p, no. 68.
Carver, J. "Shareholder Value Is *Not* the Problem: Corporate Misdeeds Cannot Be Blamed on Putting Shareholders First." *Institute of Corporate Directors Newsletter*, Mar. 2003q, no. 107, pp. 1-2.
Carver, J. "Thoughts on Owners and Other Stakeholders." *Board Leadership*, 2003r, no. 68.
Carver, J. "The Trap in Greater Board Activism: Investors Need More Governing, Not More Micromanaging." *Institute of Corporate Directors Newsletter*, May 2003s, no. 108, pp. 14-15.
Carver, J. "The Trap of Answering Your CEO's Request for More Guidance." *Board Leadership*, 2003t, no. 66.
Carver, J. "What Do the New Federal Governance Requirements for Corporate Audit Committees Mean for the Policy Governance Board?" *Board Leadership*, 2003u, no. 67.
Carver, J. "What If Board Members 'Just Want to Know' About Some Aspect of Operations?" *Board Leadership*, 2003v, no. 65.
Carver, J. "Why in Policy Governance Are Customary Management Words Like *Goal*, *Objective*, *Procedure*, and *Strategy* Discouraged?" *Board*

Leadership, 2003w, no. 68.
Carver, J. "FAQ: Why Shouldn't a Board Set Ends Policies One Program at a Time?" *Board Leadership*, 2004a, no. 76.
Carver, J. "FAQ: You Claim That Policy Governance Is a Universal Model for Governance. Why Is a Universal Model Even Needed?" *Board Leadership*, 2004b, no. 73.
Carver, J. "Hands On or Off?" *Contributions*, May - June 2004c, *18*(3), 22.
Carver, J. "If Corporate Governance Is a Fad, We Need More Fads." *Board Leadership*, 2004d, no. 71.
Carver, J. "The Invisible Republic." *Board Leadership*, 2004e, no. 74.
Carver, J. "Now Let's *Really* Reform Governance." *Directors Monthly* (National Association of Corporate Directors), Nov. 2004f, pp. 16 - 17.
Carver, J. "The Servant-Leadership Imperative in the Invisible Republic." Keynote address, Greenleaf Center for Servant-Leadership 14th Annual International Conference, Indianapolis, Ind., June 11, 2004g.
Carver, J. "So How About Half a Loaf?" *Board Leadership*, 2004h, no. 73.
Carver, J. "The Unique Double Servant-Leadership Role of the Board Chairperson." In L. C. Spears and M. Lawrence (eds.), *Practicing Servant Leadership: Succeeding Through Trust, Bravery, and Forgiveness.* San Francisco: Jossey-Bass, 2004i.
Carver, J. "Won't a Larger Board Mean There Is Greater Diversity in Governance?" *Board Leadership*, 2004j, no. 73.
Carver, J. "The Contrast Between Accountability and Liability." *Board Leadership*, 2005a, no. 78.
Carver, J. "Our Second Legal Issue." *Board Leadership*, 2005b, no. 79.
Carver, J. "Policy Governance and the Law." *Board Leadership*, 2005c, no. 78.
Carver, J. "Foreword." In P. Wallace and J. Zinkin, *Corporate Governance: Mastering Business in Asia.* Singapore: Wiley, 2005d.
Carver, J. "Un modelo de Gobierno Corporativo para el Mexico moderno" [A corporate governance model for a modern Mexico]. *Ejecutivos de Finanzas* (Instituto Mexicano de Ejecutivos de Finanzas), in press.
Carver, J., and Carver, M. "Governing (Not Managing) the Library." *Indiana Libraries*, 1998, *17*(1), 8 - 10.
Carver, J., and Carver, M. "A Board Member's Approach to the Job." *Board Leadership*, 1999a, no. 46.
Carver, J., and Carver, M. "A Finely Tuned Instrument." *Credit Union Management*, July 1999b, *22*(7), 54, 56.
Carver, J., and Carver, M. "Good to Go." *Credit Union Management*, June 1999c, *22*(6), 47 - 49.
Carver, J., and Carver, M. "Meeting the Challenge: Credit Union Survival Calls for Strong Governance and Strong Management." *Credit Union Management*, Apr. 1999d, *22*(4), 20 - 23.
Carver, J., and Carver, M. "The CEO's Role in Policy Governance." *Board Leadership*, 2000, no. 48.

Carver, J., and Carver, M. "Le modèle Policy Governance et les organismes sans but lucrative" [The Policy Governance model and nonprofit organizations]. *Gouvernance Revue Internationale* (Canada), Winter 2001, 2(1), 30-48.
Carver, J., and Carver, M. "How to Tell Board Means from Staff Means." *Board Leadership*, 2004, no. 73.
Carver, J., and Carver, M. *Reinventing Your Board, Revised Edition.* San Francisco: Jossey-Bass, 2006.
Carver, J., and Carver, M. M. *Basic Principles of Policy Governance.* The CarverGuide Series on Effective Board Governance, no. 1. San Francisco: Jossey-Bass, 1996a.
Carver, J., and Carver, M. M. *Your Roles and Responsibilities as a Board Member.* The CarverGuide Series on Effective Board Governance, no. 2. San Francisco: Jossey-Bass, 1996b.
Carver, J., and Carver, M. M. *The CEO Role Under Policy Governance.* The CarverGuide Series on Effective Board Governance, no. 12. San Francisco: Jossey-Bass, 1997a.
Carver, J., and Carver, M. M. *Making Diversity Meaningful in the Boardroom.* The CarverGuide Series on Effective Board Governance, no. 9. San Francisco: Jossey-Bass, 1997b.
Carver, J., and Carver, M. M. *Reinventing Your Board: A Step-by-Step Guide to Implementing Policy Governance.* San Francisco: Jossey-Bass, 1997c.
Carver, J., and Clemow, T. "Redeeming the Church Board." Unpublished paper, 1990.
Carver, J., and Mayhew, M. *A New Vision of Board Leadership: Governing the Community College.* Washington, D.C.: Association of Community College Trustees, 1994.
Carver, J., and Oliver, C. *Conselhos de Administração que Geram Valor: Dirigindo o Desempenho da Empresa a Partir do Conselho* [Boards that create value: Governing company performance from the boardroom]. (P. Salles, trans.). São Paulo: Editora Cultrix, 2002a.
Carver, J., and Oliver, C. "The Case for a CGO" (Appendix B). *Corporate Boards That Create Value.* San Francisco: Jossey-Bass, 2002b.
Carver, J., and Oliver, C. *Corporate Boards That Create Value: Governing Company Performance from the Boardroom.* San Francisco: Jossey-Bass, 2002c.
Carver, J., and Oliver, C. "Crafting a Theory of Governance." *Corporate Governance Review*, Oct.-Nov. 2002d, *14*(6), 10-13.
Carver, J., and Oliver, C. "Financial Oversight Reform—The Missing Link." *Chartered Financial Analyst* (Institute of Chartered Financial Analysts of India), Dec. 2002e, *8*(12), 31-33.
Carver, M. "Governance Isn't Ceremonial; It's a Real Job Requiring Real Skills." *Board Leadership*, 1997, no. 31.
Carver, M. "The Board's Very Own Peter Principle." *Nonprofit World*, Jan.-

Feb. 1998a, *16*(1), 20 - 21.
Carver, M. "Governing the Child and Family-Serving Agency: Putting the Board in Charge." *Georgia Academy Journal*, Spring 1998b, 5(4), 8 - 11.
Carver, M. "What Is a CEO?" *Association*, June - July 1998c, *15*(4), 18 - 20.
Carver, M. "Enabling Boards to Be Accountable for the Agency." In "Best Practices/Promising Practices" special section. *Georgia Academy Journal*, *6*(2), 1998d, 10.
Carver, M. "Speaking with One Voice: Words to Use and Not to Use." *Nonprofit World*, July - Aug. 2000, *18*(4), 14 - 18.
Carver, M. "Governance Rehearsal: A New Tool." *Board Leadership*, 2003a, no. 68.
Carver, M. "Transforming the Governance of Local Government." *IGNewsletter*, Nov. 2003b, *12*, 4 - 5.
Carver, M. "FAQ: In Policy Governance, the Board Is Supposed to Speak with One Voice to the CEO. Yet Our Board Relies to Some Extent on CEO Advice When We Make Our Decisions. Is This OK?" *Board Leadership*, 2004a, no. 75.
Carver, M. "FAQ: It Worries Me That in the Policy Governance System, the Board Gives a Huge Amount of Authority to the CEO. What Makes This OK?" *Board Leadership*, 2004b, no. 73.
Carver, M. "FAQ: When a Policy Governance Board Hires a New CEO, What Are Some Important Dos and Don'ts to Remember During the Hiring Process and the New CEO's Early Weeks?" *Board Leadership*, 2004c, no. 74.
Carver, M. "Of Potted Plants and Governance." *Board Leadership*, 2004d, no. 76.
Carver, M. "Independent? From Whom?" *Board Leadership*, 2005, no. 79.
Carver, M., and Charney, B. *The Board Member's Playbook: Using Policy Governance to Solve Problems, Make Decisions, and Build a Stronger Board.* San Francisco: Jossey-Bass, 2004.
Chait, R. P., Holland, T. P., and Taylor, B. E. *Improving the Performance of Governing Boards.* Phoenix, Ariz.: Oryx Press, 1996.
Chait, R. P., and Taylor, B. E. "Charting the Territory of Nonprofit Boards." *Harvard Business Review*, 1989, *129*, 44 - 54.
Charney, B. "'Messy Democracies': Should They Be Protected or Cleaned Up?" *Board Leadership*, 2003, no. 65.
Charney, B., and Hyatt, J. "When Legal Counsel Is Uninformed." *Board Leadership*, 2005, no. 79.
Chrislip, D., and Larson, C. *Collaborative Leadership: How Citizens and Civic Leaders Can Make a Difference.* San Francisco: Jossey-Bass, 1994.
Columbia Electronic Encyclopedia. (6th ed.) New York: Columbia University Press, 2003.
Conduff, M. "Sustaining Policy Governance." *Board Leadership*, 2000, no. 51.
Conduff, M., and Paszkiewicz, D. "A 'Reasonable Interpretation of Ends': What Exactly Does It Mean?" *Board Leadership*, 2001, no. 54.

Crosby, P. B. *Quality Is Free.* New York: McGraw-Hill, 1979.
Crosby, P. B. *Quality Without Tears.* New York: McGraw-Hill, 1984.
Dalton, A. "What Happens When a Federation Board Adopts Policy Governance?" *Board Leadership*, 2000, no. 47.
Davis, G. "Policy Governance Demands That We Choose Our Words Carefully." *Board Leadership*, 2000, no. 49.
Dayton, K. N. *Governance Is Governance.* Washington, D.C.: Independent Sector, 1987.
Deming, W. E. *Out of Crisis.* Cambridge: Center for Advanced Engineering Study, Massachusetts Institute of Technology, 1986.
Dodds, E. R. "Progress in Classical Antiquity." In P. P. Wiener (ed.), *Dictionary of the History of Ideas.* New York: Scribner, 1973.
Drucker, P. F. *Management: Tasks, Responsibilities, Practices.* New York: Harper-Collins, 1974.
Ewell, C. M. "How Hospital Governing Boards Differ from Their Corporate Counterparts." *Trustee*, Dec. 1986, pp. 24-25.
Felton, E. "The Politics of Influence Peddling." *Insight*, Sept. 18, 1989, pp. 22-23.
Ferguson, M. Untitled paper presented at the World Future Society, Toronto, July 1980.
Financial Post (Canada), May 23, 2003.
Fram, E. H. "Nonprofit Boards: They're Going Corporate." *Nonprofit World*, 1986, *4*(6), 20-36.
Fram, E. H. *Policy vs. Paper Clips: Selling the Corporate Model to Your Nonprofit Board.* Milwaukee, Wis.: Family Service America, 1988.
Geneen, H. S. "Why Directors Can't Protect the Shareholders." *Fortune*, 1984, *110*, 28-29.
Gillies, J. *Boardroom Renaissance.* Toronto: McGraw-Hill Ryerson and National Centre for Management Research and Development, 1992.
Globe and Mail (Toronto), Nov. 22, 2003.
Greenleaf, R. K. *Servant Leadership: A Journey into the Nature of Legitimate Power and Greatness.* New York: Paulist Press, 1977.
Greenleaf, R. K. *The Power of Servant Leadership.* (L. C. Spears, ed.). San Francisco: Berrett-Koehler, 1998a.
Greenleaf, R. K. "Servant: Retrospect and Prospect." In R. K. Greenleaf, *The Power of Servant Leadership.* (L. C. Spears, ed.). San Francisco: Berrett-Koehler, 1998b.
Gregory, T. W. "How to Implement Policy Governance." *Trustee Quarterly*, 1996a, no. 1, pp. 5-6.
Gregory, T. W. "What Is Policy Governance?" *Trustee Quarterly*, 1996b, no. 1, pp. 3-4.
Gregory, T. "Board Erosion Prevention." *Governing Excellence* (International Policy Governance Association), Winter 2003.
Guy, J. "Good Investment Decisions Are Policy Driven." *Board Leadership*, 1992, no. 4, p. 8.

Guy, J. "Making Decisions: The Role of Governance." *Journal of Financial Planning*, 1995, *8*(1), 34-38.
Haskins, C. P. "A Foundation Board Looks at Itself." *Foundation News*, Mar.-Apr. 1972, *13*(2).
Hough, A. *The Policy Governance Model: A Critical Examination.* Working paper no. CPNS6. Brisbane, Australia: Centre of Philanthropy and Nonprofit Studies, Queensland University of Technology, July 2002.
Hough, A., McGregor-Lowndes, M., and Ryan, C. "Policy Governance: 'Yes, But Does It Work?'" *Corporate Governance Quarterly*, Summer 2005, pp. 25-29.
Hume, D. *Philosophical Essays on Morals, Literature, and Politics.* Washington, D.C.: Duffy, 1817.
Hyatt, J., and Charney, B. "The Legal and Fiduciary Duties of Directors." *Board Leadership*, 2005a, no. 78.
Hyatt, J., and Charney, B. "Legal Concerns with Policy Governance." *Board Leadership*, 2005b, no. 78.
Hyatt, J., and Charney, B. "Sarbanes-Oxley: Reconciling Legal Compliance with Good Governance." *Board Leadership*, 2005c, no. 79.
Imai, M. *Kaizen.* New York: Random House, 1986.
Juran, J. M., and Louden, J. K. *The Corporate Director.* New York: American Management Association, 1966.
Kelly, H. M. "Carver Policy Governance in Canada: A Lawyer's Defense." *Miller-Thompson Charities and Not-for-Profit Newsletter*, July 2003, pp. 7-8. Reprinted in *Board Leadership*, 2004, no. 71.
Kiernan, M. "Your Guy in Washington: Members of Congress May Be More Useful Than You Think." *U.S. News & World Report*, 1989, *107*(6), 54-56.
Kirk, W. A. *Nonprofit Organization Governance: A Challenge in Turbulent Times.* New York: Carlton Press, 1986.
Koontz, H. *The Board of Directors and Effective Management.* New York: McGraw-Hill, 1967.
Kradel, E. "Just How Should Boards Communicate with Owners?" *Board Leadership*, 1999, no. 45.
Kuhn, T. S. *The Structure of Scientific Revolutions.* (3rd ed.) Chicago: University of Chicago Press, 1996.
Leblanc, R., and Gillies, J. *Inside the Boardroom: How Boards Really Work and the Coming Revolution in Corporate Governance.* Mississauga, Ontario, Canada: Wiley, 2005.
Leighton, D. S. R., and Thain, D. H. *Making Boards Work: What Directors Must Do to Make Canadian Boards Effective.* Whitby, Canada: McGraw-Hill Ryerson, 1997.
Lemieux, R. "Making the Commitment to Policy Governance." *Board Leadership*, 1999, no. 41.
Levitt, A. Remarks at Tulane University conference "Corporate Governance: Integrity in the Information Age," New Orleans, Mar. 12, 1998.

Lorsch, J. W., and MacIver, E. *Pawns or Potentates: The Reality of America's Corporate Boards*. Boston: Harvard Business School, 1989.
Loucks, R. "Surviving the Transition: Igniting the Passion." *Board Leadership*, 2002, no. 59.
Louden, J. K. *The Effective Director in Action*. New York: AMACOM, 1975.
Maas, J. C. A. M. "Besturen-op-afstand in de praktijk, Het Policy Governance Model van John Carver" [To bring "non-meddling governance" to life, the Policy Governance model of John Carver]. *VBSchrift*, 1997, *7*, 7-10.
Maas, J. C. A. M. "Besturen-op-afstand in praktijk brengen" [To bring "non-meddling governance" to life]. *Gids voor Onderwijsmanagement, Samsom H. D. Tjeenk Willink bv*, Oct. 1998.
Maas, J. C. A. M. "Besturen en schoolleiders doen elkaar te kort" [Boards and principals fail in their duties toward each other]. *Tijdschrift voor het Speciaal Onderwijs*, Nov. 1998, *71*(8), 291-293.
Maas, J. C. A. M. "De kwaliteit van besturen, Policy Governance Model geeft antwoord op basisvragen" [The quality of governance: Policy Governance answers fundamental questions]. *Kader Primair*, Jan. 2002, *7*(5), 26-29.
Maas, J. C. A. M. "Policy Governance: naar het fundament van goed bestuur" [Policy Governance: To the foundation of good governance]. *TH&MA, Tijdschrift voor Hoger onderwijs & Management*, 2004, *11*(3).
Massinger, P. Quote from *The Bondman*, I. iii (originally published 1624) in *Oxford Dictionary of Quotations*. (3rd ed.) New York: Oxford University Press, 1979.
Mill, J. S. *Considerations on Representative Government*. New York: Harper, 1867.
Mogensen, S. "What Are the Other Models?" *Board Leadership*, 2002, no. 64.
Mogensen, S. "The Big Picture: Policy Governance and Democracy." *Board Leadership*, 2003, no. 70.
Mogensen, S. "Sticking to the Process Without Getting Stuck." *Board Leadership*, 2004, no. 74.
Monks, R. A. G. "Shareholder Activism: A Reality Check." *The Corporate Board*, 2001, *22*(129), 23-26.
Monks, R. A. G., and Minow, N. *Corporate Governance*. (3rd ed.) Oxford, U. K.: Blackwell, 2004.
Moore, J. "Linking with Owners: The Dos and Don'ts." *Board Leadership*, 1999, no. 46.
Moore, J. "Meaningful Monitoring." *Board Leadership*, 2001a, no. 53.
Moore, J. "Meaningful Monitoring: The Board's View." *Board Leadership*, 2001b, no. 54.
Moore, J. "A Governance Information System." *Board Leadership*, 2002a, no. 60.
Moore, J. "Policy Governance as a Value Investment: Succession Planning." *Board Leadership*, 2002b, no. 60.
Moore, J. *Governance for Health System Trustees*. Ottawa, Canada: CHA Press, 2003.

Mueller, R. K. *The Incompleat Board: The Unfolding of Corporate Governance.* Lexington, Mass.: Heath, 1981.
Murray, V. "Is Carver's Model Really the One Best Way?" *Front and Centre,* Sept. 1994, p. 11.
Murray, V., and Brudney, J. L. "Improving Nonprofit Boards: What Works and What Doesn't?" *Nonprofit World,* 1997, *15*(3), 11-16.
Murray, V., and Brudney, J. L. "Do Intentional Efforts to Improve Boards Really Work?" *Nonprofit Management and Leadership,* 1998a, *8*(4), 333-348.
Murray, V., and Brudney, J. L. "Letters to the Editor." *Nonprofit World,* 1998b, *16*(1), 4-5.
Nason, J. W. *Foundation Trusteeship: Service in the Public Interest.* New York: Foundation Center, 1989.
National School Boards Association. Untitled advertising flyer. Alexandria, Va.: National School Boards Association, n. d.
Nobbie, P. D. "Testing the Implementation, Board Performance, and Organizational Effectiveness of the Policy Governance Model in Nonprofit Boards of Directors." Unpublished doctoral dissertation, Department of Public Administration, University of Georgia, 2001.
Nobbie, P. D., and Brudney, J. L. "Testing the Implementation, Board Performance, and Organizational Effectiveness of the Policy Governance Model in Nonprofit Boards of Directors." *Nonprofit and Voluntary Sector Quarterly,* 2003, *32*(4), 571-595.
Odiorne, G. S. *Management and the Activity Trap.* New York: HarperCollins, 1974.
Oliver, C. "Policy Governance in the Regulatory Environment." Information sheet. Toronto: Canadian Society of Association Executives, 1998.
Oliver, C. "Understanding and Linking with the Moral Ownership of Your Organization." *Board Leadership,* 1999, no. 44.
Oliver, C. "Boards Behaving Badly." *Board Leadership,* 2000a, no. 51.
Oliver, C. "Creating Your Policy Governance Tool Kit." *Board Leadership,* 2000b, no. 50.
Oliver, C. "Cultivating Good Board Manners." *Board Leadership,* 2000c, no. 52.
Oliver, C. "Getting Personal." *Board Leadership,* 2001a, no. 55.
Oliver, C. "He Who Pays the Piper Calls the Tune." *Board Leadership,* 2001b, no. 57.
Oliver, C. "Uncovering the Value of the Right Word." *Board Leadership,* 2001c, no. 59.
Oliver, C. "The Board and Risk." *The Bottom Line, the Independent Voice for Canada's Accounting and Financial Professionals,* Oct. 2002a.
Oliver, C. "The Cult of Efficiency." *Board Leadership,* 2002b, no. 61.
Oliver, C. "Getting Off Lightly." *The Bottom Line, the Independent Voice of Canada's Accounting and Financial Professionals,* May 2002c, *18*(6), 11.
Oliver, C. "Keeping Tabs on the CEO." *Association Magazine,* Oct.-Nov.

2002d, *19*(6), 9-11.
Oliver, C. "Policy Governance and Other Governance Models Compared." *Board Leadership*, 2002e, no. 64.
Oliver, C. "Questions and Answers About Good Governance." *Board Leadership*, 2002f, no. 63.
Oliver, C. "Best Practice Governance in Charities." *LawNow* (University of Alberta), Apr.-May 2003a, *27*(5), 33-34.
Oliver, C. "Developing Group Discipline." *Board Leadership*, 2003b, no. 68.
Oliver, C. "Do unto Others: Cultivating Good Board Manners." *Association and Meeting Management Directory*. Winnipeg, Canada: August Communications, 2003c.
Oliver, C. "In the Minority." *Board Leadership*, 2003d, no. 65.
Oliver, C. "The Strange World of Audit Committees." *Ivey Business Journal* (University of Western Ontario), Mar.-Apr. 2003e, *67*(4), 1-4. (Also available as reprint no. 9B03TB09 at www.iveybusinessjournal.com.)
Oliver, C. "What's Really Missing?" *Boardroom*, 2003f, *11*(1), 4, 7.
Oliver, C. "When Owners Don't Agree." *Board Leadership*, 2003g, no. 70.
Oliver, C. "Why Size Matters." *Board Leadership*, 2003h, no. 67.
Oliver, C. "The Mighty Meeting." *Board Leadership*, 2004, no. 75.
Oliver, C. "Board Accountability in Highly Constrained Environments." *Board Leadership*, 2005a, no. 80.
Oliver, C. "A Debatable Alliance." *Board Leadership*, 2005b, no. 77.
Oliver, C. (gen. ed.), with Conduff, M., Edsall, S., Gabanna, C., Loucks, R., Paszkiewicz, D., Raso, C., and Stier, L. *The Policy Governance Fieldbook: Practical Lessons, Tips, and Tools from the Experiences of Real-World Boards*. San Francisco: Jossey-Bass, 1999.
Peters, T. J. *Thriving on Chaos: Handbook for a Management Revolution*. New York: Knopf, 1988.
Peters, T. J., and Waterman, R. H. *In Search of Excellence: Lessons from America's Best-Run Companies*. New York: HarperCollins, 1982.
Price, W. S. *Manual on Governance and Policy Planning for Board Members*. Silver Spring, Md.: Wolfgang S. Price Associates, 1977.
Raso, C. "Two People in the CEO Role: Can It Work?" *Board Leadership*, 2000, no. 48.
Reddin, W. J. *Effective Management by Objectives: The 3-D Method of MBO*. New York: McGraw-Hill, 1971.
Rehfeld, J. "Nose In, Hands In, Too: Optimizing the Board's Talent." *Directors Monthly*, 2005, *29*(5), p. 1.
RE-THINK Group. *Benefits Indicators: Measuring Progress Towards Effective Delivery of the Benefits of Parks and Recreation*. Calgary, Canada: RE-THINK Group, 1997.
Rogers, S. "Policy Governance Top Ten." *Board Leadership*, 2005, no. 77.
Rousseau, J. J. "Discourse on Political Economy." In J. J. Rousseau, *Jean-Jacques Rousseau: The Social Contract* (C. Betts, trans.). Oxford, U.K.: Oxford University Press, 1999. (Originally published 1758.)

Rousseau, J. J. *Jean-Jacques Rousseau: The Social Contract* (C. Betts, trans.). Oxford, U.K.: Oxford University Press, 1999. (Originally published 1762.)

Royer, G. "Proactive About What?" *American School Board Journal*, 1996a, *183*(6), 34 - 39.

Royer, G. *School Board Leadership 2000: The Things Staff Didn't Tell You at Orientation*. Houston: Brockton, 1996b.

Skinner, W. "The Productivity Paradox." *Harvard Business Review*, 1986, *64*, 55 - 59.

Smith, C. J. "Eight Colleges Implement Policy Governance." *Trustee Quarterly*, 1996, no. 1, pp. 8 - 10.

Smith, D. K. "Making Change Stick." *Leader to Leader*, 1996, no. 2, pp. 24 - 29.

Smith, E. E. "Management's Least-Used Asset: The Board of Directors." In *The Dynamics of Management*. AMA Management Report, no. 14. New York: American Management Association, 1958. Cited in H. Koontz, *The Board of Directors and Effective Management*. New York: McGraw-Hill, 1967.

Spears, L. C. (ed.). *Reflections on Leadership: How Robert K. Greenleaf's Theory of Servant Leadership Influenced Today's Top Management Thinkers*. New York: Wiley, 1995.

Spears, L. C., and Lawrence, M. (eds.). *Practicing Servant Leadership: Succeeding Through Trust, Bravery, and Forgiveness*. San Francisco: Jossey-Bass, 2004.

Stein, J. G. *The Cult of Efficiency*. Toronto: Anansi, 2001.

Sternberg, E. *Just Business: Business Ethics in Action*. New York: Little, Brown, 1994.

Swanson, A. "Who's in Charge Here? Board of Directors and Staff—The Division of Responsibility." *Nonprofit World*, 1986, *4*(4), 14 - 18.

Tooley, R. "Using Information Technology to Sustain Policy Governance." *Board Leadership*, 2004, no. 76.

Tremaine, L. "Finding Unity and Strength Through Board Diversity." *Board Leadership*, 1999, no. 43.

Waterman, R. H., Jr. *The Renewal Factor: How the Best Get and Keep the Competitive Edge*. New York: Bantam Books, 1988.

Wolfe, J. *An Introduction to Political Philosophy*. Oxford, U.K.: Oxford University Press, 1996.

찾아보기(용어)

ㄹ~ㅂ

ㅅ

ㅇ

ㅈ

ㅊ~ㅎ

찾아보기(인명)

ㄱ~ㄹ

ㅁ~ㅇ

ㅈ~ㅎ